한국유학의 도덕교육적 변용

Transformation of the Korean Confucianism in Moral Education

지은이 **김민재**

한국교원대학교 윤리교육과를 졸업, 동대학원에서 석사와 박사 과정을 마쳤다. 한림대학교 부설 태동고전연구소(지곡서당)에서 3년간의 한문연수과정을 수료하였고, 한국교원대학교 인성교육중심 수업지원센터 연구원과 성신여자대학교 교육문제연구소 박사 후 연구원을 역임하였으며, 현재 한국교원대학교, 국립안동대학교, 전주교육대학교, 성신여자대학교 등에서 강의하고 있다. 주요 저서로『근대수신교과서』3(소명출판, 2011),『근대학부편찬수신서』(공역, 소명출판, 2012),『학교 도덕교육의 탄생』(케포이북스, 2014) 외 다수가 있다.

한국유학의 도덕교육적 변용
Transformation of the Korean Confucianism in Moral Education

© 김민재, 2014

1판 1쇄 인쇄__2014년 12월 20일
1판 1쇄 발행__2014년 12월 30일

지은이__김민재
펴낸이__홍정표
펴낸곳__글로벌콘텐츠
      등록__제25100-2008-24호
      이메일__edit@gcbook.co.kr

공급처__(주)글로벌콘텐츠출판그룹
      대표__홍정표
      편집__송은주 김현열 노경민 김다솜 **디자인**__김미미 최서윤 **기획·마케팅**__이용기 **경영지원**__안선영
      주소__서울특별시 강동구 천중로 196 정일빌딩 401호
      전화__02) 488-3280 **팩스**__02) 488-3281
      홈페이지__http://www.gcbook.co.kr

값 17,000원
ISBN 979-11-85650-66-1 93370

Transformation of the Korean Confucianism in Moral Education

한국유학의
도덕교육적 변용

김민재 지음

글로벌콘텐츠

필자는 이 책을 통해 우리 전통의 유학(儒學)을 현대 도덕교육, 보다 구체적으로는 학교 도덕과(道德科) 교육과 접목, 변용시켜 보고자 하였다. 이미 많은 학자들이 유불(儒佛)로 대변되는 전통과 현대 도덕과 교육을 연결시키려고 시도하였고 또 그 성과물들을 세상에 소개하였지만, 한국유학에 국한하여 한 권의 단행본으로 출간한 경우는 많지 않았다. 이런 까닭에 부족하나마 그간의 연구 결과들을 모아 출간을 결심하게 되었다. 이 책을 구성하고 있는 10개의 장들은 마지막 장을 제외하면 모두 2013~2014년에 걸쳐 여러 학술대회에서 발표하거나 학술지에 실은 것들이다. 그 출처들은 이 책의 끝에 밝혀두었다.

필자가 이 책의 특징이라고 지목할 수 있는 내용들을 몇 가지로 요약, 제시하자면 다음과 같다. 그 첫째는 전통 서당수업과 일상에서 실제로 행해졌던 강(講)·훈육, 사도(師道)·존사(尊師) 등의 방법을 상세히 고찰하고, 그것을 초·중등학교 도덕과 수업에 맞추어 어떻게 변용시킬 수 있을지 교수학습방법의 측면에서 고민하였다는 것이다(1부). 이어서 둘째는 도덕과 교육에서 다루어지고 있는 한국양명학의 실태를 구체적으로 고찰하고, 나아가 하곡 정제두를 중심으로 하는 한국 양명학의 내용들이 현대 도덕과 교육에 어떤 시사점을 지니고 있는지 밝혔다는 것이다(2부). 마지막으로 셋째는 명상이나 청렴, 도덕과 평가 등 도덕과 교육의 새로운 관심사로 부각되고 있거나 대중적인 측면에서 이슈가 되고 있는 내용들을 퇴계 이황, 남명 조식, 다산 정약용, 혜강 최한기 등의 사상과 결부시켜 살펴보았다는 것이다(3부).

그럼에도 이 책에 몇 가지 한계들 역시 있음을 고백하지 않을 수 없다. 먼저 이 책에서 한국유학을 대표하는 학자들을 망라하지는 못했다는 점이다. 가령 율곡 이이나 성호 이익 등의 사상은 도덕과 교육의 측면에서 다룰 수 있는 여지가 풍부하지만, 이 책에서는 다루지 않았다. 또한 각 장의 내용들 속에서 이따금 논리적인 비약이 발견되기도 한다. 이러한 한계들은 '전통' 유학과 '현대' 도덕과 교육을 접목, 변용시키는 과정에서 일정 부분 발생할 수밖에 없는 현상이기도 하지만, 아직은 부족한 필자의 역량이 가장 큰 원인이라는 점을 밝혀둔다. 그리고 이 같은 부분들에 대해서는 독자들의 질정을 달게 받고, 꾸준한 후속 연구들을 통해 개선해 나갈 예정이다.

이 책은 필자에 앞서 전통 사상과 현대 도덕과 교육의 접목을 시도했던 수많은 선배 학자들의 영향 아래 나온 것이지만, 지면을 통해 직접적으로 감사드려야 할 분들이 적지 않다. 먼저 필자가 전통 유학과 현대 도덕과 교육 사이에서, 어느 한쪽으로 치우치지 않고 객관적인 시각을 견지할 수 있게끔 각별하게 신경을 써 주신 한국교원대학교 윤리교육과의 박병기 교수님께 감사의 말씀을 드린다. 지도교수님께서는 필자가 학문이라는 여정에서 중심을 잃지 않을 수 있도록 항상 조언해 주셨다. 그 은혜에 대해서는 앞으로 필자의 성장을 통해 갚아 나갈 수밖에 없을 것이다. 그리고 필자가 직접 서당생활을 하면서 강을 경험할 수 있는 기회를 주셨던 태동고전연구소의 여러 선생

님들, 같은 한국양명학 전공자로서 부족한 필자에게 계속적으로 학문적인 자리를 마련해 주시는 성신여자대학교 한문교육과의 김용재 교수님, 좋은 인연으로 만나 많은 가르침을 주시는 한국교원대학교, 국립안동대학교, 전주교육대학교 윤리교육과의 교수님들께도 깊은 감사의 말씀을 드린다. 끝으로 어려운 출판 여건 속에서도 이 책의 출간을 흔쾌히 허락한 글로벌콘텐츠 가족들에게도 감사의 말씀을 드린다.

　이 책은 함께 기획되어 먼저 출간된 『학교 도덕교육의 탄생』(케포이북스, 2014)과 짝을 이루는 책이다. 『한국유학의 도덕교육적 변용』을 통해서는 우리의 전통 유학과 현대 도덕과 교육의 만남이 결코 어려운 일이 아니며 매우 의미 있는 작업이라는 사실을, 그리고 『학교 도덕교육의 탄생』을 통해서는 근대계몽기에 이루어졌던 학교 도덕교육[修身科]의 어려웠던 상황과 절실함을 살펴볼 수 있을 것이다. 독자들에게 필자의 의도가 잘 전달되기를 희망하며, 이 두 권의 책이 필자의 공부 과정에서 언제나 기쁜 마음으로 돌아볼 수 있는 학문적 베이스캠프가 되길 기대한다.

2014년의 끝자락에서
김민재

목 차

[표·그림 목차]

전통 서당수업의 '강(講)·훈육'과 초등도덕교육

1. 전통 서당수업의 목적과 도덕과(道德科) 교육

이 장의 목적은 전통 서당수업의 교수학습방법 및 생활지도원리가 지니는 초등도덕교육적 함의를 밝히는 것이다. 서당에서 활용된 교수학습방법과 생활지도원리에는 여러 가지가 있을 것이나, 이 장에서는 특히 '강(講)'과 '훈육(訓育)'에 집중하여 논의를 전개할 것이다. 주지하는 바와 같이 서당은 조선을 대표하는 초등교육기관으로, 향교(鄕校), 사부 학당(四部 學堂), 성균관(成均館) 등의 관학(官學)과 대비되는 주요 사설교육기관이다. 다른 교육기관들과 달리 설립이나 운영의 측면에서 상당한 자율성을 확보하였고, 여기에 기반해 조선의 급변하는 정치·사회 분위기를 유연하게 맞이함으로써 오랜 기간 교육기능을 유지할 수 있었다. 문헌에 글방, 사숙(私塾), 서방, 서사(書舍), 서재(書齋), 학당, 학방 등으로 표기되는 장소는 모두 서당을 의미한다.

서당의 역사적 변천과 운영 방식에 대해서는 이미 이만규(1947), 도부학(渡部學, 1976), 정순우(1986) 등의 선구적인 연구들이 있었다. 이후 서당 관련 연구는 크게 세 가지 방향하에 전개되는 것으로 보이는데, 첫째는 서당의 설립 주체와 운영 양상에 관한 것이고, 둘째는 향촌 사회의 동향과 서당의 성격에 관한 것이며, 셋째는 구체적인 지역별 사례에 관한 것이다(오경택, 2007: 93~108). 그러나 이와 같은 연구 분위기 속에서도, 서당의 교수학습방법 및 생활지도원리를 도덕교육적 측면에서 조명한 연구는 거의 없다. 물론 교육 일반과 관련하여 의의가 언급된 적은 적지 않다. 하지만 500년 이상 존재했던 강인한 서당 생명력의 근간은 다름 아닌 충실한 교육기능 때문이었고, 이 기능의 목적이 '도덕적 인간[聖人·君子]'의 양성이었음을 고려할 때, 전통 서당수업의 교수학습방법 및 생활지도원리는 곧 현대 도덕과(道德科) 교육의 맥락과 직결되어 있다고 해도 과언은 아니다. 이런 전제하에, 필자는 서당의 대표적 교수학습방법인 '강'과 이 공간을 지배하던 생활지도원리인 '훈육'을 현대 초등도덕교육과 연계시켜 살펴보고자 한다.

위 목적을 위해 우선 제2절에서는 강의 특징들을 살펴볼 것이다. 이어서 제3절에서는 서당의 놀이, 행사, 상벌, 공간 등을 관통하는 훈육의 특징들을 상세하게 살펴볼 것이다. 이 장에서는 3절이 차지하는 분량이 상대적으로 많다는 점을 밝혀둔다. 끝으로 제4절에서는 강과 훈육의 초등도덕교육적 함의를 고찰할 것이다.

2. 전통 서당수업의 교수학습방법: 강(講)

서당의 교수학습방법은 강독(講讀), 제술(製述), 습자(習字)로 요약된다. 먼저 '제술'은 오언(五言)이나 칠언절구(七言絶句), 십팔구시(十八句詩) 같은 시 혹은 문장을 짓는 것으로, 한자에 대한 학습이 일정 수준에 도달한 학생들을 대상으로 한다. 이때 훈장의 역량에 따라 제술을 시행하지 못하는 서당도 있었다. 제술의 방법으로는 제목을 주고 운(韻)과 형식에 맞추어 글을 짓게 하거나, 촛불에 선을 긋고 그 선까지 타기 전에 글을 완성하게 하는 각촉부시(刻燭賦詩) 등이 있다. 다음으로 '습자'는 붓으로 글자를 쓰는 것으로, 1점 1획의 연습을 시작으로 해 글자의 구성을 익히고 훈장의 글씨를 따라하는 순서로 진행된다. 습자는 학생들이 글자를 익히도록 하는 효과 이외에도 정신 집중과 올바른 인격 형성을 위해 강조되었다(함정현, 2010: 371). 그러나 무엇보다 중요한 방법은 '강독'으로서, 이것은 유가 경전 및 관련 서적들을 배우고 암송하는 것이다.

보다 구체적으로 말해 강독은 한문을 읽는 방법을 가르치는 것으로, 석음(釋音)과 음독(音讀)을 반복하여 암송시킴으로써 학생들이 문장을 혼자 읽고 그 의미를 성찰하도록 하는 것이다. 이때 무릎을 꿇고 앉아 교재를 앞에 놓고 강약을 넣어 음률에 따라 읽는데, 지루함과 졸음을 쫓고 정신을 집중하기 위해 상반신을 전후 및 좌우로 움직인다. 교재는 일반적으로 『천자문(千字文)』에서 시작, 『사자소학(四字小學)』, 『추구(推句)』, 『명심보감(明心寶鑑)』, 『동몽선습(童蒙先習)』 등을 거쳐 『소학(小學)』으로 나아간다. 이때 훈장의 수준과 서당의 성격에 따라 『사서(四書)』와 『오경(五經)』 등으로 수준을 높이기도 하였다(최윤용, 2008: 346). 이러한 강독의 핵심이 바로 '강(講)'이다.[1]

강은 배운 것을 소리 내어 읽고 그 부분에 관한 의미를 묻고 들어서 익히는 교수학습방법의 일환이자, 전날 배운 것을 훈장 앞에서 외우고 글자와 문장의 뜻에 관한 질문에 답해야 하는 평가방법이기도 하다. 서당에서 적게는 5~6명, 많게는 수십 명의 학생들이 동시에 강을 하면 그 소리는 매우 시끄러웠지만, 아기 우는 소리, 다듬이질 소리와 함께 '세 가지 좋은 소리[三好聲]'라고 인식되어 이웃의 노여움을 사는 일은 없었다고 한다.

강의 종류에는 여러 가지가 있는데, 시기에 따라서는 매일 하는 일강(日講), 열흘 간격의 순강(旬講), 보름 간격의 망강(望講), 한 달 간격의 월강(月講) 등이 있고, 분량에 따라서는 교재의 일부를 암송하는 단강(單講), 절반을 암송하는 중간강(中間講), 전체를 암송하는 총강(總講) 등이 있으며, 방법에 따라서는 훈장 앞에 교재를 펼쳐 놓은 뒤 자기는 돌아앉아 암송하는 배강(背講), 교재를 보면서 읽는 면강(面講)·임문고강(臨文考講) 등이 있다.

강은 날마다 학생의 실력에 맞게 범위를 정해 시행하고, 당일의 학습량을 숙독하면서 읽은 수를 세도록 하였다. 권장 독서량은 백강(百講)이었는데, 이튿날 강을 시켜 통과한 후에야 다음의 진도로 나아갔으며, 통과하지 못할 경우에는 완전히 암송할 때까지 반복하여 읽게끔 하였다(손인수, 1998: 478~479). 기준은 대체로 대통(大通 혹은 純), 통(通), 약(略), 조(粗), 불통(不通)의 다섯 가지로, '조' 이상은 합격이었고 우수자에게는 부상을 주었다.

전통 서당수업에서의 강에 대한 강조를 잘 보여주는 언급으로는 조선 후기에 문장으로 이름 높았던 이상수(李象秀, 1820~1882)의 '갱신고법(更辛苦法)'과 '순승척법(循繩尺法)'을 들 수 있다. 그는 당시 서당교육의 현실을 두 가지 용어로 요약하여 비판하였는데, 한 가지는 '불편신고(不便辛苦)'였고 다른 한 가지는 '불순승척(不循繩尺)'이었다. 전자는 훈장이 구절의 뜻을 다 알려주어 학생들의 자발적인 숙고를 막는다는 것이고, 후자는 강도 높은 강의 시행과 엄격한 규율의 준수가 시급하다는 것이다. 갱신고법과 순승척법이란 이러한 상황을 타개하고자 이상수가 제시한 방법론들이다(이만규, 2010: 249~250에서 재인용).

① '갱신고'는 어떻게 하는 것인가? 아이들을 가르칠 때에 먼저 법을 정하고 구두(句讀)가 간단하여 알 만한 것을 주고 꼭 제가 풀게 하되 급히 풀게 하지 말고 맞지 않으면 고쳐 풀게 하며 또 맞지 아니하면 또 고치게 하라. 두 번, 세 번 하면 통하지 않는 이가 없다. 이같이 하여 차차 익혀 가면 글 푸는 법례를 알 것이요, 반드시 줄 수를 덜하여 5줄을 감당할 수 있거든 3줄 만에 그치고 차차 12, 13줄에 이르게 하며, 내일 배울 것은 먼저 살피게 하고, 구두를 정하여 통달한 연후에 나와 교육을 받게 하고, 싫어하고 사고하지 않는 자는 물리치고 꾸짖고 벌하여 반드시 스스로 힘쓰게 하라.

② '순승척'은 어떻게 하는 것인가? 아이들을 가르칠 때에 먼저 법을 정하여 반드시 정통하게 왼 후에 가르치고 불통하면 물리치고 다시 읽게 하여 이틀을 걸치게 하고 다시 범하는 자는 반드시 벌하고 미봉책을 쓰지 말며 해석까지 외게 하고 반드시 돌아앉아 외게 하고 배울 적에 꼭 꿇어앉게 하라. 반드시 서상대로 글자를 짚어가게 하고 하루에 읽는 횟수를 정하고 일 회에 읽는 편수를 정하여 어기는 자는 벌하라. 가령 20편을 규정하고 이 수가 못 되어도 안 되고 넘어도 안 된다. 왜 그런고 하니 한 번 정해진 한도를 지나치는 일이 있으면 미치지 못하는 일도 있을 것이기 때문이다.

인용문에 나타난 서당과 강의 모습에서 현대교육이 부정적으로 여기는 체벌 등을 엿볼 수 있다고는 할지라도, 강에는 개별학습, 수준별 학습, 반복학습, 완전학습 등의 다양한 교육 원리들이 반영되어 있다는 사실을 확인할 수 있다. 한편 강은 괘책례(掛冊禮), 장원례(壯元禮), 백일장(白日場)과 같은 서당의 중요 행사들과도 직결되어 있는데, 이것은 다음 절에서 논의할 것이다.

이상으로 이 절에서는 전통 서당수업의 대표적 교수학습방법인 강을 살펴보았다. 흔히 서당이라고 하면 회초리로 대변되는 훈장-학생 사이의 수직적인 상하 관계와 상투적인 훈계 등을 떠올리지만, 전통 서당수업의 교수학습방법들은 독자적인 특징과 나름의 역동성을 지니고 있었다. 특히 강은 '삼도학(三道學)'의 목적을 달성하기 위한 핵심 과정이었다. 삼도란 입으로 읽으며 진리에 도달하는 구도(口道), 눈으로 읽으며 진리에 도달하는 목도(目道), 마음으로 읽으며 진리에 도달하는 심도(心道)이다(장재천, 2009: 340). 그런데 진리가 입·눈·마음과 일치하여 몸에 배도록 하는 서당수업의 중심에 강이 자리하고 있었다. 이것은 강이 학생의 '도덕적 심성(心性)'을 확충하기 위한 전통 서당수업의 으뜸가는 교수학습방법이었음을 보여주는 것이다. 이어지는 절에서는 전통 서당수업의 중요 생활지도원리였던 '훈육'을 살펴보자.

3. 전통 서당수업의 생활지도원리: 훈육(訓育)

전통 서당수업은 무학년·무학기제였다. 그러나 서당수업이 아무런 순서도 없는 것은 아니었는데, 개략적으로 도입, 평가, 학습목표 설정, 전개 단계로 진행되었다(이규범, 1984: 27~30). 우선 도입 단계에서는 문안 인사와 훈장의 도덕적 이야기가 주를 이루었고, 평가 단계에서는 지난 시간에 배웠던 내용에 대한 강이 행해졌다. 이때 학생들마다 개별적으로 강을 하기 때문에, 이후의 학습목표 설정 및 수업의 전개에서는 각자의 수준에 따른 개별학습이 시행되었다. 여기서 주의해야 할 점은 하루 수업에서 차지하는 전개 단계의 비중이 매우 크다는 것이다. 서당수업은 현재 초등학교 수업과 같이 40분 단위로 이루어지지 않았다. 따라서 학생들은 하루를 단위로 끊임없는 반복학습을 통해 다음날의 평가를 대비해야 했던 것이다. 또한 훈장은 학생들의 공부 과정에 함께 동참하면서 그들의 질문에 답변해 줌과 동시에, 궁극적으로는 학생 스스로 경전 구절의 의미를 깨우칠 수 있도록 이끌어주었다. 그리고 이런 전통 서당수업의 중요한 생활지도원리가 '훈육(訓育)'이다.

전통 서당수업의 진정한 목적은 경전에 능통한 인간을 양성하는 데 있던 것이 아니라, 유가의 이념에 기초한 도덕적 심성의 확충에 있었다. 따라서 서당의 생활지도에 있어 훈육이 큰 비중을 차지하는 것은 자연스러운 일이다(장윤수, 2002: 158). 그런데 훈육이라고 하면 부정적인 이미지를 떠올리기 쉽다. 예를 들어 박병량(2004: 24)은 "훈육문제는 사회집단의 규범이나 과업수행 및 상황이 요구하는 행동에 어긋나는 행동으로 정의할 수 있다"고 하였고, 캔터(L. Canter, 김달효 역, 2013: 63~72)는 훈육을 교정과 동일한 뜻으로 사용하면서 '단호한 훈육(assertive discipline)'을 학교 경영 프로그램으로 주장하였다. 이들의 훈육에 대한 정의(定義)는 모두 훈육의 대상을 사회적 규범을 어그러뜨리는 부정적인 행동들로 규정하고 있는 것이다. 그런데 이것은 훈육의 대상 차원을 넘어, 훈육 자체에 대한 부정적인 이미지를 형성하게끔 만들었다.

그러나 이 절에서 말하는 훈육은 그런 것이 아니다. 사실 훈육이란 가르치고[訓] 기르는[育] 것일 뿐이다. 전통 서당수업의 맥락에 맞추어 보다 구체적으로 풀이하자면, 가르치고 잘 돌보아 학습자들이 도덕적 심성을 확충할 수 있도록 길러주는[教誨撫育] 것이 훈육이다. 여기에 부정적인 이미지를 덧씌울 필요는 없다.[2] 그리고 이 훈육은 전통 서당수업의 전 분야를 관통함으로써, 서당의 구조와 성격을 지배하였다. 이하에서는 ⓐ 놀이, ⓑ 행사, ⓒ 상벌, ⓓ 공간의 순서로, 전통 서당수업에서 훈육이 어떻게 기능하였는지 살펴보자.

첫 번째 내용은 '놀이에서의 훈육'이다. 서당은 휴식 시간이나 방학이 별도로 정해져 있지 않았다. 하루의 대부분을 수업 시간으로 이용하였으며, 필요한 경우 야간수업과 숙식(宿食)도 실시하였다. 농번기와 명절, 길흉사 등에는 일시적인 휴교에 들어갔고, 계절에 따라서 수업 내용을 다르게 편성하는 유연한 운영도 이루어졌다. 그런데 주목해야 할 것은 이 과정에서 놀이가 적극 활용되었다는 사실이다. 그 놀이들이란 지역별·서당별로 매우 다양하였는데, 실내놀이로는 승경도(陞卿圖) 놀이, 고을모둠 놀이, 남승도(覽勝圖) 놀이, 조조(曹操)잡기 놀이, 초중종(初中終) 놀이, 대구(對句) 놓기 등이 있었고, 실외놀이로는 가마싸움, 원(員) 놀이, 투호(投壺) 등이 있었다(김동구, 2002: 14~39).[3]

물론 이 놀이들이 모두 전통 서당수업의 목적인 도덕적 심성의 확충과 관련된 것은 아니다. 가령 '고을모둠 놀이'는 조선의 지리나 역사를 학습하는 데 도움이 되는 놀이였고, '초중종 놀이'는 주로 글자와 시문을 익히는 데 사용된 놀이였으며, '투호'는 일종의 내기 놀이였다. 그러나 다음과 같은 놀이들은 학생들의 도덕적 심성을 길러주는 것과 관련이 있다.

먼저 '승경도 놀이'는 종이나 분판에 벼슬을 적어 놓고 주사위를 던져 진급하기도 하고 파직과 유배를 당하기도 하면서, 9품에서 1품 또는 외직(外職)에서 내직(內職)으로 벼슬을 거치는 놀이다. 이때 영의정에 빨리 오르는 학생이 승자가 된다. 하지만 영의정에 빨리 오르는 것으로 이 놀이가 끝난 것은 아니었다. 왜냐하면 승경도 놀이의 진정한 목적은 벼슬살이하는 관리가 공적 업무를 수행하는 과정에서 지켜야 할 애민, 청렴, 공정, 준법 등의 윤리적인 가치·덕목들을 배우는 것이기 때문이다.

이어서 '조조잡기 놀이'는 다수의 학생들이 둘러 앉아 위(魏)나라의 간웅(奸雄) 조조(曹操, 155~220)를 찾아내어 벌을 주는 놀이다. 학생들은 우선 『삼국지(三國志)』에 나오는 인물들의 이름이 적힌 쪽지를 뽑는데, 여기서 유비(劉備, 161~223)의 쪽지를 뽑은 학생이 명령관이 되어 휘하 장수의 이름을 부른다. 예를 들어 제갈량(諸葛亮, 181~234)을 불렀으면, 제갈량의 쪽지를 가진 학생이 조조의 쪽지를 가졌을 것으로 예상되는 학생을 찾는다. 제대로 찾았을 경우에는 조조의 쪽지를 가진 학생이 벌칙을 수행하지만, 틀렸을 경우에는 제갈량의 쪽지를 가진 학생이 벌칙을 수행한다. 그런데 이 조조잡기 놀이는 현대교육의 '역할놀이'의 성격을 지니고 있다. 따라서 놀이에서 어떤 도덕적 모델을 선택하느냐에 따라 그 모델이 중요하게 여겼던 가치·덕목 혹은 모범적인 자세를 배울 수 있는 기회가 제공되는 것이다.

끝으로 '원 놀이'는 학생들 가운데 접장(接長) 같은 대표가 최초 원님이 되고, 나머지는 백성이 되어 원님에게 소(訴)를 제기한 뒤 판결을 받는 놀이다. 이때 현명한 판결을 내린 학생 원님은 존경을 받지만, 그렇지 못한 판결을 내린 학생 원님은 놀림을 당하면서 퇴장하고 다른 학생이 원님이 된다. 원 놀이는 때로 서당들 간의 대결로 확장되어 이루어졌으며 여기서 패할 경우 훈장이 사퇴하거나 서당이 문을 닫기도 했던바(손인수, 1991: 70), 이 놀이가 서당 생활에서 차지하는 비중을 짐작할 수 있다. 현대교육의 '모의재판'과 유사한 원 놀이를 통하여 학생들은 지혜로우면서도 윤리적인 판단 능력을 익히게 되고, 스스로의 도덕적 심성을 확충할 수 있었다.

이외에도 서당에서는 여러 놀이를 시행함으로써 학생들의 협동심, 단결력, 준법성, 애향심 등을 고취시켰다. 그런데 서당의 놀이는 대부분 훈장과 접장이 참관하여 이루어졌다(피정만, 2011: 168). 만일 위 놀이들이 연령대와 판단 능력이 상이한 학생들에 의해서만 진행되었다면 과열 경쟁이나 싸움으로 이어질 우려도 있었을 것이다. 하지만 여기에 훈장과 접장의 훈육이 함께함으로써, 놀이가 단순한 오락 행위에 그치지 않고 올바른 도덕적 심성을 지향하는 하나의 교수학습 방법으로 승화될 수 있었다. 가령 승경도 놀이에서 한 학생이 비겁한 방법으로 동학들을 제치고 영의정이 되려고 한다면, 동석해서 참관하던 훈장과 접장은 분명히 그 학생의 비도덕적인 행동과 마음가짐을 꾸짖었을 것이다.

이 절에서 두 번째로 살펴볼 내용은 '행사에서의 훈육'이다. 서당에서는 한 해 일정의 시작을 알리는 개접례(開接禮)로부터 끝을 알리는 파접례(罷接禮) 사이에 다양한 행사들을 개최하였는데, 이런 행사들은 단조로웠을 서당 생활에 활력을 불어넣는 중요한 요소가 되었다. 이 행사들은 일회성으로 끝나지 않고 정기적으로 혹은 계절별로 개최되었으며, 학생들로 하여금 예법(禮法)을 몸소 실천해 보게 한다는 측면에서 훈육과 밀접한 연관이 있었다.

훈육과 관련된 대표적인 서당 행사들로는 윤강(輪講), 목욕, 상읍례(相揖禮), 향교의 석전(釋奠) 참가, 위로회(慰勞會) 등이 있다(박래봉·김정일, 1981: 13~15, 19~20). 윤강은 학생들이 순차적으로 교재나 명언, 도덕적 어구들을 암송하는 것이고, 목욕은 마음을 깨끗이 하기 위해 우선 몸을 정갈히 하는 것이며, 상읍례는 행사 시 먼저 예를 갖춘다는 차원에서 학생들이 마당에 나가 동서반으로 나누어 열을 선 뒤 서로 읍하는 것이다. 석전 참가는 향교에서 행하는 문묘(文廟) 제사에 참석하여 유가에서 지향하는 성인(聖人)들을 공경하는 마음을 기르는 것이고, 위로회는 한 해 동안 자신들을 가르쳐 준 스승의 노고에 감사하는 마음을 표하는 것이다. 이외에도 많은 행사들이 있지만, 여기에서는 '강' 관련 행사에만 주목하기로 하자.

<표 1-1> 전통 서당수업의 강 관련 행사

행사명	행사 내용
괘책례 (掛册禮) 또는 책걸이, 책세식	- 한 권의 교본이 끝나면 그것을 걸어두고[掛] 축하식을 올린다는 뜻에서 나온 말로, 일종의 진급식임 - 학부모들은 경제력에 따라 잔치를 베풀어 서당 학생들 및 촌락 주민들과 함께 회식을 함 - 가난한 학부모라고 할지라도 자식이 『천자문』을 끝내면 꼭 괘책례를 행했다고 함
장원례 (壯元禮)	- '강(講)날'이라는 시험일에 장원으로 선발되어 동학들과 촌락 노인, 유지들을 초청하여 예를 베푸는 행사임 - 장원한 학생에게는 필묵과 종이 등의 상품 수여와 함께 특별대우가 이루어졌는데, 무엇보다 장원례를 베푸는 그 자체를 학생과 학부형 모두 큰 명예로 여겼음
백일장 (白日場)	- 인근의 서당들이 연합하여 시행하거나 향교가 주최하여 실시한 큰 행사임 - 백일장에서 장원을 하는 것은 서당 전체의 명예였으므로, 여기에 대비하는 특별지도가 이루어지기도 함

위의 행사들을 통해 전통 서당수업에서는 인지·정서·행동의 통합이라는 교육적 효과를 얻을 수 있었다. 강은 결코 단순 암기가 아니다. 처음에는 한문의 문리(文理)를 깨치기 위해 경전 구절들을 반복해서 외우지만, 이 행위의 진정한 목적은 그 구절들이 품고 있는 도덕적 의미를 성찰하는 데 있다. 이것은 경전 구절들의 뜻이 고정적이지 않으며, 강을 하는 학생들의 인지 능력이나 처한 상황 등에 따라 다양하게 해석될 수 있다는 점에서 더욱 그러하다. 그리고 이 과정을 거쳐서 내면화된 가치·덕목들은 학생들이 윤리적 문제 사태에 직면하였을 때 자발적으로 도덕적 행동을 할 수 있게 하는 동기로 작동한다. 그런데 이런 강의 인지·정서적 효과와 연결되는 맥락에서, 위 행사들은 서당 학생들이 배워왔던 경전 및 예법의 내용들을 직접 실천해볼 수 있는 장(場)으로 기능했던 것이다. 다시 말해, 강을 통과할 경우 얻게 되는 자신에 대한 '신뢰'와 '명예', 경쟁 과정에서도 변함없이 유지해야 하는 동료들 간의 '우애', 스승과 어른에 대한 '공경' 등을 몸소 실천해 볼 수 있는 기회였다는 것이다. 괘책례, 장원례, 백일장은 분명 한 마을을 떠들썩하게 만들었던 큰 잔치였다. 그러나 동시

에 도덕적 심성의 확충을 꾀할 수 있는 훌륭한 훈육의 시·공간이었다는 점에 더 주목해야 할 것이다.

이 절에서 세 번째로 살펴볼 내용은 '상벌에서의 훈육'이다. 실제 상벌은 훈육과 분리하여 생각할 수 없는 것으로, 이것은 전통 서당수업도 예외일 수 없다. 1900년대 초·중반에 서당 생활을 직접 경험한 사람들을 대상으로 한 구술 연구를 검토해 보면 주목할 만한 부분을 발견할 수 있다. 그들은 상보다는 벌에 대한 기억을 더 확실하게 떠올렸던 것이다. 이때 그 기억을 안 좋게 말하는 사람들도 있었으나, 면담자의 대부분이 벌의 필요성과 스승에 대한 감사의 마음을 먼저 떠올렸다(이항재, 1996: 161~174; 피정만, 2011: 117~121). 이것은 '공교육의 실패'니 '교권의 추락'이니 하는 말들이 낯설지 않은 현재 상황에서 분명 유념해야 할 부분이다.

사실 전통 서당수업의 상은 훈장의 칭찬이나 학용품 수여를 제외하면 특별한 것이 없었다. 그러나 벌은 상당히 체계화되어 있었는데, 이는 벌이 미치는 긍정 혹은 부정적인 결과에 대해 옛 학자들 역시 매우 고심했다는 것을 뜻한다. 조선의 중요 『학령(學令)』들을 근거로 서당을 포함한 당시 학교들에서 시행한 벌을 개략적으로 정리하면, 벌의 사유로는 태만, 결석, 부정, 성적, 언어, 행동, 심성 등에 따른 세부 항목들이 있었고, 벌의 방법으로는 마주하여 책망하는 면책(面責), 출석을 정지시키는 손도(損徒), 기숙사에서 내쫓는 출재(黜齋), 학교에서 제명시키는 삭명(削名), 과거 시험을 못 보게 하는 정거(停擧), 군적 면제 혜택을 취소하는 군적(軍籍) 편입 등이 있었다.

이외에도 다양한 내용들이 있으나, 여기에서는 '선악적(善惡籍)'에 대해서만 살펴보고자 한다. 선악적은 지금의 생활기록부와 유사한 것으로, 15세기에는 '선벌적(善罰籍)'이라는 이름으로 불리다가 16세기 이후 선악적으로 일반화되었다(박현준, 2012: 38~40). 이 장부들은 이이(李珥, 1536~1584)의 『학교모범(學校模範)』에도 등장하는데, 관련 내용은 다음과 같다.

① 유생들 중에 마음을 보존하고 몸을 단속하며, 이 책을 항상 준수하고 학문이 날로 발전하여 두드러지게 칭찬할만한 자가 있으면, 회의할 때 모두에게 물어 동의를 얻어 '선적(善籍)'에 기입한다.[4]

② 만일 유생 중에 학규를 준수하지 않거나, 향학심이 독실하지 못하여 헛되이 놀며 날을 보내거나, 몸가짐을 삼가지 않고 놓친 마음을 되찾지 못하거나, (…중략…) 등등의 잘못은 벗들이 보고 듣는 대로 서로 바로잡도록 경고하되, 고치지 않을 때에는 장의(掌議)와 유사(有司)에게 고하여 모임에서 드러내어 꾸짖는다. 만약 그래도 고치지 않은 채 강하게 반박하고 불복할 때는, 작은 허물의 경우는 자리에서 내쫓고 큰 허물의 경우는 사장에게 고하여 기숙사에서 내쫓은 뒤 '악적(惡籍)'에 기입한다.[5]

이처럼 선악적은 학생들의 선행과 악행을 선적, 악적이라는 두 개의 장부에 나누어 적는 것이다. 그런데 보다 유념해야 할 부분은 이 선악적의 활용법이다. 첫째, 선악적은 다른 학당들이나 관아와 공유되기도 하였는데, 이것은 선행은 장려하고 악행은 철저히 막고자 학교와 지역 사회가 긴밀하게 협조했음을 보여주는 것이다. 같은 맥락에서 선악적은 과거 응시의 자격을 판별하는 기준으로 사용되기도 하였다. 즉, 악적에 나쁜 기록이 많이 남아 있다면 과거 시험에 응시할 수 없었다는 것이다(김경용, 2012: 122~129).

둘째, 악적에 기록된 내용들은 지울 수 있었다. 사실 선적과 악적 중에 더 큰 문제가 되는 것은 악적이다. 그러나 당시에 악적을 활용했던 근본적인 이유는 학생들의 도덕적 심성의 확충에 있었다. 따라서 학생이 더 이상 악행을 저지르지 않을 경우, 예전의 기록은 무의미하게 된다. 이이도 이 점을 중요하게 여겼기 때문에, "학당에서 쫓겨난 이후라도 마음을 바꾸고 허물을 고쳐서 선을 지향하는 자취가 나타나면 다시 학당의 입학을 허가하고 악적에 적은 이름을 지운다"[6]라고 하였던 것이다. 심지어 그는 '삭명' 같은 중대 처벌을 받은 자라고 할지라도, 선을 지향하는 자취가 뚜렷해지면 다시 입학을 허용할 수 있다고 하였다.

셋째, 선악적의 기록 범위는 수업 시간을 넘어 전반적인 학교생활이며, 선악적의 기록 주체는 동료 학생들을 포함하였다. 이 사실은 다음과 같은 기록에 잘 나타나 있다.

한 사람의 직일(直日)로는 서당 안의 허다한 사람들의 선악을 살필 수 없으니, 지금부터는 두 사람의 직일을 정하기로 한다. 두 사람은 각각 장부를 쓰는데, 크고 작은 일들을 빠뜨리지 말아야 하며, 안면에 구애되지 말고 하나하나 반드시 적어야 한다. 석강(夕講) 후 강석(講席)에서 제출하여 서로 대조하고 난 다음에 비로소 일기에 적도록 한다. 만약에 양 직일이 주저하여 적지 않는다든가, 한 사람은 상세하고, 한 사람은 상세하지 못하여, 혹 몰래 훔쳐보고 일치시키고자 하는 자는 그 정도에 따라 벌을 준다(盧相稷, 노재찬 외 역, 2013: 85).

인용문은 노상직(盧相稷, 1855~1931)의 『자암일록(紫巖日錄)』 내용 중 일부이다. 자암(紫巖)서당은 구한말 경남 밀양에 건립된 서당으로, 그 규모와 상세한 운영 기록으로 인해 학계에서 몇 차례 조명된 바 있다.[7] 그런데 위 글에 나타난 것처럼 선악적의 기록 범위는 학생들의 소소한 학교생활 전체였으며, 때로는 가정생활과 같은 학교를 벗어난 부분까지도 포함하였다. 또한 매일 바뀌는 두 명의 일일 반장[直

비]이 각각 선악적을 기록함으로써, 평가가 한 쪽으로 치우치지 않고 공정성을 확보할 수 있도록 하였다.

이상에서 살펴본 선악적의 활용은 전통 서당수업의 상벌 체계가 훈육과 매우 밀접하게 연결되어 있었음을 잘 보여주는 것이다. 또한 앞서 살펴본 강, 놀이, 행사 역시 모두 상벌 체계와 연관된다는 점에서, 전통 서당수업에서 이루어진 훈육의 치밀성을 다시 한 번 확인할 수 있다. 요컨대 서당수업에서의 훈육은 가정-학교-지역 사회의 연동 아래, 스승과 동료들의 연대 평가를 통해 이루어졌다. 그리고 이것은 서당의 학생들로 하여금 자신의 내·외부에 존재하는 수많은 도덕적 시선들을 의식하게 함으로써 스스로의 몸가짐과 마음가짐을 항상 되돌아보게 하였고, 궁극적으로는 공동체적인 삶의 양식을 자발적으로 체득하는 데 기여하였을 것으로 보인다.

이 절에서 끝으로 살펴볼 내용은 '공간에서의 훈육'이다. 전통 선비들이 자신의 주거와 강학(講學) 공간에 큰 관심을 보였다는 것은 잘 알려진 사실이다. 부유하던 그렇지 않던 그들은 생활공간 전체를 하나의 체계 속에서 종합적으로 논의하는 데 상당한 노력을 들였다. 보다 구체적으로 말해, 그들은 수양과 공부에 적합한 자연 환경을 선택하여 완성도 높은 미학(美學)을 체현하는 건축과 조경으로 꾸몄고, 그 공간을 다시 문학이나 회화로 재구성하기 위해 많은 고심을 했다는 것이다(안대회, 2007: 24). 이 고심의 대상에는 자신이 스승이 되어 학생들을 가르쳤던 서당도 포함된다.

서당 관련 문서들을 검토하거나 조선시대부터 명맥을 유지해 온 서당들을 방문해 보면, 작은 규모의 경우에는 서당 건물과 자연 환경의 조화에 충실하고자 하였고, 큰 규모의 경우에는 서당을 구성하는 건물들의 이름과 배치까지도 신경 썼음을 확인할 수 있다. 조목(趙穆, 1524~1606)의 월천(月川)서당, 김융(金隆, 1525~1594)의 두릉(杜稜)서당,

이만부(李滿敷, 1664~1732)의 노동(魯東)서당 등은 전자에 속하고, 이황 (李滉, 1501~1570)의 도산(陶山)서당, 노상직의 자암서당 등은 후자에 속한다. 이 절에서는 이 중 이만부의 노동서당과 이황의 도산서당에 대해서만 간략하게 살펴보도록 하자.

먼저 이만부는 서당을 둘러싸고 있는 자연 환경을 대단히 중요하게 여김으로써, 유가에서 지향하는 인간의 자연화·자연의 인간화, 즉 천인합일(天人合一)을 실현하고자 하였다. 다음은 이만부의 '노동서당 팔경(魯東書堂八景)' 가운데 '병산추월(屛山秋月)'과 '노음낙조(露陰落照)' 라는 두 편의 시이다(정순우, 2013: 406에서 재인용).

① 사벌국(현 상주 지방의 삼한 시대 소국) 옛 성의 무너진 성가퀴엔
   저 멀리 늦가을 빨갛게 익어 가네.
   옛 달 산마루로 두둥실 떠올라
   사람의 발길 따라 둥글게 맴도네.
② 숲 너머 붉은 해가 서산을 물들이니
   뾰족한 산봉우리 부챗살을 펼친 듯.
   시원한 저녁 공기 너무도 좋아
   한가한 마을을 가득히 덮는구나.

위 시들에서 잘 나타나는 것처럼, 이만부는 노동서당을 통해 자연과 하나가 된 환경을 조성하여 서당 학생들이 유가의 함양(涵養)·체찰 (體察) 공부에 전력할 수 있도록 하였다. 요컨대 학생들은 이 공간에서 이만부가 강조했던 서당의 필수 여덟 가지 일들을 통해 도덕적 심성의 확충을 꾀하였던 것이다.[8] 이렇게 보자면, 서당 건물과 자연 환경의 조화는 서당 안에서 훈육이 제대로 이루어지기 위한 기본 전제였다고 할 수 있다. 그리고 이 점은 이황의 도산서당에서 한층 두

드러지게 나타난다.

현재의 도산서원은 이황 사후 여러 시설을 증설한 것이며, 그의 생존 시 건립된 건물은 도산서당 본채와 농운정사(隴雲精舍), 역락서재(亦樂書齋)의 세 개 건물뿐이다. 도산서당의 건립 과정과 전후 사정은 이황의 『도산기(陶山記)』에 상세히 기술되어 있으므로 생략하고, 여기에서는 도산서당 내·외부 공간에 붙여진 이름과 공간 배치를 중심으로 논의를 전개할 것이다. 우선 다음의 시를 살펴보자.

> 위대한 순(舜)임금은 직접 질그릇 구우면서도 즐겁고 편안해하였고,
> 도연명(陶淵明)은 몸소 밭 갈면서도 얼굴에 기쁨이 가득하였네.
> 성현들의 심사를 내 어찌 알겠는가마는,
> 흰머리 되어 돌아와 『시경(詩經)』의 '고반(考槃)' 편을 읊노라.[9]

인용문은 이황이 도산서당과 관련된 시들을 엮은 『도산잡영(陶山雜詠)』의 첫 번째 시인 '도산서당'이다. 그는 이 시를 통해 이곳에서의 공부가 지향하는 바를 직접적으로 밝히는데, 즉 유가를 대표하는 성현인 순임금과 전원적인 삶을 살았던 도연명을 학문과 인생의 목표로 내세우고 있는 것이다. 이것은 다음 쪽의 〈표 1-2〉에 나타난 것처럼, 이황이 도산서당 내·외부 공간에 붙인 이름 및 관련 내용들을 통해 다시 한 번 확인할 수 있다(박균섭, 2001: 266~279).

이황은 도산서당 내부의 완락재에서 독서와 신독(愼獨) 공부를 하였고, 암서헌에서 학생들을 가르쳤다. 농운정사는 공부의 '工'자 모양으로 짓되, 학생들의 자율적인 공부방을 시습재라고 부르고, 지숙료와 관란헌에서는 취침이나 명상을 할 수 있게 조성하였다. 그는 건물들의 배치까지도 고민하였는데, 유가의 예제(禮制)에 따라 도산서당과 농운정사, 역락서재 모두 당(堂)의 방향을 정남향으로 설정하

<표 1-2> 도산서당 내·외부의 공간명과 의미

구분			내용
도산서당 내부	도산서당 본채	완락재 (玩樂齋)	도산서당 한가운데의 온돌방으로 주희(朱熹, 1130~1200)의 "완상하여 즐긴다(樂而玩之)"라는 글귀에서 차용함
		암서헌 (巖棲軒)	도산서당 동편의 마루방으로 주희의 "바위에 기대어 (학문의) 조그만 효험이라도 바란다(巖棲冀微效)"라는 글귀에서 차용함
	농운정사	시습재 (時習齋)	학생들이 공부하는 방으로 공자의 "배우고 때로 익히면 또한 기쁘지 아니한가(學而時習之, 不亦說乎)"라는 글귀에서 차용함
		지숙료 (止宿寮)	학생들이 기숙하는 방으로 외부적 규율이나 구속이 아닌 생활과 윤리의 내재적·자율적 실천을 전제로한 공간임
		관란헌 (觀瀾軒)	학생들이 낙동강의 흐르는 물을 굽어볼 수 있는 마루로 현상에 머무르지 않고 원천을 둘러보는 예지 터득의 공간임
도산서당 외부	정우당(淨友塘)		도산서당 동쪽의 연못으로 주돈이(周敦頤, 1017~1073)의 '애련설(愛蓮說)'의 영향으로 연꽃을 심었음
	몽천(蒙泉)		정우당 동쪽 산기슭의 샘물로 『주역(周易)』'몽괘(蒙卦)'의 영향을 받음
	열정(冽井)		도산서당 남쪽 산속의 돌우물로 『주역』'둔괘(屯卦)'의 영향을 받음
	절우사(節友社)		몽천 위 산기슭의 화단으로 매화·대나무·소나무·국화 등 군자 관련 화초들을 심음
	유정문(幽貞門)		도산서당의 싸리문으로 '그윽하고 바르다[幽貞]'는 뜻을 통해 일상 속 도덕을 강조함
	곡구암(谷口巖)		도산서당에 이르는 동네 어귀로 난초를 심음으로써 위기지학(爲己之學)을 상징함

였다(김연호, 2008: 217~218). 결국 이황이 의도했던 바는 유가의 공부법을 최대한 활용할 수 있는 환경을 꾸미는 것이었다. 그리고 각 공간들에 유가적 의미의 이름까지 부여함으로써 그 의도를 완성했던 것이다. 이런 점은 도산서당의 외부에도 그대로 적용되는데, 몽천과 열정 등의 작명은 『주역』의 괘들과 연관이 있으며, 정우당, 절우사, 유정문, 곡구암 등의 작명은 군자를 상징하는 화초나 단어들과 연관이 있다.10)

이와 같이 이황은 도산서당의 내부와 외부 공간에 다양한 유가적 의미를 부여하고 건물들의 배치까지도 고려함으로써, 그 자신과 학생들의 도덕적 심성을 적극적으로 확충하고자 하였다. 다시 말해, 그는 도산서당을 인간과 자연의 조화, 내외와 상하의 상응이 이루어지는 소우주로 만들고자 하였던 것이다. 이렇게 보자면, 도산서당을 중심으로 한 수양·공부의 공간은 인간과 자연이 유기적 접속을 이루는 참된 윤리적[聖] 공간이자, 자연 안에서 일상생활과 교육이 조화를 이루는 생태적 공간이다(박균섭, 2011: 284; 안경식, 2008: 146). 물론 모든 서당들이 이만부의 노동서당이나 이황의 도산서당 같은 공간적 성격을 지녔다고 말할 수는 없다. 대다수의 서당들은 훈장의 생계를 위한 임시 거처에 마련되었고, 향촌 유력자들의 방 한 칸을 서당으로 차리는 경우도 종종 발견된다. 하지만 윤리적이고 생태적인 성격을 뚜렷하게 보여주는 서당들도 적지 않았음에 주목해야 한다. 그리고 이 공간들에서 행해졌던 전통 서당수업은 이미 그 자체로 훈육의 참 목표인 도덕적 심성의 확충을 이루어내도록 설계되었다는 점도 간과되어서는 안 될 것이다.

이상으로 이 절에서는 전통 서당수업을 지배하던 생활지도원리인 훈육을 살펴보았다. 여기서 훈육이란 가르치고 잘 돌보아 학습자들이 도덕적 심성을 확충할 수 있도록 길러주는 것이었다. 그리고 이런 의미의 훈육은, 도덕적 마음가짐을 장려하는 '놀이', 인지·정서·행동의 통합적 효과를 꾀하는 '행사', 가정-학교-지역 사회의 연동 및 서당 전 구성원의 연대 평가를 통해 이루어진 '상벌', 서당과 자연 환경의 조화를 통해 천인합일을 추구하는 '공간', 이 모두를 관통하는 것이었다. 이어지는 장에서는 지금까지 살펴본 강과 훈육의 초등도덕교육적 함의를 고찰하도록 하자.

4. 강과 훈육의 초등도덕교육적 함의

이 절의 첫 번째 내용은 강을 초등학교 도덕수업에 적용하는 방법론과 관련된다. 제2절에서 살펴본 것처럼, 강은 경전 구절에 내포된 가치·덕목의 철저한 이해를 일차적 목표로 하는 완전학습이자, 그것을 학생의 능력에 맞추어 시행하는 개별학습이다. 이 부분에 초점을 맞춘다면, 강은 가치·덕목에 대한 직접적인 교수학습방법으로서 매우 적합하다고 할 것이다. 일례로 현재 초등학교 6학년 『도덕』의 '6. 용기, 내 안의 위대한 힘'에서는, 용기와 관련된 내용을 ⓐ 용기의 중요성, ⓑ 진정한 용기, ⓒ 용기로 이루는 가치 있는 삶으로 나누어 가르치고 있다. 교사가 재구성할 수 있는 내용이 풍부하여 다양한 수업이 가능할 것으로 예상되지만, 어떤 부분에 강조점을 두어 용기를 가르쳐야 하는지 정확하지가 않다는 것은 문제점으로 지적할 만하다. 이때 〈표 1-3〉의 내용과 같은 짤막한 구절의 암송을 통해, 용기라는 가치·덕목의 이해와 관련하여 보다 높은 도덕교육적 효과를 얻을 수 있을 것으로 기대된다.

특정 가치·덕목에 대한 소개와 해설 이후 해야 할 일은, 학생들이 그것을 비판적인 관점에서 성찰할 수 있도록 하는 것이다. 왜냐하면

〈표 1-3〉 강을 활용한 가치·덕목교육(예: 용기)의 구절 예시 1

원문	子曰, "知者不惑, 仁者不憂, 勇者不懼."(『論語』「子罕」)
국역	공자가 말하기를, "지혜가 있는 자는 의심하지 않고, 어진 자는 근심하지 않으며, 용기 있는 자는 두려워하지 않는다."
해설	'용기'는 도덕적 행동을 해야 하는 순간에 그것을 미루지 않는 것이다. 그런데 용기는 '지혜'와 '어짊'의 두 가지 가치·덕목이 함께 운용되어야 완성된다. 여기서 지혜란 용기가 너무 적거나 많아서 '비겁함' 혹은 '만용'으로 치우치지 않게끔 해 주는 것이다. 그리고 어짊이란 지혜로운 판단과 용기 있는 행동의 습관화를 통해 확충되는 도덕적 심성이다. 그래서 공자는 지혜·어짊·용기의 세 가지를 군자의 삼덕(三德)이라고 강조하였다.

우리 사회에서 중요하게 여기는 가치·덕목의 충실한 소개 위에 여기에 대한 비판적인 관점까지 길러주어야만, 비로소 '도덕적 사회화'와 '자율적인 도덕 판단 능력의 향상'이라는 도덕교육의 두 목표를 충족시킬 수 있기 때문이다. 그런데 전통 서당수업의 강은 이 부분에 있어서도 기여할 수 있는 바가 있다. 사실 강에 대한 가장 큰 오해는 이 방법을 단순 암기로만 보고 있다는 점이다. 하지만 암기라는 일차적 목표를 넘어 강이 지향하는 궁극적 목표는, 암송하는 사람이 경전 구절에 내포된 가치·덕목을 자신의 삶의 맥락 속에서 성찰토록 하는 것이다. 그리고 바로 이런 성찰이 도덕적으로 아는 것과 행동하는 것을 하나로 만들어주는 동기로 작동하게 된다. 가령 아래의 구절들은 도덕수업 시간에 배웠던 용기라는 가치·덕목을 어떻게 바라보아야 하는지 학생들 스스로 성찰할 수 있는 기회를 제공한다.

<표 1-4> 강을 활용한 가치·덕목교육(예: 용기)의 구절 예시 2

원문	① 子曰, "勇而無禮則亂."(『論語』「泰伯」) ② 子曰, "好勇不好學, 其蔽也亂."(『論語』「陽貨」) ③ 子曰, "仁者必有勇, 勇者不必有仁."(『論語』「憲問」)
국역	① 공자가 말하기를, "용감하나 예의가 없으면 혼란스럽다." ② 공자가 말하기를, "용기를 좋아하되 배우는 것을 좋아하지 않으면, 그 폐단은 어지럽게 되는 것이다." ③ 공자가 말하기를, "너그러운 사람은 반드시 용기가 있지만, 용기가 있는 자가 반드시 너그러운 것은 아니다.
해설	용기를 통한 도덕적 행동은 분명 중요한 것이나, 그 표현 방식이 보편적 규범과 사회적 예의범절에 지나치게 어긋난다면, 그것은 또 다른 문제를 야기한다. 그러므로 사리와 예의를 배우고 고민해야만, 용기가 혈기에 의한 만용이 되지 않는 것이다. 또한 용기는 도덕적 심성의 확충에 있어 핵심 요소이지만, 그 자체로 완성된 가치·덕목은 아니라는 점에도 유의해야 한다.

이상에서 살펴본 가치·덕목교육의 효용 이외에, 강은 학생들의 정서함양과 관련해서도 초등학교 도덕수업에 함의하는 바가 크다. 강

은 결국 경전의 구절을 보면서 낭독하여 자신의 귀에 익숙해지도록 하는 암기 방법의 일환이다. 그런데 이 과정에서 글자와 내용의 특색에 맞추어 운율을 살려 노래하듯이 읽으며, 그 운율에 따라 신체를 흔드는 활동이 중심이 된다. 실제 〈표 1-3〉과 〈표 1-4〉에 소개된 내용들을 살펴보면, 구절들이 대체로 4~6글자로 편성되어 운율을 넣기가 용이함을 알 수 있다. 만일 도덕수업에서 가르치려는 가치·덕목과 관련된 경전 구절들을 율동이 곁들어진 강을 통해 노래처럼 할 수 있다면, 고전이 제공하는 특유의 심정적이고 내면적인 감동에 근거하여 학생들을 올바른 정서함양의 장으로 유도할 수 있을 것이다.11) 또한 학생들이 직접 소리를 냄으로써, 하루의 상당 시간을 학교에 머물면서 쌓였을 감정적·정서적 찌꺼기들의 분출에도 도움이 될 것으로 기대된다(김경수, 2000: 83). 물론 학생들은 예체능 관련 교과들을 통해 여러 감정과 정서들을 분출한다. 그러나 교과의 특성을 고려할 때, '도덕적인' 감정과 정서들을 발산, 고양시키는 것은 도덕수업에서 이루어져야 할 것인데, 이런 부분과 관련하여 전통 서당수업의 강이 일정한 시사점을 지닌다는 것이다.12)

이 절의 두 번째 내용은 훈육에 대한 새로운 이해와 관련된다. 일반적으로 훈육은 성인에 의한 규범 유지 및 습관화와 관련된 벌·보상의 강제적 사용이라는 부정적 의미를 지니고 있어 교육적 관점에서 종종 회피되었다. 또한 훈육에서 엿보이는 교사-학생의 관계 역시 명령과 복종 및 보상과 처벌을 연상시킴으로써, 훈육을 인격 함양이나 도덕성 함양과는 거리가 있는 것으로 취급하게 만들었다(주향란·손경원, 2012: 272). 그런데 최근, 도덕적 주체와 공동체의 회복을 위해서는 훈육을 새롭게 바라볼 필요가 있고, 이런 전제하에 ⓐ 아동에 대한 신뢰를 통한 도덕적 주체의 발견, ⓑ 아동의 발달 특성에 대한 올바른 이해, ⓒ 구성주의적 접근을 통한 능동적 배움, ⓓ 교육적 피드백을 통한 도덕적 상호 작용, ⓔ 도덕 공동체의 구성이라는 지향점들이 훈육에 반영되어야 한다는 주장이 제기되었다(이정렬, 2013: 267~278). 필자는 도덕교육에서 훈육이 지향해야 할 다섯 가지 방향에 적극 공감한다. 하지만 위 주장에는 그 내용들이 반영된 훈육의 실제가 언급되지는 못했다는 아쉬움이 남는다. 바로 이 부분에서 전통 서당수업의 훈육이 지니는 시사점을 제시할 수 있다.

제3절에서 살펴본 것처럼, 전통 서당수업의 훈육이란 학생들의 도덕적 심성을 확충시키는 데 근본적인 목적을 둔다. 그리고 이런 목적이 놀이와 행사, 상벌과 공간을 통해 수업이라는 현상으로 구체화되는 것이다. 이 과정에서 전통 서당수업은 학생들의 내면에 있는 '선한 단서[善端]'에 대한 신뢰로 가득하다. 왜냐하면 그것이 바로 유가의 인간관이기 때문이다. 그리고 이 선한 단서가 단지 존재하는 수준에 머무르지 않고 싹이 터서 보다 높고 크게 자랄 수 있게끔 하는 것, 즉 도덕적 주체의 완성을 위한 초석을 마련해 주는 것이 전통 서당수업이 지향했던 목표이다.

한편 전통 서당수업은 신분, 나이, 시간의 제한을 초월한 장소였다. 조선은 확실한 신분제 사회였지만, 서당만큼은 천민의 자제들까지도 입학할 수 있었다. 또한 입학 연령인 7~8세뿐만 아니라 15~16세의 학생들, 때로는 20~25세의 학생들이 같이 공부하였으며, 이런 다양한 구성원들이 훈장과 접장의 지도 아래 하루 대부분을 함께 생활하였다(우남희, 2001: 144~146). 여기에서 학생들은 자신의 역량에 맞추어 교재를 학습해 나감과 동시에, 경전 구절에 대한 서로 다른 견해들을 교환함으로써 도덕적 사고의 발달을 꾀할 수 있었다. 그리고 여러 계층과 연령대의 학생들이 오랜 시간 함께 지내면서, 예법에 익숙하거나 나이가 많은 학생들이 보여주는 모범적인 행동들을 여타 학생들이 자연스럽게 익히게 되는 효과도 있었다. 이렇게 보자면, 전통 서당수업은 학생의 능력과 발달 특성에 따른 개별 교육, 능동적인 도덕적 성찰의 강조, 교육적 피드백의 활용 등이 일정 수준 이상으로 매끄럽게 통합되어 있던 장소라고 할 수 있다.

끝으로 전통 서당수업의 공간적 측면에 반영된 훈육적 특징에도 주목해야 한다. 특히 도산서당이나 자암서당 같은 곳은 그야말로 자연과 일상과 교육이 조화를 이룬 공간이었다. 그리고 그 조화의 완성을 위해 만물의 이치[萬物生生之理]가 일상에서 구현되는 모습을 확인할 수 있도록 서당 건물을 배치하고, 거기에 도덕적 의미를 재확인할 수 있는 이름까지 부여했던 것이다(안경식, 2008: 146). 이것은 큰 서당에만 해당하는 것이 아니었다. 작은 서당일지라도 계절에 따른 교육내용의 변화 및 자연과의 소통을 위한 행사들을 적극 활용하였다. 전통 서당수업의 이런 모습은 넓게는 현대의 학교라는 공간에 대해, 좁게는 도덕수업이 이루어지는 교실이라는 공간에 대해 다시 한 번 생각해 보게끔 한다. 현재 『도덕과 교육과정』에는 도덕적 주체와 자연·초월적 존재의 관계를 모색하는 부분이 제4영역으로 자리하고 있다. 그리고 초등학교 단계에서 이 영역을 채우는 내용들은 ⓐ 생명의 소중함, ⓑ 자연 사랑과 환경 보호, ⓒ 참된 아름다움, ⓓ 사랑과 자비 등이다(교육과학기술부, 2012: 13~14·18). 물론 교과서의 내용과 교사의 노력에 따라 이 영역과 관련된 학습내용별 성취 기준은 훌륭하게 달성될 수 있다. 그러나 전통 서당수업의 공간적 성격과 그 안에서 이루어진 훈육은, 도덕적 주체로서의 어린 학생들이 자연·초월적 존재와 보다 적극적으로 도덕적 관계를 형성토록 하는 데 적지 않은 방법적 시사점을 제공한다.

이상으로 이 절에서는 전통 서당수업의 강과 훈육이 내포하는 초등도덕교육적 함의를 살펴보았다. 최근 시행된 한 인성지수 검사에서, 여러 학교급별 학생들 가운데 초등학생들이 가장 높은 점수를 획득하였다는 결과가 발표되었다(손경원, 2013: 112). 그런데 여기서 주목해야 할 부분은 중학생들과 고등학생들의 인성지수에 있다. 중학생들의 인성지수는 사회성·도덕성·정체성의 모든 측면에서 크게 낙하하였고, 고등학생들의 인성지수는 소폭 상승하지만 결코 초등학생들 수준으로 회복하지는 못하였다. 이 검사가 우리 초등학교 도덕교육에 시사하는 것은, 초등학생들이 확보하고 있던 인성 요소들의 수준을 더욱 공고히 하여 중학교로 진급하도록 만들어야만 한다는 바로 그것이다. 그리고 이는 초등학교 도덕교육이 보다 밀도 있게 구성되어야 한다는 요청으로 이어진다. 필자는 이 요청과 관련하여 전통서당수업의 교수학습방법과 생활지도원리가 초등도덕교육적 함의를 지닌다고 본 것이다. 전자를 대표하는 '강'은 가치·덕목교육 및 정서함양교육에 대한 시사점을 보여주고 있으며, 후자를 대표하는 '훈육'은 도덕적 주체와 공동체의 완성이라는 도덕교육의 궁극적 목표의 달성에 기여할 수 있는 바가 있음을 확인하였다.

5. 오래된 미래로서의 전통 서당수업

지금까지 이 장에서는 '전통 서당수업의 교수학습방법 및 생활지도원리가 지니는 초등도덕교육적 함의'를 밝힌다는 목적 아래 논의를 진행하였다. 우선 전통 서당수업의 대표적 교수학습방법인 '강'에 주목하였다. 강은 경전 구절을 단순 암기하는 것이 아니라, 입과 눈, 마음으로 읽으면서 경전 구절에 함의된 도덕적 의미를 학생 자신의 삶의 맥락 속에서 성찰하도록 하는 데 목적이 있었다. 그리고 이것은 현대 초등도덕교육과 관련하여, 가치·덕목교육 및 정서함양교육에 시사하는 바가 있었다. 다음으로 전통 서당수업의 전 분야를 관통하던 생활지도원리인 '훈육'을 살펴보았다. 여기서 훈육이란 교정 혹은 처벌 등과 연관된 부정적인 의미가 아니라, 가르치고 잘 돌보아 학습자들이 스스로의 도덕적 심성을 확충할 수 있도록 길러주는 것이었다. 그리고 이것은 현대 초등도덕교육과 관련하여, 도덕적 주체 및 공동체의 완성이라는 측면에서 훈육을 좀 더 새롭고 폭넓게 이해하는 데 도움을 제공하였다.

제1장을 통해 필자는 전통 서당수업의 강과 훈육이 현대 초등도덕교육의 내용 및 방법을 보다 풍부하게 만들 수 있는 실마리를 제공한다고 주장하였다. 그러나 이런 주장이 전통 서당수업만이 해법이라는 것은 결코 아니다. 또한 이 장에서 살펴본 내용들을 도덕수업의 현장에서 실제로 구현하려면, 다음과 같은 과제들이 남아 있다. ⓐ강의 경우, 암기가 궁극적인 목적은 아니더라도 필수적인 과정이기에, 그 실천 과정에서 발생하는 교사와 학생들의 노력을 좀 더 효율적으로 사용할 수 있는 최소한의 매뉴얼이 필요하다. ⓑ그리고 전통 서당수업에서 행해진 훈육의 경우, 이것은 유가적 기풍 아래 동일한 교사와 학생들이 오랜 시간 함께 있을 수 있었던 그 시·공간에서나 가능한 방법이었는지도 모른다. 그러므로 현대의 도덕교육적 상황에 맞추어 변용시킨 구체적인 방안들이 필요하다. 이상의 과제들은 필자의 차후 연구 방향이 될 것이다.

도덕교육을 포함한 교육의 전 국면에서 '인성교육'에 대한 목소리가 높아지고 있는 상황과는 반대로, 우리 아이들의 인성에 대한 믿음은 점점 더 흔들리는 상황으로 나아가고 있음을 쉽게 부정할 수 없다. 이러한 때, 내면화된 가치·덕목의 창으로써 세상을 바라볼 수 있게 했던 강과 아이들의 도덕적 심성에 믿음을 두고 그것의 확충을 위해 교육의 모든 영역에서 시행되었던 전통 서당수업의 훈육은 현재의 도덕교육에 '오래된 미래'를 보여주는 것이 아닐까.

1) '강독'이 서적들을 배우고 읽으며 암송하는 과정적 측면에 초점을 맞춘 용어라면, '강'은 배운 내용을 외우고 평가받는 행위적 측면에 초점을 맞춘 용어이다.

2) 전통 서당수업에서의 훈육이 체벌과 연관되어 있었음을 부정할 수는 없다. 그러나 서당의 체벌은 '달초(撻楚)'라 하여 학부모의 요청에 의해 이루어진 경우가 대부분이었고, 학생 역시 이것을 감사하게 생각하는 경우가 많았다. 또한 훈장은 학생이 잘못을 했을 경우에도 즉시 체벌을 가하지 않았다. 다시 말해 학생 스스로 회초리를 준비할 수 있는 시간을 줌으로써, 훈장은 노여움을 누그러뜨리고 학생은 자신의 잘못을 되짚어 볼 수 있는 정신적 여유를 두었던 것이다(박래봉·김정일, 1981: 23~24; 김용동, 1984: 48~49). 그래서 이만규(2010: 270)는 서당으로 대표되는 조선 아동교육의 훈육법에 대해 "관용과 엄격을 적당히 조절하고 아동의 심리를 잘 알아 효과 있게 하였다"라고 평가하였다.

3) 이외에도 율창(律唱), 시조창, 영가무답(詠歌舞踏), 골무딤, 전법(戰法), 사(射), 쟁경도(爭競圖)놀이, 관등(觀燈)놀이, 운자(韻字)놀이, 글자 맞추기 놀이, 괘자(卦字)놀이, 글자 모둠 놀이, 팔족(八足)놀이, 자마(字馬)놀이, 파자(破字)풀이 놀이, 수가지 놀이, 사방치기 놀이, 곤셈 놀이, 의병 놀이, 단자(單子)들이기 놀이 등이 있다. 그러나 이 가운데에는 이름만 전해져 오는 것들도 적지 않다.

4) 『栗谷全書』卷15 『學校模範』: 諸生如有存心飭躬, 一遵模範, 學問將就, 表表可稱者, 則會議時, 詢于衆, 得僉可則書于善籍.

5) 『栗谷全書』卷15 『學校模範』: 如或諸生不遵學規, 向學不篤, 荒嬉度日, 持身不謹, 放心不收, … 如此過失, 朋友隨所聞見, 各相規警, 不悛則告掌議有司, 於衆會顯責之. 若猶不悛, 强辨不服, 則輕則黜座, 重則告于師長黜籍, 書于惡籍.

6) 『栗谷全書』卷15 『學校模範』: 黜齋之後, 革心改過, 顯有向善之迹, 則還許入齋而爻其籍.

7) 한상규(2001), 정순우(2003), 정우락(2007) 등의 연구를 참조할 수 있다.

8) 이만부는 '서당팔사(書堂八事)'라는 시를 통해, 매달의 읍강(揖講), 한가한 날의 토론, 당회에서의 향음례, 재실에 거하며 시에 화답하기, 여름의 과거 공부, 겨울의 경전 공부, 봄의 책 말리기, 가을의 수확하기 등을 서당의 필수 여덟 가지 일들로 강조하고 있다. 이상의 여덟 가지 일들에 대한 구체적인 해설은 정순우(2013: 408~415)의 연구를 참조할 수 있다.

9) 『退溪集』卷3 「陶山雜詠」: 大舜親陶樂且安, 淵明躬稼亦歡顏. 聖賢心事吾何得, 白首歸來試考槃.

10) 〈표 1-2〉에 함께 나타내지는 않았으나, 이황의 작명 방식은 도산서당의 원경(遠景)에

해당하는 천연대(天淵臺), 천광운영대(天光雲影臺), 반타석(盤陀石), 동취병산(東翠屛山), 서취병산(西翠屛山), 부용봉(芙蓉峯) 등에도 유효하다.

11) 강을 노래로서 활용하는 방법에는 크게 두 가지 경로가 있다. 첫째는 짧고 간단한 구절을 소리 내어 반복해서 읽게 하여, 학생 자신만의 고유한 강의 톤(tone, 音調)을 만들어 내도록 하는 것이다. 그리고 그렇게 만들어진 강의 톤을 이용해서 긴 구절들로 영역을 확장할 수 있다. 둘째는 이미 널리 알려진 잔잔하고 단조로운 리듬에 구절들의 음을 붙여서 읽는 것이다. 도덕수업의 현장에서는 후자의 방법이 더 실용적이라고 판단된다.

12) 이외에도 학습을 위한 평가, 학습 과정의 평가, 학습 과정에 참여한 사람들에 의해 이루어지는 평가, 도덕성에 대한 통합적 평가를 핵심으로 하는 '참 평가(authentic assessment)'와 관련하여(최신일, 2013: 322~330), 전통 서당수업의 강이 지니는 초등도덕교육적 함의를 제시할 수 있다. 그러나 지면 관계상 이 부분에 대한 논의는 차후로 미루고자 한다.

제2장

'사도(師道)·존사(尊師)'의 전통과 초등도덕교육

1. 사제지간의 쌍방향적인 관계

이 장의 목적은 우리의 유가적 전통에서 엿볼 수 있는 사도(師道)와 존사(尊師)의 기풍을 살펴보고, 이로부터 현대 초등도덕교육적 함의를 도출하는 것이다. 이러한 작업의 궁극적인 목적은 교권(敎權)이 크게 실추된 지금의 학교 교실에서 요청되는 올바른 '스승관'을 세우는 데 기여하고, 나아가 스승과 제자 사이에 성립되어야 할 '쌍방향적인 관계'란 어떤 것인지 고찰하는 데 있다.

현대를 살고 있는 우리들에게 학교는 어떤 공간으로 다가오는가? 이 질문에 혹자는 지금의 학교는 지식 습득의 장으로서도, 계몽의 공간으로서도, 심지어 신분 상승의 도구로서도 그 의미를 상실했으며, 같은 맥락에서 성장의 공간이나 삶의 공간으로서도 이미 제 역할을 잃었다고 답한다(엄기호, 2014: 25). 이 같은 지적이 다소 과도할 수 있을지라도, 대중매체를 통해 접하는 학교 상황이나 상당수의 교사와 학생들의 증언이 일정 부분 위의 혹평을 뒷받침하고 있다는 사실을 부정할 수는 없다.

그렇다면 공교육의 추락이나 수업 붕괴와 같은 용어들이 더 이상 낯설지 않게 되고, 그런 상황이 언제 어디서 자신에게 발생할지 몰라 걱정할 수밖에 없는 이 시대의 스승들이 할 수 있는 일은 무엇일까? 여러 실효성 있는 방안들이 있겠지만, 가장 시급한 일 가운데 하나는 근본으로 돌아가 스승이 가져야 할 스승관, 즉 '사도(師道)'를 재정립하는 일이라고 생각된다. 그러나 스승의 도는 결코 스승 한 사람에게서 완결되는 것이 아니다. 만일 올바르게 사도를 확립하고 실천하는 스승이 있다면, 그는 제자들에게 '존사(尊師)'의 예(禮)를 받아 마땅하며 때로는 그 의미를 적극적으로 설명할 수 있어야 한다.

사실 기존의 연구들이 대체로 사도를 강조하다보니, 사도와 짝을 이루어야 할 존사에 대해서는 제대로 조명하지 못한 경우가 잦았다. 하지만 사도와 존사는 떨어져서는 안 된다. 왜냐하면 사도는 존사의 전제이지만, 존사가 이행될 때에야 비로소 사도가 한층 강화되고 완성될 수 있기 때문이다. 따라서 사도를 재정립하는 일과 동시에 이루어져야 하는 작업은, 자라나는 아이들에게 존사의 참된 의미를 알려주고 체득(體得)할 수 있도록 기회를 주는 일이다.

이상의 목적을 위해 이 장에서는 우선 제2절과 3절을 통해 우리 문화, 특히 유가적 전통에서 발견되는 사도와 존사의 기풍을 살펴볼 것이다. 사도와 관련해서는 『예기(禮記)』와 『순자(荀子)』 및 한유(韓愈)의 「사설(師說)」 등 사도를 강조한 대표적인 유가 문헌들을 현대적인 관점에서 해석하고, 존사와 관련해서는 실제로 행해진 일상의 존사 예법과 조선 왕실의 입학례(入學禮)를 중심으로 논의할 것이다. 그리고 제4절에서는 이 '오래된 미래'로부터 도출할 수 있는 초등도덕교육적 함의에 대해서 고찰할 것이다.

2. 유가적 전통에서 나타나는 '스승의 도[師道]'

주희(朱熹, 1130~1200)에 의해 독립적인 지위를 확보한 『대학(大學)』편과 더불어 고대 교육의 정수로 꼽히는 『예기』「학기(學記)」편에는 당대의 교사에 대한 다음과 같은 비판이 등장한다. 첫째, 오직 눈앞에 있는 교재만 읽고 문자·글귀에 대한 단순 질문을 통해 학생들을 책망하거나 산만하게 만든다. 둘째, 학습 범위를 넓히고 진도 맞추기에 급급하여 학생들이 서서히 깨닫도록 가르치지 않으며, 그 마음으로부터 공부가 좋아지게끔 인도하지 못한다. 셋째, 따라서 학생들은 공부의 즐거움을 모르고 교사를 미워하게 되며, 결국은 학문함의 괴로움만 경험할 뿐 그 이로움을 알지 못한다.1) 이상의 언급들은 현대의 우리 교육 상황에 비추어볼 때도 매우 유의미하게 다가온다.

그렇다면 이런 비판들과 대비되는 유가적 전통에서의 사도란 무엇인가? 첫 번째로 지적할 수 있는 것은 '전도지사(傳道之師)'로서의 스승관이다. 이것은 스승의 자격과 관련하여 『순자』「치사(致士)」편에 수록되어 있는 다음의 내용에서 잘 드러난다.

> 스승의 자격에는 네 가지가 있는데, 널리 많은 것을 익히도록 하는 것은 포함되지 않는다. ⓐ 몸가짐이 존엄해 남들이 경외한다면, 스승이 될 만하다. ⓑ 나이가 많고 신의가 있다면, 스승이 될 만하다. ⓒ 경전을 외우고 해설하되 자기 스승의 이론을 무시하거나 범하지 않는다면, 스승이 될 만하다. ⓓ 정미한 것들을 알고 이론이 체계적이라면, 스승이 될 만하다. 따라서 스승의 자격에는 네 가지가 있으나, 널리 많은 것을 익히도록 하는 것은 포함되지 않는다.2)

유가에서 말하는 스승이란, '다른 사람으로부터 공경을 받는 사람,

신뢰가 있는 사람, 경전을 충실히 이해하고 참의미를 강의할 줄 아는 사람, 숨겨진 의미 맥락을 명확하게 밝혀주는 사람' 등으로 요약할 수 있다(신창호, 2012: 261). 그런데 위 인용문에서 주목해야 할 부분은 학생들로 하여금 널리 많은 것을 익히게끔 하는 것은 스승의 자격에서 제외된다는 점이다. 순자는 이 내용을 인용문의 처음과 끝에 모두 언급함으로써 대단히 강조하였다. 이것은 스승의 자격과 역할이 단순히 지식을 알려주는 것과는 거리가 멀고, 결국 가르침이라는 행위를 통해 지향해야 하는 목적은 제자들이 도(道)를 깨우칠 수 있도록 도와주는 것임을 시사한다.

다만 유의해야 할 것은 기문지학(記問之學), 다시 말해 책을 읽히고 암기시키는 공부가 전혀 무가치하다는 것은 아니라는 점이다. 왜냐하면 태어나면서부터 이미 도를 알고 있는 사람[生而知之者]이 아닌 이상, 절실하게 배우고 익혀야만 삶의 의미로서의 도를 체득할 수 있기 때문이다. 그리고 이것은 현대 우리 교육에도 동일하게 적용된다. 현대교육의 목적이 인간답게 살아갈 수 있는 기본적인 생존 능력을 길러주는 것과 동시에, 타인을 배척하지 않으면서 더불어 살아갈 수 있는 능력도 함께 길러주는 것임을 감안할 때, 특히 전자의 생존을 위한 지식 공부는 필수적인 것이다(박병기, 2009: 23). 그러나 교육의 목적이 그것으로 완결되는 것은 아니다. 도덕교육과 직결되는 더불어 살 수 있는 능력의 함양 문제가 남아 있고, 보다 근본적으로는 삶의 이면에 자리하고 있는 진리[道]의 체득 문제 역시 남아 있기 때문이다. 이런 까닭에 『예기』「학기」편에서도 기문지학으로만 학문을 익혔거나 오직 이 방법만을 고수하는 교사는 다른 사람의 스승이 되기에 부족하다고 지적했던 것이다.3) 당(唐)나라 한유(韓愈, 768~824)의 「사설」도 이 부분에서 시사하는 바가 크다.

옛날의 학자는 반드시 스승이 있었는데, 스승이란 도를 전하고 학업을 가르쳐주며 의혹을 풀어주는 자이다. 사람은 나면서부터 아는 것이 아닌데 누가 의혹이 없겠는가? 의혹이 있으면서도 스승을 따르지 않는다면, 그의 의혹은 끝내 풀리지 않을 것이다. 나보다 앞에 태어나고 도를 들음도 물론 나보다 앞섰다면, 그를 좇아서 스승으로 모신다. 나보다 뒤에 태어났더라도 도를 들음이 역시 나보다 앞섰다면, 그를 좇아서 스승으로 모신다. (…중략…) 이런 까닭에 귀하거나 천하거나 나이가 많거나 적거나 할 것 없이 도가 있는 곳이 스승이 있는 곳이다.[4]

스승은 때로는 도를 깨닫도록 도와주는 전도자(傳道者)로서, 때로는 학업을 가르쳐주는 수업자(授業者)로서, 때로는 의혹을 풀어주는 해혹자(解惑者)로서, 쉽지 않을지라도 모든 면을 갖출 수 있도록 노력해야 한다(고대혁, 2011: 61~62). 그러나 스승이라면 잊지 말아야 할 것은 수업자나 해혹자보다는 '전도자로서의 스승관[傳道之師]'이다. 이런 스승은 수업 내용이 학생들에게 왜 필요한 것인지, 그들의 삶에는 그것이 어떤 의미가 있는지, 인생에서 우리가 지향해야 하는 궁극적인 목적은 무엇인지 등을 학생들이 스스로 사유하고 느끼며 행동할 수 있도록 도와준다. 요컨대 전도지사란, 학문을 알려주는 '경사(經師)'의 수준을 넘어 삶의 진리와 도리를 학생들이 자득할 수 있도록 힘껏 도와주는 '인사(人師)'인 것이다.

그렇다면 이와 같은 스승은 어떻게 가르치는가? 이 물음에 대한 답이 유가적 전통의 사도와 관련하여 두 번째로 살펴볼 내용이다. 『예기』 「학기」편에는 교육의 효과를 극대화시킬 수 있는 이른바 선법(善法)을 크게 네 가지로 나누어 제시한다.

대학의 가르치는 방법에서 ⓐ 학생들의 실수를 사전에 방지하는 것을

'예(豫)'라고 부르고, ⓑ 시의적절한 때에 맞추어 가르치는 것을 '시(時)'라고 부른다. ⓒ 학생의 능력에 따라 가르치는 것을 '손(孫)'이라고 부르고, ⓓ 수업의 구성원들이 서로 바라보면서 선하게 되도록 하는 것을 '마(摩)'라고 부른다.5)

이상의 네 가지 사항들을 구체적인 교수학습방법이라고 할 수는 없으나, 가르침의 지침으로 항상 유념해야 할 부분들이라는 것은 의심의 여지가 없다. 실제 학생들의 실수가 발생한 이후에 사태를 수습하려는 것은 사후 처리에 불과한 경우가 많으며, 이 과정에서 발생하는 처벌이나 교사의 책망으로 인해 학생들은 본질적인 뉘우침보다는 저항·반발을 선택하는 경우가 잦다. 그리고 학생들의 인지 수준 등을 고려할 때 적정 시기에 이르지 못하였거나 적정 시기를 넘겨버렸을 경우[時過], 배워야 할 내용을 배우지 못했거나 온전히 이해하지 못한 상태에서 그 다음 단계로 넘어가는 경우[獵等], 학생의 수용 능력을 고려하지 않고 잡다하게 많은 것을 가르치는 경우[雜施]에도 가르침의 효과는 기대 이하로 떨어진다. 또한 학생을 내버려두어 홀로 공부하게끔 만들면 보고 듣는 것이 적어져 견해가 편협해지거나 쉽게 독단적으로 될 가능성이 있기에, 「학기」편의 저자는 수업의 구성원들, 즉 교사-학생, 학생-학생이 서로 선을 권하게 함[責善]으로써 교육의 효과를 꾀하고자 했던 것이다.

만일 예·시·손·마라는 네 가지 선법에 항상 유의하고 수업에서 구현할 수 있다면, 그리고 선법의 내용과 반대되는 악법을 수업에서 피할 수 있다면, 그런 스승이야말로 전도지사이자 인사라고 부를 수 있다. 이 같은 스승은 가르침을 구현하는 과정에서 "인도하지만 견인하지 않고, 강제하지만 억누르지 않으며, 개발하지만 그 즉시로 통달시키려고 하지 않는다. 견인하지 않기에 스승과 제자의 관계가 조화롭고(和), 억누르지 않기에 쉽게 깨우치며(易), 통달시키려고 하지 않기에 스스로 생각한다(思)."6) 정리하자면, 유가적 전통에서 말하는 스승의 올바른 가르침이란 학생들의 실수를 사전에 방지하고, 적절한 시기에 학생들의 능력에 따라서 가르치며, 공동체 안에서 서로 선하게 하는 것이다. 그리고 이렇게 함으로써 사제지간에 존재할 수 있는 저항감을 줄이고, 학생들이 진리를 보다 쉽게 깨우칠 수 있는 분위기를 조성하며, 스스로 생각해서 마침내 자득하도록 하여 교육 목적을 달성하는 것이다.

그러나 유가적 전통에서 스승이 행해야 할 교수법의 핵심은 다름 아닌 '도덕적 모델(moral model)'이다. 후학들이 공자(孔子, B.C. 551~B.C. 479)와 주희, 이황(李滉, 1501~1570) 등을 백세의 스승으로 꼽는 이유는, 사상적 업적과 더불어 그들이 몸소 도덕적 모델의 전형(典刑)이 되기 위해 치열하게 노력했기 때문이다. 그들은 때로는 경사가 되어 문헌 탐색과 이론 성립을 통해 제자들에게 도의 소재(所在)를 알려주었고, 때로는 인사가 되어 그 도를 직접 실천하였다. 도가 있는 곳을 알지 못한다면 그것을 향해 나아갈 수 없으므로, 도의 소재를 아는 것은 중요하다. 또한 스승이 되어 도를 직접 실천하지 않는다면 제자들에게 그 도가 진정한 것인지 신뢰를 줄 수 없으므로, 도를 몸소 구현하는 덕행도 필수적이다(윤용남, 1997: 60). 그리고 이 두 가지가 온전히 합일을 이루었을 때에야 비로소 유가적 전통에서 강조하는 전도지사로서의 스승이 될 수 있다.

이와 관련해 『예기』「곡례(曲禮)」편에서는 "어린 아이에게는 항상 속이지 않는 모습을 보여주어야 한다"7)라고 하였다. 스승이나 연장자가 되어 제자와 어린 아이에게 속이지 않는 모습을 보여주는 것은 당연한 일이다. 그러나 이 문장에서 유의해야 할 부분은 '항상[常]'에 있다. 스승은 제자들에게 남을 속이면 나에게 이익이 될 수 있는 상황 속에서도 어떤 이유로 타인을 속이면 안 되는 것인지를 합리적으로 설명해 줄 수 있어야 하고, 나아가 언제나 그 자세를 견지하려고 노력해야 한다. 이런 노력과 자세는 삶에서 요청되는 모든 덕목들에 적용되는 것이다. 따라서 스승의 관점에서 볼 때, 저 짧은 문구가 지니는 무게는 결코 가볍지 않다. 그래서 주희와 여조겸(呂祖謙, 1137~1181)의 『근사록(近思錄)』에 주해를 달았던 엽채(葉采)는 이 문구에 대하여 "어려서 아직 앎을 완벽히 갖추지 못했을 때, 항상 바른 일을 보여주는 것이 성인(聖人)이 해야 할 일이다"[8]라고 했던 것이다.

이상에서 살펴본 전도지사이자 도덕적 모델로서의 스승이 구현되었을 때 발생하는 것이 바로 '권위(權威, authority)'이다. 일반적으로 권위에 대해 부정적으로 생각하는 경향이 있으나,[9] 실제 권위가 없으면 타인을 가르칠 수 없다. 그리고 이런 교사의 권위 부재는 현재 공교육의 추락이나 수업 붕괴라는 형태로 나타나고 있다. 이렇게 보자면 교사에게 있어 권위란, 가르칠 때 필요한 여타 요소들과 마찬가지로 타인에게 행사하는 정당한 영향력이자 필수적인 것이다(J. M. Banner Jr·H. C. Cannon, 이창신 역, 2013: 43). 하지만 이 권위는 스승으로서의 도[師道]가 올바르게 실현되었을 때 간접적으로 생긴다는 점에 주목해야 한다. 보다 구체적으로 말해, 교사의 권위는 학생에 대한 교사 개인의 구속과 강제력에 의해 발생하는 것이 아니라, 사도의 구현을 통한 '도덕적인 매력·권위(moral charisma)'의 발산에 의해 학생들의 존경심이 함께 작용하였을 때 생긴다는 것이다.[10] 이것을 스승과 제자의 '동반자적인 관계[師弟同行]'에서 발생하는 권위라고 표현할 수도 있다(김병희, 2003: 141~146). 그렇다면 유가적 전통에서는 사도를 구현한 스승에게 어떤 방식으로 존사(尊師)의 예(禮)를 표명했을까? 이어지는 장에서는 사도와 짝을 이루는 존사에 대해 살펴볼 것이다.

3. 유가적 전통에서 나타나는 '스승에 대한 존경[尊師]'

『예기』「학기」편에서는 배움을 위해서는 먼저 스승을 존경해야 하고, 스승을 존경한 연후에야 도에 대한 존숭[道尊]과 학문에 대한 공경[敬學]이 가능하다고 지적하였다. 그래서 국가의 임금이라는, 고대에서는 절대적 지위에 있던 존재 역시 스승만큼은 함부로 대할 수가 없다고 하였다. 그리고 그 하나의 예로, 대학에서 의식이 있을 때 스승은 천자(天子)의 명을 받는다고 할지라도 신하의 위치에서 북면(北面)하지 않는다는 것을 꼽았다.[11] 유가적 전통에서는 이처럼 스승을 높여왔던 까닭에, 스승을 등지는 행위[背師] 내지는 스승을 저버리는 행위[叛師]는 제자로서 결코 해서는 안 되는 행위에 속하였다. 이러한 행위들에 대한 경고는 특히 『여씨춘추(呂氏春秋)』「맹하기(孟夏紀)」편의 '존사'절에 잘 나타난다.

군자의 배움에 대해 말하자면, 의(義)를 말함에 있어서는 반드시 스승을 높임으로써 그 도를 논하고, 스승의 말씀을 듣고 따름에 있어서는 힘을 다함으로써 그 말씀을 밝고 환하게 한다. 스승의 말씀을 듣고 따름에 있어서 힘을 다하지 않는 것을 '스승을 등지는 것'이라고 칭하고, 의를 말함에 있어서 스승을 높이지 않는 것을 '스승을 저버리는 것'이라고 칭한다. 이와 같이 스승을 등지고 저버리는 사람에 대해, 현명한 군주는 조정으로 불러들이지 않고 군자는 더불어 벗으로 사귀지 않는다.[12]

요컨대 스승을 배반하는 행위를 저질렀던 인물은 아무리 처세에 능하고 똑똑하다고 할지라도 국가를 운영하는 조정에 중용되어서는 안 되며, 자신을 군자라고 생각한다면 그런 인물과는 결코 교류하지 말아야 한다고 강도 높게 비판하고 있는 것이다.

물론 스승에 대한 존숭이 모든 상황에 적용되는 것은 아니다. 왜냐하면 스승의 견해나 태도가 도와 부합하지 않을 수도 있고, 따라서 "제자가 스승에게 잘못된 점을 묻고 간할 수 있는"(김대식, 2003: 70) 이른바 공의(公議)적 차원의 논의도 있을 수 있기 때문이다. 가령 이이(李珥, 1536~1584)는 『학교모범(學校模範)』을 통해 스승을 모시는 자세를 설명하면서, 존사의 기본적인 마음가짐과 더불어 스승의 말을 맹신하는 것의 문제점도 지적하고 있다.

> 배우는 자가 진정으로 도에 뜻을 두었으면, 모름지기 먼저 스승을 섬기는 도리를 융숭히 하는 것이 필수적이다. 사람은 부모·스승·임금의 세 분 덕에 살게 되므로 똑같이 섬겨야 하니, 어찌 마음을 다하지 않을 수 있겠는가. (···중략···) 평소에 모시고 받듦에 있어서도 존경을 다하며, 가르침을 독실하게 믿고 가슴에 품어 결코 잊지 말아야 한다. 만일 스승의 말씀과 행동에 의심스러운 부분이 있으면 모름지기 조용히 조리 있게 여쭈어 그 잘못된 부분을 가려야 하는데, 곧바로 자기 의견으로 스승을 비난해서는 안 되지만, 의(義)와 이치를 생각하지 않고 스승의 말만 맹신하는 것도 안 된다.13)

이이는 한편으로는 스승을 모심에 있어 정성을 다하고, 도에 대한 스승의 가르침을 독실하게 믿으면서 결코 잊지 않는 존사의 태도를 매우 강조하고 있다. 그러나 다른 한편으로는 스승의 언행 중에 도와 부합하지 않는 부분이 있다면, 그것은 맹신해서는 안 되며 조심스러운 태도로 간해야 함도 함께 지적하고 있다.

실제 조선에서는 숙종(肅宗) 시기, 제자 윤증(尹拯, 1629~1714)이 스승 송시열(宋時烈, 1607~1689)과 여러 측면에서 의견이 충돌해 노·소 분당으로 갈라선 이래, 배사(背師)에 관한 수많은 논쟁이 있었고 사제존비

(師弟尊卑)의 논리가 극에 달한 적도 있었다. 또한 여기에 대한 반동으로 제자가 스승에게 잘못된 점을 묻고 간할 수 있다는 공의적 입장이 적극 제기되기도 하였다(이우진·이권재, 2014: 45~47). 일례로 이간(李柬, 1677~1727)은 "무릇 스승 된 자가 모든 선을 갖추고 약간이라도 과실이 없다면 참 좋을 것이다. 그러나 그렇지 못한 데도 '(스승을) 범한다'는 한 마디 말이 (제자의) 충간을 막아버리는 커다란 벽이 되었으니, 결국 (스승의 잘못을) 숨기는 것이 심하게 되었다. 한 번 스승의 자리를 차지하면 종신토록 자신의 과실에 대해 듣는 날이 없으니, 이것을 어찌 바른 이치라고 하겠는가?"[14]라고 날카롭게 지적하였다.

지금까지 이 절에서는 유가적 전통에서 통용되던 존사의 기본적인 의미와 태도 및 일방향적인 존사가 야기할 수 있는 폐해에 대해 살펴보았다. 이런 전제하에, 이하에서는 유가적 전통이 지배하던 우리 일상과 조선 왕실에서 존사의 예법이 어떻게 구현되었는지를 고찰하도록 하자. 우선 예법의 기본서로 널리 활용되었던 『예기』와 『소학(小學)』, 『동자례(童子禮)』 등에서 추출할 수 있는 일상적인 존사의 예법을 정리하자면, 개략적으로 다음 쪽의 〈표 2-1〉과 같다.[15]

표에서 잘 나타나는 것처럼, 일상적인 존사 예법의 핵심은 '자발적인 헌신'이다. 그 헌신의 정도는 스승 사후에도 이어져, 스승이 사망할 경우 마음으로 3년간 상[心喪]을 할 정도였다.[16] 그리고 실제로 삼년상을 지내기도 하였는데, 조선 정부에서는 이런 제자들을 표창함으로써 '제자됨의 기준'으로 삼았다(김대식, 2010: 15). 가령 여말선초의 혼란기를 살았던 학자 장지도(張志道)는 후사 없이 사망하였는데, 제자였던 윤은보(尹殷保)와 서즐(徐騭)이 스승을 위해 삼년간 시묘하고 정기적으로 제사를 지냈던 것이다. 이 사실을 알게 된 세종(世宗)은 두 사람을 정표(旌表)하고, 그들의 일을 국가적인 차원에서 널리 알렸다. 이와 같은 존사의 사례가 강조된 것은 중종(中宗) 시기에 발

<표 2-1> 일상적인 존사의 예법

구분	내용
수업	- 스승에게 가르침을 받을 때는 연장자가 자리에 먼저 앉도록 양보하고 나이순서로 나아가서 가르침을 받으며, 수업을 마치면 공손하게 읍을 하고 물러난다. - 수업 내용 가운데 미처 알지 못한 곳이 있으면 연장자에게 먼저 물어보고, 성급하게 스승에게 먼저 질문하여 번거롭게 해드리지 않도록 한다. - 만일 가르침을 받고자 하면, 의복을 단정하게 가다듬고 앞으로 나가서 어느 부분이나 글귀에서 이해가 되지 않는다고 말씀드린 후에 설명해 주실 것을 요청한다. 스승이 답을 하면 귀 기울여 진지하게 듣고, 설명이 끝나면 제자리로 돌아온다.
일상	- 스승을 쫓아갈 때는 길을 건너가 다른 사람과 말하지 않으며, 스승을 길에서 만나면 종종걸음으로 나아가 바로 서서 두 손을 마주 잡고서 스승이 더불어 말씀하면 대답하고, 더불어 말씀하시지 않으면 종종 걸음으로 물러난다. - 스승을 모시고 앉았을 때 스승이 무엇을 물어보시면 그 말이 끝난 뒤에 대답하고, 스승에게 가르침을 청할 때는 일어서서 하며, 좀 더 가르침을 청할 때 역시 일어서서 해야 한다. - 스승의 책, 거문고, 비파 등이 내 앞에 놓여 있으면 꿇어앉아서 옮겨 놓을 것이며, 타고 넘지 않도록 경계해야 한다. - 스승에게 손님이 찾아오면 제자들은 줄지어 서서 스승과 손님이 예를 주고받기 기다린다. 그런 다음 제자들이 손님을 향해 공손하게 인사하고, 손님이 돌아가시려고 하면 다시 인사를 드리고 배웅한다. 스승과 손님이 문 밖까지 나오지 말라고 하면, 각자의 자리로 돌아가서 서서 기다린다. 마침내 스승이 돌아와서 앉으라고 지시하면 자리에 앉는다. 만약 제자 가운데 손님을 만나고자 하는 이가 있다면, 스승이 손님과 예를 주고받기를 기다린다. 그런 다음 읍을 하고 물러가되, 손님을 너무 멀리까지 배웅하지 않도록 한다.
사망	- 스승을 섬기면서 범함이나 숨김이 없어야 한다. 좌우로 나아가 봉양하되 일정한 한도가 없고, 죽음에 이를 만큼 스승을 위한 일에 노고를 바치며, 스승이 사망하면 마음으로 3년간 상을 한다.

간된 『이륜행실도(二倫行實圖)』의 〈사생도(師生圖)〉에서도 확인할 수 있다.[17] 일상적인 존사의 예법에서 자발적인 헌신의 마음을 강조한 이유는, 이 마음이 있을 때에야 비로소 스승을 가까이 하고 진심으로 따르면서 스승의 학문과 인격을 본받으려는 제자도(弟子道)의 구현이 가능하기 때문이다(안경식, 2002: 27~28). 따라서 전도지사이자 도덕적 모델로서의 사도를 보여 준 스승과 하나 되고자 하는[師徒同體] 마음가짐을 강조했던 유가적 전통의 일상적인 존사 예법을 무조건적으로 일방적이라거나 수직적이라고 매도하기는 어려운 것이다.

다음으로 일상적인 존사 예법보다 한층 강화된 조선 왕실에서의 존사 예법을 살펴보도록 하자. 왕실에서 존사 예법을 가장 적극적으로 수행해야만 했던 인물은 미래에 왕이 될 사람, 즉 왕세자(王世子)였다. 왕세자는 여러 의례(儀禮)에서 스승에 대한 존경을 실천하였는데, 책봉된 이후 성균관에서 '입학례(入學禮)'를 거행해 신하와 백성들에게 유가적 군주가 될 자신의 모습을 보여주기도 하였고, '사부상견례(師傅相見禮)'와 '서연회강례(書筵會講禮)'를 통해 궁궐 내 스승과의 통상적인 만남을 위한 예법을 수행하기도 하였다(한형주, 2009: 98). 이 절에서는 저 가운데 입학례에만 주목할 것인데, 왜냐하면 사부상견례와 서연회강례에서는 왕세자의 정치적 위치가 강조되기 때문에, 스승에 대한 존경의 극치가 구현되는 입학례와 비교할 때 존사의 상징성이 부족하기 때문이다.

입학례란 왕세자가 성균관에 가서 스승에게 가르침을 청하고 교육을 받는 의식으로서, 세종 대에 들어와 체계를 갖추었다.[18] 중국의 경우 남북조(南北朝) 시대의 양(梁)나라 및 당나라를 제외하고는 입학례가 거행되지 않았고 거론되는 횟수도 많지 않았다는 점을 고려할 때, 입학례는 존사와 관련하여 우리의 유가적 전통이 보여주는 중요한 특징이라고 할 수 있다. 입학례는 크게 세 개의 절차와 여섯 개의 단계로 구성되는데, 각각의 명칭과 핵심 내용들을 제시하자면 다음 쪽의 〈표 2-2〉와 같다.[19]

표에서 중요한 부분은 작헌부터 입학에 해당하는 '입학의'이며, 이 입학의가 바로 '입학례'의 꽃이다. 그런데 보다 주목해야 할 부분은 입학의가 진행될 때 나타나는 세부적인 행동 규칙에 있다. 성균관에 당도한 왕세자는 학생복인 청금복(靑衿服)으로 갈아입어야 했고, 전체적인 진행 과정에서 서쪽 계단으로 올라가거나 서쪽에 서서 동향(東向)을 해야만 했다. 이때 스승은 동쪽 계단으로 올라가거나 동쪽에 서서 서향(西向)을 한다. 예제(禮制)에 따르면 동쪽은 주인의 자리인

<표 2-2> 조선 왕실의 입학례

절차	단계	핵심 내용
출궁의 (出宮儀)	출궁(出宮)	왕세자가 궁궐을 나와 성균관으로 이동함
입학의 (入學儀)	작헌(酌獻)	왕세자가 성균관 대성전(大成殿)에 들어가 공자를 비롯한 유가의 네 성인(顔子·曾子·子思·孟子)의 신위에 술잔을 올림
	왕복(往復)	왕세자가 성균관 명륜당(明倫堂) 문 밖에 서서 스승[博士]에게 가르침을 세 번 청하고, 스승은 부덕함을 이유로 두 번 거절함
	수폐(脩幣)	왕세자가 명륜당 마당에서 가르침을 허락한 스승에게 예물을 바침
	입학(入學)	왕세자가 명륜당 안에서 스승으로부터 성인(聖人)의 정치에 대한 강의를 들음
수하의 (受賀儀)	수하(受賀)	왕세자가 궁궐로 돌아와 문무백관 및 종친들로부터 축하 인사를 받음

상석이고 서쪽은 빈객의 자리인 차석에 해당한다. 그러므로 스승이 동쪽에 있고 왕세자가 서쪽에 있다는 사실은 입학의의 주도권이 왕세자가 아닌 스승에게 있음을 의미하는 것이다. 그리고 이것이 가장 극명하게 나타나는 부분이 입학의의 마지막 절차인 '입학'이다. 이 단계에서 스승은 왕세자에게 유가의 경전을 인용하여 정치와 학문, 인간 본성의 선함에 대해 짧게 설명하는데, 스승은 앉아서 책상을 사용하는 반면 왕세자는 꿇어앉아서 바닥에 엎드린 상태로 강의를 들었던 것이다.

이상에서 살펴본 입학례를 통해 조선 왕실이 의도했던 바는 무엇일까? 그것은 올바른 정치를 하려면 교학(敎學)이 근본이 되어야 한다는 조선의 유가적 신념을 표출하기 위해서였던 것이다. 또한 공맹(孔孟)의 사상을 조선 왕실이 이어가고 있다는 도통(道統)의 승계를 상징적으로 나타내려고 했던 것이기도 하다(육수화, 2011: 343). 그러나 가장 직접적으로는 장차 왕이 될 고귀한 존재로서의 왕세자가 모범을 보임으로써 국가 내 존사의 기풍을 세우기 위해서였다. 보다 구체적으로 말해, 수많은 신하들과 백성들이 보는 앞에서 왕세자가 아래 자리에 처하여 스승을 높이는 자세를 실천함으로써, 신분고하를 막론하고 존사를 위해 노력해야 한다는 당위성을 제시하였던 것이다. 그리고 여기에는 이런 과정을 겪어야만 덕으로 나라를 다스릴 수 있는 한 명의 국왕이 탄생할 수 있다는 조선 왕실의 교육적 믿음이 적극 반영되었던 것이다.

이상으로 이 절에서는 유가적 전통이 지배하던 우리 일상과 조선 왕실에서 존사의 예법이 어떻게 구현되었는지를 구체적으로 살펴보았다. 그렇다면 제2절과 3절을 통해 살펴본 사도와 존사의 관계 및 그 세부적인 내용들은 현대의 우리 초등도덕교육과 관련하여 어떤 함의를 지니고 있을까? 이어지는 절에서는 이 물음에 대해 몇 가지 답변을 제시할 것이다.

4. 사도·존사의 유가적 전통이 지니는 초등도덕교육적 함의

인간관계란 상대적인 것으로 사제지간도 예외일 수 없다. 따라서 스승이 사도를 구현하지 못한다거나 제자가 존사의 마음가짐을 다하려고 노력하지 않을 때, 그들이 만나는 수업의 장에서 성공적인 교육이 이루어질 것이라고 예상하긴 어렵다. 『여씨춘추』「맹하기」편의 '무도(誣徒)'절에는 이런 상황이 잘 묘사되어 있다.

① 잘 가르치지 못하는 자는 그 의지와 기개가 조화롭지 못하고 버리고 취함이 자주 변하며 변치 않는 마음이 본디 없어서, 마치 날씨가 맑다가 갑자기 흐려진다거나 또 사람이 좋아하다가 갑자기 성내는 것과 같이 변덕스럽다.[20]

② 잘 배우지 못하는 자는 스승에게 배움에 있어서 엉성하게 하면서도

학문의 효과를 바라고, 스승에게 배움에 있어서 얕은 수준이면서도 학문이 심오해지기를 바란다. 풀, 나무, 닭, 개, 소, 말들이라도 함부로 대우해서는 안 되는 것이니, 함부로 대우하면 그것들 역시 사람에게 함부로 보답하는 법인데, 하물며 통달한 스승과 그의 도에 관한 말씀에 있어서는 어찌 다시 말할 필요가 있겠는가?21)

첫째 인용문은 사도가 제대로 구현되지 않았을 경우를 나타내는 것으로, 이와 같은 스승은 제자 중에 뛰어난 이가 있을 때 도리어 쫓아가서 억누르고 꾸짖으며 시기하고 미워한다. 둘째 인용문은 존사의 마음가짐이 제대로 실천되지 않았을 경우를 나타내는 것으로, 이와 같은 제자는 스승을 원망하고 가끔 마음가짐을 고쳐먹더라도 한결같지 않으며 작은 이익에 쉽게 정신이 빠진다. 그리고 이런 상황에서 사도동체(師徒同體)라는 교육적 이상을 이룬다는 것은 불가능하다. 그래서 이 장에서는 '사도를 전제로 한 존사의 구현'과 함께 '존사를 통한 사도의 완성'을 강조했던 것이다.

사도와 존사의 쌍방향적인 관계를 시점의 차이로 나타내자면, 스승과 제자가 마주하는 것이 아닌, 같은 방향을 바라보는 것이라고 표현할 수 있다(김병희, 2003: 144). 전자와 같이 서로 마주할 경우, 스승은 지식을 가진 사람으로 제자는 지식을 전수받는 사람으로 설정되어 일방향적인 위계 관계가 형성될 위험이 있다. 이런 경사적(經師的) 가르침도 분명 필요하다는 점은 앞서 지적하였다. 하지만 참된 가르침이란 경사적 가르침을 넘어선 인사적(人師的) 가르침이라는 것도 함께 제시하였다. 스승과 제자가 같은 방향을 바라봄으로써 그들은 삶의 진리[道]를 향해 더불어 나아가는 존재가 되고, 서로가 끌어주는 가운데 제자는 스승의 권위를 인정하며 스승은 제자를 예우한다. 이를 몸소 구현했던 이황은 사제지간의 관계를 '사엄생경(師嚴生敬)'이라는 말로 요약하였다. 스승은 엄하게 하고 제자는 공경하면서 각자의 도리를 다해야 한다는 것이다. 그러면서도 그는 "여기서 '엄'이란 제자를 사납게 대하라는 것이 아니며, '경'이란 스승의 업신여김을 받아들이라는 것이 아니다. 모두 예(禮)가 중심이 되고, 예의 실천이어야만 한다"[22]라고 덧붙였다. 스승이 제자에게 예를 실천할 때의 핵심은 존중과 배려이다. 그리고 그 역관계의 핵심은 존경과 권위의 인정이다. 바로 여기에서 사도·존사의 유가적 전통이 지니는 첫 번째 초등도덕교육적 함의를 발견할 수 있다. 그것은 현재 교육의 화두인 '인성교육'에서의 교사 역할과 관련된다.[23]

현장에서 인성교육이 강조되고 그 실천을 위해 다양한 방안이 모색되고 있는 것과 비교할 때, 핵심 개념인 인성의 정의(定義) 문제는 합의점을 찾지 못하고 있는 상태이다. 물론 인간은 저마다의 개성이 있고, 개인의 인성은 타인과의 관계 및 소속된 사회 속에서 발현하는 것이기 때문에, 이것을 모두 포괄하는 정의를 도출하기란 쉽지 않다(차성현, 2012: 11). 그러나 인성 개념에 대한 합의는 인성교육을 논하기에 앞서 반드시 해결해야 할 과제라는 점을 고려할 때, 지속적인 관심을 가져야 할 부분이다.[24] 그런데 이것과 함께 고려해야 할 또 하나의 문제는 인성교육을 담당할 교사의 역할 규정에 있다. 인성교육의 성공과 활성화를 위해 교사는 어떠한 역할을 해야 할까? 이 장의 목적에 맞게 저 물음을 바꾸어 제시하자면, '인성교육의 주관 교과이자 핵심 교과로서의 도덕과를 담당하는 교사는, 인성교육의 성공과 활성화를 위해 어떠한 역할을 해야 할까?'

이와 관련해 정창우(2013: 54~55)의 연구는 효과적인 학교 인성교육을 위한 기본 원칙들을 제시하면서, 교사의 역할을 매우 강조하였다는 점에서 주목할 만하다. 요약하자면 교사들은 인성교육에 대한 강한 책임을 가지고 학생들의 인성변화에 긍정적인 영향을 줄 수 있어야 한다는 것으로서, 유의해야 할 세부 전략은 다음과 같다. ⓐ 첫째, 교사는 학생들에게 핵심 가치·덕목들과 인성역량의 역할모델이 되어야 하고, 이와 함께 훌륭한 스승으로 인식되어야 한다. ⓑ 둘째, 교사는 단순한 지식 전달자가 되어서는 안 되고, 학생들에게 교과 지식과 삶의 문제를 연결하여 생각할 수 있는 기회를 제공해야 한다. ⓒ 셋째, 교사는 학생들의 삶에 긍정적인 영향을 주는 데 필요한 지도역량을 강화하기 위해 노력해야 한다.

학생들이 하루 대부분의 시간을 보내는 학교에서 그들에게 영향을 미칠 수 있는 요인들은 다양하지만, 교사야말로 학생들의 인성 함양과 관련해 가장 영향력 있는 요인이라고 할 수 있다. 이런 점에서 필자는 정창우가 제시한 인성교육에서의 교사 역할에 대해 적극 공감한다. 하지만 위 연구에는 구체적인 사례들과 그 사례들을 묶을 수 있는 공통 개념의 제안에는 한계가 있다고 본다. 그리고 여기에서 유가적 전통의 스승관이 지니는 도덕교육적 의미를 발견할 수 있다. 가령 이황이 견지했던 스승의 도를 살펴보자. 그는 사도의 체(體)로서 평생호학(平生好學)과 지행일치의 자세를 견지하였다. 또한 사도의 용(用)으로서 제자들과의 강론을 통해 올바른 도를 찾았고, 제자들을 총체적으로 파악하여 각기 수준에 맞게 가르쳤으며, 엄격하게 가르쳐서 잘못을 사전에 예방했고, 가르침을 싫증내거나 결코 게을리 하지 않았다(윤용남, 1997: 64~82). 이황은 이 모든 지침을 직접 실천하였으며, 그 흔적은 여러 문헌들에 뚜렷하게 남아 있다. 이황과 같은 사례는 유가적 전통에서 적지 않게 발견할 수 있는데, 이런 사례들을 묶어줄 수 있는 개념이 제2절에서 살펴보았던 전도지사(傳道之師)이자 인사(人師)로서의 스승관이다.

학교에서 인성교육의 중심에 있는 도덕과 교사들은 이 유가적 전통의 스승관에 보다 주목할 필요가 있다. 왜냐하면 도덕과 교사들이 가치문제와 관련하여 위반하는 모습을 보일 경우, 여타 교과를 담당하는 교사들에 비해 학생들의 '도덕적 신뢰'를 잃어버릴 우려가 한층 크기 때문이다. 도덕적 신뢰는 교사의 문제 해결 능력에 대한 기능적 신뢰보다 회복하기가 훨씬 어렵다. 그리고 이것은 교사와 학생의 유대가 공고한 초등학교급에서 더욱 그러하다. 초등학교의 도덕과 교육은 『도덕』을 하나의 교과로 독립시켜 놓고 있기도 하지만, 기본적으로 담임교사에 의한 통합적 지도의 차원에서 이루어진다. 여기서 담임교사는 도덕 교과를 담당하는 교사이자 다른 교과들 및 생활 지도를 동시에 담당하는 교사로 설정된다(박병기, 2004: 25). 이것은 교사가 학생들에게 자신의 도덕성을 드러내야만 하는 상황이 다른 학교급보다 많다는 것을 의미한다. 따라서 초등학교 인성교육의 성패는 상당 부분 교사에게 달려 있다고 해도 과언이 아니며, 이런 점에서 유가적 전통의 스승관이 초등도덕교육적 함의를 지니는 것이다. 하지만 교사의 노력만으로 사도를 완성할 수는 없다. 바로 여기서 제자들의 존사의 마음가짐이 제 역할을 할 수 있다.

유가적 전통에서 강조하는 존사의 마음가짐이 사도의 완성에 어떤 역할을 하는지에 대해서는, 나딩스(N. Noddings)가 제안했던 배려 윤리의 맥락에서 설명할 수 있다. 그녀는 '배려하는 사람'과 '배려 받는 사람' 간의 관계적 특징을 설명함으로써 배려의 의미를 보다 명확하게 제시하고자 하였다(박병춘, 2010: 133~136). 흔히 배려에 대해 부모 → 자식, 스승 → 제자의 일방향성을 강조하지만, 나딩스는 배려가 완성되기 위해서는 배려 받는 사람의 역할도 매우 중요하다는 점을 강조하였다. 그것은 다름 아닌 자발적인 인식과 반응이다. 다시 말해 배려 받는 사람이 할 수 있고 해야만 하는 최소한의 의무는, 배려하는 사람의 배려를 인식하고 거기에 자연스럽게 반응함으로써 배려하는 사람의 배려 동기를 고양시키는 것이다. 이러한 쌍방향적인 관계가 성립하지 않으면, 배려하는 사람은 더 이상 보살필 수 없게 되고 배려의 관계도 상실된다.

이 배려하는 사람과 배려 받는 사람 사이의 쌍방향적인 특징은 사도와 존사의 관계에도 그대로 적용된다. 이 장에서 계속하여 강조했던 바와 같이, 존사의 마음가짐이란 기본적으로 사도의 구현을 전제로 한다. 그러나 교사가 사도를 구현하기 위해 최선의 노력을 다했음에도 불구하고, 거기에 학생들의 반응이 전혀 없다면 사도의 완성은 불가능하다. 바로 이 지점에서 사도·존사의 유가적 전통이 지니는 두 번째 초등도덕교육적 함의를 발견할 수 있다. 그것은 교사의 역할[師道]과 대비되는 학생의 역할[弟子道]이 제자리를 찾기 위해, 어린 학생들에게 존사의 마음가짐이 무엇인지, 또 그런 마음가짐을 표현하는 것이 어떤 의미가 있는지 '역할놀이' 등을 통해 적극적으로 가르치는 것이다.25)

하지만 현행 초등학교 3학년에서 6학년까지의 『도덕』교과서에는 관련된 내용에 대하여 아무런 언급도 없음을 확인할 수 있다. 어쩌면 학생들은 자신을 아껴주고 배려하기 위해 노력하는 교사에 대해 존경의 마음가짐을 표현하고 싶어도, 그 마음가짐의 정체가 무엇인지, 또 그것을 어떻게 표현해야 하는지 몰라서 표현하지 못할 수도 있다. 그리고 이렇게 초등학교를 마친 아이들은 상급학교로 진학하여 자신들에게 새로운 규칙과 학습을 부과하는 교사들을 만나게 되고, 여러 종류의 갈등을 경험하게 된다. 그러므로 공교육의 추락과 수업 붕괴에 대한 우려들은 일정 부분 초등학교에서 존사의 마음가짐을 가르치는 것으로부터 출발해야만 해법을 찾을 수 있다. 이런 점에서 "존경하지 않는 선생님에게 학생들은 무엇을 배울 수 있을까? 존경하는 선생님을 가지지 못한 학생은 얼마나 불행한가? 교사에 대한 존경을 제도적으로 파괴하는 우리나라의 교육은 얼마나 불쌍한가?"(정재걸,

1998: 73)라는 질문들은 여전히 유의미하며 끊임없이 고민해야 할 물음들이라고 할 것이다.

이상으로 이 절에서는 유가적 전통의 사도와 존사가 지니는 초등도덕교육적 함의에 대해 살펴보았다. 그것은 현재 강조되고 있는 인성교육과 직결하는 것이다. 필자는 특히 인성교육의 성공 여부를 좌우할 수 있는 교사의 역할과 유가적 전통에서 강조하는 사도를 연결시켜 그 초등도덕교육적 함의를 제시하였다. 그러나 일방적인 사도 구현을 통해서는 사도의 완성을 꾀할 수 없다는 점도 지적하였다. 즉, 스승의 사도는 제자가 보여주는 존사의 마음가짐을 통해 쌍방향적인 관계를 수립함으로써 완성된다는 것이다. 그리고 이를 위해 초등학교 단계에서부터 도덕 교과를 중심으로 존사의 마음가짐에 대한 의미를 알려주고, 유가적 전통의 존사와 관련된 역할놀이 등을 통해 그 표현 방법까지 모색해 보도록 하는 것이 필요하다는 점을 제안하였다. 이제 이어지는 절에서는 이 장의 연구에 후속하여 논의가 필요한 부분들을 밝힘으로써 글을 마무리하고자 한다.

5. 보편적인 교육 규범으로서의 올바른 사제 관계

유가적 전통에서 스승과 제자는 기본적으로 상호 선택에 의해 관계를 맺었다. 먼저 제자가 될 사람이 여러 명의 스승 후보군 중 한 분을 선택하여 찾아감으로써 스승과 제자의 관계 맺기는 시작된다. 그러나 제자가 찾아간다고 하여 곧바로 사제 관계가 형성되는 것은 아니다. 스승 역시 찾아온 이가 자신의 가르침을 받아들일 수 있는 자인지, 함께 진리를 추구할 수 있는 자인지 등을 고민해야 하기 때문이다. 이런 고민 끝에 스승이 그 제자를 선택하여 가르침을 허락할

경우, 비로소 스승과 제자의 관계 맺기가 완성된다(한재훈, 2014: 136~
143). 서로 무관했던 이들이 만나 상호 선택을 함으로써 그들에게 부
과되는 것은 다름 아닌 서로에 대한 책임과 성실한 역할 수행이다.
현대의 교육 여건을 고려할 때, 유가적 전통에서 나타나는 스승과
제자의 상호 선택 관계만이 옳다고 주장하는 것은 시대착오적이다.
그럼에도 필자는 스승과 제자 사이에 존재해야 할 서로에 대한 강한
책임감과 여기에서 파생하는 성실한 역할 수행의 노력은 시·공간을
초월한 보편적인 교육 규범이라고 판단하였고, 이 같은 문제의식하
에 논의를 진행하였다.

하지만 이 장의 내용이 단지 함의 수준에 그치지 않고, 사상적인
측면에서의 균형과 학교 현장적인 측면에서의 실효성 확보를 위해서
는 몇 가지 추가적인 연구가 필요하다. ⓐ 첫째는 전도지사이자 인사
로 요약되는 유가적 스승관의 실체를 보다 현대적인 용어들로 명료
화시키고, 동시에 우리 역사에서 발견되는 실례들을 한 곳으로 모아
일선 교사들이 참고할 수 있는 사례집으로 작성하는 것이다. ⓑ 둘째
는 학생들에게 존사의 마음가짐을 가르치기 위하여 어떤 내용을 선
정해 교과서에 투입하고, 또 어떤 교수학습방법을 사용하는 것이 바
람직한지에 대해 적극적으로 모색하는 것이다. ⓒ 셋째는 우리 전통
을 대표하는 또 하나의 사상적 맥락인 불교의 사도·존사 관계를 구
체적으로 밝히는 것이다. 이런 부분들까지 내용이 심화, 확장된다면
우리 전통에 존재하였던 사제지간의 교육적 모범들이 사장되지 않
고, 다시 한 번 제 의미를 찾을 수 있을 것이라고 기대하면서 제2장을
마친다.

1) 『禮記』「學記」: 今之敎者, 呻其佔畢, 多其訊言, 及于數進, 而不顧其安, 使人不由其誠, 敎人不盡其材, 其施之也悖, 其求之也佛. 夫然, 故隱其學而疾其師, 苦其難而不知其益也. 雖終其業, 其去之必速. 敎之不刑, 其此之由乎.

2) 『荀子』「致士」: 師術有四, 而博習不與焉. 尊嚴而憚, 可以爲師. 耆艾而信, 可以爲師. 誦說而不陵不犯, 可以爲師. 知微而論, 可以爲師. 故師術有四, 而博習不與焉.

3) 『禮記』「學記」: 記問之學, 不足以爲人師.

4) 『古文眞寶(後集)』'師說': 古之學者, 必有師. 師者, 所以傳道, 授業解惑也. 人非生而知之者, 孰能無惑. 惑而不從師, 其爲惑也, 終不解矣. 生乎吾前, 其聞道也, 固先乎吾, 吾從而師之. 生乎吾後, 其聞道也, 亦先乎吾, 吾從而師之. … 是故, 無貴無賤, 無長無少, 道之所存, 師之所存也.

5) 『禮記』「學記」: 大學之法, 禁於未發之謂豫, 當其可之謂時. 不陵節而施之謂孫, 相觀而善之謂摩.

6) 『禮記』「學記」: 道而弗牽, 强而弗抑, 開而弗達. 道而弗牽則和, 强而弗抑則易, 開而弗達則思.

7) 『禮記』「曲禮」: 幼子, 常視毋誑.

8) 『近思錄集解』「敎學」: 小未有知, 常示以正事, 此卽聖人無妄之道也.

9) 이런 경향은 '훈육(訓育, discipline)'과 같은 용어에도 적용된다. 하지만 유가의 목적이 도덕적 심성의 확충에 있고, 훈육의 본래 의미는 '가르치고 잘 돌보아 학습자들이 도덕적 심성을 확충할 수 있도록 길러주는 것[敎誨撫育]'이라는 점을 상기할 때, 훈육에 대한 인식은 재고되어야 한다. 필자는 가르칠 때 요구되는 교사의 권위 역시 이 같은 맥락 속에 있다고 보며, 여기서의 권위란 교사–학생 사이에 발생하는 상호성에 기반을 둔다.

10) 아이반호(P. J. Ivanhoe, 2000: xiii)는 '도덕적인 매력'에 대해 설명하기를, 이것을 지닌 인물을 마주하면 느끼는 자연스러운 이끌림이자 여타 존재들에게 도덕적인 영향력을 행사할 수 있는 힘이라고 하였다. 그리고 이것은 과학만으로는 설명하기 어려운 비인과적인 성격의 것이라고도 하였다.

11) 『禮記』「學記」: 凡學之道, 嚴師爲難. 師嚴然後道尊, 道尊然後民知敬學. 是故君之所不臣於其臣者二. 當其爲尸, 則弗臣也. 當其爲師, 則弗臣也. 大學之禮, 雖詔於天子, 無北面, 所以尊師也.

12) 『呂氏春秋』「孟夏紀(尊師)」: 君子之學也, 說義必稱師以論道, 聽從必盡力以光明. 聽從不盡力, 命之曰背, 說義不稱師, 命之曰叛. 背叛之人, 賢主弗內之於朝, 君子不與交友.

13) 『栗谷全書』卷15『學校模範』: 學者誠心向道, 則必須先隆事師之道. 民生於三, 事之如一, 其可不盡心歟. … 平居侍奉, 極其尊敬, 篤信敎誨, 服膺不失. 如値言論行事, 有可疑者, 則須從容講問, 以辨得失, 不可直以己見, 便非議其師, 亦不可不思義理而只信師說.

14) 『巍巖遺稿』卷13 '師說 下': 凡爲人師者, 萬善畢備, 無一過失則善矣. 如其不然, 則犯之一言, 爲杜塞忠諫之巨防, 而畢竟隱之則亦甚矣. 一主師席, 終身無聞過之日, 此豈天下之理也哉.

15) 〈표 2-1〉은 『예기』「곡례」·「단궁(檀弓)」편, 『소학』「명륜(明倫)」편, 조선 중기의 문신 김성일(金誠一, 1538~1593)이 명(明)나라의 『향교예집(鄕校禮輯)』에서 발췌했던 「동자례」 등을 참조하여 작성되었다. 이외에도 『관자(管子)』「제자직(弟子職)」편이나 「여씨춘추」「맹하기」편의 '존사'절 등을 참조할 수 있는데, 이 문헌들에는 스승과 식사를 하거나 잠자리를 돌보는 경우와 같은 보다 세부적인 예법들이 수록되어 있다.

16) 이이는 이 부분에 대해 3개월부터 3년까지 다양하게 상을 지낼 수 있다는 견해를 피력하였다. 그는 『격몽요결(擊蒙要訣)』「상제장(喪制章)」에서 스승과의 정 혹은 의리가 깊고 얕음에 따라 심상이나 복을 입는 것도 3·5·9개월, 1·3년 등의 차등을 둘 수 있다고 보았던 것이다. 여기에는 존사의 예법이 일방적이고 강제적인 것이 되지 않게끔 하려는 그의 견해가 반영된 것으로 보인다.

17) 『이륜행실도』의 〈사생도〉는 총 5개의 그림과 이야기로 구성되어 있는데, 앞의 네 개(〈云敞自劾〉, 〈桓榮奔喪〉, 〈牽招斂殯〉, 〈楊時立雪〉)가 제자의 스승에 대한 의리와 헌신을 강조한 것이라면, 마지막 한 개(〈元定對榻〉)는 스승의 제자에 대한 예우를 강조한 것이다(김대식, 2010: 18~21). 숫자에는 다소의 차이가 있을지라도, 유가적 전통에서 스승과 제자 사이의 쌍방향적인 관계와 예우로 대함을 강조하였다는 사실을 간과해서는 안 된다.

18) 세종보다 앞선 태종(太宗) 3년에 이미 양녕대군(讓寧大君)을 대상으로 입학례가 시행되었으나, 양녕대군은 왕세자가 아닌 원자(元子)의 신분으로 의식을 거행하였다. 태종대의 입학례는 그 절차 역시 세종 대에 비해 덜 체계적이었는데, 이런 까닭에 일반적으로 세종 대에 들어와서야 입학례의 의식 절차가 완전히 갖추어졌다고 평가된다. 입학례는 이후 1910년 국권피탈까지 계속되었고, 조선 왕실에서 거행한 입학례의 횟수는 총 27회였다(김문식, 2010: 21~31).

19) 〈표 2-2〉는 규장각한국학연구원(2013: 30~36), 김문식(2010: 37~50), 장재천(2010: 285~289), 한형주(2008: 83~87) 등의 연구를 참조하여 작성되었다.

20) 『呂氏春秋』「孟夏紀(誣徒)」: 不能敎者, 志氣不和, 取舍數變, 固無恒心, 若晏陰喜怒無處.

21) 『呂氏春秋』「孟夏紀(誣徒)」: 不能學者, 從師苦而欲學之功也, 從師淺而欲學之深也. 草木雞狗牛馬, 不可譙詬遇之, 譙詬遇之, 則亦譙詬報人, 又況乎達師與道術之言乎.

22) 『退溪集』卷11 '諭四學師生文': 其嚴非相厲也, 其敬非受屈也, 而皆主於禮, 禮之行也.

23) 인성교육은 가정·학교·사회에서 전(全)방위적으로 시행되어야 하지만, 우리 교육의 특성상 학교가 중심이 되어 통합적인 방향으로 인성교육이 실시하는 것이 효과적이다. 또한 모든 교과에서 인성교육을 지향하되, 그 무게 중심 역할을 할 '중핵교과'를 설정하여 인성교육의 시행 과정에서 발생할 수 있는 다양한 문제점들의 해결 방안을 모색하는 것이 바람직하다. 필자는 이러한 유의점들을 관통할 수 있는 교과로서 '도덕과'가 가장 적합하다고 본다. 그 이유는 도덕 교과는 직접적으로 옳고 그름의 윤리적 문제를 다루고 있을 뿐만 아니라, 이를 통한 학생들의 인성 함양에 교과의 목적을 두고 있기 때문이다. 그리고 이것은 현재 『도덕과 교육과정』에도 적극적으로 반영되어 있음을 확인할 수 있다(교육과학기술부, 2012: 4). 따라서 이 장에서는 인성교육과 도덕과 교육

의 관계를 별도의 논의 주제로 설정하지 않았다.

24) 최근에 이런 문제의식에 근거하여 전통과 현대의 인성 개념을 아우르려는 시도들이 등장하고 있다. 일례로 박병기·김남준 등(2014: 19~20)은 "인성은 기본적으로 한 사람이 자신의 정체성 확립과 타인과의 관계 형성 과정을 잘 이끌어 갈 수 있는 원만한 성격을 의미한다. 더 나아가 인성은 인간이 본래적으로 갖추고 있을 것으로 받아들여져 온 선한 본성을 의미하기도 한다"라고 제시함으로써, 인간의 선한 본성[性善]을 전제하는 전통적인 인성 개념과 자연과학적 관찰 및 실험을 통해 강조되는 성격(personality)으로서의 현대적인 인성 개념의 통합을 꾀하였다.

25) 학령기에 해당하는 초등학교 학생들에게 존사의 마음가짐을 가르치는 효과적인 방법으로는 '역할놀이'를 꼽을 수 있다. 예를 들어 제3절에서 살펴보았던 조선 왕실의 '입학례'의 의미와 절차를 간략하게 소개하고 학생들이 자발적으로 역할놀이를 할 수 있도록 여건을 만들어줌으로써, 두 가지 효과를 꾀할 수 있다. 한 가지는 우리 전통 문화를 공부하는 것이요, 다른 한 가지는 이 장에서 강조하고 있는 존사의 마음가짐을 체득하게끔 하는 것이다.

제3장

전통 서당수업의 교수학습방법을 활용한 중학교 '도덕과' 수업

1. 청소년들의 도덕수준 하락과 그 원인

여러 매체를 통해 접하게 되는 청소년들의 비행이나 범죄 사례들은 성인 범죄만큼이나 난폭하고 잔인하다. 하지만 '도덕과(道德科)' 교육에 종사하는 사람들은 대다수의 학생들이 선할 것이라는 믿음을 포기할 수 없다. 실제로 도덕수업 시간에 학생들에게 가상의 도덕적 사태를 제시하면, 그들은 다른 사람에게 고의로 피해를 입히는 선택을 거의 하지 않는다. 그러나 부정할 수 없는 사실은 일부 학생들은 분명 그렇지 않으며, 전체적인 측면에서도 우리 학생들의 도덕적 민감성 혹은 도덕적 동기의 수준이 점점 떨어지고 있다는 것이다.[1] 그렇다면 왜 이러한 사태가 발생하는 것일까? 다양한 원인이 있을 것이지만, 이 장에서는 다음의 세 가지만 지적하고자 한다.

첫째는 도덕적 선택의 표준이 되는 가치·덕목의 부재(不在)이다. 이 말은 도덕과 교육에서 가치·덕목교육을 시행하지 않는다는 것이 아니다. 오히려 현재 공통 교육과정으로서의 『도덕』 과목에는 '가치 관계 확장법'을 중심으로 존중, 책임, 정의, 배려 등을 포함한 18개의 가치·덕목들이 자리하고 있다. 여기서 '가치·덕목이 부재한다'는 말의 의미는, 도덕적 선택을 해야 할 여러 순간에 적절한 표준으로 삼아야 할 필수 가치·덕목들이 학생들의 심신(心身)에 제대로 붙박여 있지 못하다는 것이다. 그래서 머리로는 추론하고 판단하지만, 몸으로는 실천하지 못하는 것이다.

둘째는 학생들이 학교 수업을 통해 도덕적인 정서를 제대로 성찰(省察), 발산하고 있지 못하다는 것이다. 그들이 하루 대부분의 시간을 보내는 곳은 다름 아닌 학교이다. 그런데 학교 수업에서 학생들이 도덕적인 정서를 성찰하거나 발산하고 있는지는 재고해야 한다. 물론 학생들은 예체능 관련 교과들을 통해 여러 감정과 정서들을 분출한다. 그러나 교과의 특성을 고려할 때, '도덕적인' 정서들을 성찰하고 발산하는 것은 도덕수업에서 이루어져야 할 것인데, 이러한 부분에 대한 교수학습방법적인 측면에서의 논의는 그간 소홀했던 것으로 보인다.

셋째는 도덕시험 점수와 실제적인 도덕성 사이의 간극이다. 『도덕과 교육과정』에서 제시하는 도덕과의 궁극 목적은 '자율적이고 통합적인 인격 형성'이다(교육과학기술부, 2012: 4). 그렇다면 평가의 중점은 실제적인 도덕성에 있어야 할 것이지만, 도덕시험 점수가 그것을 제대로 반영하고 있지 못하다는 것은 이미 잘 알려진 사실이다. 학생들에게는 이런 간극이 도덕과의 모순으로 다가올 수밖에 없다. 도덕적 민감성과 동기가 충만해도 도덕 과목에서 좋은 평가를 받을 수 없다면, 무슨 이유로 그것들을 위해 노력해야 한다는 것인가? 입시가 학교 수업의 중심이 되는 현실에서 이 문제를 곧바로 해결할 수는 없겠지만, 두 가지의 간극을 줄이려는 노력은 꾸준히 이루어져야 할 것이다.

이러한 문제의식을 바탕으로 필자는 전통 서당수업에 초점을 맞추었다. 왜냐하면 서당수업은 '도덕적 품성'의 함양과 '진정한 사람됨'의 체득을 목적으로 하는 '도덕수업'의 성격을 지녔기에, 이 공간에서 사용된 교수학습방법들은 현대 도덕수업에서도 충분히 활용가능하다고 보았기 때문이다. 즉, 우리 청소년들의 도덕적 민감성과 동기의 부족 또는 결여 현상에 대한 부정적 원인들의 보완책으로 전통 서당수업의 교수학습방법들을 활용할 수 있다고 제안하는 것이다. 그간의 연구 성과들을 살펴보면, 서당수업의 모습을 재현하거나 교육적 함의를 제시하는 정도에서 그치는 경우가 많았다. 이 장은 선행 연구들을 바탕으로 하면서도, 한 걸음 더 나아가 서당수업의 교수학습방법들이 현대 도덕수업에 어떻게 활용될 수 있을지를 구체적으로 살펴볼 것이다.

이상의 목적을 위해 우선 제2절에서는 전통 서당수업의 대표적 교수학습방법인 '강(講)'과 '놀이'에 대해서 살펴볼 것이다. 이어서 제3절에서는 '강을 활용한 가치·덕목교육'을, 제4절에서는 '강을 활용한 정서함양교육'을, 제5절에서는 '강을 활용한 수행평가'를 논의할 것이다. 강을 중학교『도덕 ①, ②』교과서의 어느 단원들과 함께 사용할 수 있을지 제시하고, 참조할 수 있는 고전의 구절과 해설들 및 강의 활용상 유의점, 수행평가용 학습지 등에 대해서도 소개할 것이다. 마지막으로 제6절에서는 논의를 요약하고, 현대 도덕수업에서 강을 활용할 때의 한계와 시사점 등을 언급할 것이다.

2. 전통 서당수업의 교수학습방법: 강(講)과 놀이

조선시대에는 다양한 교육기관들이 존재했는데, 관학(官學)으로는 향교(鄕校), 사부 학당(四部 學堂), 성균관(成均館) 등이 있었고, 사학(私

學)으로는 서당(書堂), 서원(書院) 등이 있었다. 이 기관들을 수준별로 분류하자면, 성균관은 고등교육기관이었고, 향교와 사부 학당은 중등교육기관이었으며, 서당은 초등교육기관이었다. 서원은 초·중등교육을 두루 담당했던 것으로 보인다. 또한 지역별로 분류하자면, 성균관과 사부 학당은 수도인 한양에 있었고, 향교, 서당, 서원은 전국에 퍼져 있었다(조무남 외, 2001: 58~71; 한민석, 2011: 1~73).

이런 교육기관들은 운영 방식이나 성격 등에 약간씩 차이가 있었지만 교수학습방법에 있어서는 대동소이하였는데, 압축하자면 강독(講讀), 제술(製述), 습자(習字)가 그것이다. 그런데 주목해야 할 점은 상위 기관으로 올라갈수록 여러 가지 형식과 제사, 과거(科擧) 등에 얽매임으로써, 교수학습방법의 다양하고 융통성 있는 적용 사례가 줄어든다는 것이다. 이런 까닭에 우리 전통교육의 구체적이고 역동적인 모습을 살펴보려면 서당에 주목해야만 한다.

그간의 연구에 따르면, 조선의 서당은 시기에 따라 서재·서원서당, 향촌서당, 개량서당으로 변모하였으며, 운영 방식에 따라 훈장 자영 서당, 유지 독영 서당, 유지 조합 서당, 마을 조합 서당 등으로 분류된다(渡部學, 2010: 182~201; 장덕삼, 2003: 38~46; 이만규, 2010: 243). 또한 서당수업은 훈장의 옛 이야기와 훈계로 대변되는 도입 단계→전일에 배운 것을 암송하는 평가 단계→당일의 개인별 학습목표 설정 단계→자율 및 반복학습으로 이루어지는 전개 단계로 진행되었음이 고증되었고, 이러한 서당수업의 교육적 의의로 ⓐ 암기 위주의 기초지식교육, ⓑ 엄격한 학습 태도에 근거한 인격교육, ⓒ 학생들의 능력에 맞춘 개인별·수준별 교육, ⓓ 사회적 환경에 따른 수업 조절, ⓔ 학생들의 자치 활동 강조, ⓕ 자연의 변화에 따른 수업 조절, ⓖ 과제 부여를 통한 완전학습 등이 지적되었다(이규범, 1984: 27~30; 장승희, 2002: 12). 이러한 선행 연구들을 전제로, 이 장에서는 전통 서당수업에서 행해진 교수학습방법들에 집중하여 논의를 전개할 것이다.

1) '강(講)' 중심의 전통 서당수업

앞서 조선 교육기관들의 교수학습방법이 강독, 제술, 습자의 세 가지로 요약될 수 있음을 언급하였다. 여기서 '제술(製述)'이란 오언절구(五言絶句)와 칠언절구(七言絶句) 같은 시 혹은 문장을 짓는 활동으로, 한자에 대한 학습이 일정 수준 이상에 도달한 고학년 학생들을 대상으로 한다. 제술의 방법으로는 제목을 주고 운(韻)과 형식에 맞추어 글을 짓게 하거나, 촛불에 선을 긋고 불이 그 선까지 타기 전에 글을 완성하도록 하는 각촉부시(刻燭賦詩) 등이 있다. 다음으로 '습자(習字)'란 붓으로 글자를 쓰는 과정으로, 1점 1획의 연습을 시작으로 해 글자의 구성을 익히고 훈장의 글씨를 따라하는 순서로 진행된다. 이것은 학생들에게 단순히 글자를 익히도록 하는 효과 이외에 정신 집중과 올바른 인격 형성을 위해 강조되었다(함정현, 2010: 371). 하지만 제술과 습자보다 더욱 중요하게 이루어진 것은 '강독(講讀)'으로서, 유가 경전이나 관련 기초 서적들을 배우고 암송하는 것이다.

이 강독은 한문을 읽는 방법을 가르치는 것인데, 석음(釋音)과 음독(音讀)을 반복하여 암송시킴으로써 학생들이 문장을 혼자 읽고 그 의미를 이해하도록 하는 것이다. 무릎을 꿇고 앉아 서적을 앞에 놓고 강약을 넣어 음률에 따라 읽는데, 이때 지루함을 해소하고 졸음을 쫓으며 정신을 집중하기 위해 상반신을 전후나 좌우로 움직인다. 교재는 일반적으로 『천자문(千字文)』에서 시작하여, 『사자소학(四字小學)』, 『추구(推句)』, 『명심보감(明心寶鑑)』, 『동몽선습(童蒙先習)』 등을 거쳐 『소학(小學)』으로 나아가는데, 훈장의 수준과 서당의 성격에 따라 『사서(四書)』와 『오경(五經)』으로 수준을 높이기도 하였다(최윤용, 2008: 346;

이운희, 2001: 286~298). 이러한 강독의 핵심이 바로 '강(講)'이다.2)

강은 배운 것을 소리 내어 읽고[聲讀] 그 부분에 관한 의미를 묻고 들어서 익히는 교수학습방법의 일환이자, 동시에 전일에 배운 것을 훈장 앞에서 외우고 글자와 문장의 뜻에 관한 질문에 답함으로써 평가받는 하나의 시험이기도 하였다. 서당에서 여러 명의 학도들이 동시에 강을 하면 그 소리는 매우 시끄러웠지만, 아기 우는 소리, 다듬이질 소리와 더불어 '세 가지 좋은 소리[三好聲]'라고 인식되어 이웃의 반발을 사는 일은 없었다고 한다. 또 강을 하는 시기는 매일하는 일강(日講), 열흘마다 하는 순강(旬講), 보름마다 하는 망강(望講), 한 달마다 하는 월강(月講) 등으로 구분되며, 그 방법은 훈장 앞에 교재를 펼쳐 놓은 뒤 자기는 돌아앉아 보지 않고 암송하는 배강(背講), 교재를 보면서 읽는 면강(面講)·임문고강(臨文考講) 등으로 나뉘었다.

강은 날마다 학생의 실력에 맞게 범위를 정해 시행하고, 당일의 학습량을 숙독하면서 읽은 수를 세었다. 보통 1회의 독서량은 백강(百講)이었는데, 이튿날 강을 시켜 통과한 후에야 다음의 진도로 나아갔으며, 통과하지 못할 경우에는 완전히 암송할 때까지 반복하여 읽게끔 하였다. 강의 기준은 대체로 순(純), 통(通), 약(略), 조(粗), 불통(不通)의 다섯 가지로서, '조' 이상은 합격이었으며 우수자에게는 부상을 주어 격려하였다(장재천, 2009: 323~324). 강이 무엇인지 잘 보여주는 언급으로는 조선 후기에 문장으로 이름 높았던 이상수(李象秀, 1820~1882)의 '갱신고법(更辛苦法)'과 '순승척법(循繩尺法)'을 꼽을 수 있다(최윤용, 2008: 348~349에서 재인용).

① '갱신고'란 어떻게 하는 것인가? 어린 아이에게 글을 가르칠 때는 우선 법을 정하고, 구두의 쉽고 알 만한 것은 반드시 스스로 해석하게 하되 급하게 해석하지 않도록 하라. 해석이 틀리면 고치게 하고, 또

틀리면 또 고치게 하라. 그렇게 두세 번 하면 통하지 않음이 없다. 이와 같이 점차 익혀 가면 문장을 해석하는 법례를 알 것이다. 이때 반드시 (가르치는) 행수(行數)를 줄여서 만일 다섯 행을 감당할 수 있는 자에게 세 행을 주는데 그치면, (남은 힘을 활용해) 능히 열두 세 행에 이를 것이다. 내일 배울 곳을 먼저 이해하도록 하고, 구두를 정하여 한 번 통한 연후에 와서 배울 것을 허락하며, 알기는 하지만 싫증내고 사고하지 않는 자는 물리치고 꾸짖으며 벌하여 반드시 스스로 터득하게 하면, 마침내 능히 이 도(道)에 도달할 것이다.[3]

② '순승척'은 어떻게 하는 것인가? 어린 아이에게 글을 가르칠 때는 우선 법을 정하고, 반드시 정통하게 외운 후에 가르치며, 불통(不通)하면 물리쳐 다시 읽게 하여 나아가게 하라. 이틀에 걸쳐 거듭 실수하는 자는 반드시 벌하되, 미봉책을 쓰지 않도록 하며, 해석까지 외우게 한다. 외울 때는 반드시 돌아앉아 외우게 하고, 글을 배울 때는 반드시 꿇어앉게 하며, 서상대(회초리)로 글자를 짚어준다. 하루에 읽을 횟수와 한 번에 읽을 횟수를 정하여 어기는 자는 벌하라. 예를 들어 20번을 정하고 이 수에 못 미쳐도 안 되고 넘어서도 안 된다. 왜 그런가? 한 번 정해진 한도를 넘기는 일이 있으면, 반드시 미치지 못할 때도 있기 때문이다. 제도를 엄하게 하여 어김을 허락하지 않는 것, 이것이 어린 아이를 가르치는 승척(繩尺)이다.[4]

위 인용문에서 훈육이나 체벌 등이 함께 엿보인다고는 할지라도, 강에는 개별학습, 수준별 학습, 반복학습, 완전학습 등의 다양한 교육 원리 및 방법들이 반영되어 있음을 확인할 수 있다.

한편 강은 ⓐ 괘책례(掛冊禮), ⓑ 장원례(壯元禮), ⓒ 백일장(白日場) 등과 같이 서당에서 이루어지는 정기적인 행사와도 직결되어 있었다(박래봉, 1977: 46~48; 박래봉·김정일, 1981: 12~15). 일명 책걸이, 책세식(冊

洗式)이라고도 불리는 괘책례는 한 권의 교본이 끝나면 그것을 걸어 두고[掛] 축하식을 올린다는 뜻에서 나온 말로서, 일종의 진급식이었다. 이때 학부형들은 경제력에 따라 잔치를 베풀어 훈장에게 감사를 표시하고 서당 학도들이나 촌락 주민들과 함께 회식을 하였는데, 가난한 사람이라고 할지라도 자식이 『천자문』을 끝내면 꼭 괘책례를 치렀다. 그런데 이 괘책례를 하기 위해서는 교본의 전부나 일부를 암송하고 훈장의 질문에 답하는 졸업 시험으로서의 강을 반드시 통과해야만 했다.

다음으로 장원례는 '강(講)날'이라고 불리는 시험일에 장원으로 선발되어 동학들과 촌락의 노인, 유지(有志)들을 초청, 예를 베푸는 것이었다. 장원한 학도에게는 필묵이나 종이 같은 상품 수여와 함께 특별 대우가 이루어졌는데, 무엇보다 장원례를 베푸는 그 자체를 학도와 학부형 모두 큰 명예로 여겼다. 그리고 이 명예를 얻기 위해서는 강독, 암송, 해석의 순서로 실시되는 강을 필수적으로 통과해야만 했다.

마지막으로 백일장은 인근의 서당들이 연합하여 시행하거나 향교가 주최하여 실시한 큰 행사였다. 백일장에서 장원을 하는 것은 서당 전체의 명예였으므로, 여기에 대비하는 특별지도가 이루어지기도 하였다. 백일장에서는 시험관이 교본의 어느 구절을 읽다가 멈추면 응시자가 이어지는 부분을 암송하거나, 시험관이 지적한 내용에 대해 정확하게 답하는 형태로 강이 이루어졌다. 이렇게 강은 학생들에게 기대와 불안감을 안겨줌과 동시에 단조로웠을 서당 생활의 활력소로 작용하였다.

이상에서 살펴본 강은 여러 가지 교육적 의의를 지닐 뿐만 아니라, '삼도학(三道學)'의 목적을 달성하기 위한 핵심 과정이기도 하다. 여기서 삼도는 입으로 읽으며 진리에 도달하는 구도(口道), 눈으로 읽으며 진리에 도달하는 목도(目道), 마음으로 읽으며 진리에 도달하는 심도(心道)인데, 이처럼 진리가 입·눈·마음과 일치하여 몸에 배도록 하는 공부의 중심에 강이 있는 것이다(장재천, 2009: 340). 요컨대 강은 학생의 '도덕적 품성[仁]'을 함양하기 위한 전통 서당수업의 으뜸가는 방법이었다. 다음으로 전통 도덕수업의 또 다른 교수학습방법인 '놀이'에 대해 살펴보자.5)

2) '놀이'를 통한 전통 서당수업

서당은 학년, 학기, 방학 등이 특별히 정해져 있지 않았고, 하루에 대략 10~12시간의 수업을 진행하였으며, 때로는 야간수업도 실시하였다. 농번기, 명절, 길흉사 등에는 일시적으로 휴교에 들어갔고, 계절에 따라서 수업 내용을 다르게 하는 융통성 있는 운영도 이루어졌다. 가령 더운 여름에는 시(詩)·율(律) 관련 학습을 하였고, 봄과 가을에는 사기(史記)·고문(古文) 등을 읽었으며, 겨울에는 경서(經書)를 배웠다(이만규, 2010: 245~246; 조무남 외, 2001: 70). 이것은 사회적 또는 자연적 환경 변화 및 학생들의 계절별 정서에 따라서 익혀야 할 내용을 바꾸어 효율적인 교육을 실시하기 위해서였던 것으로 보인다.

그런데 서당의 실제 운영에서 주목해야 할 점은 적극적인 놀이를 활용하여 도덕적 품성의 함양을 도모했다는 사실이다. 그 놀이들이란 서당별 혹은 지역별로 매우 다양하였는데, 잘 알려진 것을 중심으로 몇 가지만 살펴보자면 다음과 같다.6)

'원(員) 놀이'는 학생들이 도덕적이며 지혜로운 판단 능력을 익힐 수 있도록 하는 놀이였다. 아이들 가운데 접장(接長) 같은 대표가 최초 원님이 되고, 나머지는 백성이 되어 원님에게 소(訴)를 제기한 뒤 판결을 받는다. 이때 현명한 판결을 내린 원님은 존경을 받지만, 그렇지 못할 경우에는 놀림을 당하면서 물러나고 다른 아이가 원님이 된다.

'초중종(初中終) 놀이'는 학생들이 글자와 시문을 익힐 수 있도록 하는 놀이였다. 대체로 더운 여름에 아이들의 학습 의욕을 자극하고 공부에 싫증을 덜 내도록 하기 위해 이용되었다. 이 놀이는 초, 중, 종 각각에 제시되는 운(韻)에 맞추어 시구를 짓는 것인데, 첫 번째 글자가 제시되면 그 글자를 시구의 처음에 넣어 짓고, 두 번째 글자가 제시되면 그 글자를 시구의 가운데에 넣어 지으며, 세 번째 글자가 제시되면 그 글자를 시구의 마지막에 넣어 짓는 것이다. 초중종 놀이는 학생들을 두 편으로 나누어 진행하는데, 더 많은 시구를 지은 편이 승리를 거둔다.

'승경도(陞卿圖) 놀이'는 학생들의 향학심을 자극하고 관직에 대한 체계적인 관념과 등급, 칭호, 서열 등을 익힐 수 있도록 하는 놀이였다. 종이나 분판에 벼슬을 적어 놓고 주사위를 던져 진급하기도 하고 파직과 유배를 당하기도 하면서, 9품에서 1품 또는 외직(外職)에서 내직(內職)으로 벼슬을 거친다. 이때 영의정에 빨리 오르는 학생이 승자가 된다.

'고을모둠 놀이'는 학생들이 여러 고을 이름과 소재지 등을 익힐 수 있도록 하는 놀이였다. 아이들이 둘러 앉아 교본의 아무 쪽이나 펼친 뒤, 고을 이름을 구성할 수 있는 한 글자를 찾아낸다. 그리고 거기에 자신이 알고 있는 나머지 한 글자를 더하여 두 글자의 고을 이름을 완성한다. 이런 방식으로 완성한 고을 이름의 숫자가 많은 학생이 승자가 되는데, 이때 자신이 쓴 고을 이름의 소재지를 모를 경우에는 감점을 당한다.

'남승도(覽勝圖) 놀이'는 학생들이 조선이나 중국의 명승고적, 풍토, 산물, 인물 등을 익힐 수 있도록 하는 놀이였다. 다섯이나 여섯 명의 아이들이 각각 시인, 한량, 미인, 승려, 농부, 어부 등이 되어 종이나 분판에 적어 놓은 명승고적을 유람하게 되는데, 주사위를 던져서 나오는 숫자대로 움직인다. 한양을 떠나 유람을 마치고 가장 먼저 한양으로 돌아오는 학생이 승자가 된다.

'조조(曹操)잡기 놀이'는 학생들이 상황과 역할에 맞는 표현력을 익힐 수 있도록 하는 놀이였다. 다수의 아이들이 둘러 앉아 위(魏)나라의 간웅(奸雄) 조조(曹操, 155~220)를 찾아내어 벌을 주는 것이 놀이의 진행 과정이다. 아이들은 우선『삼국지(三國志)』에 나오는 여러 인물들의 이름이 적힌 쪽지를 뽑는데, 여기서 유비(劉備, 161~223)의 쪽지를 뽑은 아이가 명령관이 되어 휘하의 장수 이름을 부른다. 예를 들어 "제갈량(諸葛亮). 너는 가서 조조를 붙잡아 오너라"라고 하면, 제갈량의 쪽지를 가진 아이가 조조의 쪽지를 가졌을 것으로 예상되는 아이를 찾아낸다. 제대로 맞았을 경우에는 조조의 쪽지를 가진 아이가 처음 정한 노래를 부르거나 춤을 추지만, 틀렸을 경우에는 오히려 제갈량의 쪽지를 가진 아이가 벌칙을 수행한다.

이상에서 살펴본 이외에도, 서당에서는 다양한 놀이들을 통하여 학생들의 집단에 대한 소속감, 협동심, 단결력, 준법성, 애향심 등을 고취시켰던 것으로 보인다. 그런데 서당의 놀이는 대부분 훈장과 접장이 참여하여 이루어졌다는 점에 유의해야 한다(피정만, 2010: 151). 만일 언급했던 놀이들이 학생들에 의해서만 진행되었다면, 이것은 과열 경쟁이나 잦은 싸움으로 연결될 우려도 있었을 것이다. 하지만 훈장과 접장이 함께함으로써, 놀이가 단순한 오락에 그치지 않고 올바른 도덕적 품성을 지향하는 하나의 교수학습방법으로 승화될 수 있었다. 가령 승경도 놀이에서 한 학생이 비겁한 방법으로 동학들을 제치고 영의정이 되려고 한다면, 동석해서 참관하던 훈장과 접장은 분명히 그 학생의 비도덕적인 행동과 마음가짐을 꾸짖었을 것이다.

이와 같이, 서당은 '진정한 사람됨[仁]'의 체득을 목표로 스승과 학생이 하루 대부분의 시간을 같이 하는 전통 도덕수업의 장이었다.

그리고 '강'과 '놀이'는 이 장을 채우는 훌륭한 교수학습방법이었다. 그렇다면 이러한 방법들이 현대 도덕수업에 어떻게 적용될 수 있을까? 그리고 그 형태와 유의점들로는 무엇이 있을까? 이 장의 이하에서는 전통 서당수업의 특색이 가장 잘 나타나는 '강'에 집중하여 그 활용 방안 및 각각의 유의점들에 대해 구체적으로 살펴볼 것이다.

3. 강을 활용한 가치·덕목교육

강을 현대 도덕수업에 적용할 때, 우선적으로 제시할 수 있는 방안은 '강을 활용한 가치·덕목교육'이다. 본래 전통 서당수업에서의 강이란 정해진 구절에 함의된 가치·덕목의 철저한 이해를 추구하는 '완전학습'이요, 학생의 능력에 따라 시행하는 '개별수업'이다. 이렇게 보자면, 강은 가치·덕목에 대한 직접적인 교수학습방법으로서 매우 적합하다고 할 것이다. 가령 현재 중학교『도덕 ①』의「Ⅱ. 인간관계와 도덕」중 '1. 가정생활과 도덕'에는 효도와 관련된 이야기들이 등장한다. 학생들이 이런 이야기들을 통해 효도라는 가치·덕목을 이해하는 과정에서, 아래의 〈표 3-1〉과 같은 짧으면서도 함축적인 구

〈표 3-1〉 강을 활용한 가치·덕목교육(예: 효도)의 구절 예시 1

원문	今之孝者, 是謂能養. 至於犬馬, 皆能有養, 不敬, 何以別乎?(『論語』「爲政」) 금 지 효 자 시 위 능 양 지 어 견 마 개 능 유 양 불 경 하 이 별 호
국역	요즘 말하는 효란 '봉양을 잘하는(잘 길러주는) 것'일 따름이다. 허나 개나 말도 집안에서 주인의 봉양을 받지 않는가? 사람이 부모를 '마음을 다해 공경'하지 않는다면, 개나 말을 잘 기르는 것과 무슨 구분이 있겠는가?
해설	지금 흔히들 말하는 효도란 물질적으로 부모의 몸만을 봉양하는 것이다. 하지만 한 집안의 개와 말 역시 이 가축들을 기르는 주인의 봉양을 받는다는 점을 고려할 때, 부모의 몸만을 봉양하는 것으로는 부족하다. 즉, 자신을 낳아준 부모를 물질적으로만 봉양하고 마음 속 깊이 공경하지 않는다면, 개와 말 같은 가축을 기르는 것과 구별이 없어진다는 것이다. 그러므로 효도라는 가치·덕목을 다하고자 한다면, 부모에 대해 온 마음을 써서 공경해야만 한다.

절을 암송함으로써 그 효과가 더 높아질 수 있을 것이다. 수업 현장에서의 활용도를 높이기 위해, 음이 달린 원문과 국역 이외에도 참조할 수 있는 해설을 함께 덧붙인다.

만일 〈표 3-1〉의 내용을 어려워하거나 한자 습득에 곤란을 겪는 학생들이 있다면, 다음과 같은 보다 짧은 구절을 암송하게 할 수도 있다.

〈표 3-2〉 강을 활용한 가치·덕목교육(예: 효도)의 구절 예시 2

원문	父母唯其疾之憂.(『論語』「爲政」) 부 모 유 기 질 지 우
국역	부모는 오직 자식의 병을 근심하는 법이다.
해설	효도와 자애는 본래 하나이다. 자식이 부모 섬기는 효도를 다하려면 진실로 부모의 자식에 대한 사랑을 본받아야 한다. 부모가 자식을 사랑하는 마음은 매우 깊다. 그러므로 자식의 병을 근심하는 마음 역시 깊어서, 다른 일에 대한 근심은 멈출 때가 있지만, 오로지 자식의 병을 근심하는 마음만은 언제나 잊지를 않는다. 자식이 되어 이 마음을 본받아 스스로의 몸을 지킨다면 이것이 곧 효도이다.

한편 강은 가치·덕목에 대한 자율적이고 비판적인 관점을 기르는 데에도 기여할 수 있다. 실제로 가치·덕목에 대한 학습자 스스로의 관점을 형성하기 위해서는, 먼저 그 가치·덕목이 무엇인지 알려줄 필요성이 있다. 그래야만 그 기반 위에서 비로소 가치·덕목에 대한 자신의 비판적 관점을 구성하고 실천할 수 있기 때문이다. 강에 대한 큰 오해 중 한 가지는, 이것의 목적을 경전의 구절에 대한 단순 암기로 보고 있다는 것이다. 하지만 강이 추구하는 진정한 목표는 학습자가 그 구절에 함의된 가치·덕목을 자신이 처한 삶 속에서 이해하도록 하는 것이다. 그리고 이런 이해야말로 도덕적인 앎과 행동을 하나로 만드는 동기가 된다. 또한 그 이해는 학습자의 지적·도덕적 단계와 경험의 정도에 따라 다양하게 나타나기에 강을 무분별적 주입의 방법으로만 보아서는 결코 안 될 것이다. 예를 들어 다음과 같은 구절은 현재 중학교 『도덕 ①』의 「I. 인간의 삶과 도덕」 중 '3. 도덕적

성찰'에서 함께 다룬다면 효과가 클 것이다. 여기에서 도덕적 성찰이란 자기 삶에서 이루어지는 말과 행동, 마음가짐 등을 도덕적인 관점에서 반성하고 살펴보는 것이다.

<표 3-3> 강을 활용한 가치·덕목교육(예: 도덕적 성찰)의 구절 예시 3

원문	"何謂知言." 曰, "詖辭, 知其所蔽, 淫辭, 知其所陷, 邪辭, 知其所離, 遁辭, 知其所窮."(『孟子』「公孫丑 上」)
국역	(공손추가 묻기를) "무엇이 '말을 안다'는 것입니까?" 맹자가 말하기를, "편벽된 말에서는 말하는 자의 마음이 가려져 있음을 알고, 음란한 말에서는 말하는 자의 마음이 옳지 않은 데 빠져 있음을 알며, 나쁜 말에서는 말하는 자의 마음이 어긋난 바를 알고, 도피하는 말에서는 말하는 자의 마음이 논리가 궁함을 아는 것이다."
해설	말은 본래 마음에서 비롯되는 것이다. 다른 사람의 말은 물론이거니와 무엇보다 자신의 말이 편벽되거나 음란하거나 나쁘거나 도피하고 있다면, 이미 스스로의 마음이 가려져 있거나 옳지 않은 데 빠져 있거나 어긋나 있거나 논리가 궁하다는 것을 알아야 한다. 그러므로 자신의 언행을 항상 반성하고 성찰함으로써 마음가짐을 바로 해야 할 것이다.

이 부분에서 유의해야 할 사항은, 암송해야 할 구절을 제시하는 데 그쳐서는 안 되고, 학생들이 그 구절을 읽고 떠오르는 여러 생각들을 발산, 정리해 볼 수 있도록 해야 한다는 것이다. 특히 브레인스토밍 (brain-storming)이나 브레인라이팅(brain-writing) 등의 기법을 함께 사용하는 것이 효과적이다.[7] 앞서 언급한 단원과 관련하여 구체적인 활용 방안을 설명하자면, 우선 『도덕 ①』교과서를 통해 '도덕적 성찰'의 개략적인 의미를 전달한 뒤, 위의 〈표 3-3〉과 같은 내용을 소개하고 학생들이 거기에 대해 브레인스토밍이나 브레인라이팅을 하도록 유도한다. 이렇게 함으로써 도덕적 성찰에 대한 폭넓고 심도 깊은 이해를 끌어낸 다음, 수업의 정리 및 평가에서 그 구절을 암송하도록 하여 도덕적 성찰이 학생의 삶 안에 자리할 수 있게끔 한다. 이 단계까지 거친다면 관련 구절에 함의된 특정 가치·덕목에 대해 학생 스스로의 자율적이고 비판적인 관점이 보다 손쉽게 형성될 수 있을 것이다.

4. 강을 활용한 정서함양교육

또한 강을 현대 도덕수업에 활용함으로써 '정서함양교육'에도 기여할 수 있다. 강은 학습한 경전의 내용을 소리 내어 읽는 것임을 앞서 지적하였다. 기초적인 강은 대체로 세 단계를 거치는데, 첫째는 배운 구절 내의 모르는 한자들을 익히고, 둘째는 구절을 이루는 한자들에 음을 붙여 읽으며,[8] 셋째는 뜻을 새겨서 구절의 의미를 이해하는 것이다(박균열·이상호, 2009: 258). 그런데 강은 전체적으로 음악적, 율동적 성격이 강하다. 왜냐하면 소리 내어 읽는 중에 음의 고저장단에 따른 리듬이 발생하며, 그 리듬에 맞추어 몸을 자연스럽게 전후좌우로 움직이게 되기 때문이다. 요약하자면 강은 구절을 보면서 낭독하여 자신의 귀에 익숙해지도록 하는 암기 방법으로서, 이때 글자와 내용의 특색에 맞추어 운율(韻律)을 살려 노래하듯이 읽음과 동시에 거기에 따라 신체를 흔드는 것이다.

물론 강이 지닌 음악적, 율동적 성격은 역동적이라기보다는 규칙적이고 완만하며 간단하다. 그럼에도 적당한 리듬과 몸짓을 교실 수업에 추가함으로써 현대 도덕교육에서 강조하는 올바른 정서함양의 한 가지 방법이 될 수 있다. 가령 중학교『도덕 ②』의「Ⅳ. 이상적인 삶」중 '1. 마음의 평화와 도덕적 삶'에는 마음의 다스림과 관련된 이야기들이 등장하는데, 강을 활용한 정서함양교육에서 이 부분이 주목할 만하다. 특히 이황(李滉, 1501~1570)의『고경중마방(古鏡重磨方)』에서 적당한 내용을 발췌해 '노래활용 수업모형' 등과 함께 시도한다면 효과가 높을 것이다.

〈표 3-4〉의 구절은 교과서에 부족하게 기술된 마음의 정체에 대해 학생들이 좀 더 깊은 사색을 할 수 있도록 도움을 제공한다. 또한 네 글자씩 끊어 읽게끔 되어 있으므로 운율을 부여하기에도 용이해

<표 3-4> 강을 활용한 정서함양교육의 구절 예시 1

원문	茫茫堪輿, 俯仰無垠, 人於其間, 眇然有身. 是身之微, 太倉稊米, 參爲三才, 曰惟心 망망감여 부앙무은 인어기간 묘연유신 시신지미 태창제미 삼위삼재 왈유심 爾. 往古來今, 孰無此心, 心爲形役, 乃獸乃禽, 惟口耳目, 手足動靜, 投間抵隙, 이 왕고내금 숙무차심 심위형역 내수내금 유구이목 수족동정 투간저극 爲厥心病. 一心之微, 衆欲攻之, 其與存者, 嗚呼幾希. 君子存誠, 克念克敬, 天君泰 위궐심병 일심지미 중욕공지 기여존자 오호기희 군자존성 극념극경 천군태 然, 百體從令.(范浚, '心箴') 연 백체종령
국역	넓고 넓은 천지는 우러러보고 굽어보아도 끝이 없는데, 사람은 천지 가운데 조그마한 몸으로 존재한다. 이 몸의 작음은 큰 창고 속의 한 톨 쌀알 같지만, 마음은 하늘(川), 땅(地)과 함께 삼재(三才)를 이룬다. 옛날부터 지금에 이르기까지 마음이 없는 사람이 있었겠느냐마는, 마음이 육체에서 비롯되는 사욕(私欲)의 부림을 받으면 금수에 지나지 않게 된다. 눈·귀·입과 손·발 등의 움직이고 멈춤에 틈새가 생겨서 마음이 사욕에 침해당하거나 막히면 마음은 마침내 병들고 만다. 한 마음은 미약하고 욕망은 강하니, 여러 욕망이 쳐들어오면 이 마음을 보존할 사람이 얼마나 되겠는가? 군자는 스스로 성찰(誠)하고 내면에 집중(敬)하여, 천군(天君)인 마음이 흔들리지 않게 몸을 지배한다.
해설	우리의 몸은 천지와 우주에 비하면 아주 작지만, 몸을 주재하는 마음을 펼치면 그 천지와 우주를 담고서도 남음이 있다. 그래서 동양에서는 사람을 하늘, 땅과 더불어(天·地·人) '삼재'라고 불렀던 것이다. 사람이라면 몸을 가지고 살아가는 것은 두말할 필요 없지만, 몸에서 비롯되는 욕망에 휘둘린다면 금수와 차별이 없게 된다. 그러므로 자신의 청명한 마음을 성찰하고, 바로 그 마음에 집중하여 욕망을 다스릴 줄 알아야 하는 것이다.

서 노래로 활용할 만하다. 하지만 〈표 3-4〉의 내용이 다소 길다거나 한자를 어려워하는 학생들이 있다면, 〈표 3-5〉와 같은 보다 짧은 구절을 사용할 수도 있다.

이처럼 마음과 연관된 유의미한 구절들을 율동이 곁들어진 강을 통해 노래처럼 할 수 있다면, 고전이 제공하는 특유의 심정적·내면적 감동에 근거하여 학생들을 올바른 정서함양의 장으로 유도할 수

<표 3-5> 강을 활용한 정서함양교육의 구절 예시 2

원문	於乎, 危於忿懥, 於乎, 失道於嗜欲, 於乎, 相忘於富貴.(杖銘) 　　어호　위 어 분치　어호　실 도 어 기 욕　어호　상 망 어 부 귀
국역	아! 분한 마음에 얽매이면 위태롭고, 즐기고 좋아하는 일만 탐닉하면 도를 잃게 되며, 부귀에만 빠져 있으면 상호간의 인정과 도리를 잃는다.
해설	분한 마음에 사로잡혀 있으면 스스로 다치고, 지나친 쾌락을 탐닉하면 진리를 발견하지 못하며, 돈과 같은 재물에만 빠져 있으면 사람들 사이에 있는 인정이나 의리를 잃어버린다. 이 모든 것이 마음을 어지럽히고, 우리를 고통스럽게 하는 원인이 되는 것이다.

있을 것이다. 그리고 학생들이 직접 소리를 냄으로써, 때때로 학교에서 쌓여 있을 억눌리고 불쾌한 감정의 발산도 가능할 것이라고 생각된다.

이 부분에서 유의해야 할 사항은, 대체로 교사와 학생 모두 강에 대한 경험이 없기 때문에 활용할 수 있는 좋은 구절을 찾았다고 할지라도 수업을 어떻게 진행해야 하는지 모른다는 것이다. 그런데 강을 노래로서 활용하는 방법에는 크게 두 가지 경로가 있다. 첫째는 짧고 간단한 구절을 반복해서 소리 내어 읽게 하여, 학생 자신만의 고유한 강의 '톤(tone, 音調)'을 만들어 내도록 하는 것이다. 그리고 그렇게 만들어진 강의 톤을 이용해서 긴 구절들로 강의 영역을 확장할 수 있다. 다음으로 둘째는 보다 손쉬운 방법인데, 이미 널리 알려진 잔잔하고 단조로운 리듬에 구절들의 음을 붙여서 읽는 것이다. 한문 자체를 익힐 때는 전자의 방법을 권장한다고 할지라도, 도덕수업의 현장에서는 후자의 방법도 충분한 의미가 있으며 때로는 더 실용적이다.

5. 강을 활용한 수행평가

강을 현대 도덕수업에 적용함에 있어 마지막으로 살펴볼 내용은 '강을 활용한 수행평가'이다. 현재 『도덕과 교육과정』에서는 평가의 목적에 대해 "학생들의 도덕성 및 인성 발달 수준을 측정하여 개별 학생, 학급, 학년 집단에 적합한 교육적 처방을 제시하고 교육 내용과 교수학습방법 및 절차를 개선하여, 궁극적으로는 학생들의 도덕성 발달과 유덕한 인격의 함양을 촉진하는 데 있다"(교육과학기술부, 2012: 29)라고 밝히고 있다. 이 장의 맥락에서 보자면, 인용문에 나타난 도덕성, 인성, 유덕한 인격 등은 앞서 언급했던 도덕적 품성이자 진정한 사람됨으로서의 '인(仁)'이다.

그간 도덕시험 점수와 실제적인 도덕성 사이의 괴리에 대한 많은 지적이 있었다. 그리고 그 결론은 도덕교육에서 이루어져야 하는 평가의 본질이, 첫째, 도덕교육을 통해 변화된 학생들의 도덕적 품성을 포괄적으로 측정하여 그들의 도덕적 성장을 위한 근거로 활용될 수 있어야 하며, 둘째, 도덕수업이 제대로 운영되었는가에 대한 자료 수집 및 결과 해석의 과정을 거쳐 교수학습방법의 개선에 도움을 주어야 한다는 것이다(정창우 외, 2007: 696~700). 바로 이 지점에서 자주 등장하는 평가방법이 '수행평가'이다. 수행평가는 기본적으로 교사가 학생의 과제 수행 과정 및 결과를 보고 학생의 지식·기능·태도 등에 대해 전문적으로 판단하는 평가방법, 혹은 학생 스스로 자신의 지식·기능·태도 등을 나타낼 수 있도록 답안을 작성, 발표, 산출, 행동하도록 요구하는 평가방법으로 정의된다(백순근, 1999: 29). 그렇다면 현대 도덕수업에서 사용할 수 있는 강을 활용한 수행평가란 무엇인가? 이하에서 그 구체적인 방법과 유의점에 대해 살펴보자.

다양한 수행평가의 방법 중 강을 활용할 때 응용할 수 있는 것은 구술시험과 포트폴리오(portfolio)법이다. 평가의 과정은 교과서의 내용과 관련된 경전의 구절을 배우고, 일정 기간이 지난 뒤 그 구절을 완전히 이해·암송하였는지가 기본이 된다. 강을 하다보면 자연스럽게 구절이 이해되는 경우도 있지만, 긴 구절은 기초적인 이해가 없으면 잘 외워지지도 않는다. 그러므로 '구술시험'의 중요한 평가 요소인 이해력 측정은 학생이 암송하는 강의 흐름을 보면 파악할 수가 있다. 이외에도 준비도, 표현력 등이 평가 요소로 포함된다.

또한 외우는 과정에서 경전의 구절에 비추어 자신을 성찰해 보도록 하는 계기를 마련해 주어야 한다. 그리고 여기에서 '포트폴리오법'을 사용할 수 있다. 평가 준비 기간이 4주라면, 매 주마다 그 구절에 비추어 본 자신의 일상을 기록함으로써 강을 시작하기 전후로 변화한 자신의 도덕적 관점과 태도를 살펴보는 것이다. 이때 성찰의 충실성 및 구절과의 부합도 등이 평가 요소가 된다. 가령 중학교 『도덕 ①』의 「I. 인간의 삶과 도덕」 중 '4. 도덕적 실천'에는 도덕적인 앎과 행동의 불일치를 비판하는 내용이 있는데, 강을 활용한 수행평가를 통해 학생들에게 이러한 괴리를 극복할 수 있는 기회를 제공할 수 있다. 특히 이이(李珥, 1536~1584)의 『격몽요결(擊蒙要訣)』「혁구습장(革舊習章)」 중 여

<표 3-6> 강을 활용한 수행평가의 구절 예시

원문	其一, 惰其心志, 放其儀形, 志思暇逸, 深厭拘束. 其二, 常思動作, 不能守靜, 紛紜出入, 打話度日. 其三, 喜同惡異, 汨於流俗, 稍欲修飭, 恐乖於衆. 其四, 好以文辭, 取譽於時, 剽竊經傳, 以飾浮藻. 其五, 工於筆札, 業於琴酒, 優游卒歲, 自謂淸致. 其六, 好聚閑人, 圍碁局戲, 飽食終日, 只資爭競. 其七, 歆羨富貴, 厭薄貧賤, 惡衣食惡, 深以爲恥. 其八, 嗜慾無節, 不能斷制, 貨利聲色, 其味如蔗. (李珥, 『擊蒙要訣』 「革舊習章」)
국역	(묵은 습관(舊習)의) ① 첫째는 마음과 뜻을 게을리 하고 자기의 행동과 모양을 아무렇게나 내버려두며, 한 몸 편안하게 지낼 것만 생각하고 예절이나 올바른 일에 구속되는 것을 싫어하는 것이다. ② 둘째는 항상 움직일 것만 생각하고 조용히 자기 마음을 지키려고 애쓰지 않으며, 어지럽게 드나들면서 쓸데없는 말만 하고 세월을 보내는 것이다. ③ 셋째는 악하고 이상한 짓을 좋아하며 삿된 유행에 골몰하면서, 조금이나마 행동을 조심하려고 해도 남들이 자기를 괴상히 여길까 두려워하는 것이다. ④ 넷째는 문장을 잘하는 것을 가지고 일부러 세상 사람들에게 칭찬을 받으려고 하며, 경전에 있는 글을 가져다가 자기 글인 척하고 공허한 문장을 꾸며 만드는 것이다. ⑤ 다섯째는 쓸데없는 편지 쓰기를 일삼고 거문고 뜯기와 술 마시기를 일삼으며 공연히 놀고 세월을 보내면서, 자기만이 가장 맑은 운치를 가지고 사는 체하는 것이다. ⑥ 여섯째는 한가롭게 아무 일도 없는 사람들을 모아 놓고 바둑 두고 장기 두는 것을 일삼으며, 배불리 먹고 마시면서 날을 보내고 남과 다투기를 꾀하는 것이다. ⑦ 일곱째는 부자로 살거나 귀하게 지내는 사람을 부러워하고 가난하고 천하게 지내는 것을 싫어하며, 좋지 못한 옷과 좋지 못한 음식을 부끄러워하는 것이다. ⑧ 여덟째는 매사에 욕심만 부리고 아무런 절도가 없으며, 잘잘못을 판단해서 억제할 줄 모르고 자기에게 재물이 돌아오는 것과 좋은 소리와 빛을 과하게 탐하는 것이다.
해설	이이는 초학자들이 학문에 뜻을 두었다고[立志] 할지라도 지속해서 거기에 뜻을 두지 못하는 것은 묵은 습관 때문이라고 보았다. 따라서 무엇보다 뜻을 가로막고 마음을 해롭게 하는 구습들을 잘라 없애야 한다고 강조하였다.

덟 가지 구습을 발췌해서 사용한다면, 효과가 높을 것이다.

교과서의 내용이 끝나고 앞 쪽의 〈표 3-6〉의 예시문을 소개하면서 8개의 항목을 아이들의 현실 상황에 맞추어 보다 쉽게 풀이해준다. 그리고 교사가 사전에 준비한 강을 4~5차례 들려준 뒤, 평가를 위한 준비 기간을 9주로 지정한다. 먼저 「혁구습장」에 등장한 8개의 묵은 습관을 매 주 하나씩 외워야 하고, 거기에 비추어 학생 자신의 삶을 반성적으로 성찰한 뒤 그 내용을 기록해야 함을 알려준다. 다음으로 9주차에는 그동안 외운 원문 구절을 반복해서 암송함과 동시에, 자신의 삶의 변화 정도를 총체적으로 기술해야 함도 알려준다. 이때 평소의 암송 정도는 부모님에게 평가받기를 권장한다. 교사는 9주가 지나고 학생들의 강의 완성도와 제출한 포트폴리오를 평가해야 하는데, 〈표 3-7〉과 같은 '평가 기준표'와 다음의 '학습지'를 활용할 수 있다.

<표 3-7> 강을 활용한 수행평가의 평가 기준표

평가 요소		점수		
		상	중	하
① 구술 관련	준비도	음을 거의 틀리지 않고(2회 이하) 끝까지 암송하였다.	음은 다소 틀리더라도 (3~5회) 끝까지 암송하였다.	음이 많이 틀리고(5회 초과) 끝까지 암송하지 못하였다.
	이해력	끊어 읽기가 거의 틀리지 않고, 구절의 의미도 명확히 이해하였다.	끊어 읽기가 다소 틀리고, 구절의 의미도 명확히 이해하지 못하였다.	끊어 읽기가 많이 틀리고, 구절의 의미도 전혀 이해하지 못하였다.
	표현력	리듬이 있고, 그에 따른 율동도 함께 이루어졌다.	리듬이 다소 부족하고, 율동도 잘 이루어지지 않았다.	리듬이 많이 부족하고, 율동도 전혀 이루어지지 않았다.
② 포트폴리오 관련	성찰의 충실성	8개의 개별 성찰과 1개의 전체 성찰을 거의(7개 이상) 성실하게 수행하였다.	8개의 개별 성찰과 1개의 전체 성찰을 다소 부족하게(4~6개) 수행하였다.	8개의 개별 성찰과 1개의 전체 성찰을 많이(4개 미만) 수행하지 않았다.
	구절과의 부합도	성찰이 구절의 내용과 거의 부합하였다.	성찰이 구절의 내용과 다소 부합하지 않았다.	성찰이 구절의 내용과 전혀 부합하지 않았다.

<표 3-8> 강을 활용한 수행평가의 포트폴리오용 학습지(예: 1주차)

개인별 학습지									
					반 __ 번호 __ 이름 _____				
암송 기간	예) 1주차(2014. 9. 1 ~ 9. 7)			암송횟수	예) 正 正 正 …				
요일 체크	월	√	화	√	수	√	목	금 토	일
암송 부분	예) 其一, 惰其心志, 放其儀形, 志思暇逸, 深厭拘束.								
한자 찾기	예) 惰:게으를 타 / 暇:겨를 가 …								
내용 분석	예) 묵은 습관의 첫째는, 마음과 뜻을 게을리 하고 자기의 행동과 모양을 아무렇게나 내버려두며, 한 몸 편안하게 지낼 것만 생각하고 예절이나 올바른 일에 구속되는 것을 싫어하는 것이다.								
구절을 자신의 실생활에 맞추어 풀이하기									
(1)주차 구절풀이	○ _____								
암송한 구절에 비추어 자신을 성찰하기									
(1)주차 중간점검 (9. 4(목))	○ _____ ○ _____								
(1)주차 최종점검 (9. 7(일))	○ _____ ○ _____								

도덕교육에서 지향하는 수행평가가 첫째, 인지·정서·행동적 영역에 대한 전반적 평가, 둘째, 교사와 학생뿐만 아니라 가정과의 공조가 이루어지는 평가, 셋째, 시험(test)이자 활동(actives)이 될 수 있는

평가라면(박병기·추병완 외, 2011: 240~244; 정창우 외, 2007: 735~737), 강을 활용한 수행평가는 이 방향에 충분히 합치할 것으로 기대된다.

이 부분에서 유의해야 할 사항은, 교사의 치밀한 준비가 필요하다는 것이다. 학생들에게 소개할 구절에 대한 충분한 사전 학습은 물론이거니와, 교과서의 내용 및 학생들의 수준에 적절한 구절을 골라야 그 효과를 높일 수 있다. 또한 학생들에게 강을 할 수 있다는 자신감을 심어주기 위해 교사의 시범이 꼭 필요하다는 점도 유념해야 한다.

6. 강이 제공하는 두 가지 선물

지금까지 이 장에서는 '강'과 '놀이'라는 전통 서당수업의 대표적인 교수학습방법들을 살펴보고, 그 중에서 강을 현대 중학교 도덕과 수업에 적용해 보고자 하였다. 또한 구체적인 적용 방안으로서 강을 활용한 '가치·덕목교육', '정서함양교육', '수행평가'의 세 가지를 살펴보았으며, 각각에서 유의해야 할 사항들에 대해서도 논의하였다. 이제 강의 효과에 대한 한 가지 물음을 제기하고, 여기에 답변을 하면서 제3장을 맺고자 한다.

전통 서당수업에서 행해졌던 강을 현대 도덕수업에 적용시키려는 시도가 쉽지 않다는 것을 부정할 수는 없다. 이것은 단지 전통 서당수업과 현대 도덕수업의 체제 및 운영 방식이 달라서 그런 것만은 아니다. 강은 근본적으로 많은 노력과 시간을 요구하는 방법이다. 왜냐하면 어떤 경전이든 또는 특정 구절이든 이것을 완전히 암송하려면 그에 상응하는 노력 및 절대적인 시간이 필요하기 때문이다. 그렇다면 입시 준비로 인해 학생들에게 많은 것을 강요하는 지금의 학교 현실에서, 그들에게 '강'을 위해 시간을 투자하라고 요구할 수 있을까?

그러나 이 지점에서 간과할 수 없는 사실은 전통 서당수업의 핵심적인 교수학습방법이자 중요 평가방법이었던 강은, 이것을 경험했거나 통과한 사람에게 두 가지의 선물을 제공한다는 것이다. ⓐ그 첫째는 도덕적 현상을 바라볼 때, 강을 통해 체득하고 내면화한 가치·덕목의 창으로써 바라볼 수 있도록 한다는 것이다. ⓑ이어서 둘째는 그 내면의 가치·덕목에 대해서도 스스로 비판할 수 있는 건강한 시각을 지니게끔 한다는 것이다. 따라서 이와 같은 두 가지 효과를 지닌 전통 서당수업의 강을 현대 도덕수업을 통해 응용하고 더욱 매끄럽게 가다듬는 작업은 앞으로도 지속되어야 할 것이다. 이러한 작업의 일환으로서 이 장에서는 중학교 도덕수업에서 강과 접목하여 활용할 수 있는 가치·덕목교육, 정서함양교육 및 수행평가 방안을 제시하였다. 그리고 이를 통해 궁극적으로는 우리 전통에서 발견할 수 있는 교수학습방법들이 단지 오래된 문헌 속에만 남아 있는 '생명력이 다한' 것이 아니라는 점을 밝히고자 하였다.

1) 국가통계포털(http://kosis.kr/)에서 제시하는 1990년 이후 청소년 비행의 동기 분석에 따르면 '호기심'과 '우발'이 차지하는 비율이 가장 높은 것으로 나타난다. 인성교육의 강화 분위기 속에서도 이 두 가지의 높은 비율이 여전히 유지되거나 오히려 조금씩 높아지고 있다는 것은 학생들의 도덕적 민감성과 도덕적 동기의 수준이 점점 떨어지고 있음을 간접적으로 보여주는 것이다.

2) '강독'이 서적들을 배우고 읽으며 암송하는 과정적인 측면에 초점을 맞춘 용어라면, 강독의 필수 요소인 '강'은 배운 내용을 외우고 평가받는 행위적인 측면에 초점을 맞춘 용어이다. 이렇게 보면 강은 강독에 포함되는 것이지만, 강을 제외하면 강독이 불완전해진다는 점에서 두 용어의 밀접한 관계에 유의해야 할 것이다.

3) 『艮堂集』卷17 「發蒙正軌」: 欲其更辛苦奈何. 授小兒書先定法, 凡句讀淺易可知者, 必令自釋耳勿遽爲之釋. 不中則令改之又不中令改之. 再三則無不通. 如是漸馴稍知釋文法例矣. 必減其行數, 如勝五行者止授三行, 至能十二三行. 將能明日所當受者使先理會, 定其句讀一通然後許來受有決定, 可知而因厭煩不肯尋思者斥之, 使復諳諦隨之務必自得, 乃已果能此道矣.

4) 『艮堂集』卷17 「發蒙正軌」: 欲其循繩尺奈何. 授小兒書先定法, 必誦念精通然後授之, 不通則斥令改讀而進. 二日重犯者, 必罰無姑息, 且并誦其釋可也. 誦必背坐, 受書必跪, 以以過按字. 一日定讀幾巡, 一讀定幾遍, 違者罰. 假如二十遍爲程則不及數固不可, 過數亦不可也. 何也. 一越程限有過, 必有不及也. 嚴爲之制, 不許有違, 此訓蒙之繩尺也.

5) '놀이'에 대한 내용이 이 장의 전개 과정에서 다소 불필요한 것처럼 보일 수 있다. 그러나 강이 행사와 놀이의 성격을 함께 지녔다는 점을 간과해서는 안 된다. 아울러 전통 서당수업의 교수학습방법들을 현대 도덕수업에서 성공적으로 활용하기 위해서는 그 방법들이 실제 사용되었던 공간의 분위기까지 함께 숙지해야 한다. 이런 까닭에 이 장에서는 강 이외에도 놀이에 대해서 일부 언급한 것이다. 전통 서당수업의 놀이를 현대 도덕수업에 적용시키는 본격적인 연구는 차후 과제로 남겨 둔다.

6) 조사된 바로는 율창(律唱), 시조창, 영가무답(詠歌舞踏), 골무덤, 전법(戰法), 사(射), 쟁경도(爭競圖) 놀이, 관등(觀燈) 놀이, 운자(韻字) 놀이, 초중종(初中終) 놀이, 글자 맞추기 놀이, 대구(對句) 놀이, 고을모둠 놀이, 쾌자(卦字) 놀이, 원(員) 놀이, 글자모둠 놀이, 팔족(八足) 놀이, 자마(字馬) 놀이, 파자(破字)풀이 놀이, 승경도(陞卿圖) 놀이, 수가지 놀이, 사방치기 놀이, 곤셈 놀이, 의병 놀이, 단자(單子)들이기 놀이, 남승도(覽勝圖) 놀이 등이 있다(박래봉·김정일, 1981: 21; 피정만, 2010: 150~167; 정낙찬 외, 2000: 312~317; 최윤용, 2008: 350~352).

7) '브레인스토밍'이 주제에 대하여 거침없이 다양하고 폭넓게 생각함으로써 새롭고 우수한 아이디어를 얻는 방법이라면, '브레인라이팅'은 떠오르는 생각을 말이 아니라 글로

쓰는 방식이다(정창우 외, 2007: 547~559). 브레인라이팅은 브레인스토밍에 비해 역동성이 떨어질 수 있지만, 경전의 특정 구절에 대한 생각을 발산하고 일정한 방향으로 정리해야 한다는 측면에서는 브레인스토밍보다 적절할 수 있다.

8) 이 과정에서 토(吐)를 붙일 수도 있으며, 그렇지 않을 수도 있다.

|2부| 한국양명학과 도덕교육

제4장

도덕과 교육 내 '한국양명학'의 위상과 강화 방안

1. 도덕과 교육 내로 한국양명학의 도입 과정

이 장의 목적은 도덕과 교육에서 '한국양명학'이 어떻게 다루어지고 있는지 검토하고, 특히 하곡(霞谷) 정제두(鄭齊斗, 1649~1736)의 사상을 중심으로 한국양명학에 대한 적극적 소개의 필요성과 도입 가능한 요소들을 제시하려는 것이다. 도덕과 교육의 역사에서 '한국윤리사상'이 주요 내용 요소로 소개된 것은 1988년의 『제5차 국민 윤리과 교육과정』시기의 일이다. 하지만 1997년의 『제7차 도덕과 교육과정』까지 한국윤리사상은 동양과 서양윤리사상의 다음 자리에 위치하였으며, 『2007 개정 도덕과 교육과정』이후에서야 비로소 현재와 같은 '동양과 한국윤리사상', '서양윤리사상'의 형태로 자리매김하였다. 이 과정에서 동양과 한국윤리사상이 도덕과 교육에서 어떠한 역할을 할 수 있는지, 그리고 그 기본 원리들로는 무엇이 있는지 많은 논의들이 있었다.[1]

그런데 이와 같은 논의들에서 '한국양명학'은 전적으로 배제되어 있었음을 확인할 수 있다. 그 원인으로 가장 먼저 지적할 수 있는 것은 한국양명학과 도덕과 교육을 연결시키려는 선행 연구가 부족하였다는 점이다. 사실 도덕과 교육을 포함한 교육계 전체에서 한국양명학을 주제로 한 연구는 거의 없다. 이런 까닭에 도덕과 교육 내 한국윤리사상과 관련된 내용 요소를 선정하는 과정에서 한국양명학이 그리 부각되지 못했던 것이다. 일례로 '사단칠정(四端七情) 논쟁'은 중국성리학의 전개에서는 찾아보기 어려운 조선성리학의 독보적인 부분이라는 점이 학계의 합의를 이루었고, 따라서 도덕과 교육의 중요한 내용 요소로 선정될 수 있었다. 하지만 한국양명학의 핵심이 중국양명학의 그것과는 무슨 차이가 있는지, 또 이것이 도덕과 교육에는 어떤 시사를 제공하는지 등은 그간 연구가 진행되지 못하였다.

그러나 『2007 개정 도덕과 교육과정』을 통해 '강화학파(江華學派)'가 언급되면서, 최근 선택 교육과정 『윤리와 사상』에 해당하는 두 종의 검정 교과서에서도 정제두와 강화학파가 소개되었다. 그리고 한국양명학의 태두(泰斗)인 정제두의 사상이 도덕교육론적으로 어떻게 해석될 수 있는지를 다룬 연구도 이루어졌다.[2] 그럼에도 불구하고, 두 종의 교과서에 기술된 한국양명학 관련 내용에는 중국양명학과의 차별성을 찾아볼 수 없으며, 시급한 수정을 요하는 부분도 발견된다. 또한 한국양명학이 도덕과 교육의 목표, 방법 등에 어떠한 시사를 제공하는지 밝히는 소연구도 진행된 바 없다. 따라서 필자는 도덕과 교육에서 한국양명학이 보다 활발하게 논의될 필요가 있음을 밝히기 위하여, 그 출발점으로 정제두의 사상에서 도덕과로 도입할 만한 교과 내용학적 요소 및 교과 교육학적 요소들을 살펴보려는 것이다.

이하 제2절에서는 우선 현재 도덕과 교육과정 및 교과서에서 한국양명학이 실제 어떻게 논의되고 있는지를 정리하고, 도덕과 교육으로 한국양명학의 적극적 도입이 이루어져야 할 필요성까지 제시할 것이다. 그리고 이런 배경 아래, 제3절에서는 정제두 사상의 교과 내용학적 도입 요소로서 '리(理)의 삼중 구조' 및 '양지(良知)의 체용합일적 이해'를 논의할 것이며, 제4절에서는 교과 교육학적 도입 요소로서 도덕과 교육의 목표와 연결할 수 있는 '명각(明覺)' 및 방법과 연결할 수 있는 '마음의 수렴[實理·實德]과 발산[生意]'을 살펴볼 것이다.

2. 도덕과 교육 내 한국양명학의 실제

1) 도덕과 교육과정 및 교과서 검토

'강화학파'는 『2007 개정 도덕과 교육과정』을 통해 최초로 도덕과 내로 도입되었음을 언급하였다. 여기서 강화학파란 강화도라는 특정 지역 내에 기반을 둔 정제두로부터 정인보(鄭寅普, 1893~1950)에 이르기까지 일련의 양명학자들을 지칭하는 것이다(김용재, 2005: 183). 그리고 그 범위에는 정후일(鄭厚一), 정문승(鄭文升), 정기석(鄭箕錫) 등의 정제두 혈손과 이광명(李匡明), 이광사(李匡師), 이광신(李匡臣)에서 이건창(李建昌), 이건승(李建昇), 이건방(李建芳)에 이르는 전주 이씨 덕천군파(德泉君派)가 속한다. 최근 한국양명학계에서는 강화학파라는 명칭에 개선의 여지가 있음을 지적하면서, 하곡학, 강화학, 강화 양명학 등을 대안으로 제시하고 있지만, 여전히 강화학파라는 용어가 통용되고 있다.3) 강화학파는 『2009 개정 교육과정』에 의거한 『2012 개정 도덕과 교육과정』에도 포함되어 있는데, 선택 교육과정 『윤리와 사상』 과목을 중심으로 2007 개정과 2012 개정 각각에 포함되어 있는 내용들을 살펴보자면 다음과 같다(교육인적자원부, 2007: 49; 교육과학기술부, 2012: 50).4)

<표 4-1> 『2007 개정』 및 『2012 개정 도덕과 교육과정』에 포함된 한국양명학 내용

2007 개정 도덕과 교육과정	2012 개정 도덕과 교육과정
(바) 한국의 유교 사상	(라) 한국 유교 사상의 특징과 의의
유교 사상의 한국 수용 과정 및 발전 양상과 한국 유교 사상의 특성을 이해한다. 이를 위해 한국 사회에서 나타난 시대별 요청과 그에 따른 유교 사상의 적용을 조사한다.	유교 사상의 한국 수용 과정 및 발전 양상과 한국 유교 사상의 특성을 이해한다. 이를 위해 한국 사회에서 나타난 유교 사상의 시대별 요청과 그에 따른 유교 사상의 적용, 그리고 한국 유교 사상의 현대적 의의를 조사한다.
① 도덕적 인간관(성리학, 퇴계와 율곡) ② 실천적 인간관(실학) ③ 근대적 인간관(위정척사, 의병운동, 애국계몽운동, 강화학파 등)	① 조선 전기 유교 사상(성리학, 퇴계 및 율곡 등) ② 조선 후기 유교 사상(실학, 위정척사, 의병운동, 애국계몽운동, 강화학파 등) ③ 한국 유교 사상과 현대 사회

　　내용 요소에는 큰 차이가 없지만,『2007 개정 도덕과 교육과정』이 한국 유교 사상을 기술하면서 '도덕적', '실천적', '근대적'이라는 일종의 주제 중심 분류법을 채택하고 있다면,『2012 개정 도덕과 교육과정』은 '전기', '후기'라는 시대 중심 분류법을 채택하고 한국 유교 사상의 현대적 의의를 드러내는 데 일정한 비중을 할애하고 있다. 어느 방법이 더 타당한지에 대한 논의는 별도로 하더라도, 여기서 지적해야만 하는 것은 도덕과 교육과정 내에서 강화학파의 위상은 매우 낮고, 다른 사상들과의 연계성도 잘 드러나지 않는다는 점이다. 가령 강화학파로 대변되는 한국양명학 특유의 실천성이 '실학의 발생'이나 '서학(西學)의 수용', '애국계몽운동의 태동' 등에 적지 않은 영향력을 행사하였음은 이미 한국 사상사에서 인정받고 있다(금장태, 2008: 185~250; 류승국, 2011: 258~264; 한국철학사연구회, 2011: 174~276). 그러나 도덕과 교육과정에는 이러한 점에 대한 고려가 거의 없음을 확인할 수 있다.

　　다음으로 선택 교육과정『윤리와 사상』교과서에는 한국양명학이 어떻게 기술되어 있는지 살펴보자. 이 장의 연구 대상은 현재 고등학교에서 활용 중인『2007 개정 도덕과 교육과정』에 따른『윤리와 사상』교과서로서, 두 종의 검정 교과서가 있다.* 그런데 한 종에서는 근대에 들어와 한국 유교 사상이 다양한 학문적 경향을 드러내었다고 밝히면서, 정제두와 강화학파에 대해 간략하게 소개한다. "이들은 양명학을 수용하면서도 특정한 문호를 세우지 않았고, 도교와 불교까지 수용하였으며, 국학을 일으키는 데 주도적인 역할을 하였다. 그리고 도덕적 주체로서의 인간을 고려하여 철저하게 자기 내면에 충실하라고 주장하면서, 참된 자아의 각성과 생활 속의 실천을 강조하였다"(박찬구 외, 2012: 71)는 것이다.

다른 한 종의 교과서에서는 강화학파에 대한 언급은 없고, 정제두에 대해 집중적으로 소개하고 있다. 한국양명학이 실학의 형성 및 근대화의 흐름과 관련되어 있음을 짧게 언급하면서, 정제두의 사상은 도덕 문제의 판단 기준을 주어진 법칙이나 원리가 아닌 인식과 실천 주체로서의 '나'로 설정하고 있음을 강조한다. 상당한 분량의 설명이 제시되어 있지만, 핵심은 다음의 내용이다. 정제두는 "인간의 마음이 개개의 사물에 대한 도덕적 가치 판단의 준칙을 가지고 있어 매순간 사물과의 감응 속에서 생생하게 활동하는 진리가 곧 내 마음이라 하였다. 그렇기 때문에 나 자신은 어떠한 것도 대상화시키지 않고 매순간 순수한 본성의 판단대로 따르면 된다고 여겼다"(박효종 외, 2012: 65)는 것이다.

『2007 개정 도덕과 교육과정』을 통해 강화학파가 소개되었고, 이를 반영한 두 종의『윤리와 사상』검정 교과서에서 정제두까지 언급

---

* 2014년 현재『윤리와 사상』교과서는『2009 개정 도덕과 교육과정』에 따라 다시 제작되었다. 그래서 다섯 종(천재교육, 교학사, 지학사, 미래엔, 금성출판사)으로 확대되었다. 이 다섯 종에 수록된 한국양명학의 내용 역시 이하 이 절에서 후술할 문제점들을 그대로 안고 있음을 발견할 수 있다. 이와 관련된 내용은 필자가 준비 중인 연구에 의해 별도로 발표될 예정이다.

하였다는 점은 분명 주목해야 할 일이다. 왜냐하면 그동안 한국윤리사상에서 소외되었던 분야가 학교 교육의 차원으로까지 도입되었기 때문이다. 하지만 교과서에 기술된 내용들을 분석적으로 살펴보면 보완해야 할 사항이 적지 않다. 두 가지만 지적하자면, 그 첫째는 교과서에 제시된 정제두와 강화학파의 내용에서는 중국양명학과의 차이점을 발견할 수 없다는 것이다. 물론 그들의 사상은 중국양명학, 특히 왕수인(王守仁, 1472~1528)의 사상과 중복되는 측면이 많다. 하지만 독자적인 체계를 구축하고 있는 것도 분명한 사실인데, 그런 점은 전혀 부각되지 않았다는 것이다.

이어서 둘째는 교과서에 제시된 정제두와 강화학파의 내용에 수정을 요하는 부분들이 있다는 것이다. 앞서 인용했던 교과서의 내용들을 통해 몇 가지만 언급하자면, 우선 강화학파가 도교와 불교를 얼마만큼 적극적으로 수용하였는지 의문을 제기할 수 있다. 실제 정제두는 도교와 불교를 그리 긍정적으로 여기지 않았다. 그래서 그는 공자(孔子), 맹자(孟子)에서 주돈이(周敦頤), 정호(程顥)를 거쳐 왕수인에게로 계승되는 도통(道統)을 강조하고, 도교와 불교를 비판했던 것이다(이상호, 2008: 224~236). 또한 강화학파에 속하는 이광려(李匡呂), 이충익(李忠翊), 신작(申綽) 등이 『노자(老子)』를 양명학적 기반 위에서 해석했다는 연구 결과는 있으나(김윤경, 2009: 69~189), 이 사실을 강화학파 전체로 확대시켜 적용하는 것에는 주의가 필요하며, 그것은 불교에서도 동일하게 적용된다. 한편 정제두 사상을 설명하는 내용에서, '진리'를 "매순간 사물과의 감응 속에서 생생하게 활동하는" 것이라고 기술한 부분에도 문제가 있다. 그 이유는 정제두가 사사물물과의 감응을 주도하는 생명력과 능동성으로서의 인간 본성을 '생리(生理)'라는 개념으로 표현하기 때문이다. '진리(眞理)'는 이 생리를 전제로 했을 때에야 성립하는 도덕적인 개념으로서, 이 부분에 대한 내용은

제3절에서 보다 상세히 다룰 것이다.

이상과 같이 도덕과 교육과정 및 교과서에 언급된 한국양명학의 실제란, 최근에서야 도입되었다는 점을 감안하더라도, 위상 확보나 내용 소개에 있어 부족한 부분이 많음을 확인할 수 있다. 그렇다면 이 같은 상황에서 도덕과 교육으로 한국양명학의 적극적인 도입이 필요하다는 필자의 주장은 어떤 이유에 근거하고 있는가?

2) 한국양명학의 적극적 도입 필요성

도덕과 교육으로 한국양명학이 적극 도입되어야 하는 첫 번째 필요성은, 한국양명학이 지니는 현대적 의의 및 도덕과 교육의 목표 설정과 관련이 있다. 최근 수십 년간의 사회 문화적 동향을 살펴보면, 전통적으로 비시장 규범이 지배했던 삶의 영역으로까지 시장 혹은 시장 지향적 사고가 확대되고 있음을 알 수 있다(M. J. Sandel, 안기순 역, 2011: 77). 다시 말해, 과거에는 가격 책정의 대상으로 인식되지 않았던 인간의 생사(生死), 교육, 환경 등의 영역에서도 사고파는 일이 일상화되고 자연스러워졌다는 것이다. 가격을 매기고 매매(賣買)하는 행위를 중심으로 하는 시장이 지금의 발전과 번영에 미친 영향을 고려할 때, 그 중요도를 쉽게 폄하할 수는 없다. 하지만 '도덕적 가치'를 대신해 '시장 가치'가 평가의 핵심 요소가 되고, 이 시장 가치를 위해서라면 다른 것들은 간단히 무시해버리는 현대 사회의 또 하나의 트렌드(trend)가 '상담'과 '치료'라는 점에 주의를 기울여야 한다. 여기서의 상담과 치료란 결코 특수한 것이 아니다. 왜냐하면 이것은 유래 없는 풍요로움을 영위하면서도 각종 스트레스와 정신적 폭력으로부터 오는 심리적 질환, 자기소외로 인해 힘겨워하는 보통 사람들의 '마음[心]'을 위한 상담과 치료이기 때문이다(김성진, 2012: 3~4). 그리고 『2012 개정 도덕과 교육과정』의 교수학습방법에 '인문치료 접근'이 자리한 것도 이러한 맥락과 관련되는 것이다(교육과학기술부, 2012: 28). 바로 이 지점에서 도덕과 교육으로 한국양명학이 적극 도입되어야 할 첫 번째 필요성을 제시할 수 있다.

강화학파로 분류되는 여러 학자들을 관통하는 개념은 인간 내면의 실심(實心)이자 도덕심으로서의 마음, 곧 '양지(良知)'이다. 특히 정제두는 맹자가 주창하고 육구연(陸九淵), 왕수인에 의해 발전된 심학(心學)을 더욱 체계화시킴으로써, 인간의 도덕적 가능성에 대한 신념을 한층 구체화하였다. 그에 의하면 내 마음의 양지를 진정으로 깨달은 도덕적 주체는, 인간이라는 존재의 보편성 및 감통(感通)·감응(感應)의 가능성을 신뢰하고, 자기 충족감과 만족감을 지향하며, 성공이나 실패에 따른 결과적 평가에서 자유롭다. 따라서 정제두가 말하는 도덕적 주체는, 나와 남의 다름을 전제하고, 성공이나 실패에 따른 자기 불만족감에 얽매이며, 결과적 평가에 집착하는 현대인들에게 지향할 만한 인간상으로 제안할 수 있는 것이다.

물질적 안락의 이면에 만연하고 있는 정서불안, 정신질환, 자살충동 등으로 인하여 발생할 수 있는 수많은 도덕적 사태들의 예방 노력은 총체적으로는 인문사회학의 역할이지만, 학교라는 공간에서는 '자율적이고 통합적인 인격 형성'을 목적으로 하는 도덕과 교육의 역할이다. 그러므로 한국양명학, 다시 말해 정제두를 중심으로 한 강화학파의 사상을 기초로 하여 교육에서 '추구하는 인간상'을 설정하는 것은 도덕과의 목표 설정에도 부합된다고 할 것이다. 왜냐하면 실심·도덕심으로서의 양지를 자각한 인간은, 현대인들이 직면한 자기 박탈감과 허무의 고통을 정면으로 마주하고, 이것을 극복하기 위해 노력할 것이라고 기대되기 때문이다.

이어서 도덕과 교육으로 한국양명학이 적극 도입되어야 하는 두 번째 필요성은, 도덕과 교육, 특히 선택 교육과정『윤리와 사상』의 내용 체계와 관련이 있다. 현재 출간되어 있는 두 종의 검정 교과서 내 한국 유교 사상의 전개는 공히 ⓐ '이황(李滉, 1501~1570)과 이이(李珥, 1536~1584) 중심의 성리학' ⓑ '정약용(丁若鏞, 1762~1836) 중심의 실학' ⓒ '근대의 다양한 윤리학'의 순서로 구성되어 있다. 앞서 언급한 것처럼, 교과서가 이렇게 구성된 까닭은『2007 개정 도덕과 교육과정』이 한국 유교 사상을 기술하면서 '도덕적', '실천적', '근대적'이라는 주제 중심 분류법을 채택하고 있기 때문이다. 그런데 마지막 주제에 해당하는 '근대의 다양한 윤리학'을 살펴보면, 이 부분에서 17세기의 정제두 사상과 이후 강화학파 관련 내용이 소개되며, 연이어 위정척사와 개화사상 등을 중심으로 한 19세기 중·후반의 사상들이 등장한다. 이러한 구성으로부터는 다음과 같은 두 가지 문제가 우려된다.

우선 첫째는 사상 간 연계성이 제대로 확보되지 않는다는 점이다. 사상의 전개란 본래 사회적 변화와 맞물려 이전 사상을 계승 혹은 비판하면서 이루어지는 것인데, 현재와 같은 구성에서는 그런 점이 잘 드러나지 않는다는 것이다. 가령 이황·이이의 시대와 정약용의 시대 사이에는 150년 이상의 간극이 있고, 그 사이에는 실학이 탄생할 수 있었던 사회적 변화와 사상적 배경이 있었다. 전자에 해당하는 예가 임란(壬亂)과 병란(丙亂)이라면, 후자에 해당하는 예는 한국양명학이다. 그런데『윤리와 사상』교과서에서는 정제두와 강화학파의 사상이 오히려 실학 다음에 등장하고 있으므로, 사상적 연계성이 매끄럽게 확보되지 못하는 것이다.

다음으로 둘째는 중국 유교 사상의 전개와 비교할 때, 한국 유교 사상의 독자성과 주체성이 잘 확보되지 않는다는 점이다. 현재 두 종의『윤리와 사상』교과서에서는 중국 유교 사상을 설명하면서, 그 연원으로는 공자·맹자·순자(荀子)를 언급하고 있으며, 전개로는 송대

(宋代) 성리학·명대(明代) 양명학·청대(淸代) 고증학을 언급하고 있다. 그리고 송대 성리학은 조선성리학에, 청대 고증학은 조선실학에 영향을 주었음을 강조한다. 그러나 어떠한 점에서 영향을 미쳤다는 것인지, 또 '송대 성리학과 조선성리학' 및 '청대 고증학과 조선실학'의 각각에 무슨 차이가 있는지에 대해서는 거의 설명이 없다. 한편 명대 양명학 전개와 조선양명학 전개에도 뚜렷한 차이점이 있는데, 여기에 대해서는 전혀 언급이 없다. 중국의 유교와 한국의 유교 간에는 분명히 강한 연계성이 자리하고 있지만, 『윤리와 사상』 과목을 통해 학생들이 우리의 사상적 독자성과 주체성을 자각하도록 하려면, 두 국가의 유교 사상 전개에서 나타나는 차이점이 반드시 제시되어야 할 것이다. 그리고 이러한 점에 있어서도 도덕과 교육으로 한국양명학의 적극적 도입이 요청된다. 왜냐하면 '중국의 성리학→양명학→고증학' 전개와 '한국의 성리학→양명학→실학' 전개를 대비하여 살펴보면, 내용 간 형평성이 확보될 뿐만 아니라, 한국 유교 사상의 독자성과 주체성을 논의하기에도 용이하기 때문이다.

이상으로써 이 절에서는 도덕과 교육으로 한국양명학의 적극적 도입이 필요한 이유에 대해 살펴보았다. 이외에도, 정제두의 사상을 통한 '도덕성(morality)'의 설명 가능성 및 도덕과 교육에 대한 방법론적 시사 등을 제시할 수 있으나, 이것들은 제4절에서 다시 언급될 것이다. 이런 필요성을 전제로 하여, 이하에서는 정제두 사상으로부터 교과 내용학적 도입 요소와 교과 교육학적 도입 요소들을 추출, 살펴볼 것이다.

유의해야 할 점은, 교과 내용학적 도입 요소는 '교과서의 내용 측면'과 연관되고, 교과 교육학적 도입 요소는 '교육과정의 구성 측면'과 연관된다는 점이다. 따라서 후자가 전자에 우선해야 한다고도 볼 수 있다. 그러나 한 사상가로부터 도덕과의 목표 혹은 방법과 관련된 교육학적 요소들을 추출하기 위해서는, 그 사상가의 핵심 이론을 살펴보는 것이 전제되어야만 한다. 그러므로 교과 내용학적 도입 요소를 먼저 논의하는 것이다.

3. 정제두 사상의 교과 내용학적 도입 요소

정제두의 사상으로부터 교과 내용학적 도입 요소를 추출할 때 유의해야 할 사항은 크게 두 가지이다. 그 첫째는 왕수인 사상과의 긴밀한 연관성을 드러내면서도, 한국양명학을 대표하는 정제두만의 사상적 독창성이 확실히 나타나는 요소를 추출하는 것이다. 하지만 이것을 '전문 학자들의 언어' 그대로 도입하는 것은 교사와 학생들에게 혼란만 가중시키는 일이다. 그러므로 유의해야 할 사항의 둘째는 추출한 교과 내용학적 도입 요소를 '학습자들의 언어'로 적실하게 변환시키는 것이다. 그러나 이런 변환 작업은 도입할 내용 요소의 올바른 추출 작업이 선행되었을 때 비로소 의미를 지닌다. 따라서 이 절에서는 교과 내용학적 도입 요소의 추출에 집중하여, 정제두의 사상에서 '리(理)의 삼중 구조'와 '양지(良知)의 체용합일적 이해'를 살펴볼 것이다. 왜냐하면 이 두 가지 핵심 요소로 인해, 정제두의 사상과 다른 사상 간의 연관성 및 그만의 독창성이 함께 확보되기 때문이다.

1) 리(理)의 삼중 구조

정제두는 다음과 같이 언급함으로써 학문하는 목적과 방법은 모두 마음으로 귀결된다는 점을 강조한다.

성인되는 학문(聖學)의 중심이 오직 이 마음의 천리에 있다는 것을 알아야 한다. 그런즉 비록 나누어서 한 말이나 갈라진 설명이 수천수백 갈래에 이르렀다고 할지라도, 그 중심은 이 하나의 마음에서 이루어지지 않는 것이 없으며, 이 마음의 밖에 별도의 공적이 있는 것도 아닌 것이다. 오직 이 마음에서 이루어 그 작용(用)의 정미함을 다하고자 하는 까닭에, 공부의 세밀함에는 자연스럽게 수천수만 갈래의 절목이 없을 수 없다. 그 절목이 상세한 것은 나누어 말하고 갈라서 설명하여 밝히지 아니할 수 없어서 그러한 것이다. 형세가 그러할 따름이지, 두 가지가 있어서가 아니며 뜻이 제각각인 것도 아니다.5)

그는 주희(朱熹, 1130~1200)에 대하여 여러 가지 측면에서 비판하는데, 공부의 본령을 마음보다는 '사물의 리[物理]'에서 찾고, 공부의 방법에 있어서도 쓸데없이 분석적이라는 것이 비판의 요지이다. 특히 주희가 '격물치지(格物致知)'를 강조하면서 사물의 리를 구하여 앎을 지극히 해야 한다는 것에 대해서는 극력 반대하고, 왕수인의 견해에 찬성한다.

왕씨(王氏)의 소위 사물이라는 것은 내 마음에서 벗어난 것이 아니다. (사물은) 내 마음을 날마다 써서 볼 수 있는 곳이자 나의 앎이 있는 곳이다. 그 조리(條理)가 있음은 모두 마음에서 나온 것이므로 모두 나의 본성이다. 이것이 사물이고 리이니, 마음이자 안이 아님이 없는 것이다.6)

이런 정제두의 입장은 격물(格物)에 관한 주희와 왕수인의 견해를 압축, 평가한 부분에서도 잘 드러난다. 그는 주희의 견해에 대해서는 '시비(是非)의 리를 사물에 있는 것으로 삼고 그것을 구해 인식하는 것이므로, 그 앎이 허무하고 노력은 밖에 있는 것'이라고 반대한 반면, 왕수인의 견해에 대해서는 '내가 능히 시비의 앎을 가지고 사물

에서 그것을 행하는 것이므로, 그 앎이 실제적이고 노력함은 나에게 있는 것'이라고 찬성하였다.[7]

주지하는 바와 같이, 주희는 격물을 사물의 리를 궁극적인 데까지 탐구하는 것으로 정의하고, 8조목을 체계화하는 출발점으로 삼았다. 그러나 왕수인은 격물을 마음의 일을 바로 잡는 것으로 정의하고, 치양지(致良知)와 연결시켰다. 격물을 달리 정의함으로써 왕수인은 주희가 성인이 되는 길의 핵심인 마음의 중요성을 감소시켜 버린 것에 대해 비판하는 것이다. 그리고 정제두는 두 사람 중 왕수인의 견해에 찬성하여 자신의 학문 노선이 심학에 있음을 밝히고 있다. 그런데 여기서 주목해야 할 것은 정제두와 왕수인의 사상 간 차이점이다. 왜냐하면 정제두는 왕수인과 달리 리라는 유가적 상징을 적극 활용하였기 때문이다. 이것이 바로 이 절에서 첫 번째로 논의할 '리의 삼중 구조'이다.[8]

정제두는 왕수인의 심즉리(心卽理)를 계승하여, 마음과 리의 직결성을 강조하였다. 이런 까닭에 본성[性]을 리(理)와 연결시키고 마음[心]을 기(氣)와 연결시키는 성리학적 관점에 대해 비판하고, 본성과 마음을 모두 리라고 보았던 것이다.[9] 따라서 '리의 삼중 구조'를 통해 정제두가 말하려는 것은, 주희의 '만물을 낳는 근본'이자 '형이상의 도(道)'인 리·태극(太極)이 아니라, 내 마음의 도덕심·양지이다. 그리고 이 리의 삼중 구조는 '물리(物理)'-'생리(生理)'-'진리(眞理)'이다. 그렇다면 가장 먼저 살펴보아야 할 내용은 '물리'이다.

물리는 리의 삼중 구조에서 가장 넓은 테두리를 형성하지만 동시에 가장 낮은 위상을 차지하는 것으로, 사사물물의 조리(條理)를 의미한다. 정제두는 다음과 같이 말한다.

'기의 조리'가 리가 된다고 하는 것은 물리가 이것일 따름이다. 저 사물이란 것이 비록 각각의 기도(氣道)가 있어 함께 '나의 리(吾理)' 안의 조리 있는 길이 된다고 할지라도, 그 조리 있는 길이란 것은 이 물리의 형세가 명분과 의리(名義)를 이루는 데 불과할 따름이지, 본령인 성체(性體)의 지극함은 아닌 것이다.10)

이처럼 물리는 사사물물의 조리에 불과하므로, 본령인 성체의 지극함이 되지 못하는 것이다. 물론 조리·사리(事理)로서의 물리가 내 마음의 리와 단절된 것은 아니다. 사실 전체적인 구도에서 보자면, 내 마음의 리 역시 시의적절한 조리에 포함된다. 하지만 문제는 개별 조리에만 집착하여, 도리어 이것의 발출 근원인 마음을 간과하는 데서 발생한다. 그리고 정제두는 주희가 바로 이러한 오류를 범하고 있는 까닭에, 분리될 수 없는 마음과 리를 나누어 버리고 지와 행까지 둘로 보는 실수를 하였다고 지적한다.

사물에 즉(卽)하여 리를 궁구하면 덕성 위의 이체(理體)를 보지 못한다. 이 리가 심체에 뿌리박은 것을 고찰하지 않는 자(주희)는 말하기를, '사람이 학문을 하는 것은 마음과 리(心與理)일 따름이다'라고 하여 마음과 리를 나누어서 둘로 하고 지와 행을 나누어서 둘이라고 하였다. 무릇 사리(事理)를 들떠서 배운다면, 리라는 것은 결국 밑바닥까지 비어서 아득해지고, 실제에 정착함이 없게 된다.11)

그렇다면 리의 삼중 구조에서 물리 다음으로 살펴보아야 할 것은 무엇인가? 그것은 정제두의 사상에서 가장 주목받는 개념인 '생리'이다. 생리는 범위로 보자면 물리 안에 포함되는 것이지만, 위상으로 보자면 물리와 비교할 수 없다. 왜냐하면 그것은 우리의 마음이 지닌 특징을 구체적인 용어로 나타낸 것이기 때문이다.

정제두는 우선 이 생리로 인하여 인간과 인간 이외의 존재가 구분된다는 점을 지적한다. 가령 초목, 짐승 등의 생물도 생기(生氣)가 있으므로, 측은(惻隱)이나 도리(道理)라는 말로 표현가능한 생리가 전혀 없다고는 할 수 없다. 그러나 초목, 짐승 등은 영체(靈體)와 명덕(明德)이 없는 까닭에 그 측은이나 도리를 제대로 발휘할 수 없고, 생리에도 있어서도 인간과 비교하면 근본과 말단의 차이를 지닌다.[12] 정제두는 또한 다음과 같이 말하기도 한다.

'대저 본성 밖에는 사물이 없다'라는 정자(程子)의 말은, 재나 마른 나무(死枯)와 같은 물건 역시 하늘의 명이 있으므로, 인간의 본성에서 보면 이 역시 주재하고 통섭하지 않음이 없다는 것이다. {마음의 바깥에 있지 않다는 것을 이름이 이것이다.} 하지만 몸(己, 재나 마른 나무)의 리는 이미 죽어서 생리와는 끊어지게 된다.[13]

재, 마른 나무 등의 무생물에도 물리는 있고, 이 물리가 내 마음의 바깥에 별도로 존재하는 것은 아니다. 그러나 재, 마른 나무 등은 이미 생명이 없기에, 그 무생물들의 물리는 인간의 생리와는 구별된다. 요컨대 인간의 생리는 '살아 있음[生]'과 관련이 있으면서도 순수한 생명력인 것만은 아니다. 그리고 여기에서 생리와 내 마음의 덕, 즉 사덕(四德)이 연결된다.

인(仁)이란 생리의 주인이니 능히 발하여 낳는 것이고, 의(義)란 일 처리함(宰制)의 마땅함이니 리가 재제(裁制)하는 것이다. 예(禮)란 절문(節文)의 리이니 리의 절문이고, 지(智)란 명각(明覺)의 오묘함이니 리가 분별하는 것이다. 네 가지는 마음의 덕으로 인·지는 주로 체가 되고, 의·예는 주로 용이 된다.[14]

위에서 리의 재제, 리의 절문, 리의 분별에서의 리 역시 생리를 의미하는 것으로, 정제두가 이 생리라는 개념에 둔 비중을 확인할 수 있다. 특히 생리의 내용이 되는 사덕에서 인과 지는 체(體)가 되고 의와 예는 용(用)이 되므로, 생리는 체용합일의 구조를 확보한다. 그리고 이것은 뒤에 등장하는 생리와 진리의 연결과 관련된다.

한편 정제두는 '살아 있음'과 '사덕'으로 구체화되는 생리의 또 하나의 특징으로 '능동성'을 강조한다. 그래서 "생생한 하나의 리가 깊고 맑게 흐르며 움직이는 것은 본성의 근원이다. 나에게 부여된 것으로서 완전히 갖추어져 함께 흐르고 사이가 없는 것은 본성의 명(命)이다"15)라고 함으로써 생리의 활발한 능동성을 표현하고 있는 것이다. 이것은 정제두의 리기일원론적 체계 안에서, 생리와 기의 연관성을 나타내는 것이기도 하다.

> 한 덩어리의 생기(生氣)의 근본과 한 점의 신령하고 밝은 정(精)은 그 하나의 (…중략…) 생리란 {즉 정신과 생기가 한 몸의 생리인 것이다.} 것이 마음(方寸)에다 집을 짓고 통하여 중극(中極)에 둥글게 뭉친 것이다. 그것은 장기(腎)에 뿌리를 내리고 얼굴에서 꽃을 피우며, 그것이 확충되면 곧 한 몸에 가득하게 되고 하늘에 두루 미칠 것이다.16)

결론적으로 정제두가 생리라고 표현하는 우리의 마음은 첫째, '살아 있음'으로 인해 무생물과 구분되고, 둘째, '사덕'을 내용으로 하기에 살아 있기만 한 생물과 구분되며, 셋째, 능동적으로 활동함으로써 직면한 사태와 맞닥뜨린 사물에 대한 시의적절한 조리·사리·물리의 발출 근원이 된다. 그리고 이것이 곧 생리의 효용으로 연결되는 것이다. 만일 생리를 잘 발휘하게 되면, "그 신령스럽게 통함은 헤아릴 수 없어 신묘한 작용은 그치지 않고 가히 만 가지의 리를 주재할 수 있어서, 진실로 천지와 사방에 두루 퍼지고 변동하여 하나로 고정되지 않게 된다."[17] 다시 말해 내 마음의 생리가 사욕에 가려지지만 않으면, 만사에 마땅하면서도 융통성 있는 대처가 가능하다는 것이다. 그러나 이런 사실을 자각하지 못하고 주희와 같이 각각의 물리에만 집착한다면, 생리로부터 나오는 효용은 발휘하지 못하게 된다.

이처럼 생리를 강조함으로써 정제두의 사상은 주희와 차별성을 지니게 될 뿐만 아니라, 학문 노선을 같이 하는 왕수인과도 구별된다. 그런데 그는 생리를 논의하는 데 그치지 않고 그 가운데에서도 특별히 강조하는 핵심이 있으니, 그것이 곧 '진리'이다. 이 진리는 생리의 체에 해당하는 것으로서, 리의 삼중 구조 안에서 범위로는 가장 협소하지만 그 위상은 가장 높으며, 이것으로 인해 생리의 도덕적인 성격이 확보된다.

> 리와 본성이란 생리일 따름이다. 그런데 대체로 생의 신묘함(生神)이 리가 되고 본성이 되는 것이니, '그 성의 근본에는 자연히 참된 체(眞體)가 있다'는 것이 이 본성이자 리라고 하는 것이다. 따라서 생의 신묘함 가운데에 참된 것이 있고 망령된 것이 있음을 분별하여, 그 참된 체를 주장하게 할 수 있으면, 이것이 본성을 높이는 학문이 된다. 그러므로 범리(凡理) 가운데 생리를 주장하고 생리 가운데 그 '진리(眞理)'를 골라야만 이것이 리가 될 수 있는 것이다.[18]

정제두는 생리의 능동적인 작용을 뒷받침하는 체로서의 진리에 대해 '진체(眞體)' 혹은 '리의 체[理之體]' 등으로 표현하였다. 그리고 생리가 일반적인 사태와 사물에 대해 시의적절한 조리를 발출할 수 있는 이외에, 측은함[惻怛]과 같은 '도덕심'을 발휘할 수 있는 원인도 순수하고 지선한 진리 때문이라고 보았다. 정제두는 이런 점에서 맹자야말로 진리를 보았음을 강조한다. 그래서 "맹자는 그 진정한 본성(眞性)이 때때로 발현되는 곳을 지적해 내어 그것을 환하게 함으로써 이것이 성체(性體)가 아닌 것이 없음을 밝혔으니, 그는 곧바로 진성의 체를 보았다"[19]라고 하였던 것이다. 도덕심의 근원이요 동시에 도덕심 자체인 진리는 실상 '도리(道理)'의 다른 표현일 따름이므로, 정제두는 다음과 같이 진리의 내용 요소를 지목한다.

측은·수오·사양·시비의 마음은 인이요, 의요, 예요, 지이다. 이 다섯 가지의 '조리'는 중(中)에서 찬연하게 빛나는 것이니, 아버지에게 효도할 줄 알고, 임금에게 충성할 줄 알고, 선한 것에 좋아할 줄 아는 부류는 갖추어져 있지 않음이 없다. '인심의 중은 오직 이 도리'라는 것이 그 본체가 된다. 이 리가 있기에 사물의 영(靈)이 되어서 천지 사이에 참여하는 것이다.[20]

위 인용문에서 정제두는 사단(四端)과 사덕이라는 도덕심의 내용 요소들을 '조리'라고 표현하였다. 이것은 범주 상으로는 진리가 조리로서의 물리에 포함된다는 것을 나타낸다. 하지만 진리는 모든 조리의 '마땅함[中]'에서 찬연히 빛나는 존재라고 명시된 점에 유의해야 할 것이다. 그리고 이 진리가 우리의 마음에 본래부터 갖추어져 있음을 리의 삼중 구조를 통해 설명한 것은 유학의 인간에 대한 신념을 한층 더 발전시킨 것이라고 평가할 수 있다. 단지 확실하게 해 두어야만 하는 것은, 이 진리가 생리와 별도로 존재하는 절대적 실체는 아니라는 점이다. 분명 정제두는 생리의 핵심처로 진리를 상정하였다(김세정, 2008: 94~95). 그러나 그가 자신의 양명학적 관점을 가장 뚜렷이 드러낸 『존언(存言)』에서 지속적으로 언급하는 것은 실상 생리로서, 만일 이것이 전제되지 않으면 진리는 존재할 수 없다. 다시 말해 정제두는 생리가 지향하는 '도덕적 완전성'을 진리라는 용어로써 강조하고 있는 것이다.

이 소절에서는 정제두의 사상 중 도덕과로 도입할 만한 교과 내용학적 요소로서, '리의 삼중 구조'에 대해 살펴보았다. 그가 이것을 통하여 심즉리를 설명하려고 했다는 점을 미루어 볼 때, 리의 삼중 구조는 정제두와 왕수인 사상 간의 연관성 및 그만의 독창성을 모두 보여 준다고 할 것이다. 이어서 논의할 내용은 '양지(良知)의 체용합일적 이해'에 대한 것이다.

2) 양지(良知)의 체용합일적 이해

양지는 맹자에게서 비롯되었지만, 이 개념이 심화, 확장되어 인간의 마음을 총체적으로 설명하기에 이르려면 명대 왕수인의 등장을 기다려야 했다. 왕수인은 양지를 적골혈(滴骨血), 항조자(恒照者) 등으로 비유하여 그 위상을 높였을 뿐만 아니라, 다음과 같은 언급을 통해 그것이 보편적인 것임을 강조하였다.

성인으로부터 어리석은 사람에 이르기까지, 한 사람의 마음으로부터 사해(四海)의 먼 곳에 이르기까지, 천고 이전으로부터 만대 이후에 이르기까지 같지 않음이 없다. 이 양지라는 것은 소위 천하의 대본(大本)이다. 이 양지를 실행하여 행하는 것이 소위 천하의 달도(達道)이다.21)

그러나 왕수인의 양지가 그의 학문 체계 속에서 시종 동일한 개념으로 쓰인 것은 아니다. 왜냐하면 그가 제시하는 양지는 대단히 포괄적이고 혼일적(渾一的)인 성격이어서 시간과 장소, 정황과 대상 등에 따라 각기 다르게 표현되기 때문이다(송하경, 1986: 220). 그리고 이렇게 해석의 다양성을 지니는 까닭에, 왕수인 사후 왕기(王畿), 왕간(王艮), 나여방(羅汝芳) 등을 필두로 한 양명좌파(陽明左派)에서는 양지의 순수 '직관성'을 부각시킬 수 있었다. 실제 양명좌파의 의도는 인간의 마음에 대한 신념을 극대화시키는 데 있었지만, 결과적으로 그들의 양지에서는 도덕적인 색채가 매우 약화되었으며, 이지(李贄)가 등장해 견문(見聞)과 도리를 부정함으로써 이런 경향은 극대화되었다. 그런데 이 지점에서 정제두와 왕수인의 사상 간 차이점이 발생한다. 그 이유는 정제두가 양지를 보다 구조적으로 이해함으로써 도덕적 성격의 강화 방향을 채택하기 때문이다. 이것이 바로 이 절에서 두 번째로 논의할 '양지의 체용합일적 이해'이다.

정제두는 '양지의 학문'은 그 근원이 모두 마음에서 나온 것이요, 또 이 마음을 근본으로 삼기에 통령(統領)과 본원(本源)이 있는 설명이라고 여겼다.[22] 그런데 당시 그의 동학들은 대부분 양지를 천리(天理)와 분리시켜 이해하면서, 지각·지식의 한 종류로 간주할 따름이었다. 따라서 정제두에게 우선했던 과제는 왕수인의 양지를 제대로 설명하는 데 있었다. 정제두와 동학들 간의 서신들을 살펴보면, 그의 왕수인의 양지에 대한 이해가 대단히 깊었음을 알 수 있는데, 일례로 다음과 같은 언급을 꼽을 수 있다.

왕씨는 마음을 리로 삼았으니 곧 양지이며, 마음의 양지는 체가 된다. 무릇 사물의 작용은 용이 되니, 이것을 사물의 리라고 이른다. 그런데 저 리는 모두 마음에 갖추어져 있고 마음에는 저절로 양지가 있으므로 알지 못하는 리가 없는 것이다. 다만 사욕에 빠지는 까닭에 어둡고 어리석은 자가 있는 것이니, 양지를 이루어(致良知) 그 본성을 회복하여 마음의 리를 궁구하고 마음의 본성을 다한다면, 오륜·심성·사물에 있어서 천리가 아닌 것이 없다. 이런 이유로 체용은 있어도 안팎은 없고 정미함과 거침도 없는 것이다. 그러므로 명덕과 친민은 하나이며 나눌 수 없고, 지와 행도 하나로 합친 것이다. 지라는 것은 행의 시작이요, 행이라는 것은 지가 이르는 것이다. 따라서 그 도는 하나일 뿐이며 성(誠)일 뿐이고, 둘도 아니요 나누지도 못하는 것이다. 내 몸으로부터 사물에 이르고 천하 만물에 이르기까지 다만 이 하나로 관통할 따름이다.[23]

이처럼 정제두는 왕수인의 사상이 양지로 관통된다는 점을 파악하고 있었고, 마음과 양지 및 리가 일원이라는 점을 자각하고 있었으며, 이로부터 자연스럽게 지행합일(知行合一)과 만물일체(萬物一體)가 도출된다는 점을 인식하고 있었다. 하지만 그가 왕수인의 양지를 그대로 답습했던 것은 아니다. 특히 친우 민이승(閔以升, 1649~1698)에게 보낸 〈양지도(良知圖)〉에는, 양지에 대한 그의 독창적인 견해가 잘 나타난다. 이 〈양지도〉는 세 개의 원으로 그려져 있는데, 큰 원이 보다 작은 원을 감싸고 있는 동심원의 형태로 구성되어 있다. 이것을 내(內)에서 외(外)로 도식화하면 다음과 같은 표로 정리할 수 있을 것이다.[24]

<표 4-2> <양지도> 분석

	권(圈)	마음	양지	내용	관계
내	심지성 (心之性)	심지본연 (心之本然)	양지지체 (良知之體)	인의예지 (仁義禮智)	일一 체體 무無 간間
중	심지정 (心之情)	심지발 (心之發)	양지지용 (良知之用)	사단칠정 (四端七情)	
외	개명왈심 (皆名曰心)	무내외개심야 (無內外皆心也)	개위지양지 (皆謂之良知)	천지만물의 조리(條理)	

정제두는 '심지성'-'심지본연'-'양지지체'와 '심지정'-'심지발'-'양지지용'의 구도를 완성시키고, 각 권의 관계를 일체무간(一體無間)이라고 밝혀줌으로써 인간과 천지만물 사이의 유기적인 연대를 제시하

고 있다(김용재, 1998: 222~231). 따라서 외권이 인간의 마음에 직접적으로 속하지는 않는다고 할지라도, 천지만물의 조리가 내 마음의 양지로부터 발출된다는 점에서 양지와 분리시켜 생각할 수 없는 것이다. 그런데 주목해야 할 것은 정제두가 양지를 이 같은 체용합일의 구도로 파악했기 때문에, 앞 소절에서 살펴본 리의 삼중 구조와 연결이 가능하다는 점이다.

정제두의 양지는 분명 물리, 생리, 진리 모두와 연관이 있다. 하지만 그의 사상이 인간의 마음에 초점을 두고 있음을 고려할 때, 더욱 긴밀한 연관성은 생리와 진리에 있다고 할 것이다. 실제 정제두가 양지를 리의 삼중 구조와 연결시킬 경우, 그는 대체로 생리와 함께 언급하였다. 그 이유는 생리가 도덕적 완전성으로서의 진리를 참된 체[眞體]로 내포한 상태에서, 보다 현실적이고 능동적인 활동[用]의 양상으로 드러나기 때문이다. 따라서 생리는 자연히 〈양지도〉의 '양지지용'과 연결되며, 여기서 양지는 생리가 만사만물에 시의적절한 조리를 발출할 수 있는 작동 근거가 되는 것이다.

> 대개 사람의 생리는 밝게 깨달은(明覺) 바가 있으므로, 자연스럽게 두루 흐르고 통달하여 어둠이 없다. 이에 능히 측은·수오·사양·시비하여 못하는 것이 없이 되니, 이것이 그 고유한 덕으로서 소위 양지이며 또 인이다. (…중략…) 이제 그 양지를 측은에 따르거나 연구하여 살펴 아는 것의 일종에 불과한 것으로 여기고, 그 측은한 마음이 양지이며 심체(心體)의 지(知)가 생리인 줄을 살피지 못하니, 논란의 마땅함이 연(燕)과 월(越)처럼 멀어지는 것이다.[25]

심체(心體)이자 성체(性體)인 양지는 본래 알지 못하는 것이 없다. 그런데 사사로운 욕구와 욕망이 양지를 가려 그 효용을 다하지 못하도록 하는 것이다. "이런 까닭에 오직 그 양지를 이르게 하여 다하지 않음이 없으면, 생각하지 않고 애써 힘쓰지 않아도 이른바 강하(江河)가 터진 듯이 시원하게 흘러나가게 된다."26) 그리고 이것은 앞서 논의하였던 생리가 올바르게 발휘될 때의 효용과 일치하는 것이다. 그러나 아직 가치의 측면에서 리의 삼중 구조 내 최상층에 위치한 진리가 남아 있다. 따라서 정제두의 양지가 이 진리와는 어떻게 연결되는지 살펴보아야 할 것이다.

정제두는 양지와 생리는 여러 차례 함께 언급하는 반면, 진리와는 별다른 언급을 하지 않는다. 그러나 "양지란 그 영명(靈明)의 체로써 말하면 상제(帝)이고, 그 알고 깨닫는 작용으로써 말하면 화공(化工)이니, 곧 하나의 마음을 이르는 것이다."27) 또는 "영명이란 것은 생기의 정상(精爽)이요 양지의 체이다"28)와 같은 언급은 그가 양지를 체용합일로 이해하면서도 특별히 강조하는 체가 있음을 보여 준다. 인용문에서 화공의 뜻이 '자연의 조화' 혹은 '조화롭게 이루어진 재주' 등이라는 점을 고려할 때, 화공으로서의 양지는 사사물물에 마땅한 조리를 발출하는 생리와 관련된다. 그렇다면 그 근거가 되는 영명의 체, 상제로서의 양지는 진리와 관련된다. 이런 까닭에 진리는 자연히 〈양지도〉의 '양지지체'와 연결되며, 여기서 양지는 도덕심으로서의 진리의 작동 근거가 되는 것이다.

마음이란 것은 몸의 주재이니 사람의 신명(神明)으로 만 가지 변화의 주인이 되는 것이 이것인데, {영체(靈體) 가운데 지극히 신묘한 것이다.} 그 체가 묘(妙)하다. 이것을 명덕이라고 이르니, 본성의 주인이 되는 곳이다. 그런즉 명덕은 마음으로서 말할 수 있는 것이요, 리의 무형한 것이라고 단적으로 지적하여 말할 수는 없는 것이다.29)

위에서 '영체 가운데 지극히 신묘한 것'이 곧 진리로서의 양지인데, 정제두는 이것을 다시 명덕(明德)이라고 표현함으로써 양지의 도덕적인 성격을 강조하고 있다. 그는 또한 "양지라는 것은 문자는 『맹자』에서 나왔지만 설명은 『대학』의 치지(致知)의 설인데, 실은 명덕이 이것이다"30)와 같은 언급도 하였다. 이처럼 지속적으로 양지와 명덕을 연결시키는 것은 양지가 도덕심의 최종 근거인 진리와 연결되어 있음을 나타내는 것이다.

이렇게 정제두는 양지를 체용합일의 구조로 이해하였기 때문에, 왕수인 사후 양명좌파가 도달했던 결과를 피해갈 수 있었다. 양명좌파는 스승의 사상에서 특히 양지의 자연스러운 작용을 강조하고 일상에 만연한 욕구·욕망을 긍정함으로써, 시간이 흐를수록 도덕적인 색채가 희미해지게 되었다. 그런데 정제두는 왕수인의 학문이 이러한 결과를 초래할 가능성이 있음을 일찍이 인식하고 있었다. 그래서 "꿈속에서 홀연 양명의 치양지의 학문이 매우 정미롭지만, 대체로 그 폐단은 '감정의 흐름을 방치하고 정욕을 멋대로 할(任情縱欲) 우려'가 있다는 것을 생각하게 되었다"31)라고 하였던 것이다. 그는 저 '임정종욕'이라는 네 글자가 왕학(王學)의 진정한 병폐임을 지적하였다. 하지만 정제두의 양지는 진리와 연결되어 도덕적 성격이 강화되어 있으므로, 강화학파의 흐름에서도 양명좌파와 같은 극단적인 전개는 발견되지 않는 것이다.

이 소절에서는 정제두의 사상 중 도덕과로 도입할 만한 교과 내용학적 요소로서, '양지의 체용합일적 이해'에 대해 살펴보았다. 그는 양지에 관하여 용의 측면에서는 생리와 관련성을 찾고, 체의 측면에서는 진리와 관련성을 찾음으로써, 양지의 효용과 도덕적인 성격을 모두 확보할 수 있었다. 그리고 이런 점에서 양지의 체용합일적 이해는 '리의 삼중 구조'와 더불어 정제두와 왕수인 사상 간의 연관성 및 그만의 독창성을 모두 드러낸다고 할 것이다. 이 같은 기반 위에서 그의 사상에서 도덕과 도입할 수 있는 교과 교육학적 요소들을 살펴보자.

4. 정제두 사상의 교과 교육학적 도입 요소

동양의 전통 도덕교육론은 기본적으로 인간의 인격적 가능성을 믿는 것으로부터 시작하여, 그 온전한 상태에 이르는 과정 자체를 중시한다. 그리고 이것은, 지향하는 인간상을 도덕적 모형으로 제시해 놓고, 그 목표를 위한 실천적인 방안을 제안하는 것으로 구체화된다(박병기, 2009: 296~307). 정제두의 사상 역시 전체적인 측면에서 이 같은 구도에 충실하다. 왜냐하면 그의 사상에는 '인간의 도덕적 가능성에 대한 신념'이 확고하게 자리하고 있으며, 이것이 '리의 삼중 구조'와 '양지의 체용합일적 이해'를 통해 체계화되기 때문이다. 그렇다면 이런 신념의 기반 위에 정제두가 제시하는 '지향할 만한 인간상'과 이를 위한 '실천적인 방법론'은 무엇인가? 바로 이 내용이 그의 사상에서 우선적으로 추출해야만 하는 도덕과의 교과 교육학적 도입 요소가 될 것이다.

1) 도덕과 교육의 목표로서 '명각(明覺)'

정제두는 명각에 대해, 명각의 오묘함은 사덕의 지(智)로서 생리가 분별하는 것이라고 하였으며,[32] "사람의 생리는 '밝게 깨달은(明覺)' 바가 있으므로, 자연스럽게 두루 흐르고 통달하여 어둠이 없다. 이에 능히 측은·수오·사양·시비하여 못하는 것이 없이 되니, 이것이 그 고유한 덕으로서 소위 양지이며 또 인이다"33)라고도 하였다. 이 명각을 이 장의 취지에 맞게 해석하자면, '도덕적으로 깨어 있는 상태'를 의미한다. 보다 구체적으로 말해, 명각은 내 마음의 도덕심·양지의 존재를 자각하고, 여기에 비추어 도덕적 사태를 포함한 만사에 대해 적절한 이치를 판단할 수 있는 '도덕적 실천 주체'인 것이다. 사실 이러한 상태를 언어를 통해 설명하기란 쉽지 않다. 그래서 왕수인조차 명각의 다른 표현인 '양지의 자득(自得)' 상태는 말로 나타내기 어렵다고 했던 것이다.34) 하지만 정제두는 체용합일의 구도하에 진리와 양지지체, 생리와 양지지용을 연결시킴으로써, 그 양지의 모습과 기능을 구체적으로 이해하는 데 도움을 제공한다.

한편 정제두는 "명각의 체는 사물이 느껴질 때 자연히 비치는 것이다"35)라고 하면서, 명각이 드러나는 방식을 '무위(無爲)'라고 하였다. 왜냐하면 '밝게 깨달아서[明覺]' 아무것도 하지 않는 것 같은데도 동시에 자연스럽게 사물과 사태에 감응하여 모두 다 마땅하게 대처하기에, 이 지점에서는 움직임이든지 고요함이든지 상관없이 바르지 않음이 없기 때문이다.36) 이처럼 명각의 무위란 활발히 감응하고 통하는[感而遂通] 가운데, 고요하여 움직이지 않는[寂然不動] 내 마음 양지의 활동 방식인 것이다. 만일 무위할 수 있는 명각의 상태에 이른다면, 이 단계에서는 콜버그(L. Kohlberg, 1927~1987)를 위시한 수많은 도덕 심리학자들이 고민하던 '왜 우리는 도덕적으로 행동해야 하는가?'와 같은 메타적인 물음이 자연스럽게 해소된다. 그러므로 정제두가 강조하는 명각이란 개념은 도덕과 교육의 목표 측면에서, 하나의 교과 교육학적 도입 요소로 추출할 수 있는 것이다.

하지만 명각이 도덕과의 교과 교육학적 도입 요소로서 더욱 중요한 의미를 지니는 이유는, 이 개념이 함의하는 바가 도덕과 교육의 목표인 '도덕적 실천 주체'의 특징들을 정리하는 데 큰 도움을 제공하기 때문이다.[37] 명각의 함의에 근거한 도덕적 실천 주체의 대표적 특징은, 인간의 보편성을 믿으며, 소통[感通·感應]의 가능성을 신뢰한다는 것이다. 조금만 주변을 둘러봐도 알 수 있듯이, 현대 사회의 다양한 분야에서는 나와 나 이외 인간들의 다름으로부터 발생하는 '사용 가치'를 강조한다. 그리고 이것은 교육 분야라고 하여 예외가 아니다. 물론 신체적 특질로부터 능력적 특질에 이르기까지 모든 인간들은 다르고, 거기에서 발생하는 차이점들을 알고 있는 것은 경쟁 사회 속 개개인의 생존에 대단히 중요하다고 할 것이다. 그러나 이 지점에서 나와 나를 제외한 인간들이 전혀 다르기만 한 별개의 존재인지 생각해 보아야 한다. 왜냐하면 인간은 '인간이라는 보편성'으로 인하여 서로 관계를 맺고 소통할 수 있으며, 바로 여기에서 도덕적 가능성을 도출하기 때문이다. 그런데 도덕적으로 깨어 있는 명각의 상태는 인간이라면 누구나 지니고 있을 것으로 기대되는 양지의 존재를 인정한다. 따라서 인간의 보편적인 도덕심을 전제로 한 상호 감통·감응의 근거가 될 수 있는 것이다.

　명각의 함의에 근거한 도덕적 실천 주체의 또 하나의 특징은, 스스로에 대한 충족감과 만족감을 지향한다는 것이다. 필자를 포함하여 대부분의 현대인들은 자신에 대한 불만족감에 얽매여 살아간다. 우리들이 끊임없이 외적이고 결과적인 것에서 '삶의 의미'를 찾으려는 것은 이러한 세태를 반영한 것이기도 하다. 그런데 이 시점에서 정제두의 "밖에서 구하지만 자기에게서 얻는 것이 없는 까닭에, 비록 혹 큰 데서 얻는다고 할지라도 도리어 작은 데서 잃고, 한 군데서는 높아도 능히 본체에서 두루 하지 못한다"[38]와 같은 언급은 분명 주목할 만하다. 왜냐하면 그는 내 마음의 도덕심·양지에 대한 자각으로부터 도출되는 충족감과 만족감을 얻지 못하는 경우의 공허함을 간파하고 있었기 때문이다. 이런 통찰에 비추어 보았을 때, 학습자들로 하여금 자신의 내면을 성찰하게 함으로써 스스로에 대한 불만족감과 공허함에 대처할 수 있는 힘을 길러주어야 할 우리 교육의 상황이란, 이미 전체적인 규모에서 반대 방향으로 흘러가고 있다. 따라서 교육의 본령과 맞닿아 있는 도덕과 교육에서라도 정제두의 명각이 함의하는, 다시 말해 스스로에 대한 충족감과 만족감을 지향하는 도덕적 실천 주체를 교과가 추구하는 목표 중 한 가지로 도입해야 할 것이다.

이 소절에서는 정제두의 사상 중 도덕과로 도입할 만한 교과 교육학적 요소로서, 목표에 해당하는 '명각'에 대해 살펴보았다. 우리는 일상 속에서 종종 도덕적인 자기 충족감으로 인해 내면이 충만해지고 고양되는 것을 느낀다. 그리고 바로 이때 이전에 집착하고 있던 외부의 시선·외면적 결과의 의미가 퇴색하는 것을 동시에 경험한다. 정제두의 명각은 바로 이 같은 느낌과 경험에 대한 이해를 높여준다는 점에서 충분한 교육적 의의를 확보하는 것이다. 이어서 논의할 내용은 도덕과 교육의 방법으로서 '마음의 수렴과 발산'에 대한 것이다.

2) 도덕과 교육의 방법으로서 '마음의 수렴과 발산'

본격적인 논의에 앞서 이 소절의 내용을 압축하여 제시하면, '마음의 수렴'이란 널리 공부함과 동시에 그것을 내면[心]으로 요약하여, 양지의 존재를 자각하고 실덕(實德)·실리(實理)를 쌓아나가는 것을 말한다. 그리고 '마음의 발산'이란 도덕적 고양감(高揚感)이라고도 할 수 있는 활발함으로서의 양지, 곧 생의(生意)의 분출을 말한다. 정제두가 직접 '마음의 수렴과 발산'이란 용어를 사용한 것은 아니다. 하지만 그의 사상 내 실덕·실리나 생의 등의 개념을 도덕과 교육의 방법적 측면에서 도입하려면, 이와 같은 표현이 더 적합할 것으로 판단된다.

우선 마음의 수렴이란 정제두가 하루도 느슨하게 할 수 없고 한

순간도 빼놓을 수 없다고 했던 '의리(義理) 함양의 공부'로서,[39] 사사로운 욕구와 욕망을 버리고 내 마음의 천리를 간직하는 것이다. 바로 여기에 대한 내용을 널리 공부하고 끊임없이 내 마음에 비추어 요약, 응축시킴으로써, 도덕심·양지의 존재를 깨닫는 것이 마음 수렴 공부의 핵심이다. 그는 마음의 수렴에 대해 다음의 '박문약례(博文約禮)'로 설명하기도 하였다.

박문(博文)이란 곧 약례(約禮)의 공부이니, 글에서 널리 배우는 것은 약례를 위한 것이다. 글에서 널리 한다는 것은, 즉 '예의 글'에서 배운다는 것이다. 글에서 널리 하면 예가 요약되므로, 글 밖에 별도로 예가 있다는 것도 아니고 널리 한 후에 다시 요약함을 일삼는다는 것도 아니다. {글은 쓰이는 것이고, 예는 숨겨진 것이며, 널리 한다는 것은 공부이고, 요약한다는 것은 그 귀결이다. (따라서) 예를 버리고 한갓 글에서만 넓히는 것은 아니다. 그 리가 발현됨에 따라서 천리의 보존함을 배우는 것이 박문이며, 이 마음이 천리에서 순수함을 요약하는 것이 약례이다.}[40]

이처럼 약례는 '요약하여 내 마음의 천리를 보존하는 일' 자체이고, 박문은 '그 천리를 보존하는 일을 배우는 것'으로, 이 두 가지는 별도의 것이 아니다. 그러나 공부의 본령은 전자의 약례이며, 이 약례가 전제된 박문·박학(博學)은 앎과 행동의 자연스러운 합일로 귀결된다. 그래서 정제두는 "이 마음의 천리를 보존하면 배움이 있고서 행하지 않는 것이 없고, 행하지 않음이 있고서는 배웠다고도 할 수 없다"[41]라고 했던 것이다.

결국 정제두가 '마음의 수렴'을 통해 드러내고자 했던 것은 도덕심·양지를 깨달은 도덕적 실천 주체에게 응축된 덕(德)이다. 그는 이것을 '실덕(實德)'이나 '실리(實理)'라는 용어로 나타내기도 하였는데,

실덕에 대해서는 "논하는 것이 비록 천 마디 만 마디 말이라고 할지라도 만일 '실덕'에 힘쓰지 않는다면 모두 (빈) 문구(文具)로 돌아갈 것이니, 오직 묵묵한 데서 실덕을 이루며, 말하지 않고서도 믿을 따름이다"[42]라고 하였고, 실리에 대해서는 "인이요, 지요, 의요 하는 것은 모두 다 도이며, 다 '실리'의 조목이다"[43]라고 하였다. 이 실덕과 실리를 가지고 나의 도덕심·양지의 작용을 행동으로 구현할 수 있으면, 정제두가 강조했던 진지(眞知), 실행(實行), 실학(實學)이 가능해진다. 이렇게 볼 때, 마음의 수렴을 통해 완성된 내 마음의 실덕·실리는 도덕과 교육의 중핵인 도덕성(morality)과 다름 아닌 것이다.

이어서 마음의 발산에 대해서 살펴보자면, 이것은 '생의(生意)'를 꺾지 않는 것을 그 핵심으로 한다. '활발한 뜻'이라는 생의는 본래 노는 것을 좋아하고 구속받는 것을 싫어하는 학습자의 기본적인 심리 상태를 말하는 것인데, 왕수인도 이것을 강조한 바 있다. 그는 "때를 맞추어 비가 내리고 봄바람이 불어 초목을 적시면 싹이 움터 자라지 않을 수 없어서 자연히 나날이 자라나고 다달이 변화될 것이지만, 만일 얼음이 얼고 서리가 내린다면 생의가 쇠잔해져 날마다 말라갈 것이다"[44]라고 하여, 학습자의 취향을 고무·발산시켜 즐겁게 해 주어야 한다고 보았다. 그리고 정제두는 "대저 아동을 가르칠 때는 그 기운을 꺾어서 생의를 잘라버려서는 안 된다. 오직 마땅히 순순히 하여 이를 인도해야 할 것이다"[45]라고 함으로써, 왕수인의 견해를 계승하였다. 그런데 도덕과 교육의 측면에서 보자면, 이 생의는 도덕적으로 고양된 느낌, 즉 '도덕적 고양감(高揚感)'을 의미하는 것이다. 왜냐하면 시의적절한 생의의 표출이란 양지지체, 다시 말해 리의 삼중 구조에서 가치론적으로 가장 상위에 위치한 진리를 전제하기 때문이다. 그래서 정제두는 도덕적 고양감으로서의 생의를 적극 발산시킬 것을 강조하였다.

무릇 심체(心體)는 본래 알지 못하는 것이 없는데, 단지 사람이 그것을 끝까지 이르게 하지 못했을 따름이다. 이런 까닭에 오직 그 양지(知)를 이르게 하여 다하지 않음이 없으면, 생각하지 않고 애써 힘쓰지 않아도 이른바 강하가 터진 듯이 시원하게 흘러나가게 된다. 지가 진실로 이르면 앎이 곧 행함이요, 행함이 곧 앎이다.46)

학습자들이 대부분의 시간을 보내는 학교라는 공간에서, 그들은 종종 도덕적으로 고양되는 순간을 체험한다. 이것을 느끼는 순간은 실로 다양해서 때로는 도덕수업 시간일 수도 있고, 때로는 친구들과 어울려 노는 시간일 수도 있으며, 때로는 교사의 적실한 훈계를 받는 시간일 수도 있다. 그런데 이 고양감이란, 특성상 가능한 신속하게 발산하지 않으면 곧 사라지는 경우가 대부분이다. 그러나 만일 그것을 발산하고 느끼며, 다시 돌이켜 응집시킬 수만 있다면, 이것은 도덕성의 함양이라는 도덕과 교육의 목적에 매우 적절한 방법이라고 생각된다.

본래 내 마음의 양지는 대단히 생동적인 것이다. 그래서 정제두는 그 생동성을 혈기(血氣)에 비유하면서, "양지 역시 생생(生生)하여 쉬지 않는 것으로, 이것이 곧 성체(性體)이다"47)라고 하였다. 그런데 그의 사상에서는 양지가 생리와 연결되면서 이 점이 보다 구체적으로 드러난다. 만일 마음의 수렴을 통해 생동적인 양지의 존재를 자각하면, 이미 그 자체로 발산하고 있던 양지의 실체가 더욱 뚜렷이 다가온다. 그리고 여기에서 마음의 발산을 막지 않고 확충함과 동시에 끊임없이 돌이켜 요약한다면, 도덕과 교육의 참된 목표인 도덕적 실천 주체의 완성에 한 걸음 더 가까이 할 수 있을 것이다.

이 소절에서는 정제두의 사상 중 도덕과로 도입할 만한 교과 교육학적 요소로서, 방법에 해당하는 '마음의 수렴과 발산'에 대해 살펴보았다. 그 중에서 '마음의 수렴'은 실덕·실리라는 개념과 연관되며 도덕성을 설명하는 데 유용하고, '마음의 발산'은 생의라는 개념과 연관되며 도덕적 고양감을 설명하는 데 유용하다. 따라서 이런 마음의 수렴과 발산의 상호 작용은 도덕과 교육의 방법론적인 측면에서 그 의의를 확보하는 것이다.

5. 한국 사상사에서 양명학의 위치와 남은 과제들

지금까지 이 장에서는 '도덕과 교육 내 한국양명학의 위상과 강화 방안'을 고찰한다는 주제로 정제두의 사상을 살펴보았다. 필자는 먼저 현재 도덕과 교육과정 및 교과서들을 검토하여 한국양명학이 그 위상 확보나 내용 소개에 있어 수정, 보완해야 할 측면이 있음을 지적하였고, 나아가 도덕과 내로 한국양명학의 적극적 도입이 필요한 이유를 제시하였다. 다음으로 정제두 사상 중 도덕과로 도입할 만한 교과 내용학적 요소로서 '리(理)의 삼중 구조' 및 '양지(良知)의 체용합일적 이해'를 논의하였으며, 교과 교육학적 요소로서 목표에 해당하는 '명각(明覺)' 및 방법에 해당하는 '마음의 수렴[實德·實理]과 발산[生意]'에 대해 고찰하였다.

익히 알고 있듯이, 양명학은 한국 사상사에서 주류의 역할을 해 본 일이 없다. 특히 조선조에는 주자학(朱子學)으로 대변되는 성리학의 정통주의적인 권위에 억눌려 표면으로 드러나지도 못하고 대부분의 세월을 보냈던 것이 사실이다(금장태, 2008: 247). 그러나 한국 사상사의 한 부분에는 분명히 양명학의 학풍이 있었고, 이 같은 한국양명학의 존재가 오히려 한국 성리학의 발전에 일정 이상의 기여를 하였다. 정제두가 성리학자인 스승 박세채(朴世采, 1631~1695), 동학 민이승 등과 나누었던 담론은 이런 점을 잘 보여 준다. 또한 그의 사상을 계승한 강화학파의 여러 학자들은, 사학(史學), 수학(數學), 역학(易學), 시문(時文), 서화(書畵), 음운(音韻) 등 다양한 분야에서 활동함으로써 우리의 문화가 더욱 풍부해지도록 하는 데 큰 역할을 하였다.

다행히 한국의 근대에는 양명학에 대한 논의가 이전에 비해 자유로워졌는데, 그 시기의 대표적인 양명학자로는 '유교구신론(儒敎求新論)'을 주장한 박은식(朴殷植, 1859~1925)과 '실심(實心)'을 강조한 정인보가 꼽힌다. 이 가운데에서도 강화학파의 계승자인 정인보(홍원식·이상호 역, 2005: 215~216)는, 정제두에 대해 "조선 양명학파 가운데 가장 뛰어난 사람으로 조선 양명학파의 대종사(大宗師)이다"라고 평가하고, 그의 저서들은 "양명 이후 양명학파의 저서로서는 가장 포괄적이면서도 정밀하고 가장 양명의 본뜻에 가까우며 가장 상세하게 기술되어 있다"라고 극찬하였다. 정인보의 언급 이래, 특히 1990년대 이후에는 정제두의 사상이 학계의 주목을 받으면서, 그와 강화학파의 사상에 대한 연구들이 속출하게 되었고, 현재에는 '양지'나 '실(實)'과 같은 개념어들을 현대적인 의미로 재해석한 연구들까지 등장하였다. 그런데 이러한 분위기 속에서도 정제두의 사상이 도덕과 교육에 어떠한 의의를 지닐 수 있는지, 혹은 어떻게 반영되어야만 하는지에 대한 연구는 거의 찾아볼 수가 없다. 이 장은 바로 여기에 대한 문제의식에서 출발한 것이다.

이제 마지막으로 이 장의 한계와 앞으로의 연구 방향을 밝히는 것으로 제4장을 마무리하고자 한다. ⓐ 우선 이 장은 짧은 글인 까닭에, 정제두의 사상에서 도덕과로 도입할 만한 교과 내용학적 요소와 교과 교육학적 요소들을 모두 소개하지는 못하였다. 따라서 이후에도 정제두가 제시하는 여러 도덕적 개념들 및 그의 공부론(工夫論)을 기반으로 한 관련 연구들이 이어져야 할 것이다. ⓑ 또한 이 장에서 살펴보았던 선택 교육과정『윤리와 사상』의 검정 교과서들은, 도덕과 교육과정이 바뀌면 거기에 맞추어 새롭게 간행될 것이다. 따라서 정제두와 강화학파의 사상이 다른 사상들과의 연계성 및 고유한 독창성을 충분히 확보하면서 제대로 반영되었는지, 만일 그렇지 못하다면 어떻게 수정되어야 하는지에 대한 논의 역시 꾸준하게 이루어져야 할 것이다.

1) 대표적인 예로 고대혁(2009), 박병기(2010), 장승희(2010), 강봉수(2008) 등의 연구들을 참조할 수 있다. 이 중 고대혁은 도덕과 교육의 흐름을 관통하는 '국가 중심주의'와 '서양 중심주의'의 극복 대안으로 광의(廣義)의 동양윤리교육을 제시한다. 그리고 박병기는 우리 전통교육이 지니는 현재적 의미와 한계의 재평가 및 서양의 도덕교육론에 대한 주체적 수용이 필요하다고 주장하면서, 도덕과 교육의 내실화를 위한 동양 도덕교육론적 대안들을 제시한다. 이어서 장승희는 도덕과 교육과정의 변천에서 동양윤리가 지녔던 위상을 조명하고 주요 교과서들의 지식 요소들을 분석한 뒤, 도덕과 교육 내 동양윤리와 관련된 지식 요소를 선정하는 기준들을 제시한다. 또한 강봉수는 현재까지 진행된 도덕과 교육의 이론적 배경이 결국은 자유주의적 도덕교육론과 공동체주의적 도덕교육론으로 대별되는 서양의 도덕교육론이었음을 논의하고 이 이론들의 일면성을 지적한 뒤, 진정한 통합을 이룰 수 있는 대안으로서 유교도덕교육론을 제시한다. 이상의 연구들 이외에, 동양과 한국윤리사상을 각급 학교의 도덕과 교육 내로 어떻게 수용할 것인가에 대한 방법적 논의로는 이종란(2006), 홍정근(2006), 이상성(2006) 등의 연구들을 참조할 수 있다. 앞의 4편의 연구가 도덕과 교육에 대해 동양과 한국윤리사상이 지니는 시사점들을 밝히고 있다면, 뒤의 3편의 연구는 도덕과 교육 안으로 동양과 한국윤리사상의 내용 요소들을 받아들일 때의 유의점들을 제시하고 있다.

2) 필자의 박사논문 「하곡 정제두의 양지 개념에 대한 도덕교육론적 해석」은 정제두와 도덕교육의 연결을 본격적으로 다룬 최초의 연구 성과이다.

3) 일례로 천병돈(2007: 145~153)은 정제두와 그 후학의 학문까지 포함한다는 의미에서, 강화학파보다는 '하곡학(霞谷學)'이라는 명칭이 더 적절함을 강조한다. 그가 유사한 예로 드는 것은 '퇴계학'이나 '남명학'으로, 이런 용어들이 이황(李滉)이나 조식(曹植) 같은 한 개인의 학문에 국한된 명칭만은 아니라는 것이다.

4) 교육과정이 수시 개정 체제로 변경된 이후 도덕과 교육과정에서는 크게 2007, 2011, 2012의 세 차례 개정이 있었다. 유의할 점은 2011개정과 2012개정은 실제 『2009 개정 교육과정』에 의거하고 있다는 점이다. 그러나 이 장에서는 논의의 편의상 세 단계의 변화로 나누어 제시하였으며, 이하에서도 이 구분법에 따랐다. 이렇게 볼 때, 내용 체계의 두드러진 변화는 『2011 개정 도덕과 교육과정』에서 발생하므로, 이를 중심으로 『2007 개정 도덕과 교육과정』과 가장 최근의 『2012 개정 도덕과 교육과정』을 비교하면, 선택 교육과정 『윤리와 사상』의 내용 체계 변화를 뚜렷하게 확인할 수 있다. 아울러 〈표 4-1〉 안의 강조는 필자가 하였음을 밝힌다.

5) 『霞谷集』 卷8 「學辨」: 蓋夫旣知聖學之主意, 惟在此心之天理. 則雖分言支說, 至於千百其條, 其主意無非有爲於此一心焉而已, 非於此心之外, 別有所分歧之功也. 惟其有爲於此心, 而欲盡乎其用之惟精, 故其工夫之密, 自不能無千條萬緒之目. 其節目之詳, 自不得不分言支說而明之

也. 勢之然也, 非有二也, 非各意也.

6) 『霞谷集』 卷8 「學辨」: 王氏所謂物者非外於吾心也. 乃吾心之日用可見之地, 而吾知之所在者也. 其有條理, 皆出於心, 而皆吾之性. 是物也理也, 無非心也內也.

7) 『霞谷集』 卷8 「學辨」: 求衆物而致知者, 以是非之理爲在物而求識之, 其知也虛而其用功在外. 其致知於物者, 以吾能是非之知, 致之於物爾, 其知也實而其用功在我.

8) 정제두의 리기(理氣)에 대한 입장은 일원론적이다. 그래서 그는 '리와 기는 끝도 시작도 없는 하나'라고 보았다. 하지만 그의 언급들을 보다 분석적으로 살펴보면, 가치론의 관점에서는 리가 중심이 되고, 존재론의 관점에서는 기가 중심이 됨을 알 수 있다. 다시 말해 리는 존재의 존재 원리, 행위 원리, 도덕적인 선의 기준 등으로 쓰이고, 기는 존재의 구체적 틀을 이루는 형체와 기질 등의 원초적 요소로 쓰인다는 것이다(김교빈, 1992: 37).

9) 『霞谷集』 卷9 『存言 中』: 性者心之本體, … 心者性之主宰, … 皆理耳, 不可以心言氣性言虛, 以分理氣也.

10) 『霞谷集』 卷8 『存言 上』: 以氣條爲理者, 蓋物理是耳. 彼事物者雖亦各有其氣道, 同是爲吾理中之條路者, 然其條路者, 不過是物理之勢致名義而已, 非本領體性之至者耳.

11) 『霞谷集』 卷9 『存言 下』: 如卽物而窮其理, 不見德性上理體. 不考此理根於心體者, 乃曰人之爲學, 心與理而已, 分心與理爲二, 知與行爲兩. 夫泛學事理, 則理者是公空底茫蕩, 無有實者.

12) 『霞谷集』 卷1 '答閔彦暉書': 如草木禽獸亦有生氣充滿, 非無生生底理, 非生生底道理, 無其靈體也, 無其明德也, 故無怵惕惻隱之心發於孺子者也. … 雖其俱可謂生理, 通謂之惻隱, 而其爲本末則如此.

13) 『霞谷集』 卷8 『存言 上』: 凡無性外之物云者, 如死枯之物, 其在天之命, 人之性則此亦雖可以同宰之而無不統焉. {謂不在心外是也.} 其在己之理則已死而爲絶於生理矣. - { } 안의 내용은 정제두가 부가 설명한 것이다.

14) 『霞谷集』 卷9 『存言 中』: 仁者生理之主, 能發生者也, 義者宰制之宜, 理之裁制也. 禮者節文之理, 理之節文也, 智者明覺之妙, 理之辨別也. 四者心之德也, 其仁知主體, 義禮在用.

15) 『霞谷集』 卷9 『存言 下』: 生生一理, 於穆流行者, 性之源也. 賦予具全, 同流無間者, 性之命也.

16) 『霞谷集』 卷8 『存言 上』: 一團生氣之元, 一點靈昭之精, 其一 … 箇生理 {卽精神生氣爲一身之生理.} 者, 宅竅於方寸, 團圓於中極. 其植根在腎, 開華在面, 而其充卽滿於一身, 彌乎天地.

17) 『霞谷集』 卷8 『存言 上』: 其靈通不測, 妙用不窮, 可以主宰萬理, 眞所謂周流六虛, 變動不居也.

18) 『霞谷集』 卷8 『存言 上』: 理性者生理耳. 蓋生神爲理爲性, 而其性之本, 自有眞體焉者, 是其性也理也. 故於生神中, 辨其有眞有妄, 得主其眞體焉, 則是爲尊性之學也. 故於凡理之中主生理, 生理之中擇其眞理, 是乃可以爲理矣.

19) 『霞谷集』 卷9 『存言 下』: 孟子乃指出其眞性時時發見處以曉之, 以明無非是性體也, 孟子是直見眞性之體也.

20) 『霞谷集』 卷9 『存言 中』: 惻隱羞惡辭讓是非之心, 仁也義也禮也知也. 是五者條理燦然於中, 於父知孝, 於君知忠, 於善知好之類, 莫不畢備. 人心之中, 惟此道理者爲其本體也. 以有此理, 故爲物之靈而參於天地間也.

21) 『王陽明全集』卷8 '書朱守乾卷': 自聖人以至於愚人, 自一人之心以達於四海之遠, 自千古之前以至於萬代之後, 無有不同. 是良知也者, 是所謂天下之大本也. 致是良知而行, 則所謂天下之達道也.

22) 『霞谷集』卷9 『存言 中』: 卽物之說, 以其所以然所當然之理, 爲各在於物, 是則無本領也. 良知之學, 以其所以然所當然之理, 物所各有者, 以其源皆出於心. 卽由心而爲本, 是却有統領却有本源.

23) 『霞谷集』卷9 『存言 下』: 王氏以心爲理, 卽良知也, 心之良知爲體. 凡事物作用爲用, 而謂事物之理. 理皆具於心, 心自有良知, 未有不知之理. 但汩於私欲, 故有昏愚者, 致良知復其性, 窮心之理, 盡心之性, 則於五倫於心性於事物, 無非天理. 是故有體用, 而無內外無精粗. 故明德與親民一而無分, 知與行合一. 知者行之始, 行者知之至. 故其道一而已, 誠而已, 不貳不歧. 自吾身至事物, 以至天下萬物, 只是一以貫而已.

24) 〈양지도〉는 『하곡집』 권1의 『서(書)2』 가운데 '답민성재서(答閔誠齋書)'라는 제목이 붙은 두 편의 글 중 두 번째에 수록되어 있다. 〈양지도〉의 외권에는 〈양지도〉 자체를 설명하는 여러 내용들이 기술되어 있는데, 이 장에서는 그 내용들 중 〈표 4-2〉의 상단의 구분에 맞추어 발췌해서 표기하였음을 밝힌다.

25) 『霞谷集』卷1 '與閔彦暉論辨言正術書': 蓋人之生理, 能有所明覺, 自能周流通達而不昧者. 乃能惻隱能羞惡, 能辭讓是非, 無所不能者, 是其固有之德, 而所謂良知者也, 亦卽所謂仁者也. … 今也以其良知, 不過爲循其惻隱而尋繹察識者之一端, 而不察乎其惻隱之心卽良知也, 心體之知卽生理也, 則宜乎其所論者之爲燕越也.

26) 『霞谷集』卷1 '與閔彦暉論辨言正術書': 故惟致其知而無不盡, 不思不勉, 正所謂沛然若決江河者也.

27) 『霞谷集』卷1 '答閔誠齋書': 良知者, 以其靈明之體言之則帝也, 以其知此覺此之用言之則化工也, 卽一心之謂也.

28) 『霞谷集』卷1 '答閔彦暉書': 靈明者, 生氣之精爽, 卽是良知之體.

29) 『霞谷集』卷2 '答李君輔問目': 心者身之主宰, 人之神明, 爲萬變之主者是已, {靈體中至神者也.} 其體也妙. 是之謂明德性之主處也. 然則明德可以心言之, 非可以理之無形者, 單指而言之者也.

30) 『霞谷集』卷1 '答閔彦暉書': 良知者, 其文『孟子』, 其說卽『大學』致知, 而實明德是也.

31) 『霞谷集』卷9 『存言 下』: 夢中忽思得王氏致良知之學甚精, 抑其弊或有任情縱欲之患.

32) 『霞谷集』卷9 『存言 中』: 智者明覺之妙, 理之辨別也.

33) 『霞谷集』卷1 '與閔彦暉論辨言正術書': 人之生理, 能有所明覺, 自能周流通達而不昧者. 乃能惻隱能羞惡, 能辭讓是非, 無所不能者, 是其固有之德, 而所謂良知者也, 亦卽所謂仁者也.

34) 『傳習錄』卷中: 先生曰, 用功到精處, 愈著不得言語, 說理愈難.

35) 『霞谷集』卷16 「定性書解」: 明覺之體, 自照於物感.

36) 『霞谷集』卷16 「定性書解」: 明覺之無爲而自有爲於感應, 是動靜無不定矣.

37) '도덕적 주체'의 완성은 도덕과 교육의 출발점이자 도착점이다. 하지만 여기서 도덕적 주체란 무엇인가? 사실 기존의 '생활 영역 확대법'을 수정 보완하여 『2007 개정 교육과

정』이후 도덕과의 주요 원리가 된 '가치 관계 확장법'에서도 도덕적 주체는 여전히 불분명해 보인다. 이런 평가의 저변에는, 가치 관계의 확장이 결국은 '나'라는 도덕적 주체를 통해 구현되는 것임에도 불구하고, 도덕과 교육과정을 살펴보면 그 도덕적 주체가 여전히 하나의 작은 영역처럼 보일 따름이라는 부정적 진단이 전제된다. 이런 진단의 이유로 여러 가지를 제기할 수 있으나 우선적으로 지적해야만 하는 것은, 바로 도덕적 주체의 근본에 대한 성찰이 부족하기 때문이라는 점이다. 그러므로 도덕적 주체가 갖추어야 할 속성들, 즉 외피(外皮)에 대해서는 다양하게 제시되어 있으나, 그것을 총체적으로 구동하는 '도덕적 주체'가 무엇인지는 불분명한 것이다. 필자는 이 장에서 '도덕적 주체'라는 말의 의미가 보다 분명해지도록 '도덕적 실천 주체'라는 말로 바꾸어 표현하였으며, 정제두가 제시하는 명각의 개념이 여기에 시사하는 바가 있다고 판단하였다.

38) 『霞谷集』卷15 『孟子說』: 求之於外而無得於己, 故雖或得於大而反失於小, 高於一處而不能偏於本體.

39) 『霞谷集』卷3 '答李伯祥書 徵明 丁未': 一日不可緩而一時不可闕者, 義理涵養之工而已.

40) 『霞谷集』卷8 「學辨」: 博文者, 即約禮之功, 博學於文, 乃所以爲約禮也. 其所以博之於文者非他, 即學之於其禮之文. 博之於文而禮斯約矣, 非文之外別有禮也, 非博之後更事約也. 〔文其費也, 禮其隱也, 博其功也, 約其歸也. 非舍禮而徒博於文也. 隨其理之發見而學存天理, 是博文也, 其要是心之純乎天理, 則是約禮也.

41) 『霞谷集』卷8 「學辨」: 存此心之天理, 未有學而非行者也, 未有不行而爲學者也.

42) 『霞谷集』卷11 「門人語錄」: 所論雖千言萬語, 若不務實德, 盡歸文具, 唯在默而成之, 不言而信而已矣.

43) 『霞谷集』卷12 「中庸 (2)」: 仁也知也義也皆道也, 皆實理條目也.

44) 『傳習錄』卷中: 時雨春風, 霑被卉木, 莫不萌動發越, 自然日長月化, 若冰霜剝落, 則生意蕭索, 日就枯槁矣.

45) 『霞谷集』卷7 「雜著 拾遺 壬戌遺敎」: 凡敎兒童, 不宜摧殘其氣, 以折生意, 惟當順以導之.

46) 『霞谷集』卷1 「與閔彦暉論辨言正術書」: 夫心體本無有不知, 惟人不能致之耳. 故惟致其知而無不盡, 不思不勉, 正所謂沛然若決江河者也. 知苟至焉則知卽是行也, 行則是知矣.

47) 『霞谷集』卷9 「存言 中」: 其良知生生不息也, 此乃性體也.

제5장

정제두의 사상과 '도덕적 직관'

1. 직관 개념에 대한 관심의 부활

이 장의 직접적인 목적은 조선시대의 대표적 양명학자인 하곡(霞谷) 정제두(鄭齊斗, 1649~1736)의 양지(良知) 개념이 지니는 직관적 성격을 구체화하려는 것이다. 그리고 이 작업을 통해 필자가 근본적으로 의도하는 바는, 정제두의 사상이 현대의 우리들 삶에도 큰 시사점을 제공하며, 특히 도덕교육의 측면에서 그러하다는 점을 드러내고자 하는 것이다.

도덕교육의 핵심은 도덕성(morality)이다. 따라서 이 도덕성을 어떤 방식으로 설명하는가에 따라 도덕교육의 내용과 형식은 달라진다. 그런데 1945년 이후 진행되었던 우리 도덕교육의 역사를 살펴보면, 도덕성을 지(知)·정(情)·의(意)의 총체로서 인식하면서도, 대체로 인지(知, cognition) 중심으로 논의가 이루어졌음을 확인할 수 있다. 이것은 피아제(J. Piaget, 1896~1980), 콜버그(L. Kohlberg, 1927~1987)를 위시한 '추론(reasoning)' 중심의 합리주의가 도덕교육의 패러다임을 지배해 왔기 때문이다. 그런데 최근 도덕적 감정과 행동에 대한 논의가 크게 확산되면서, 이 부분들을 통합할 수 있는 '직관(intuition)' 개념이 도덕 심리 학계에서 부각되고 있다. 그리고 그 중심에 헤이트(J. Haidt)의 사회적 직관주의(social intuitionist model)가 있다.

서양철학에서 직관에 대한 탐구는 오랜 시간 지속되었으나, 현대에는 그리 전문적으로 연구되지 않고 있다. 18세기까지만 해도 의심의 대상이 되지 않았던 직관 개념이, 이후 현재까지 계속되고 있는 계몽주의 경향과 20세기에 들어와 더욱 강력해진 실증주의, 상대주의, 냉소주의 등으로 인해 소수의 철학자들에게만 지지되어 온 것이다(J. Q. Wilson, 2000: 11~16). 하지만 현재 직관에 대한 관심이 조금씩 부활하고 있고, 그 단초는 신경윤리학과 뇌 과학 등 새로운 과학 기술과 접목된 도덕 심리학에서 제공하였다. 그리고 대표적인 것이 헤이트의 사회적 직관주의이다.

헤이트는 상당 기간 도덕 심리학의 주류로 자리하였던 추론 중심의 합리주의 방식을 비판하면서, 직관이 핵심이 되는 사회적 직관주의를 제시한다. 인간의 직관 기능에 대하여 자동성이라는 심리학적 의미를 바탕으로 하는 사회적 직관주의는 직관의 기초를 심층적으로 제시할 뿐만 아니라, 이를 바탕으로 도덕 영역(moral domain)의 확장까지 시도하였다는 점에서 주목받고 있다. 그럼에도 필자는 헤이트의 사유가 윤리적인 문제점을 안고 있다고 판단하였다. 그 이유는 사회적 직관주의가 인간에 대한 연구를 표방하고 있으나, 안을 들여다보면 종종 실존하는 인간의 모습을 상실하고 있기 때문이다. 그런데 한국양명학의 태두인 정제두의 양지에서 도출할 수 있는 직관적 성격이 이런 문제점을 보완·해결할 수 있는 시사점을 제공한다. 이 장에서는 그 부분을 부각시키는 데 초점을 맞추었으며, 보다 근본적으

로는 정제두의 사상을 도덕교육으로 적극 도입하기 위한 이론적인 다리를 놓고자 하였다.1)

이상의 목적을 위해 이하 제2절에서는, 정제두의 양지가 선천적 직관지(直觀知)로 단순 규정되는 수준을 넘어 철학적인 의미의 직관으로 해석될 수 있음을 살펴볼 것이다.2) 그리고 제3절에서는, 이렇게 해석된 정제두의 양지가 현재 활발하게 논의되고 있는 도덕 심리학적 입장의 사회적 직관주의에 어떠한 시사점을 제공할 수 있을지 살펴볼 것이다. 논의의 과정에서 이 장은 비교 연구의 형태로 진행될 것이다.

2. 직관주의의 관점을 통해 본 정제두의 양지

직관이 논의되기 시작한 연원에 있어 동서양을 구분하는 것은 큰 의미를 지니지 못한다. 왜냐하면 동양철학, 특히 유가의 출발이라고 할 수 있는 맹자(孟子, B.C. 372~B.C. 289)의 양지에서나, 서양철학의 출발이라고 할 수 있는 소크라테스(Socrates, B.C. 470~B.C. 399)의 다이모니온(daimonion)에서나, 직관과 관련된 통찰을 엿볼 수 있기 때문이다. 그러나 직관에 대한 논의는 분명 서양철학의 체계화 과정에서 좀 더 뚜렷하게 나타난다. 즉, 서양철학의 직관주의는 상대주의 이론들로부터 공격받기도 하고 거기에 대응하기도 하면서, 직관에 대한 보다 설득력 있는 개념 규정을 위해 노력하였다는 것이다. 따라서 이 절에서는 서양철학의 직관주의라는 창을 통해 정제두의 양지를 분석할 것이다. 다만 직관주의 역시 여러 갈래가 있어 간단한 정의(定義)가 어려운 까닭에, 이 절에서는 주체와 대상의 관계를 중심으로 논의한다는 점을 밝혀둔다. 다시 말해 '직관하는 주체'와 '직관된 진리' 사이에서 어디에 중점을 두느냐를 기준으로 직관 개념을 정리한다는 것이다. 그리고 그 틀로 정제두의 양지를 고찰할 것이다.

1) 직관하는 주체: '선천성'과 '진리의 직접적 파악 능력'

첫 번째는, 직관을 진리 인식과 연관된 '주체'의 능력으로 정의할 수 있다는 것이다. 구체적으로 말하자면, 진리는 사실에 관한 명제를 전제로 해 간접적으로 추리해 내는 것이 아니라, 주체가 지닌 모종의 선천적인 능력을 동원하여 직접적으로 파악해야 하며 또 그렇게 파악할 수 있다는 것이다(김태길, 1998: 16). 여기서 직관은 지적인 통찰력(seeing)에 대한 은유적 표현이지, 설명할 수 없는 예감, 육감 같은 것과는 관련이 없다(D. D. Raphael, 1981: 43). 왜냐하면 그것들은 진리 인식과는 별다른 상관성이 없고, 불가해(不可解)한 부분도 있기 때문이다. 그렇다면 직관은 무엇과 연결할 수 있는가? 그것은 양심이나 도덕감(moral sense) 같은 도덕·윤리에 대한 상식적 측면이다.

실제 삶에 비추어보면, 우리는 도덕적 문제 사태에 직면해 반드시 추론을 먼저 시도한 뒤 행동을 하는 것이 아니라는 점을 쉽게 알 수 있다. 오히려 그 즉시 옳은 것을 파악해 행동하는 경우가 대부분이다. 또한 도덕적으로 유쾌하다거나 불쾌하다는 느낌을 받을 때도 추론이 선행하는 것이 아니라 즉각적인 경우가 대다수임을 부인하기 어렵다. 직관의 이와 같은 상식적 측면은 도덕적 진리의 존재에 관한 불신이 심각하게 제기되지 않았던 시기에서부터 인정되던 것으로, 주체가 지닌 직관 능력에 대한 믿음이 반영된 것이다.

도덕감의 감지 작용을 강조한 샤프트베리(Shaftesbury, 1671~1713), 양심의 권위를 설파한 버틀러(J. Butler, 1692~1752), 옳음과 그름에 대한 오성(the understanding)의 능력을 논의한 프라이스(R. Price, 1723~1791) 등

근대 직관주의를 대표하는 이들의 논의는 그 주안점은 달랐다고 할 지라도 주체의 직관 능력에 초점을 맞추었다는 점에서는 동일하다. 결국 직관이란 이것으로써 옳고 그른 것을 곧바로 파악할 수 있다는 것이며, 인간의 감각 기능과 비교될 수 있는 독특한 도덕감 혹은 도덕적 능력을 통하여 진리를 선험적으로 인식할 수 있다는 것이다(W. S. Sahakian, 송휘칠·황경식 역, 2004: 140~141). 요컨대 직관은 도덕적 진리를 향한 직접적인 문이 된다.3)

그렇다면 직관에 대한 첫 번째 개념 규정이 정제두의 양지와는 어느 정도의 상관성을 확보하는지 살펴보자. 첫 번째 규정을 요약하면, 직관은 ⓐ '선천적'이며, ⓑ '도덕적 진리의 직접적 파악을 가능하게 끔 하는 주체의 능력'이다. 따라서 먼저 논의해야 할 내용은 양지의 선천성이다. 이 용어를 처음 사용했던 맹자는 그 선천성을 긍정하고 있지만, 정제두의 견해는 어떠한지 살펴보는 것이 핵심이다. 그는 여기에 대해 스스로 문답하는 방식을 통하여 밝힌다.

혹자가 이르기를, '그렇다면 이것은 백성이 타고난 천성으로서, 부모에게는 마땅히 효도할 줄 알고 임금에게는 마땅히 충성할 줄 알며, 착한 것을 좋아할 줄 알고 악한 것을 미워할 줄 아는 것이니, 이른바 어린 아이가 생각하지 않고 배우지 않고서도 지니고 있는 양지(良知)와 양능(良能)인가?'라고 하였다. 답하자면, '그렇다. 이것은 진실로 양지와 양능으로, 본래부터 가지고 있는 앎이다. 다만 사람들이 가리고 어두워져서 그것을 잃어버리므로 그 본체를 다하지 못하는 것이다.'4)

정제두는 양지의 '양(良)'이란 글자에 이미 선천성이 부여된 것임을 강조한다. 인간 본성의 선함이란 것도 바로 어버이를 사랑하고 형을 공경하는 본연의 양을 가지고 성선(性善)이라고 한 것이기에,5) 양지는 본령이자 성체(性體)의 속성을 지닌다는 것이다. 아래의 언급에도 양지의 선천성에 대한 정제두의 견해가 나타난다.

　　양지라고 하는 것은 명덕(明德)의 본체로서, 참으로 옳음과 그름을 아는 곳을 가리켜 설명한 것이다. 이것은 본체로서, 어린 아이 또한 시비(是非)의 법칙이 있어서 이를 알고 그것이 옳고 그른지 좋고 싫은지 분명히 볼 수 있으니, 취하고 버림 및 물러가고 나아감에 있어 자연히 이해하여 그것을 따르거나 어긴다. 타고난 천성, 본성의 선함, 사람이 모두 요(堯)·순(舜)이 될 수 있다고 말하는 이유도 이것 때문일 따름이다.6)

　그런데 위의 인용문에는 양지의 선천성 이외에도 주목해야 할 내용이 제시되어 있다. 그것은 양지가 시비·선악의 판단처가 된다는 것으로서, 선천성에 이어 살펴보아야 할 진리에 대한 양지의 직접적 파악 가능성과 관련된다. 양지는 선천적인 것이요 인간의 본성이므로 진리의 직접적 파악 역시 양지로 인해 가능하다. 그래서 정제두는 시비를 분별하고 호오(好惡)를 알며 사람이 힘을 쓰는 것이 쉬우면서도 밝게 구분되는 곳을 가리켜 양지라고 하였다. 이것은 양지가 지식의 단편이나 사사로운 마음에서 나온 것이 아님을 드러냄과 동시에, 근본적으로는 마음과 진리는 서로 분리되어 있는 것이 아니라 내 마음의 양지로부터 그것들이 발출된다는 것을 뜻한다.

　수화(水火)·토석(土石)·산천(山川)·초목(草木)·인물(人物) 등의 '사물', 춘생추살(春生秋殺)·굴신(屈伸)·한서(寒暑) 등의 '사태', 원형이정(元亨利貞)·건순명부(健順明溥) 등의 '이치'에 대해, 각각에 알맞은 조리(條理)·실리(實理)는 사람 마음의 순일한 본체를 통해 알 수 있다. 그래서 정제두는 "내 마음의 리를 다하면 사물의 본성과 운명(性命)을 얻지 아니함이 없으니, 개별 사물에서 성명을 강구하여 이치나 법으로 여겨서 정교(政敎)로 삼아서는 안 된다"[7]라고 말함으로써, 인간의 선천적인 양지가 대상에 적합한 조리·실리를 직접 파악할 수 있는 주체의 능력이라는 점을 거듭 강조한다. 다음의 언급에서도 이런 내용이 잘 드러난다.

사람의 마음이란 천지만물의 영(靈)이며 천지만물을 회합하는 곳이 된다. {인심의 체(體)는 천지만물에 있고, 천지만물의 용(用)은 인심에 있다.} 따라서 천지만물의 무리(衆)를 합하여, 총괄해서 사람의 마음에서 구멍을 연다. 무릇 천지의 밝음은 해와 달에서 발하고, 만물의 신령스러움은 그 마음에서 발한다. 대저 사물이 각각 구멍을 열지 않음이 없으니, 곧 마음이 이것이다. 그런데 천지만물의 무리를 통하고 구멍을 발하는데에 이르면, 오로지 통틀어 사람의 마음에 있는 것이다. 왜냐하면 사람의 마음이란 감응의 주체이고 만리(萬理)의 체이기 때문이다. 크도다! 마음이여![8]

정제두가 진리에 대한 양지의 직관적 인식 능력을 비유하면서 드는 예들은 만물과 만사를 그대로 비추는 물과 거울, 구슬과 커다란 종 등이다. 이 예들의 공통적인 특징은 모두 맑고 밝으며 비어 있다는 것이다. 그래서 그는 앞의 두 가지에 대해서는 "물과 거울의 체가 어찌 적멸함으로써 고요함이 되겠는가? 밝을 따름이다. 물과 거울의 용이 어찌 흔들림으로써 용이 되겠는가? 비었을 따름이다"[9]라고 하였으며, 뒤의 두 가지에 대해서는 "한 개의 맑은 구슬이 지극히 공허하여 만 가지의 형상을 두루 비추어서, 아름답고 추한 것과 검고 흰 것들이 각기 그 사물을 따른다. 한 개의 커다란 종은 극히 공허하여 만 가지의 소리를 두루 발하여서, 크게 두들기면 크게 응하고 작게 두들기면 작게 응하므로 각기 그 두들김을 따른다"[10]라고 하였다.

요컨대 내 마음의 양지는 사물이 아직 감응하지 않았다고 하더라도 항상 활발하고 밝아서 어둡지 않으며, 또한 사물이 감응하지 않은 것 같은데도 어느새 정확하게 감응하여 그 통하는 바가 끝이 없다.

이상의 내용을 통해, 정제두의 양지는 직관주의에서 제시하는 직관에 대한 첫 번째 의미 규정인 선천성 및 진리에 대한 직접적 파악 가능성과 모두 연결될 수 있음이 어느 정도 드러났다.

2) 직관된 진리: '진리의 자명함'과 '증명 불가능성'

직관의 의미 규정에서 진리 인식의 주체적 측면으로부터 논의를 출발하였다면, 두 번째는 주체의 직관 '대상'인 진리에 관한 것으로서, 그 진리의 자명함과 증명 불가능성에 대한 것이다. 이것은 직관 자체에 초점을 맞춘 것은 아니지만, 그 능력을 통해 도출되는 내용이므로 직관의 개념 규정과 이해에 중요하다. 여기서 자명함이란 직관을 통해 즉각적으로 파악된 진리의 참과 거짓은 이해함의 수준을 넘어 '그 자체로' 확실하다는 것을 뜻한다. 라파엘(D. D. Raphael, 1981: 44)은 직관주의자들이 말하는 자명한 원리들이 모두 동일한 것은 아니지만, 대체로 중복되거나 일치한다고 보았다.11) 이렇게 자명한 원리들을 강조하는 까닭에 직관주의는 동기론이나 의무론으로 연결되는 경우가 많으며, 좋음, 옳음, 의무 등의 개념들에 대해서도 그 특징을 밝히려고 시도한다.

궁극적인 개념에 대해 규명을 시도하는 대표적인 예로는 '좋음(goodness)'을 강조했던 무어(G. E. Moore, 1873~1958)나 '옳음(rightness)'를 강조했던 로스(W. D. Ross, 1877~1971) 등을 꼽을 수 있다(이대희, 2007: 232). 특히 무어는 좋음을 자명한 것으로 규정하는데, 그는 '좋음이란 무엇인가?'라는 질문에, "좋음은 좋음이며, 그것으로 끝이다"라고 답한다. 또한 '좋음은 어떻게 정의되는가?'라는 질문에, "그것은 정의될 수 없으며, 이것이 내가 좋음의 정의에 관해 말할 수 있는 전부이다"라고 답한다(G. E. Moore, 1978: 6~8·146~149). 분석해서 정의할 수 있는 복합 개념과는 달리, 단순 개념인 좋음은 이미 알고 있지 않은 이상 설명도 정의도 불가능하다는 것이다. 만일 좋음을 즐거움, 욕구 등으로 환원시켜 정의하려는 순간, 자연주의적 오류(naturalistic fallacy)에 빠진다.12)

그렇다면 직관에 대한 두 번째 개념 규정이 정제두의 양지와는 어느 정도의 상관성을 확보하는지 살펴보자. 두 번째 규정을 요약하면, 직관 대상인 진리는 ⓐ '자명'하며, ⓑ '증명이 불가능'하다. 그렇다면 먼저 논의해야 할 내용은 양지를 통해 직관적으로 인식된 도덕적 진리의 자명함 여부이다. 결론부터 제시하자면 정제두의 사유에서 그 자명함은 확보된다. 그는 천하에는 우리 마음의 이치가 아닌 것이 없고, 그 이치는 끝나버릴 수도 없으며, 무엇보다 일에 대한 마땅함의 권형(權衡) 역시 조금이라도 착오가 있을 수 없다고 하였다. 또한 "사물의 천리(天理)는 바로 이 마음의 천리이고, 논설의 정밀하고 자세함도 바로 이 마음의 정밀하고 자세함이니, 마음이 곧 사물이요 사물이 곧 마음이다"13)라고도 하였다. 이처럼 그의 사유에서 내 마음의 양지를 통해 직관된 이치는 자명하다.

유의해야 할 부분은 그 자명한 이치가 궁극적인 일자(一者) 혹은 몇 가지의 도덕 법칙처럼 규정된 것은 아니라는 점이다. 물론 그런 규정들에 관한 동양의 대표적 개념인 태극(太極)이나 천리 등을 정제두가 완전히 부정하는 것은 아니다. 그래서 그는 태극에 대해, 이것은 "음양(陰陽)의 뿌리요 중심축으로서 거기에 갖추어져 있으며 동시에 있지 않은 데가 없다. 고로 음양과 동정(動靜)에 태극이 있지 않은 데가 없다는 것을 알 수 있다"14)라고 하였다. 하지만 태극은 절대불

변적인 것도 아니고, 현상계와 거리를 취하면서 별도로 존재하는 이데아(idea) 같은 것도 아니다.

주돈이(周子, 周敦頤, 1017~1073)가 위를 취하여 태극을 말한 것은 이것이 음양오행(陰陽五行)의 성명(性命)이요 추축이라는 것으로, 그가 설명하고자 하는 태극의 성명이란 동과 정이 있어 서로 뿌리박게 한다는 것이다. 그러므로 그 위를 취하여 음과 양을 나누어 말하기를 양의(兩儀)라고 하는 것이니, 태극이 갖추어진 뒤에 양의가 비로소 성립되어서 태극이 먼저가 되고 음양이나 천지가 된다는 것이 아니다. {두 기가 있으면 본래 자연히 오행이 있는 것이며, 태극도 또한 본래 저절로 있는 것이다.}15)

이것은 음양의 두 기(氣)가 있으면 자연히 오행이 있고 태극도 본래 저절로 있는 것일 따름이지, 법칙으로서의 태극이 먼저 존재하여 그것으로부터 음양오행이 생기는 것은 아니라는 말이다. 정제두는 또한 실제적인 불의 타오름이나 물의 흐름은 있지 않을지라도 본래 불의 이치와 물의 이치 같은 것이 있음을 주장하면서 사물을 떠나 별도의 리(理)를 논의하는 이들도 비판한다. 즉, 사물은 없을지라도 그 리는 있다고 우기면서 오히려 사물이 없는 것을 리로 여겨 그것을 구하는 이들에 대해, 공허한 것을 리라고 여긴다고 비판한다는 것이다. 그렇다고 해서 그가 법칙의 존재마저 거부한 것은 아니다. 왜냐하면 정제두는 내 마음 양지의 존재와 이것으로부터 직관되는 조리·실리·진리의 자명함을 인정하기 때문이다.

사물마다 그렇지 아니함이 없으므로, 어른을 어른으로 대접하고 흰 것을 희다고 하는 것과 말을 말로 다루고 소를 소로 부리는 것과 노인을 편안하게 하고 아이를 따르게 하는 것이 각기 그 법칙이 있어 환하게 드러나 미혹되지 않으니, 이것이 곧 마음의 이치이다. 이것은 그 참되고 지극한 이치로서 사물의 법칙이 된다.16)

단지 정제두가 늘 경계했던 것은 그 법칙이 고정 불변의 확정된 성격으로서 사물에 붙박아져 있다는 '대상 중심의 견해'였다. 물론 명물(名物)이나 제도의 종류, 지식이나 기능의 일 등은 그가 보기에도 밖에서 배워야 알 수 있는 것이므로, 알지 못할까 염려하지 않을 수 없다. 그러나 이런 것들도 그 근원을 파헤쳐 보면 실상은 나의 마음에서 벗어나지 않는다. 명물·제도·지식·기능 역시 본래는 옛 성현이 지닌 마음의 이치에서 나온 것이기에, 결국 내 마음의 의리(義理)일 따름이기 때문이다.17) 그래서 그는 "이 마음이 사사물물에 대해 각각의 조리가 있어 때와 일에 따라 그 당연한 법칙이 있지 않음이 없다"18)라고 하여 양지를 통해 직관된 이치의 자명함을 제시하면서, '주체 중심의 견해'를 피력하는 것이다.

양지를 통해 직관되는 진리의 자명함에 이어서 살펴보아야 할 내용은 시의(時宜)에 알맞은 진리의 증명 가능성 여부이다. 그러나 이 부분에서는 직관에 대한 직관주의의 의미 규정과 정제두의 양지가 불일치하는 것으로 보인다. 그 이유는 전자는 하나 혹은 몇 가지로 확정된 도덕적 진리의 증명 불가능성을 논하는 데 반해, 후자는 진리가 우리의 도덕적 감정을 통해 검증된다는 점을 강조하기 때문이다.

"좋은 색을 좋아하고 나쁜 냄새를 싫어하는 것과 같은 것은 진실하고 자연스럽지 않음이 없다"19)라는 언급에서도 짐작할 수 있듯이, 정제두는 양지를 통해 직관된 조리가 우리의 좋아하고 싫어하는 감정을 통해 검증된다면 그것은 자명하다고 보았다. 물론 이 감정의 작용이 양지와 별개의 것은 아니다. 무엇이 중요하고 그렇지 않은지,

무엇을 취하고 버려야 하는지, 직관하는 주체는 우리의 마음이고 그
것을 어길 경우에 엄습해오는 불안감을 느끼는 장소 역시 내 마음의
양지를 통해서이기 때문이다.[20]

　실제 정제두의 사유는 전반적으로 인간이 지닌 희로애락의 감정에
대해 긍정적이다. 그는 인간을 이해하는 과정에서 만일 희로애락을
무시하고 공허한 것을 대본(大本)으로 삼는다면, 그런 것은 마른 나무
나 작은 돌멩이와 같다고 비판하였다. 희로애락을 긍정한다는 것이
이런 감정들이 모두 선하다는 의미는 아니다. 그래서 그는 "희로애락
에 선함도 있고 불선함도 있는 것은 리가 있기도 하고 리가 아닌 것
이 있기도 한 까닭이지만, 측은수오(惻隱羞惡)가 모두 선함은 모두 리
가 되기 때문이다"[21]라고 하였다. 그러나 희로애락을 잘못된 곳으로
인도하는 사사로움과 물욕(物欲)을 제거한다면, 이때의 희로애락은
측은수오와 다를 것이 없다. 또한 측은수오 역시 그것을 올바르게
해 주는 내 마음의 리를 잃어버린다면, 사사로움과 물욕에 가린 희로
애락과 다를 것이 없다. 그래서 그는 다음과 같이 말한다.

　희로애락이 리와 리가 아닌 것을 통하여 말한다면 본래 선하지 못함이
있는 것이니, 만약 그것이 리에서 나왔다면 진실로 또한 순수하고 지선
(至善)인 것이다. 측은수오를 오로지 리를 가리켜서 말한다면 본래 근본
은 선한 것이지만, 만약 기에 동하여서 치우침이 있다면 또한 지선은 될
수 없는 것이다.[22]

　그런데 정제두가 마음을 통해 느껴지는 여러 감정과 감각들에 대
해서 말하고 있지만, 핵심은 도덕적 감정이라는 점에 주의해야 한다.
그는 죽고 삶·단명·오한과 발열·노고와 안일·굶주림과 목마름·이익
과 손해·좋아하고 싫어함·영화와 쇠락·기쁨과 슬픔 등의 마음도 사

람의 본성이지만, 이것들은 '본성의 질(質)'이라고 하였다. 반면 자비와 사랑·불쌍히 여겨 슬퍼함·부끄러워 할 줄 알고 악을 미워함·염치·공경하고 두려워함·몸가짐을 바로 함·사물의 이치를 깨닫고 변별함 등의 마음은 본원으로서, '본성의 덕(德)'이라고 하였다.[23] 이런 도덕적 감정이 중요한 이유는 양지를 통해 직관된 진리의 자명함에 대한 검증이 이 도덕적 감정에 의해 이루어지기 때문이다. 그리고 그 대표적인 조목이 측은지심(惻隱之心)이다.

정제두는 "대저 어버이를 사랑하고 형을 공경하는 것이 인이 아닌가? 측은한 마음이 아닌가? 이른바 양지란 것이 아닌가?"[24]라고 말함으로써, 내 마음의 양지가 인이자 측은한 마음을 느끼는 정감의 주체라는 점을 명확히 한다. 또한 "측은한 마음은 사람의 생도(生道)이며, 양지도 또한 생도이다. 양지는 측은한 마음의 본체로서 그것이 능히 측은해하기 때문에 양지라고 이르는 것이다. 마음에 본래 능히 아파하고 가려워하며 능히 측은해하는 양지가 있으니, 측은과 통양(痛痒)은 이 양지라는 사실을 알아야 한다"[25]라고 언급하여, 그 측은지심이 어떠한 방식으로 우리에게 감각되는지를 구체적으로 제시한다.

그런데 양지의 직관적 작용은 개인의 측은지심이라는 도덕적 감정을 통해 확증되는 차원에 머무르지 않는다. 즉, 그 감정·감각적 경험은 도덕 영역의 범위를 천지만물로 확장해가는 원동력이 된다는 것이다. 그리고 이것이 서양철학의 직관주의에 대해 정제두의 양지가 시사하는 바이다. 그는 다음과 같이 말한다.

사람의 몸이 아파하고 가려워하는 것이 곧 이 양지·양능이다. 양지가 없다면 누가 아파하고 가려워하겠는가? 오직 그 심체(心體)의 양지가 저절로 아파하고 가려워하는 것이며, 아파하고 가려워하니 그 병들고 물린 것이 발생하였음을 알게 되는 것이다. 이것은 결국 하나의 지일 따름이지, 둘이 있는 것이 아니다. 이것이 이른바 인의 이치(仁理)이다. 그 아파하는 것이 지이고, 그 가려워하는 것이 지이며, 그 측은해하는 것이 지이고, 그 근심하는 것이 지이다. 이것은 그 지라 함이 곧 아파하고(痛) 가려워하고(癢) 측은해하고(惻) 근심하는(傷) 것을 말한다. 어찌 이 통, 양, 측, 상의 바깥에 별도로 일단의 지라고 일컫는 것이 다시 그 뒤에 있겠는가?[26)]

위 인용문에서 아파하고 가려워하며 측은해하고 근심하는 것은 단지 내 한 몸만이 그러하다는 것이 아니다. 도덕적 사태를 지각, 인식하고 이로 인해 내 마음의 양지가 발동함으로써 '측은해하거나 근심하는 것 같은 감정'과 '아픔이나 가려움 같은 감각'이 유발된다. 그리고 이것을 확충함으로써 도덕 영역의 범위가 비약적으로 확장되는 것이다. 그 과정의 중심에 바로 양지가 있다. 그래서 정제두는 "소위 아픈 데를 알고 물린 데를 아는 그런 지(知)뿐만이 아니라, 그 측은함을 확충함으로부터 천지를 제자리에 있게 하고 만물을 화육하는 데 이르기까지도 역시 이 능히 아파하고 가려워하며 측은해하는 그 하나의 지일 따름이다. 그러므로 마음이 곧 이치요, 지행(知行)이 하나라고 이른다"[27)]라고 하였던 것이다. 그의 사유에서는 나의 본성, 다시 말해 내 마음의 양지를 다한다는 것은 천지만물을 화육하는 기본 전제라는 점이 거듭 지적되고 있다. 그런데 여기에 더해 우리의 도덕적 감정과 감각이 어떤 역할을 하는지를 함께 제시함으로써, 도덕 영역의 확장을 좀 더 확실하면서도 쉽게 이해할 수 있도록 돕고 있다.

이 절에서는 먼저 서양철학의 직관주의에서 규정하는 직관의 의미를 살펴보았다. 요약하자면 첫째, 직관은 진리를 즉각적이며 직접적으로 파악할 수 있는 주체의 선천적인 능력이고, 둘째, 그것을 통해 파악된 진리는 자명하면서도 증명이 불가능하다. 정제두의 양지는

'주체'의 측면에서 제시하는 첫째 규정과는 높은 상관성을 보였다. 그리고 '대상'의 측면에서 제시하는 둘째 규정인 진리의 자명함과 증명 불가능성에 대해서는, 앞의 것과는 상관성을 확보하고 있었지만, 뒤의 것과는 차이점을 지니고 있었다. 또한 그 차이점으로부터 정제두의 양지가 직관주의의 직관 개념에 대해 지니는 도덕철학적 시사점을 발견할 수 있었다. 이 절의 논의를 통해 정제두의 양지에서 나타나는 직관적 성격이 보다 분명하게 드러났다고 판단된다. 이어지는 절에서는 최근 도덕 심리학에서 이슈화되고 있는 사회적 직관주의의 직관과 정제두의 양지를 비교·분석하고, 사회적 직관주의에 대해 정제두의 양지가 지니는 시사점까지 밝힘으로써 논의를 한층 구체화할 것이다.

3. 사회적 직관주의에 대한 정제두 양지의 시사점

이 절의 첫 번째 소절에서는 먼저 사회적 직관주의가 무엇이며, 이 사유 방식 안에서 직관 개념은 어떻게 규정되는지 살펴볼 것이다. 현재 도덕 심리학계의 흐름은 '추론'을 강조하던 기존의 경향을 반성적으로 돌아보고 있는데, 사회적 직관주의의 등장은 이런 분위기에 한층 박차를 가하도록 하였다. 그러나 사회적 직관주의의 핵심이라고도 할 수 있는 '환원적이고 기술적인(descriptive)' 성격의 직관 개념은 윤리적으로 보완해야 할 부분이 있다. 그러므로 이 절의 두 번째 소절에서는 정제두의 양지에서 나타나는 직관적 특징이 사회적 직관주의에서 말하는 직관에 대해 어떤 시사점을 제공하는지 고찰할 것이다.

1) 헤이트(J. Haidt)의 사회적 직관주의의 특징

심리학자 헤이트는 사회적 직관주의가 비록 심리학의 영역에 속한다고 할지라도, 서양철학의 직관주의 흐름에 기원을 두고 있다는 점을 분명히 한다. 또한 도덕성에 대한 경험주의, 합리주의, 도덕감 이론들 가운데, 특히 샤프트베리, 허치슨(F. Hutcheson, 1694~1746), 아담 스미스(A. Smith, 1723~1790)가 제안했던 도덕감 이론과 관련되어 있음을 강조한다. 그러면서 도덕성의 출발점은 합리적인 이성이 아니라 흄(D. Hume, 1711~1776)이 언급했던 것처럼 인간 본성의 구조에 붙박아져 있는 옳고 그름의 느낌을 제공하는 즉각적인 감정·정서이므로, 이 부분에 대한 통찰이 이루어져야 할 때라고 주장한다(J. Haidt, 2001: 815~816·830). 결론적으로 헤이트는 자신의 사회적 직관주의를 도덕 심리학의 새로운 통합체를 형성할 수 있는 근간으로 내세우는 바, 사회심리학·신경과학·진화이론 등의 과학 이론들이 뒷받침하는 핵심 원리, 다시 말해 사회적 직관주의의 네 가지 핵심 원리를 제시하면서 논의를 전개한다(J. Haidt, 2007: 998~1002).

ⓐ 그 첫째는 '추론에 대한 직관의 우선성'으로, 직관은 빠르고 자동적인 과정이자 옳음과 그름, 좋음과 싫음에 대한 정서를 싣고 있다는 것이다. ⓑ 둘째는 '직관을 합리화하는 기제로서의 추론'으로, 사후(事後)에 발생하는 추론은 비유하자면 진리를 찾는 이상적인 과학자나 판사가 아니라 유용함을 찾는 변호사나 정치가와 같다는 것이다. ⓒ 셋째는 '직관의 근원인 사회'로, 인간은 혈연간 이타주의와 상호적 이타주의를 넘어서는 집단 간의 연대가 가능한 존재이며, 다른 사람들과 의식이나 감정 등을 연결하기 위한 기반이 신경적, 심리적, 문화적으로 이미 준비되어 있다는 것이다. ⓓ 넷째는 '도덕성의 재구조화'로, 도덕 심리학에서 주장하는 기존의 도덕성이 타인을 어떻게

대해야 하는지와 관련된 '위해'와 '공정'의 직관으로 규정된다면, 재구조화된 도덕성은 거기에 어떻게 집단의 부분이 될 수 있는지에 대한 내용들이 포함된다는 것이다. 그 내용들은 '충성', '존경', '신성한 삶' 등과 연관된 직관이다. 이상의 네 가지 원리는 사회적 직관주의를 압축하여 표현한 것이므로, 이 소절의 진행을 위해 보다 구체적으로 살펴보자.

먼저 언급할 것은 사회적 직관주의에서 말하는 직관의 의미, 그리고 직관과 추론의 관계이다. 헤이트는 도덕성에 관한 경험주의와 합리주의의 설명을 차례대로 거부하는데, 특히 후자에 비판의 강도를 더한다. 피아제와 콜버그 등은 합리주의의 확실한 계승자였고, 이 중 콜버그의 인지 발달 접근은 도덕을 창출할 수 있는 주체적이고 활동적인 모습으로 아동을 제시함으로써 1960~1970년대의 '인지 혁명' 시기를 주도하였다. 그리고 이 사유 방식은 많은 학자들에게로 계승된다. 그러나 헤이트는 합리주의가 감정에 대해 관심을 덜 기울인다는 점을 지적한다. 혐오감과 분노를 포함한 다양한 감정들은 도덕적 세상을 위한 감시인이고 도덕성의 발달에서도 중요한 역할을 할 수 있는데, 합리주의는 이 점을 간과한다는 것이다(J. Haidt·F. Bjorklund, 2008: 182~186). 그래서 그는 선천적으로 준비되어 있고 정서적으로 유발되는 도덕적 직관을 도덕성의 기반으로 내세우는 도덕감 이론을 지지한다. 헤이트는 합리주의자와 사회적 직관주의자의 초점은 다르다는 것을 강조한다. 그 이유는 전자는 실제 행동이 추론을 통해 발생함을 논의하지만, 후자는 실제 행동이 신속한 직관과 직감, 그리고 도덕적 감정을 통해 발생함을 논의하기 때문이다.

이처럼 사회적 직관주의에서는 판단을 위한 정신은 두 가지 구분되는 과정으로 구성된다고 본다. 한 가지는 직관이고 다른 한 가지는 추론이다. 이 중 직관은 어떤 행위에 관해 보거나 들을 때 경험하는 평가의 즉각적인 번쩍임(flash)으로, 정서적인 반응이기에 직관의 주체도 그것을 설명하기가 어렵다. 도덕적 직관은 이런 직관의 하위분류에 속한다. 이것은 사람의 인격이나 행위에 관해 옳음이나 그름, 좋음이나 싫음 등의 평가적 느낌이 갑자기 의식 안에 나타나는 것이다. 이때 조사의 과정이나 증거의 경중 판단, 결론의 참조 등 의식적인 인지 과정은 없다. 이 직관 체계를 추론 체계와 비교하면, 직관 체계는 신속하고 노력이 불필요하며 비의도적이고 자동적이다. 또한 은유적이고 총체적이며 맥락에 대해 의존적이다. 한편 추론 체계는 느리고 노력이 필요하며 의도적이고 통제적이다. 그리고 판단한 진실을 보호하려 하고 분석적이며 맥락에 대해 독립적이다(J. Haidt, 2001: 818).

이렇게 직관과 추론 체계를 비교하는 과정에서 헤이트가 강조하는 것은, 도덕적으로 문제 상황이 발생할 경우 직관이 선행한다는 점이다. 실제 삶에서 우리는 도덕적인 일에 관해 즉시적으로 판단하고 행동하는 경우가 대부분이라는 사실을 앞서 밝혔다. 그런데 헤이트는 여기서 한 걸음 더 나아가 추론은 그 후에 발생하는 것이며, 오히려 추론은 직관적 판단에 대한 '합리화'의 역할을 한다고 간주한다. 이것은 도덕적인 행위의 '정당화'에 있어 추론의 중요성을 강조하는 합리주의에 정면으로 도전하는 것이다. 물론 그는 사회적 직관주의가 그 추론의 중요성을 전적으로 무시하는 것이 아님을 밝힌다(J. Haidt, 2007: 999). 그래서 신속한 직관적 반응들을 기각시킬 수 있는 추론의 길이 최소한 세 가지는 있다고 본다. 첫째는 행위의 각 단계에 대한 비용과 이익을 고려함으로써, 의식적이고 언어적인 추론을 사용하는 것이다. 둘째는 상황의 재구조화나 새로운 시각으로 바라보기, 결과의 고려 등을 통해 처음 발생한 직관과 경쟁할 수 있는 두 번째 직관을 촉발시키는 것이다. 셋째는 타인들과의 새로운 논의를 통해 다양한 종류의 추론을 접함으로써, 새로운 직관을 촉발시키는 것이다. 그러나 그는 첫 번째, 두 번째 길은 거의 사용되지 않으며, 도덕적 직관의 변화가 발생할 경우 주로 세 번째 길을 통한다고 보기에, 자신의 이론에 '사회적'이라는 수식어를 붙였던 것이다.

이 과정을 도식화하면 어떤 상황에서 A의 도덕 판단은 직관에 의해 즉각 도출된다. 그리고 그 판단은 이후에 발생하는 추론에 의해 합리화된다. 여기서 A의 판단과 추론은 A를 알고 있거나 함께 논의 중인 B에게 설득력을 지니므로, B의 직관에 영향력을 행사할 수 있다. 마찬가지로 B의 판단과 추론도 A의 직관에 영향력을 행사할 수 있다. 여기까지가 사회적 직관주의에서 인정하는 부분이다. 물론 A의 추론은 자신의 직관적 판단에 영향력을 행사할 수 있다. 그러나 이 과정은 거의 발생하지 않는다는 것이 헤이트의 지적이다. 이 지점에서 그의 논의가 이대로 충분한지 의문을 품을 수 있다. 따라서 다음으로 살펴볼 것은 사회적 직관주의를 뒷받침하는 증거들과 '도덕 기초 이론'이다.

헤이트는 도덕 판단에 있어 직관의 우선성과 추론의 상대적인 무능함, 그리고 직관과 정서의 긴밀성 등 사회적 직관주의의 핵심 내용들이 세 가지 실험 연구를 통해 입증된다고 밝힌다(J. Haidt·C. Joseph, 2004: 196~201). 첫째는 '무해한 금기 위반'의 사례를 통한 도덕 판단 인터뷰이다. 무해한 금기 위반의 사례란 신속하게 부정적 정서 반응을 불러일으키지만, 반성적으로 사고해 보면 해도 없고 옳음이나 정의와도 상관없음을 알게 되는 사례를 말한다. 예를 들어 '차에 치어 죽은 애완견을 가족들이 먹는 행위는 그 즉시 부정적인 정서를 유발하지만, 이것이 정의(正義)와 무슨 상관이 있는가?' 이런 성격의 사례들로 구성된 인터뷰를 통해 헤이트는, 도덕적 위반이라는 즉각적 판단을 해명함에 있어 얼떨떨해 하며 무능력한 모습을 보여주는 '도덕적 말 막힘(moral dumbfounding)' 현상에 주목한다. 피험자들은 대부분 저런 사례들에 대해 거의 즉시 부정적 평가를 내리지만, 그 평가를 지지하는 이유를 추론하는 데 어려움을 겪는다.

실험 연구의 둘째는 최면이나 환경 변화를 통해 직관을 조종했을 때 발생하는 추론의 무력한 모습이다. 가령 최면을 통해 도덕과는 관련 없는 특정 단어에 혐오감이 유발되도록 조종한 실험에서, 피험자의 1/3은 그 합당하지 않은 혐오감을 직관적으로 인정한 뒤, 그것을 합리화하기 위한 추론을 진행하였다. 헤이트는 이런 사례야말로 이성이 열정의 노예로 활동하는 모습의 생생한 사례라고 지적한다. 도덕적 말 막힘 현상이나 최면 연구 등을 통해 그가 제시하는 것은 합리주의에서 강조하는 도덕적 추론의 능력이 상당히 의심스럽다는 것이다.

실험 연구의 셋째는 신경과학적 증거이다. 즉, 신경과학의 연구들은 정서의 번쩍임이 도덕 판단의 본질이라는 점을 지지한다는 것이다. 이것은 도덕 판단을 승인, 불승인의 즉각적 느낌과 관련된 심미적 판단으로 간주하는 헤이트의 견해를 과학적으로 뒷받침하는 것이다. 그래서 그는 다마지오(A. Damasio)의 뇌 과학 연구와 그린(J. Greene)의 자기공명영상(fMRI) 연구를 언급하면서, 정상적인 의사 결정에 있어 감정이 대단히 중요한 역할을 한다는 점을 강조한다. 또한 연민이나 분노 같은 일부 감정들은 도덕적 삶에서 특히 중요하지만, 실제로 모든 감정들은 어떤 환경 안에서 도덕 판단의 원인이 될 수 있다고 지적한다(J. Greene·J. Haidt, 2002: 517~518·522). 헤이트는 이상의 세 가지 실험 연구들이 사회적 직관주의를 뒷받침한다고 여긴다.

이제 이 소절에서 마지막으로 살펴볼 내용은 사회적 직관주의의 근본인 도덕적 직관의 기초, 즉 도덕 기초 이론(moral foundations theory)이다. 이 부분은 중요한데, 도덕 기초 이론이 사회적 직관주의의 근간이기 때문이다. 헤이트는 직관주의의 기초 위에 도덕 심리학을 다시 세우고자 한다면, 직관이란 무엇이고 왜 사람들은 특정한 직관들을 가지고 있는가에 대해 더욱 많은 연구가 필요하다고 언급한다. 그리고 규범과 관습의 문화적 다양성에도 불구하고, 모든 사회를 가로지르는 다음의 다섯 가지 기초적 직관들이 발견된다고 강조한다(J. Haidt·F. Bjorklund, 2008: 201~206).

ⓐ 첫째는 다른 사람들, 특히 아이들과 연약한 사람들이 표현하는 고통과 괴로움에 대한 민감성 혹은 저항감으로, '위해/배려'의 직관이다. ⓑ 둘째는 호의에 보답하지 않는 이들에게 부정적으로 응답하는 것처럼 맞대응과 관련된 일련의 감정적 반응으로, '공정/호혜'의 직관이다. ⓒ 셋째는 적절한 존중과 존경을 표현하지 못한 이들에 대해 분노를 표현하는 것처럼 지위 혹은 계급을 탐색하는 것에 관한 일련의 관심으로, '권위/존경'의 직관이다. ⓓ 넷째는 혐오의 감정과 관련되어 있고 많은 도덕적 규칙들이 왜 음식, 성(性), 월경, 시체의 처리와 관련되어 있는지 설명하는 데 필요한 것으로, '순수/신성'의 직관이다. ⓔ 다섯째는 내집단의 구성원에 대한 인정·신뢰·협력 등의 강한 사회적 감정에 의해 뒷받침되는 특별한 사회적 인지 능력으로, '내집단/충성'의 직관이다.28)

그렇다면 그가 또다시 밝혀야 하는 것은, 이런 기초적인 직관들이 어떻게 인간의 정신에 부호화되어 있는가이다. 여기에 헤이트는 두 가지 답변을 제시한다. 우선 한 가지는 진화의 산물인 '준비(preparedness)'다. 인간의 정신은 진화에 의해 형성되었으므로, 우리 아이들은 그 준비로 인해 손쉽게 다섯 가지 기초적 직관을 배울 수 있다는 것이다. 이는 아이들이 타고난 도덕적 지식을 가졌다는 것이 아니라, 단지 도덕적 지식을 얻을 수 있는 준비가 되어 있음을 뜻한다. 그리고 다른 한 가지 답변은 정신의 '모듈(module)'이다. 진화된 인지 모듈은

종(種)의 앞선 환경에서 여러 세대 동안 제기된 문제나 기회들을 처리하도록 설계된 과정 체계인데, 특히 모듈이란 용어가 의미하는 것은 특정 환경이 촉발하는 빠르고 자동적인 방식의 입출력 프로그램이다. 헤이트는 근친상간 같은 사례에 대한 빠르고 강하며 자동적인 거부는 반(反)근친상간 모듈 또는 모듈화된 직관에 의해 이루어진 것이라고 본다. 따라서 다섯 가지 기초적 직관들은 각각 모듈 그 자체 혹은 계통 발생적으로 '학습된 모듈'로 간주될 수 있다는 것이다.

지금까지 사회적 직관주의가 지니는 특징들 및 그 안에서 운용되는 직관의 의미에 대해 살펴보았다. 요컨대 헤이트가 제시하는 직관은 추론에 선행하는 선천적인 능력이자 정서와 밀접하게 연관된 개념이다. 또한 근거 없이 작동하는 것이 아니라, 뿌리가 되는 다섯 가지 기초를 가진다. 그리고 진화의 산물인 '준비'를 바탕으로 하는 '도덕 모듈'로 발현된다. 이런 사회적 직관주의는 인간의 일상적인 삶에서 이루어지는 즉각적이고 암묵적인 도덕적 직관을 포착하고, 여기에 대한 심리학적 고찰을 시도하였다는 점에서 높이 평가될 수 있다. 그러나 사회적 직관주의가 규정하는 직관은 고려해야 할 윤리적 문제점을 안고 있는데, 그것은 이 관점이 인간에 대한 연구를 표방하고 있음에도, 종종 생동적이고 실존적인 인간의 모습을 상실한다는 것이다. 따라서 이어지는 소절에서는 사회적 직관주의의 직관 개념과 정제두의 양지를 비교·분석하고, 전자에 대해 후자가 지니는 시사점을 살펴볼 것이다.

2) 정제두의 양지가 지니는 사회적 직관주의에 대한 시사점

조선시대 정제두의 사유가 현재와 같이 경험적이거나 실험적인 성격의 것은 아니다. 그러나 그의 사유 안에서도 즉시성, 자동적인 모듈 반응, 정서에 대한 중요성 등 사회적 직관주의에서 규정하는 직관의 대표적인 특징들과 소통하는 내용들을 어렵지 않게 찾아볼 수 있다.

①-1. 마음의 본체는 아직 사물에 응하지 않은 앞에서 항상 온전하고 본래 완전하게 만족하지 않음이 없으니, 이것은 이미 응하였거나 아직 응하지 않은 사이에 구분이 없는 것이다. {이미 응하였거나 아직 응하지 않은 사이는 구분할 수도 없고 전후를 말할 수도 없다.}[29]

②-1. 이 리는 더욱이 어린 아이에게서도 증험할 수 있으니, 한두 살의 반은 알고 반은 모르는 아이도 꾸짖으면 울고 사랑하면 따르며, 일을 저지르면 부끄러워하고 미혹하는 데가 있으면 때로 물리쳐 따르지 않으며, 우는 것을 보면 서러워하니, 그 정념이 배우지 않아도 자연스럽게 발하는 것은 감출 수가 없다.[30]

③-1. 희로애락이 발하여 절도에 맞는 것도 이와 같은 일이다. 어찌 그 사랑해야 할 것인가, 사랑하지 아니해야 할 것인가를 헤아려 본 연후에 그 사랑하는 마음을 발하거나 사랑하지 않는 마음을 내어놓는 것이겠는가?[31]

첫째 인용문이 의미하는 것은, 양지의 작용이 사물에 응함과 응하지 않음 사이의 구분이 불가능할 정도로 즉시적이라는 것이다. 내 마음의 양지는 사사물물에 대해 적연부동(寂然不動)한 가운데서도 활발하게 감응하여 통하고, 감이수통(感而遂通)한 가운데서도 고요하여 움직이지 않는 본체이다. 그리고 그 사이의 경계란 찰나라는 말로 표현하기도 어려울 만큼 즉시적이라는 것이다. 둘째 인용문이 의미하는 것은, 양지의 작용이 때로는 모듈 반응에 비유할 수 있을 정도로 자동적이라는 것이다. 그런데 이 자동적인 반응의 순수함과 정확함이란 아직 사회적인 질서나 관습 등에 물들기 이전인 어린 아이에게서 더욱 잘 드러난다. 셋째 인용문이 의미하는 것은, 양지의 작용이 희로애락 같은 감정 작용과도 밀접한 연관이 있다는 것이다. 양지의 직관적 판단과 도덕적 감정의 연관성은 제2절의 두 번째 소절에서 살펴보았다. 그러나 여기서의 초점은 직관적 판단에 대한 도덕적 감정의 검증이 아니라, 감정적 반응이 번쩍임처럼 매우 순간적이라는 것이다. 하지만 이상의 내용들이 정제두의 양지와 사회적 직관주의의 직관 개념의 직접적인 상관성을 나타내는 것은 아니다. 이것은 위의 세 인용문과 짝을 이루거나 함께 고려할 수 있는 다음의 언급들을 살펴보면 명확해진다.

①-2. 오직 자기의 본성만 다하면 다하지 못할 것이 없으니, 이런 까닭에 닿으면 통하고 느끼면 응하여, 걷지 않아도 이르고 빨리 아니해도 빨라지고 생각지 아니하고 힘쓰지 아니해도 조용히 도(道)에 들어맞게 되는 것이다.[32]

②-2. 아이들은 사물의 이해와 득실에는 비록 아는 것이 없다고 하더라도, 그 심려(心慮)가 전일하고 간이하기에 감응되기가 쉬우며, 자연스럽게 발생하는 생각의 참됨은 많고 완고함의 악함은 적다.[33]

③-2. 가령 맑은 거울이 물건을 비춤에 있어 곱고 추하고 검고 흰 것이 어찌 그 사물 그대로가 아니겠는가? 그 곱고 추하고 검고 흰 것을 따라 거울에서 나오는 것은 하나같이 그 밝은 본체에서 나오는 것이요 한 터럭이라도 밖에서 빌리는 것은 없으니, 이것이 진정 '사물마다 각각 그 사물에 맡긴다'는 것이며, '사물마다 각각 법칙이 있다'는 것이다.[34]

첫째 인용문이 의미하는 것은, 양지의 작용은 분명 즉시적이지만 단지 그것으로 끝나는 것이 아니라, 그 결과는 자연스러우면서도 조용하게 도에 부합한다는 것이다. 여기서 도란 사고와 감각, 도덕적 감정 등이 통합된 양지가 직관하는 진리를 뜻한다. 둘째 인용문이 의미하는 것은, 양지의 작용이 때로는 모듈 반응과 유사하다고 할 수 있을 만큼 자동적이지만, 그 기초에는 사회적 직관주의에서 말하는 진화의 산물인 '준비'가 자리하는 것이 아니라, 인간 본성의 선함이라는 유가적 신념이 뿌리박고 있다는 것이다. 셋째 인용문이 의미하는 것은, 내 마음 양지의 작용은 분명 감정과 밀접히 연관되어 있지만 그런 감정이 순간적이면서도 동시에 마땅한 성격을 지닐 수 있는 것은, 맑은 거울과도 같은 양지가 사물과 사태에 적절한 조리이자 진리를 직관적으로 인식하기 때문이라는 것이다.

이처럼 정제두의 양지가 즉각적이고 자동적이며 감정과 밀접한 연관성을 지님으로써 사회적 직관주의의 직관 개념과 외관상 유사한 측면이 있다고 할지라도, 그 기초에는 인간 존재의 도덕적 가능성에 대한 신념이 전제되어 있다. 그리고 여기에서 정제두의 양지가 사회적 직관주의의 직관에 대해 지니는 시사점이 도출된다. 헤이트는 사회적 직관주의에서 직관을 강조하는 방식이 규범적이고 처방적인 주장이 아니라 기술적인(descriptive) 것이라는 사실을 스스로 명시하고 있다(J. Haidt, 2001: 815). 그리고 이 말의 의미는 헤이트가 도덕적 직관을 설명할 때, 『맹자(孟子)』「고자(告子)」편의 다음 내용을 중요하게 인용하고 있다는 점에서 잘 드러난다(J. Haidt·F. Bjorklund, 2008: 202).

'입이 맛에 대해서는 똑같이 즐김이 있고, 귀가 소리에 대해서는 똑같이 들음이 있으며, 눈이 색에 대해서는 똑같이 아름답게 여김이 있다'라고 하는데, 마음에 이르러서는 홀로 똑같이 그렇게 여기는 것이 없겠는가? 마음이 똑같이 그렇게 여기는 것은 무엇인가? 그것을 리(理)와 의(義)라고 이른다. 성인(聖人)은 우리 마음이 똑같이 그렇게 여기는 것을 먼저 얻었을 따름이다. 그러므로 리와 의가 우리의 마음에 기쁜 것은 고기가 우리의 입에 좋은 것과 같은 것이다.[35)]

위에서 헤이트가 주목한 것은 '우리의 마음이 똑같이 그렇게 여기는 리와 의'라는 언급 중 '리와 의'의 정체가 아닌, '우리의 마음이 똑같이 그렇게 여기는' 몇 가지 직관들의 목록이었다. 그래서 그가 이 목록을 선정하기 위해 선택했던 방법 역시 도덕적 가치와 관심, 주제 등에 관해 인류의 공통적인 핵심을 찾아내려는 사회 과학자들의 여러 연구 결과들을 메타적으로 검사하는 방법이었으며, 그 결과가 위해/배려, 공정/호혜, 권위/존경, 순수/신성, 내집단/충성이라는 다섯 가지 기초적 직관의 도출이었다. 그런데 이런 환원적 방법론으로 인해 사회적 직관주의는 인간에 대한 이해를 목적으로 하는 연구임에도 불구하고, 생동하는 인간의 모습을 상실한다. 그리고 직관이라는 용어 역시 인간의 도덕적 가능성이 반영되지 않은 대단히 협소한 의미로 쓰이는 것이다.

하지만 정제두의 사유에는 인간에 대한 관심과 믿음이 충만하다. 그리고 그 중심에 양지가 자리하고 있다. 그는 "사물은 대개 균일할 수 없으니, 다만 내 한 마음의 리가 사물에 있어 만 가지로 다르게 작용해 각기 그 마땅함이 있는 것이다. 사물의 형태는 천만 가지로 다르지만 그 리는 마음에서 나온 것이므로, 하나의 근본이면서도 만 가지의 다름이 있다"[36)]라고 하였다. 여기서 사물은 내 마음의 양지가 이를 수 있는 모든 것이다. 이와 같이 정제두는 공부·수양의 중심을 정립한 뒤, 양지가 적용되어야 할 도덕 영역을 비약적으로 확장시킨다.

마음에 근원하고 몸에서 발하여 인륜과 사물에 통달하니, 모두 마음이며 나의 본성이다. 비록 은미한 것으로부터 광대한 것에 이르기까지 형상이 구별되고, 안으로부터 먼 데에 이르기까지 가까이 하고 소홀히 하는 것이 다르지만, 본체는 곧 하나이니 모두 나의 마음이다. (…중략…) 내 마음의 측은수오는 본연의 양(良)이요, 희로애락은 중화(中和)의 이치이다. 시청언동(視聽言動)으로부터 천지만물에 이르기까지 그 리를 다하지 아니함이 없고, 시청언동으로부터 천지만물에 이르기까지 각기 그 본성을 다하지 아니함이 없으면, 이것이 이른바 '천하에 명덕을 밝힌다'는 것이며, '천지가 제자리를 잡고 만물이 화육된다'는 것이다.[37]

이처럼 우리가 능히 측은해하고 선하지 못한 것을 미워하며, 능히 다른 존재를 너그럽게 대하고 만물을 사랑하며, 능히 중화를 이루어 천지를 바로 자리하게 하고 화육하는 그 시작점이 양지인 것이다. 정제두는 인간이라는 도덕적 주체의 한가운데 양지를 설정하고, 이 사실을 하나의 도덕적 신념으로 믿음과 동시에 끊임없이 그 양지에 비추어 자기 성찰할 것을 강조한다. 또한 양지로부터 직관적으로 인식되는 조리·실리·진리를 도덕적 감정으로써 검증하는 과정을 통해 도덕 영역의 확장을 꾀하는 것이다. 이것은 사회적 직관주의에서 제시하는 다음과 같은 확장과는 분명한 차이점을 지닌다.

헤이트는 다섯 가지 직관의 기초 위에서 도덕 영역의 확장을 시도한다. 그는 위해/배려와 공정/호혜는 각각 길리건(C. Gilligan)의 배려 윤리와 콜버그의 정의 윤리에 대응한다고 보고, 이는 '개별화하는(individualizing) 기초'라고 언급한다. 이 개별화하는 기초는 자유주의적인 철학 전통을 만드는 직관의 원천과 연결되며, 강조점은 개인의 권리와 복지에 있다. 그런데 그는 대부분의 문화는 개인을 보호하는 것에만 덕을 제한하지 않는다는 점에 주목하여, 다른 세 가지 기초를 매우 강조한다. 그래서 권위/존경과 내집단/충성은 공동체 윤리와 대응하고, 순수/신성은 신성 윤리에 대응한다고 보면서, 이는 '결속시키는(binding) 기초'라고 말한다. 이 결속시키는 기초는 보수적이고 종교적인 도덕들을 만드는 직관의 원천과 연결되며, 강조점은 충성과 의무, 자제 등에 있다(J. Graham·J. Haidt·B. A. Nosek, 2009: 1030~1031).

헤이트는 콜버그를 위시한 합리주의자들은 도덕 영역을 칸트(I. Kant, 1724~1804)로부터 롤즈(J. Rawls, 1921~2002)로 이어지는 계몽주의적 사고의 길, 즉 개별화하는 기초에만 초점을 맞춘다고 지적한다. 따라서 이런 협소한 도덕 영역은 정치적으로 자유주의적인 서구인에게만 작동할 수 있기에, 도덕성이 실제로 문화·계층·정치·시대에 따라 다양하다면 도덕 영역은 정의와 권리, 복지 등의 특정한 내용 영역에만 기반을 두어서는 안 되고, 넓힐 필요가 있다고 제안한다. 이러한 헤이트의 논의는 분명 유럽과 북미의 개인주의적·자유주의적 사유 경향을 넘어서려는 시도로 평가할 수 있다. 그러나 여기에서 한 걸음 더 나아가려고 하는 순간, 환원적이고 기술적인 의미의 직관이라는 사회적 직관주의의 핵심이 한계로 작동한다.

우선 헤이트가 말한 지점에서 그친다면, 이 도덕 영역에는 인간 이외에는 참여할 수가 없다. 즉 '도덕이 적용되어야 할 경계선이 인간에 그치는가?'라는 문제 제기가 가능하다는 것이다. 보다 유의해야 할 점은 당위적인 논의를 위해 '왜 도덕 영역을 확장해야 하는가?'라는 질문을 던지면, 사회적 직관주의에서는 적절한 답변을 할 수 없다는 것이다. 그 이유는 사유의 중심이자 출발인 직관의 의미가 대단히 협소하고, 이를 보완해야 하는 사고, 감정 같은 기제들의 역할 설정 역시 비실제적이기 때문이다. 그러나 비교 대상인 정제두의 사유에서는 저 물음들이 아무런 걸림돌이 되지 않는다. 내 마음의 양지가 제대로 작동하는 도덕적 주체라면 도덕이 적용되어야 할 영역의 확장이란 당연한 것이며, 그 영역에는 자연히 천지만물이 포함된다. 물론 '인간이라면 모두 양지를 지니고 있다'는 말의 의미가, 모든 인간에게서 양지의 작용이 활발하고 올바르게 이루어지고 있으며 이에 따른 도덕 영역의 확장도 완벽하게 이루어지고 있다는 것은 결코 아니다. 하지만 정제두의 사유 체계에서는 그 가능성이 절대로 배제되지 않는다는 점에 주목해야 한다. 그래서 그는 매우 완악한 자라고 할지라도 그 자신도 모르게 양지를 발출할 때가 있다고 말하는 것이다.

> 측은·수오·사양·시비, 희(喜)·노(怒)·애(哀)·구(懼)·애(愛)·오(惡)·욕(欲), 우(憂)·사(思)·려(慮)·경(警)은 사람의 마음이 이것들을 지니고 있는 것이니, 모두 배우지 않아도 자연히 가지고 있는 것이다. 비록 지극히 어리석고 어두우며 완고하고 미욱한 사람이라고 할지라도, 때로 발하여 나아감에 있어 성하고 흥한 것은, 무릇 이 마음을 지닌 자는 다 같이 그러한 것이다. 대개 어리석고 완고한 것이 극도에 달하고 매우 완악한 행동을 하는 자는 단지 혹 기질에 구속되고 또한 악습에 버릇되어 있는데다가, 더하여 자기 이해의 사사로움이 중심이 된다. 따라서 그 본래 지니고 있는 으뜸가는 본체가 드러나는 바가 없어 완전히 망하는 경우도 있지만, 이익이나 해가 크게 관련되지 않는 곳에 미쳐서는 자기도 모르는 순간에 발출할 때가 있는 것이다.[38]

사회적 직관주의의 직관 개념에서 당위를 논하는 존재인 인간의 모습이 간과되는 경우가 잦다는 문제는, 헤이트가 직관을 덕(德)의 문제와 연관시키는 곳에서도 잘 드러난다. 그는 덕을 사람이 배우고 획득하는 일종의 속성으로 정의하였다. 이것은 덕을 지각과 감정, 판단과 행위의 역동적인 '양식(patterning)'이라고 논의했던 듀이(J. Dewey, 1859~1952)의 사유를 받아들인 것으로서, 여기서 덕이란 특정한 사회

도덕적 맥락에서 적절하게 대응할 수 있는 단련된 능력, 즉 '사회적 기술'이다. 헤이트는 이런 방식으로 이해한다면 덕과 직관적인 구조는 더욱 가까이 연결된다고 보았는데, 그 이유는 덕스러운 사람이란 도덕·윤리와 관련이 있는 사태에 적절하고 즉각적이며 자동적인 반응을 표출하는 사람이기 때문이라는 것이다. 이 말은 덕이 환경적인 입력들을 통해서만 형성된다는 것이 아니다. 덕은 분명 문화적 성취이지만, 특정한 방식으로 사회적 세계에 대해 해석하고 반응하기 위해 진화되어 깊이 뿌리박혀 있는 '준비' 위에서 그렇다는 것이다(J. Haidt·C. Joseph, 2004: 61~63).

그러나 헤이트는 덕이 문화적인 다양성을 지닌다고 할지라도, 중심이 되는 덕들의 목록은 전 세계에 걸쳐 상당히 중복된다는 점을 지적한다. 그리고 어떤 덕들은 한 가지 기초 위에서 구성된다는 점을 밝힘으로써, 덕 이론과 직관의 다섯 가지 기초를 연결시킨다. 가령 직관의 기초 중에서 공정/호혜는 정의, 정직, 신용 등의 덕과 연관되며, 순수/신성은 절제, 순결, 경건, 청결 등의 덕과 연관된다(J. Haidt·C. Joseph, 2007: 382). 앞 소절에서 살펴본 것처럼, 헤이트는 인류 진화의 산물인 직관의 다섯 가지 기초가 모듈의 형태로 준비되어 있다고 본다. 그리고 사회 세계에서 어떤 양식들과 직면할 때 이런 모듈들은 정서적 번쩍임을 제공한다고 간주한다. 따라서 기초적 직관과 그 정서적 번쩍임은 아동들이 관련된 덕들을 발달시키는 것을 보다 쉽게 하도록 하는 구성 요소이자 필수적인 도구가 될 수 있는 것이다.

덕에 관한 사회적 직관주의의 관점은 우리 일상의 도덕적인 행위가 신속한 직관 반응으로 이루어진다는 점과 사회적 관계 안에서의 적절한 반응들이 덕스러운 사람의 특징에 부합한다는 점을 연결시킴으로써, 덕 윤리(virtue ethics)에 대한 실용적인 관점을 제시하였다. 또한 성숙한 도덕적 행위자들은 준비된 다섯 가지 기초적 직관 모듈을 통하여 보다 광범위하고 융통성 있으며 큰 영향력과 섬세함을 갖춘 일련의 도덕 모듈들을 만든다는 설명은 덕에 대한 새로운 이해를 가능하게 한다. 그러나 여기에서도 앞서 언급했던 동일한 성격의 문제 제기를 할 수 있다. 즉, '왜 우리는 덕을 중요하게 생각해야 하고 발달시켜야만 하는가?'라는 물음을 제기할 수 있다는 것이다. 또한 덕을 단지 사회적 기술로 정의하는 것도 논란의 여지가 있다. 왜냐하면 '덕스러운(virtuous)' 사람의 행동이란 어떤 시·공간의 상황에서 신속하고 적절한 반응을 보이는 것만으로 정의되지 않기 때문이다. 정리하자면, 덕을 체득한 인물은 자신이 왜 그렇게 판단하고 느끼며 행동해야만 하는지에 대한 충분한 자각과 인식으로 인하여 덕스러운 행위가 자연스럽게 넘쳐 나오는 인물인 것이다. 그런데 정제두의 사유에서는 위 물음이 제약이 되지 않으며, 덕에 대한 우리의 종합적 이해를 설명하는 데 있어서도 더 적절하다.

정제두는 "양지의 학문은 마음과 이치를 하나로 하며 앎과 행함을 합치시킨다. 그것은 사사로운 지식으로 그렇게 하는 것이 아니라 실제 마음과 이치의 본체가 본래 그렇기 때문이니, 이른바 '생각하지 아니하고 맞히며 힘쓰지 아니하고 행한다'는 것이다"[39]라고 말함으로써, 내 마음의 양지를 깨달은 사람이 어떤 인식과 행동의 양상을 보여주는지 설명하고 있다. 그는 또한 지극한 덕의 모습을 도심(道心)이라는 용어로 표현하기도 하는 바, 이 도심이 엉기고 모여야 천리요 대본으로서의 양지가 확립되는 것이다. 그런데 여기에서 도심은 인심(人心)과 구별되는 절대적인 도덕 법칙과 같은 것이 아니라, 그 인심이 시의에 마땅하고 예에 부합하는 것을 말한다. 그래서 그는 "도심이 중심으로 엉겨야 예의 본체가 되는 것이니, 이것이 대본이자 천리가 되는 것이다. 이미 성립되었다면 예와 예가 아님은 그 가운데에서 자연스럽게 구별되어 어려움이 없을 것이다. 오직 그 자체가 진정한 이치가 된다"[40]라고 하였다. 즉, 덕스러운 인물은 예와 예가 아닌 것을 자연스러우면서도 직관적으로 파악할 수 있다는 것이다. 물론 양지의 학문에서 강조하는 덕의 모습은 명철보신(明哲保身)이라는 현실적인 효용도 제공한다.

이 같은 명철한 덕이 있으므로, 재해가 자연히 미치지 않는 것이다. 이 학문이 있어 그 덕이 명철하면 위가 되어서나 아래가 되어서나 마땅하지 않은 바가 없어 족히 흥하고 족히 용납되는 효과가 있다. 이른바 '명철보신'이란 것은 그 덕이 밝고 몸이 성실하므로 재해가 자연히 미칠 수 없는 것일 따름이다. 이것은 위와 아래를 통하고 또 흥함과 용납됨을 겸하여 결론을 지은 것이니, 이와 같이 되는 까닭은 명철한 덕이 있기 때문이다.[41]

또한 그 덕의 효과는 '나'라는 개인의 차원에만 머무르지 않으며, 도덕 영역의 경우와 마찬가지로 자연스럽게 확장된다. 가령 노인을 편안하게 하고, 친구에게는 신의로써 대하며, 자신보다 어린 사람을 품어줄 수 있는 등의 인륜과 관련된 모든 일은 우리 심체(心體)의 덕, 다시 말해 심덕(心德)으로부터 나오는 것으로, 충·효·경·인·의·예·지는 모두 그 조목들이다. 그래서 정제두는 이 심덕을 통해 베푼 어진 정치[仁政]에 대해, 그것은 사태에 막혀 머물지 않고, 사물에 막혀 오염되지도 않으며, 시간이나 공간에도 구속되지 않을 만큼 대단히 포괄적이라고 강조한다.[42] 그리고 이 같은 지행 통합적이면서도 미시적이고 거시적인 효과를 아우를 수 있는 정의(定義)가 덕에 대한 우리의 이해에 보다 적절한 것으로 보인다. 그것은 '도덕적인 매력·권위(moral charisma)'를 지닌 인물을 마주하면 느끼는 자연스러운 이끌림이자 여타 존재들에게 도덕적인 영향력을 행사할 수 있는 힘이지만, 과학만으로는 설명하기 어려운 비인과적인 성격의 것이다(P.

J. Ivanhoe, 2000: xiii).

이 절에서는 먼저 헤이트의 사회적 직관주의와 그 핵심인 환원적이고 기술적인 방식의 직관에 대해 살펴보았다. 사회적 직관주의는 경험적이고 실험적인 방식을 도입함으로써, 한동안 도덕철학의 영역에서 소홀하게 다루어져 왔던 직관이라는 개념에 새로운 관심을 불러일으켰다. 그러나 사회적 직관주의는 그 용어로부터 인간 존재에 대한 도덕적인 믿음, 다시 말해 인간은 진리를 발견할 수 있다는 신념을 배제시키고 사태에 따른 즉각적이고 자동적인 반응에만 초점을 맞춤으로써, 시간과 공간의 축 안에서 지속적으로 당위를 논해야만 하는 인간의 생동적이고 실존적인 모습을 상실하였다. 이것은 결국 도덕적 직관의 영역을 지나치게 협소하게 규정하면서도, 동시에 그 협소한 규정만을 강조함으로써 나오는 결과이자 한계인 것이다. 그런데 이 지점에서 정제두의 양지가 시사하는 바가 있다. 철학자 애피아(K. A. Appiah, 이은주 역, 2011: 145)의 언급을 빌려와 이 장의 논지에 맞게 표현하자면, 정제두의 양지는 직관이 단지 신경이나 뇌, 진화 등과 관련된 모듈적인 감정인 것만이 아니라 규범적인 요구에 대한 인간의 적극적 태도와 반응이라는 점을 보여 준다. 그리고 바로 이것이, 과학의 발전으로 인해 인간 이해가 환원적이고 기술적인 양상을 보이고 그 안에서 직관에 대한 규정 역시 단순하게 다루어지는 이때, 정제두의 양지가 지니는 도덕 심리학적 시사점이다.

4. 정제두의 양지를 통한 도덕성 설명의 가능성

지금까지 이 장에서는 한국양명학의 태두인 정제두의 양지에 나타나는 직관적 성격을 구체화하려고 하였다. 이 목적을 위해 먼저 서양철학의 직관주의에서 규정하는 직관의 의미에 대해 주체-대상의 관계를 중심으로 살펴보았다. 그리고 그 창으로써 정제두의 양지를 분석하였다. 이 시도를 통해 정제두의 양지에 내포된 직관적 성격이 보다 분명하게 드러났으며, 양지가 직관주의의 직관 개념에 대해 지니는 도덕철학적 시사점을 밝힐 수 있었다.

이 장에서는 여기서 그치지 않고, 한 걸음 더 나아가 현재 도덕 심리학계에서 활발하게 논의 중인 사회적 직관주의의 직관과 정제두의 양지를 비교·분석하였다. 헤이트의 사회적 직관주의는 새로운 과학 기술을 수용하여 도덕철학에서 최근 소홀하게 다루어왔던 직관 개념의 부활을 예고하였다. 그리고 이것은 사회적 직관주의가 지니는 학문적 의의이다. 하지만 이 사유 방식은 사태에 따른 즉각적이고 자동적인 반응으로만 직관을 규정한다는 한계점이 있다. 따라서 시공(時空) 안에서 당위를 논해야만 하는 인간의 생동적·실존적인 모습을 상실할 우려가 있다. 이 지점에서 인간 존재에 대한 관심과 도덕적 신뢰를 전제로 한 정제두의 양지는, 직관이 신경이나 뇌, 진화 등과 관련된 모듈적인 감정인 것만이 아니라 규범적인 요구에 대한 인간의 적극적 태도이자 반응이라는 사실을 보여 준다는 점에서, 도덕 심리학적 시사점을 지닌다.

서두에서 밝힌 것처럼, 이 장의 일차적인 목표는 정제두의 양지에 내포된 직관적 성격을 구체화하는 것이지만, 근본적인 목표는 그의 사상이 이 시대의 도덕교육에도 적지 않은 함의를 지니고 있다는 것을 밝히는 데 있다. 그리고 필자는 그의 양지가 도덕교육의 핵심인 도덕성을 설명하는 데 유용할 수 있음을 드러내고자 하였다. 도덕성이란 개념은 성격상 다양한 측면에서 해석할 수 있다. 그동안 도덕성과 연결되었던 용어들을 대략적으로만 언급하더라도, 도덕적 민감성, 도덕적 추론, 도덕적 동기화, 도덕적 품성, 도덕적 용기, 도덕적 의지, 도덕적 에너지, 도덕적 직관 등으로 무수하게 나열할 수 있다. 그러나 이상의 용어들 중 어느 한 가지로 도덕성을 설명한다는 것은 불가능하다. 왜냐하면 도덕성이란, 언급하지 못한 용어들까지 포함하여, 수많은 개념들의 총체이기 때문이다. 이런 상황을 가시화하면 다음과 같이 나타낼 수도 있다.

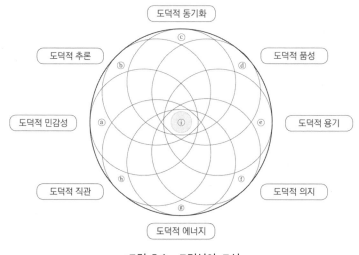

<그림 5-1> 도덕성의 도식

필자는 정제두의 양지를 통해 도덕성을 구성하는 여러 개념들을 개별적으로(ⓐ~ⓗ) 설명할 수도 있고, 총체적으로(ⓘ) 설명할 수도 있다고 판단한다. 그런데 그동안 이런 부분과 관련된 연구는 거의 진행되지 않았다. 그리고 그 결과는 정제두의 사상과 도덕교육의 단절이었다. 이런 까닭에 이 장에서는 도덕교육의 핵심인 도덕성의 정체를 정제두의 양지로 풀이하는 첫 번째 시도로서, 특히 '도덕적 직관'이라는 관점에서 해석한 것이다.

그러나 제5장의 진행 과정에서 추후 보완해야 할 점들도 발견할 수 있었다. 그것들을 지적하는 것으로 이 장을 마친다. ⓐ 첫째는 직관이라는 개념의 정의(定義) 방식도 다양하므로, 보다 일반적인 정의를 도출하여 정제두의 양지를 해석하는 후속 작업이 필요하다는 것이다. ⓑ 둘째는 정제두가 말하는 소위 물리(物理), 생리(生理), 진리(眞理)라는 리의 구조적 측면이 양지의 직관 작용과 어떻게 결부될 수 있을지 제시하는 후속 작업이 필요하다는 것이다. ⓒ 셋째는 이 장은 이론적인 측면에 천착하였으나, 도덕교육의 실천적인 측면에서는 정제두의 양지가 어떤 의의를 지닐 수 있을지 밝히는 후속 작업이 필요하다는 것이다.

1) 정제두의 사상과 도덕교육을 연결하는 국내 연구는 거의 없다. 최근 필자는 두 편의 연구(「하곡 정제두의 양지 개념에 대한 도덕교육론적 해석」, 한국교원대 박사논문, 2013; 「도덕과 교육 내 '한국양명학'의 실제와 강화 방안 연구」, 『윤리교육연구』 제30집, 한국윤리교육학회, 2013)를 통하여 이 부분에 대한 논의를 전개한 바 있다. 이 장은 그 연구들의 연장선상에 있으면서도, 특히 정제두의 사상을 도덕교육을 뒷받침하는 이론적 축인 도덕 심리학과 연결시키려고 하였다. 그리고 이 과정을 통해 도덕교육계에서 그의 사상에 보다 적극적인 관심을 가져야 한다는 점을 드러내고자 하였다.

2) 양지를 선천적 직관지, 내적(內的) 직각(直覺) 등으로 해석하는 경우는 적지 않다. 선행 연구들을 살펴보면 특히 육구연(陸九淵, 1139~1192)의 본심(本心)이나 왕수인(王守仁, 1472~1528)의 양지를 그렇게 풀이하는 선례들이 있다(안영석, 2000: 88~96·234~238·251~253; 안영석, 2005: 283~292; 이주행, 2005: 83~92; 이옥순, 2006: 63~64). 이 연구들은 본심과 양지가 지니는 직관적 성격을 규명하기 위해, 그것들을 정주학(程朱學)의 인식방법들과 비교한다거나 서양철학의 직관 개념과 연결시키려고 시도하였다는 점에서 상당한 학문적 의의를 지니지만, 논의의 전개가 다소 소략하다는 한계도 있다. 이 장의 대상인 정제두의 양지 역시 선천적 직관지로 해석한 연구들이 있다(김윤경, 2001: 51~55; 박연수, 1990: 108·133·171). 필자 역시 정제두의 양지가 선천적 직관지로 해석될 수 있음에 동의하지만, 이 장에서는 양지가 선천적 직관지로 단순 규정되는 수준을 넘어 일종의 도덕적 직관으로서 해석가능하다는 점을 밝힐 것이다. 또한 현대 도덕 심리학에서 논의 중인 직관 개념과도 비교·분석함으로써 그의 양지가 내포하는 여러 직관적 성격들을 드러내고자 한다.

3) 현대의 직관주의자들도 이런 점을 계승하고 있는데, 가령 로저(S Roeser, 2011: 139·152)는 주체가 느끼는 '도덕적 감정'으로서의 직관을 논의한다. 합리적인 신념만이 정당화될 수 있다는 이성주의자들의 사유를 전환하기 위하여, 로저는 도덕적 감정을 단지 주관적인 감정 상태가 아닌 도덕적 지식의 원천이자 도덕적 경험의 근본으로 이해한다. 이렇게 함으로써 도덕적 감정으로 해석할 수 있는 직관의 주체적 측면을 강조하는 것이다.

4) 『霞谷集』 卷8 『存言 上』: 曰然則是民之秉彝, 於父焉而知當孝, 於君焉而知當忠, 善焉知好之, 惡焉知惡之, 所謂孩提之童, 所不慮不學而有之, 良知良能者邪. 曰然, 是固良知良能, 所固有之知也. 而但人蔽昧而失之, 不能盡其體.

5) 『霞谷集』 卷1 '答閔彦暉書': 正以其愛親敬兄本然之良者, 謂之性善耳.

6) 『霞谷集』 卷9 『存言 下』: 謂良知者, 此以其明德之本體者, 眞知是非處指說之. 此其體, 孩提之童亦有其是非之則而知之, 影影見得其是非好惡處, 能自解於其取舍去就而從違之者. 所以

謂之秉彝性善, 人皆可以爲堯舜者以此耳.

7) 『霞谷集』卷9『存言 中』: 吾心之理盡而物之性命無不得矣, 非可以於各物上講究其性命, 而爲理爲法以爲政敎也.

8) 『霞谷集』卷9『存言 中』: 人心者, 天地萬物之靈, 而爲天地萬物之總會者也. {人心之體在於天地萬物, 天地萬物之用在於人心.} 故合天地萬物之衆, 總而開竅於人心. 夫天地之明, 發於日月, 萬物之靈, 發於其心. 凡物莫不各有其開竅, 卽心是也. 而至於通天地萬物之衆而發竅, 則惟統而在於人心. 何者, 以人心者感應之主, 萬理之體也. 大哉. 心也.

9) 『霞谷集』卷1 '答閔彦暉書': 水鑑之體, 豈寂滅以爲静歟. 明而已耳. 水鑑之用, 豈撓動以爲用歟. 空而已耳.

10) 『霞谷集』卷9『存言 中』: 一箇明珠至空, 萬形具照, 妍媸墨白, 各隨其物. 一箇洪鍾至虛, 萬聲具發, 大叩大應, 小叩小應, 各隨其叩.

11) 예를 들면, 타인의 행복을 증진시키는 것, 타인에게 해를 끼치지 않는 것, 사람들을 공정하게 대하는 것, 진리를 말하는 것, 약속을 지키는 것, 감사를 표현하는 것, 자신의 고유한 행복을 증진하는 것, 자신의 고유한 덕을 유지하고 증진하는 것 등이다.

12) 현대의 직관주의자들도 이런 점을 계승하고 있는데, 가령 직관을 '최초의 지적인 나타남(initial, intellectual appearance)'이라고 표현한 후머(H. Huemer, 2008: 10·101~102)는 도덕적 진리에 관한 우리의 지식은 감각적 지각으로부터만 파생하는 것이 아니라고 하였다. 이것은 도덕적 진리들이 비도덕적 진리들로부터 비롯되지 않는다는 것이요, 최소한 어떤 도덕적 진리들은 자명하다는 것이다. 또한 로저(2011: 5)는 도덕 판단들은 '도덕적 실재(moral reality)'라는 것에 의존하는 참 혹은 거짓의 문제에 관한 것이라고 보면서, 그 도덕적 실재는 심리적 상태나 자연적 특징 등으로 환원할 수 없는 자명함의 속성을 지닌다고 강조한다.

13) 『霞谷集』卷8「學辨」: 事物之天理, 卽此心之天理, 論說之精微, 卽此心之精微, 心卽事物, 事物卽心.

14) 『霞谷集』卷8『存言 上』: 陰陽之根抵摳紐, 該之而無不在. 然則於陰陽動靜, 太極無不在可知.

15) 『霞谷集』卷9『存言 中』: 周子乃就其上言太極, 則乃又是陰陽五行之性命樞紐也, 其爲說以太極性命者, 有動靜而互根焉. 故就其上分陰陽而曰兩儀, 非太極有具而後兩儀始成立, 而先太極而後陰陽天地也. {有二氣各自有五行, 而太極亦本自有.}

16) 『霞谷集』卷1 '答閔彦暉書': 無物不然, 故其長長也白白也馬馬也牛牛也老安也少懷也, 各有其則, 昭乎不迷, 卽心之理也. 此其眞至之理, 爲物之則者也.

17) 『霞谷集』卷8『存言 上』: 至如名物制度之類, 知識技能之事, 可外學而知者, 是亦莫不慮其不知. 是則雖曰其法亦出古聖人心思, 而不外吾性之所具者. {是亦本出古聖人心理, 而吾從而學之而明其宜, 則亦卽吾心之義理而已也云.}

18) 『霞谷集』卷1 '與閔彦暉論辨言正術書': 是心之於事事物物, 各有條理, 隨時逐件, 無不有其當然之則.

19) 『霞谷集』卷9『存言 下』: 如好好色惡惡臭, 無不眞實自然者.

20) 『霞谷集』卷15「諸章雜解」: 其輕重取舍之際, 人之心自無不知之者, 不待講求其事理而心自有取舍. … 人之心亦自無不如此者, 蓋以其心中所會, 自然有如此, 違此則其有所不安甚焉者

故也. 凡此有輕重取舍之殊者, 其分雖曰是物也, 然其則實在於心.

21) 『霞谷集』卷8 『存言 上』: 喜怒哀樂, 有善者焉有不善者焉, 以有理有非理故也, 惻隱羞惡皆善焉, 以皆爲理故也.

22) 『霞谷集』卷8 『存言 上』: 喜怒哀樂, 通理與非理而言, 固有不善者, 如其出於理則固亦純粹至善也. 惻隱羞惡, 專指理而言, 固本善也, 若有動於氣而有偏則亦不得爲至善.

23) 『霞谷集』卷9 『存言 中』: 死生夭壽之心, 寒熱勞逸之心, 飢渴飲食之心, 利害好惡之心, 榮枯欣戚之心, 便自生身命根上帶來, 是亦人性, 是性之質也. … 慈愛惻怛之心, 羞惡廉恥之心, 畏敬嚴莊之心, 文理辨別之心, 是本原自生身命根上主來, 是性之德也, 是乃所謂之理也.

24) 『霞谷集』卷1 '與閔彦暉論辨言正術書': 夫愛親敬兄非仁耶. 非惻隱之心耶. 非卽所謂良知者耶

25) 『霞谷集』卷1 '與閔彦暉論辨言正術書': 惻隱之心, 人之生道也. 良知卽亦生道者也, 良知卽是惻隱之心之體, 惟其能惻隱, 故謂之良知耳. 夫旣知其心本有知能痛痒能惻隱, 而惻隱痛痒, 卽無非是知者.

26) 『霞谷集』卷1 '與閔彦暉論辨言正術書': 人身之能痛能痒者, 卽是良知良能也. 無良知, 是誰能痛能痒耶. 惟其心體之知, 自能痛能痒焉, 旣能痛能痒, 斯能知其疾嚏之發焉. 是一知而已, 非有二也. 此所謂仁理也. 其痛焉者卽知, 其痒焉者卽知, 其惻焉者卽知, 其傷切焉者卽知. 是其知也卽痛痒惻傷之謂耳. 豈其於痛痒惻傷之外, 別有一端所謂知之者, 更在於其後耶.

27) 『霞谷集』卷1 '與閔彦暉論辨言正術書': 不惟此所謂知疾痛知嚏螫者而已, 雖其從以之充其惻隱, 以至位天地育萬物焉, 亦惟此能痛痒惻隱之一箇知而已. 故心卽理, 知行一云耳.

28) 헤이트는 이 다섯 가지를 직관주의 윤리학의 기초라고 설명하는데, 이것들을 도출하기 위한 작업을 메타 연구를 통해 진행하였다. 즉, 도덕적 가치와 관심, 주제에 관해 공통적인 핵심을 찾아내려는 사회 과학자들의 다양한 연구 결과들을 조사하였다는 것이다.

29) 『霞谷集』卷8 『存言 上』: 其體也常全於未感物之先, 而本無不完足, 則是無分於已應未應之間者也. {不可以分已未之間, 不可以言前後.}

30) 『霞谷集』卷9 『存言 下』: 且此理尤可驗於嬰兒, 一歲二歲半知半不知之兒, 叱則啼愛則慕, 犯事則愧, 有所誘則或斥不從, 見泣則爲之哀, 其情念之不學而自然發者, 有不可掩矣.

31) 『霞谷集』卷1 '答閔彦暉書': 喜怒哀樂之發而中節亦如此. 豈商度其合愛與不合愛, 而後出其愛之之心不愛之之心歟.

32) 『霞谷集』卷1 '答閔彦暉書': 惟盡乎一己之性而無有乎不盡矣, 此其所以觸之而通, 感之而應, 不行而至不疾而速, 不思不勉而從容中道者也.

33) 『霞谷集』卷9 『存言 下』: 其於事物之利害得失, 雖無所知, 其心慮之專一簡易, 易於感應, 油然之眞多而頑然之惡小.

34) 『霞谷集』卷1 '答閔彦暉書': 如明鑑燭物, 妍媸黑白, 豈不是其物也. 其隨妍媸黑白而出於鑑者, 一出於其明體, 無一毫假之於外矣, 此眞物各付物, 各有其則者也.

35) 『孟子』「告子」: 口之於味也, 有同耆焉, 耳之於聲也, 有同聽焉, 目之於色也, 有同美焉, 至於心, 獨無所同然乎. 心之所同然者何也. 謂理也義也. 聖人先得我心之所同然耳. 故理義之悅我心, 猶芻豢之悅我口.

36) 『霞谷集』卷15 『孟子說』: 物蓋不可齊也, 只吾一心之理用萬殊於物, 無不各有其宜. 物之形則

千萬不同, 而其理之出於心則一本而有萬殊也.

37) 『霞谷集』卷1 '答閔彦暉書': 原於心發于身, 以達於其倫其物, 皆心也, 皆己之性也. 雖其從微至廣, 形相有分, 由內達遠, 親疏不同, 而其體卽一也, 皆吾之心也. … 吾心之惻隱羞惡, 本然之良也, 喜怒哀樂, 中和之理也. 自視聽言動, 以至天地萬物, 無不致盡其理, 而自視聽言動, 以至天地萬物, 無不各盡其性焉, 則所謂明明德於天下也, 天地位萬物育也.

38) 『霞谷集』卷9 『存言 下』: 惻隱羞惡辭讓是非, 喜怒哀懼愛惡欲, 憂思慮驚, 人心有此, 皆不學而自有者. 雖至癡至暗極頑冥之人, 有時乎發出, 不勉而油然, 則此凡有是心者所同然. 蓋其癡頑之極, 極爲頑惡之行者, 但以或拘於氣質, 亦習於惡習, 而加以自己利害之私爲主. 故其本有之元體, 無所發容, 有同全亡者, 及至利害不甚關處, 則有不知不覺發出時耳.

39) 『霞谷集』卷1 '與閔彦暉論辨言正術書': 良知之學, 一心理合知行. 非以其私智而爲之也, 實以心理之體本來如此, 正所謂不思不勉.

40) 『霞谷集』卷9 『存言 中』: 道心凝主, 是爲禮之體, 是爲大本, 是爲天理. 旣立則禮與非禮, 於中自別, 非有難焉. 惟其自體, 是爲眞際.

41) 『霞谷集』卷12 「中庸 (2)」: 有如此明哲之德, 故灾害自無及也. 有是學而明哲其德則爲上爲下, 無所不當, 而有足輿足容之效矣. 所謂明哲保身者, 以其德明身誠, 故灾害自無能及者耳. 此通上下兼輿容而結之, 所以如此者, 以其有明哲之德也云爾.

42) 『霞谷集』卷9 『存言 下』: 仁政也, 先王之道也, 不忍人之政也. 是心之發於政, 政之出於心. 聖人之道, 求之於心, 故不滯於事, 出之以理, 故不泥於物, 根之以性, 故不拘以時, 動之以神, 故不限以地.

제6장

정제두의 사상과 '도덕적 열정·의지'

1. 양지 개념에 대한 여러 관점들

이 장의 목적은 조선시대의 대표적 양명학자인 하곡(霞谷) 정제두 (鄭齊斗, 1649~1736)의 양지(良知) 개념이 지니는 사상적 특징을 살펴보고, 그 양지의 구현 과정을 현대적인 관점에서 해석하는 것이다. 보다 구체적으로 말해 필자는 이 장을 통하여 양지 해석과 관련된 중국양명학과 한국양명학의 차이점을 밝히고, 『대학(大學)』, 『중용(中庸)』, 『맹자(孟子)』 등에 대한 정제두의 경학적(經學的) 입장을 살펴봄으로써 양지의 구현 과정을 체계화한 뒤, 그 도덕교육적 시사점을 추출하려는 것이다.

양지는 맹자(B.C. 372~B.C. 289)가 양능(良能)과 함께 최초로 언급한 이래 여러 가지 의미로 사용되었다. 정주학자(程朱學者)들을 통해 선천성 중심으로 논의되기도 하였고, 육왕학자(陸王學者)들을 통해 직관성 중심으로 논의되기도 하였다. 그럼에도 이 개념은 정주 계열에서는 리(理)나 성(性)에 비해 위상이 낮을 수밖에 없었고, 육왕 계열에서는 왕수인(王守仁, 1472~1528) 사후 등장한 양명좌파(陽明左派)에 의해 서서히 사회적 교화(敎化)의 기능을 상실해갔다. 그렇다면 조선의 정제두는 양지를 어떻게 해석하였을까? 그는 이 개념을 물리(物理)-생리(生理)-진리(眞理)의 삼중 구조와 연결시켜 이해함으로써, 양지의 위상을 인정하면서도 도덕적 성격을 강화하는 방향을 채택하였다.

정제두가 이 같은 방향을 채택하였기에, 그가 양명학을 수용하고 양지를 해석하는 경향은 상당히 분석적이었고, 결과적으로 도덕적 주체 안에서 양지가 구현되는 과정이 두드러졌다. 그런데 그간의 연구 성과들을 살펴보면, 대부분 왕수인과 정제두의 양지 개념을 비교하거나, 체용론(體用論)을 통해 정제두의 양지를 풀이하는 데 초점이 맞추어져 있었다. 이 장에서는, 기존의 연구 성과들에 기초하면서도 한 걸음 더 나아가 정제두의 양지가 구현되는 과정을 체계화함으로써, 그의 사상이 지니는 도덕교육적 시사점을 밝히고자 한다.[1]

이상의 연구 목적을 위해 우선 제2절에서는 양지의 사적(史的) 측면에서 이 개념에 대한 정주학자들과 육왕학자들의 인식을 고찰한 뒤, 정제두의 양지가 지니는 특징을 살펴볼 것이다. 그리고 제3절에서는 정제두가 제시하는 양지의 구현 과정을 반성적 성찰이나 도덕적 열정·의지와 같은 현대적인 용어로 해석함으로써 그 성격을 보다 명확히 할 것이다. 끝으로 제4절에서는 정제두의 양지 구현 과정이 지니는 도덕교육적 시사점에 대해 언급하는 것으로 이 장을 마무리할 것이다.

2. 정제두가 제시하는 양지의 특징

1) 정제두 이전의 양지 이해

맹자는 "사람들이 배우지 않고서도 능한 것은 양능이요, 사려하지 않고서도 아는 것은 양지이다"[2]라고 하였다. 양능이 대부분 양지에 포함되어서 다루어진다는 점을 감안할 때, 인용문의 전반부는 양지의 '선천성'을, 후반부는 양지의 '직관성'을 나타내는 것이다.[3] 이 개념은 오랜 시간 주목받지 못하다가 북송(北宋)의 장재(張載, 1020~1077)에 의해 부각되었다. 그는 세계를 구성하는 기(氣)의 운동법칙이 인간에게 내재된 것을 양능이라 하였고, 보고 들어서 아는 지식의 수준을 넘어선 천하 사물에 대한 직관적 인식을 천덕양지(天德良知)라고 하였다.[4] 이렇게 보자면 장재는 맹자가 한 번 언급했던 이 개념들에 관심을 가졌을 뿐만 아니라, 이론적으로 한층 심화시켰음을 알 수 있다. 그러나 장재를 제외하면, 이름을 알린 북송의 유학자들 가운데 양지를 비중 있게 다룬 이를 발견하기는 쉽지 않다.

몇 가지 사례를 살펴보자면, 먼저 정호(程顥, 1032~1085)는 양지란 인간의 마음에 존재하는 인(仁)과 연결된 것으로서, 습심(習心)만 제거하면 다시 제 기능을 발휘할 수 있다고 하였다.[5] 그러나 논의의 초점은 인에 맞추어져 있고 양지의 속성들 중에서도 선천성만 다루고 있다. 정이(程頤, 1033~1107) 역시 양지를 선천성 중심으로 다루고 있지만, 그는 양지라는 개념 자체를 중요하게 취급하지 않는다. 그의 관심은 모든 사물에 앞서 존재하는 리(理)의 정체에 있었기에, 이 리와 직결된 인간의 성(性)을 논의한 뒤에서야 성과 양지의 관련성을 암시한다.[6] 하지만 그의 직접적인 언급은 발견할 수 없다. 또한 주희(朱熹, 1130~1200)는 "양(良)이란 본연의 선함이다"[7]라고 밝힘으로써, 이정

(二程)과 마찬가지로 양지의 선천성을 긍정한다. 그러나 주희는 양지의 범위를 부모를 사랑하고[愛親] 형을 따르는[從兄] 정도에서 제한하여 다루는 까닭에, 양지의 중요성을 그리 부각시키지 않는다.8) 요컨대 정호와 정이, 주희 등은 양지를 사유 표출의 일차적인 도구로 설정하지 않았다. 이것은 그들의 관심이 세상의 이치[理]와 인간의 본성[性]을 밝히는 데 있었기 때문이다.9) 따라서 정이나 주희와 같이 성즉리(性卽理)를 강조했던 학자들에게 있어 양지가 중요하게 다루어지지 않았던 것은 학문의 성격상 당연한 일이다. 그럼에도 그들이 인간의 본래적인 선함[性善]을 설명할 때 양지를 하나의 예로 사용하였다는 점이 간과되어서는 안 될 것이다.

이상에서 살펴본 정주학자들의 양지에 대한 논의 방향은 육구연(陸九淵, 1139~1192)에게서도 크게 달라지지 않는다. 주희의 논적이자 동시대를 살았던 육구연 역시 양지를 선천성 중심으로 설명한다. 그러나 정주(程朱)와의 중요한 차이점은, 육구연은 양지를 본심(本心)과 연결시켰다는 데 있다. 그는 양지란 우리에게 고유한 것이지 결코 바깥으로부터 녹아들어온 것이 아니라고 하였다. 또한 양지는 시공(時空)을 초월하여 모든 사람들이 지닌 근본적인 마음[本心]으로서, 소위 넓은 집이자 바른 자리요 거대한 도(道)라고 보았다.10) 그리고 이렇게 양지를 인간의 도덕심과 연결시키는 경향은 왕수인에게 와서 극대화된다. 왜냐하면 왕수인에게 있어 양지란 자신의 사유 체계를 압축적으로 보여주는 핵심 키워드이기 때문이다.

심외무리(心外無理)와 심외무사(心外無事)를 통해 마음이 곧 진정한 자기[眞己]의 원천이라는 점을 강조했던 왕수인은 만년에 치양지(致良知)를 채택한 뒤, "나의 이 양지 두 글자는 천고의 성인(聖人)들이 서로 전한 한 점의 적골혈(滴骨血)이다"11)라고 하여 강한 자부심을 드러내었다. 육구연의 본심과 마찬가지로 보편성을 특징으로 하는 왕수인의 양지는, 그가 '항상 비추는 존재[恒照者]'라고 했을 만큼, 맞닥뜨리는 사물과 사태를 공정하게 투영하여 시의에 적절한 조리(條理)를 판단할 수 있게끔 하는 원천으로 기능한다. 이것은 인간의 발달 단계와는 상관없이 우리 마음에 선천적으로 갖추어진 도덕적인 능력이다. 그래서 아이반호(P. J. Ivanhoe, 2000: 68)는 맹자의 양지는 '선천적 지식(innate knowledge)'일 뿐이지만, 왕수인의 양지는 선천적 지식을 넘어선 '완전한 앎(pure knowing)'이라고 규정하였다. 왕수인의 사유 안에서, 크게는 천지만물을 논의할 때로부터 작게는 인간의 감각이나 감정을 논의할 때까지 모두 이 양지가 핵심이 된다. 천지만물은 내 마음의 양지에 의해 적절한 의미를 지니게 되고, 감각 역시 선천적인 양지의 작용이며, 감정은 양지에 어긋나지 않을 때 올바른 것이 된다. 즉, 양지는 도덕적 가치의 실현과 관련된 행위 일체에서 무소부지(無所不知)이면서 무소불능(無所不能)의 작용을 구비한 완전무결의 자족적 실체인 것이다(황갑연, 2008: 433; 김영건, 2013: 348~349).

이와 같이 통합적이고 역동적으로 작동하는 양지는 한 인간에게서 '도덕적 직관(moral intuition)'의 형태로 운용된다. 왕수인은 양지를 통하여 선악이 저절로 분별되며, 생각의 옳음과 그름, 간사함과 바름 역시 양지가 스스로 알지 못하는 것이 없다고 하였다.12) 이것은 선천적인 양지로 인해 인간이 사물과 사태에 부합하는 올바른 이치를 자연스럽게 직관할 수 있다는 것이다. 그는 이런 양지의 직관 작용에 대해 "양지는 이른바 옳고 그름을 분별하는 마음이니, 사람들이 모두 가지고 있는 것이다"13)라고 하여, 시비지심(是非之心)이라고 표현하기도 하였다. 요컨대 양지는 사람에게 내재된 도덕 판단의 능력이자 도덕 평가의 체계인 것이다(陳來, 전병욱 역, 2009: 289~290). 그래서 왕수인은 "당신의 한 점 양지가 바로 당신의 준칙이다. (…중략…) 당신이 양지를 속이려 하지 않고 성실하게 그것에 의지하여 행동한다면, 선은 보존되고 악은 제거될 것이다"14)라고 하면서, 선천적인 양지의 도덕적 직관 작용을 분명히 하였다. 하지만 그는 양지가 이처럼 도덕적으로 작동할 수 있는 근거를 제시하지는 않았다. 이것은 왕수인이 양지를 절대적으로 신뢰하고 있었기 때문이지만, 이후에 이 개념의 도덕적 성격과 사회적 교화의 기능을 약화시키는 의도하지 않은 결과를 초래하였다.

왕수인 사후, 그의 사구교(四句教, 無善無惡是心之體, 有善有惡是意之動, 知善知惡是良知, 為善去惡是格物)에 대한 왕기(王畿, 1498~1583)와 전덕홍(錢德洪, 1496~1574)의 논쟁 심화는 양명학 속에 내재되어 있던 '본체 중시' 경향과 '공부 중시' 경향의 분열 또는 구체화로 이해할 수 있다 (최재목, 2000: 90).15) 이 가운데 내 마음의 양지라는 본체 중시 경향이 양명좌파로 발전되어 양명학의 개성적 전개를 보여주었다.16) 실제 양명좌파에 의해 양지 개념이 변용될수록 공부에 대한 내용은 더욱 간단하고 쉬워졌으며, 그 직관적 성격은 보다 더 부각되었다. 가령 왕기는 "양지 두 글자는 위아래를 통하는 말로서, 이 양지는 옳음도 그름도 알지만 옳음도 그름도 없다"라고 하였고, "만 가지 욕구가 들끓는 상황에 처해도 그것을 일념(一念) 양지로 되돌리기만 한다면 참된 옳고 그름이 환하게 밝혀질 것이다"라고도 하였다.17) 그리고 왕간(王艮, 1483~1541)은 "천하의 공부에서 오로지 성인(聖人)의 공부만이 좋은 공부이니, 조금의 노력을 하지 않아도 끝없는 쾌락이 있다. 만일 조금이라도 힘을 들여야 한다면 성인의 공부가 아니다"18)라고 함으로써, 공부 중시의 경향을 더욱 약화시켰다. 이왕(二王)이 내세웠던 양지 개념에 도덕적인 내용이 전혀 없는 것은 아니다. 하지만 그들은 지금 이 순간에 본래 그대로의 완전한 양지가 아무런 전화(轉化) 과정 없이도 현재 의식으로 드러나 자기 전개와 실현의 주체로 활동하고 있다는 현성(現成) 양지를 제창함으로써, 욕구와 욕망의 발현을 그대로 인정하게 하는 사상적 분위기를 창출했던 것이다(정지욱, 2001: 151~152).19) 그리고 이것은 나여방(羅汝芳, 1515~1588)의 적자지심(赤子之心)과 이지(李贄, 1527~1602)의 동심(童心) 개념으로 계승되어, 기능적 직관의 강조 및 도리(道理) 부정 등의 사고방식을 낳았다.

요약하자면, 육구연과 왕수인, 양명좌파의 학자들은 인간의 마음과 이 마음에 내재되어 있는 양지를 대단히 강조하였다. 이들은 내 마음의 양지를 중심으로 만사만물(萬事萬物)을 통합하였고, 인간의 본성이나 세상의 이치 역시 모두 이 양지에서 비롯된다고 보았던 것이다. 따라서 우리의 일상과 그 일상에서 발생하는 욕구·욕망에 대해서도 상당히 낙관적인 시선으로 바라볼 수 있었다. 이는 성선의 단서를 형이상학적인 리·태극(太極)에서 찾으려 하지 않고, 근본적으로 우리의 마음에서 찾으려 했던 양명학이 궁극으로까지 나아간 결과이다. 그러나 육왕이 강조했던 본심이나 양지의 도덕적 성격은 시간이 흐를수록 약화되었고, 결국 황종희(黃宗羲, 1610~1695) 같은 학자에 의해 양명좌파가 부정되는 결과를 초래하였다.

지금까지 이 소절에서는, 맹자가 양지 개념을 제출한 이래 이 개념에 대한 이해가 어떻게 변화되어 왔는지 사적(史的) 측면에서 살펴보았다. 양지에 대한 집중 조명을 통해 이정과 주희 중심의 학자들보다 육왕과 양명좌파 중심의 학자들이 이 개념을 훨씬 중요하게 다루었다는 사실을 확인할 수 있었다. 그럼에도 그들의 양지에 대한 이해에는 신념이나 통합성에 비해 논리와 체계성이 부족하였고, 논의가 진행될수록 도덕적 색채가 옅어지고 사회적 교화의 기능도 상실해갔다는 점을 확인할 수 있었다. 그렇다면 조선시대의 정제두는 이런 부분을 어떻게 극복하였을까? 다음 소절에서는 이 물음에 답변을 시도할 것이다.

2) 정제두의 양지 이해

결론부터 제시하자면, 정제두는 양지를 구조적으로 이해함으로써 이 개념의 도덕적 성격을 강화하는 방향을 채택하였다. 그리고 그 설명을 위해 '생리(生理) 중심의 리 삼중 구조'를 제시하였다. 정제두 는 양명학자로서는 특이하게도 리를 상세하게 언급했을 뿐 아니라, 세 개의 층위로 파악하였다.20) 그리고 물리(物理)－생리(生理)－진리(眞理)의 삼중 구조 중 특히 뒤의 두 개념들을 통해 양지의 생동성과 도덕적 성격을 설명하였다. 먼저 리의 삼중 구조에 대해 살펴보자.21)

정제두가 제시한 리의 삼중 구조 안에서 가장 낮은 위상을 차지하 는 것은 물리(物理)이다. 물리는 사물과 사태의 조리에 해당하는 것으 로, 그의 사유 안에서 중요한 지위를 확보하지 못한다. 그런데 문제 는 이 조리에 집착할 때 발생한다. 정제두는 많은 정주학자들이 특정 조리를 고정된 리[定理]로 규정하고 여기에 지나치게 큰 의미를 부여 했기 때문에 학문의 본령[心]을 잃어버렸다고 보았다. 그래서 "어찌 유독 『대학』 가운데 단지 하나의 '물(物)'자가 있는 것에 집착해, 천 가지 경서들과 만 가지 교훈들을 덮어버리는가?"22)라고 비판했던 것 이다.23)

이런 비판 위에, 정제두가 가장 자주 언급하였으며 또 비중 있게 다룬 것이 바로 생리(生理)이다. 생리는 초목금수로 대변되는 여타 존 재들과 인간을 구별시켜주는 것으로서, 정제두는 이 개념을 인(仁), 명덕(明德), 측은지심(惻隱之心) 등과 연결하여 설명하기도 하였다. 그 런데 그가 생리라는 표현을 사용했던 까닭은 무엇보다 이 개념이 마 음의 생명력과 능동성을 잘 나타내기 때문이다. 즉, 생동하는 우리 마음의 생리로부터 모든 이치가 발출된다는 것이다. 만일 생리가 사 사로움으로 가려지지만 않는다면, 여기에서 나오는 이치는 중도(中

道)에 어긋나지 않는다. 그래서 그는 이런 생리의 작용을 거울[鑑]과 저울[衡]에 비유하기도 했고, "사람이 모두 요순(堯舜)이 될 수 있다는 것도 생리 때문이고, 노자(老氏)의 죽지 않는다거나, 석가(釋氏)의 멸하지 않는다는 것도 모두 이 생리 때문이다"24)라고 하여 매우 강조했던 것이다.

그러나 정제두는 생리를 논의하는 데서 그치지 않고 진리(眞理)를 언급하였다. 이것은 리의 삼중 구조 안에서 범위로 보자면 가장 협소하지만 가치로 보자면 제일 중요하다. 왜냐하면 진리로 인해 정제두의 사유는 양명좌파와는 다른 행보를 취할 수 있었기 때문이다. 그는 "범리(凡理) 가운데서 생리를 주장하고, 생리 가운데서 진리를 골라야만 이것이 이치가 될 수 있는 것이다"25)라고 하였다. 이 진리는 생리의 진체(眞體)로서, 활발하게 작동하는 생리가 도덕적인 성격을 확보할 수 있게 해 주는 핵심이다. 이런 까닭에 정제두는 진리를 진실지리(眞實之理), 무극지극(無極之極), 천연지체(天然之體), 고유지중(固有之中) 등이라 하여 중요하게 다루었던 것이다.

정리하자면, 정제두는 리의 삼중 구조를 통해 마음의 작용[用]과 본체[體]를 설명하고자 했다. 물리–생리–진리 가운데 마음의 생동적인 작용을 설명하는 용어가 바로 '생리'이다. 그리고 이 생리의 외연이 넓게 확장된 것이 시의적절한 조리로서의 '물리'이다. 정제두가 부정했던 것은 특정 조리를 고정된 리[定理]로 보아 거기에 집착하는 당시의 세태였지, 물리 그 자체를 부정적으로 본 것은 아니었음에 유의해야 한다. 또한 생리의 작용이 일반적인 사태가 아닌 도덕적인 사태에 대해서도 마땅한 중도를 채택할 수 있게 하는 원인이 곧 '진리'이다. 사실 정제두가 가장 빈번하게 언급하고 비중 있게 다루었던 것은 생리였다. 만일 마음 그 자체를 뜻하는 생리가 전제되지 않는다면 진리는 존재할 수 없다. 그러나 그는 생리가 지향해야 하는 도덕적 완전성을 진리라는 용어로 나타내고 있는 것이다. 그렇다면 정제두는 생리 중심의 리 삼중 구조를 전제로, 어떻게 양지를 이해하고 있었을까? 그것은 이 구조를 양지 체용론(體用論)과 연결하는 것이었다.

양명학이 공식적으로 허용되지 않았던 조선을 살았던 정제두로서는 스승과 동학들의 양명학에 대한 편견 해소 및 자신에 대한 비난 해명에 많은 시간을 할애할 수밖에 없었다. 그러나 이 와중에도 그는 양명학의 핵심 키워드인 양지를 체용 구조로 해석함으로써 나름의 양지론(良知論)을 구축하였다. 정제두는 기본적으로 왕수인의 양지 개념을 수용한다. 그래서 "왕씨(王氏)는 마음을 리로 삼았으니, 곧 양지이다. 이 마음의 양지는 체(體)가 된다. 무릇 사물의 작용은 用이 되는데, 이것을 사물의 리라고 일컫는다. 그런데 리는 모두 마음에 갖추어져 있고 마음에는 저절로 양지가 있기에 알지 못하는 리가 없다"[26]라고 하였던 것이다. 인용문 가운데 이미 체로서의 양지가 행하는 용의 모습이 나타나 있지만, 정제두는 〈양지도(良知圖)〉를 그려서 이 개념에 대한 이해를 심화시켰다.

〈양지도〉는 세 개의 동심원으로 구성된 그림으로서, 정제두의 양지론이 압축되어 있다고 평가받는다. ⓐ 가장 바깥의 큰 원은 천지만물권인데, 정제두는 이 권역에 대해 모든 것이 마음이요 양지이고, 내 마음의 양지로부터 발출되는 만사만물에 대한 시의적절한 조리가 천지만물권의 내용이라고 보았다. ⓑ 이 천지만물권보다 작은 원은 마음의 작용[心之情, 心之發]권인데, 그는 이 권역이 '양지의 용[良知之用]'에 해당한다고 보았으며, 사단칠정(四端七情)을 구체적인 내용으로 지적하였다. ⓒ 가장 작은 원은 마음의 본체[心之性, 心之本然]권인데, 그는 이 권역이 '양지의 체[良知之體]'에 해당한다고 보았으며, 인의예지(仁義禮智)를 구체적인 내용으로 지적하였다. 이렇게 구분해서 언급하면 마치 천지만물권이 우리의 마음과 별도의 것처럼 보이지만, 사물과 사태에 대한 조리가 결국 내 마음의 양지에서 비롯된다는 점을 고려할 때, 천지만물권은 양지의 작용이 그 외연을 우주적인 범위로 확장한 것이라고 이해하는 것이 바람직하다. 그래서 정제두는 천지만물권의 여백에 일체무간(一體無間)이라 하여, 모든 것에는 사이가 없다고 적어놓았던 것이다.

그런데 정제두는 이 같은 양지의 구조를 앞서 살펴보았던 리의 세 가지 층위와 연결시켜 더욱 공고히 하였다. 그 중 천지만물권과 물리가 결국 양지의 활동 권역이 크게 확장된 것임을 고려할 때, 이 절에서 주목해야 할 부분은 '양지의 용과 생리'의 관계 및 '양지의 체와 진리'의 관계이다. 먼저 양지의 용과 생리의 관계를 살펴보자면, 정제두는 왕수인이 말한 양지는 마음의 본체이자 인이요 특히 생리라고 보았다. 그래서 "대개 사람의 생리는 밝게 깨닫는 바가 있으면 자연스럽게 두루 흐르고 통달하여 어둠이 없게 되고, 이에 측은·수오·사양·시비하여 못하는 것이 없게 된다. 이것이 고유한 덕이자, 이른바 양지이며 인이다"[27]라고 하였던 것이다. 정제두는 양지를 리의 삼중 구조와 연결시킬 경우 대부분 생리와 연결시키는데, 그 이유는 생리라는 용어가 양지의 생동적인 성격을 가장 잘 나타내기 때문이다. 실제 양명학에서 규정하는 양지는, 이것이 사욕으로 가려지지만 않는다면 알지 못하는 것이 없다. "그 양지가 (사사로움 없이 사물에) 이르게 하기를 다한다면, 생각하지 않고 힘쓰지 않고서도 마치 강하가 터진 듯 (만사만물에 적절한 조리가) 시원하게 흘러나가게 된다"[28]라고 했던 정제두의 언급은 생리로 풀이된 양지의 생명력과 활동성을 그대로 보여주는 것이다.

하지만 정제두는 양명학의 폐단에 대해서도 분명 직시하고 있었다. 그래서 왕학(王學)의 병이라고 지칭하면서 말하기를, "꿈속에서 홀연 치양지의 학문이 매우 정교하지만, 대체로 그 폐단은 감정을 내버려두고 욕망을 멋대로 할(任情縱欲) 우려가 있다는 것을 생각하게 되었다"[29]라고 하였다. 그리고 이 지점에서 그는 양지의 체와 진리를 연결시킴으로써 이 임정종욕의 문제를 해결하고자 했다. 정제두는 "양지는 영명(靈明)의 근본으로 말하면 상제(帝)이고, 그 알고 깨닫는 작용으로 말하면 화공(化工)이니, 곧 하나의 마음을 일컫는 것이다"[30]라고 하였다. 여기서 화공이 양지의 용이자 생리를 말한다면, 상제는 양지의 체이자 진리를 가리키는 것이다. 이것은 사람에게 충만한 생기(生氣)의 근원이자 밝은 덕[明德]으로서, 인이나 측은지심으로도 표현되는 인간의 도덕심을 의미한다. 물론 양지의 체와 용이란 실질적으로는 구별될 수 없는 하나이다. 그럼에도 정제두는 특히 양지의 체와 진리를 연결시킴으로써, 양지 개념의 도덕적 성격을 한층 강화시키고자 했던 것이다.

요컨대 정제두는 체용론을 통해 양지를 구체화하였으며, 이를 다시 리의 삼중 구조와 연결시켜 체계성을 보다 더 강화하였다. 특히 양지의 용은 생리와, 양지의 체는 진리와 매듭지음으로써, 양지가 보여주는 생동성과 함께 도덕적인 성격까지 확보한 것이다. 바로 이것이 정제두의 양지 개념이 이 용어에 대한 사적(史的)인 측면에서 확보하는 사상적 특징이다. 정제두가 이처럼 '양지를 구조적으로 이해'하면서 자연스럽게 '도덕적 성격을 강화'했던 까닭에, 그의 사상에는 이 개념을 중심으로 도덕 실천의 주체 문제를 논의할 수 있는 가능성이 풍부하다. 물론 정이와 주희를 중심으로 한 정주학자들의 사상 역시 인간의 본성[性]을 존재론적으로 정초시킴으로써 인간 도덕성의 근거를 선험적으로 확정시키는 데 크게 기여하였다. 하지만 그 특유의 형이상학적 논법으로 인해 도덕 실천의 주체 확립이라는 면에서는 후퇴한 측면도 있다(이동희, 2010: 202). 반면 육구연과 왕수인을 중심으로 한 육왕학자들과 이들을 계승한 양명좌파의 사상은 도덕 실천의 주체 확립이라는 면에서는 강한 면모를 보여주었다. 그러나 그 근거를 설명하려는 노력이 부족해, 양지의 도덕적 성격을 약화시키는 결과를 초래하였다. 정제두는 이런 두 사상의 한계들을 종합적으로 해결하기 위해 양지를 체용 구조로 파악하고 이 구조를 생리나 진리 등의 개념들과 연결함으로써, 도덕 실천의 주체 확립 문제 및 그 근거에 대한 설명의 필요를 모두 충족시키고자 했던 것이다. 즉, 양지의 용과 생리를 매듭지어 옳고 그름을 능동적으로 판단하고 행동하는 도덕적 실천 주체를 확립하고자 했고, 양지의 체와 진리를 매듭지어 욕구·욕망을 사사로이 풀어두지 않게끔 경계하고자 했던 것이다. 그런데 그는 여기에서 그치지 않고 양지의 구현 과정에 대한 설명까지 시도하였다. 이어지는 절에서는 그것을 살펴보도록 하자.

3. 정제두의 양지 구현 과정에 대한 현대적 해석

필자는 정제두의 양지가 지니는 특징의 구체적인 내용으로 두 가지를 제시할 수 있다고 보는데, 한 가지는 이 책의 제5장에서 살펴본 도덕적 직관이고, 다른 한 가지는 이 장에서 살펴볼 도덕적 열정·의지이다. 전자는 진리(眞理)로서의 양지와, 후자는 생리(生理)로서의 양지와 보다 긴밀하게 연결되는 특징이다. 여기에서는 그 중 도덕적 열정·의지와 관련된 내용에 집중하여 논의를 전개할 것이다. 특히 『대학』, 『중용』, 『맹자』 등에 대한 정제두의 경학적 입장에 비추어 도덕적 열정·의지로서의 양지가 구현되는 과정을 단계로 나누어 살펴보고자 한다.

1) 반성적 성찰[誠意]과 도덕적 충만감[自謙]

양지가 도덕적 열정·의지의 형태로 구현된다는 것은 결과적인 측면을 강조한 것이다. 그리고 이를 살펴보기 위해 먼저 언급해야 할 내용은 반성적 성찰에 대한 것이다. 왜냐하면 내 마음의 양지가 도덕적 열정·의지로 나타나는 과정의 출발점에는 그 양지를 가리는 사욕에 대한 끊임없는 반성과 성찰이 존재하기 때문이다. 그리고 이것은 정제두가 강조했던 성의(誠意) 개념과 연결된다.

정제두의 사유에서 '성(誠)'이란 개념은 수양의 목표라는 측면에서 중요한 위치를 차지한다. 그는 이 점을 도심(道心)과 연결시켜 언급하기도 하는데, 『대학』의 격치성의(格致誠意)와 『중용』의 명선성신(明善誠身)에 포함되어 있는 성은 모두 인간이 지향해야 할 도심이라고 규정하였다.[31] 즉, 성·도심은 우리 마음에서 사욕과 악념을 철저하게 없애버림으로써 양지가 걸림 없이 발휘될 수 있는 상태를 압축적으로 표현한 것이다. 그래서 정제두는 "그 마음과 의념 가운데 나아가, 사사로운 마음과 악한 생각을 완전히 없애버려야만 비로소 성이라고 말할 수 있다"[32]라고 했던 것이다. 바로 이런 상태의 완성을 위해 필요한 것이 성의(誠意)이다. 아래 인용문을 통해 그가 제시하는 성의에 대해 보다 구체적으로 살펴보자.

비록 격치(格致)를 가지고 말하더라도 앞의 첫 단에서 시작한 증거가 없고, 뒤의 성의(誠意) 한 장에서 그것을 이어받은 말도 보이지 않으며, 착간인가 찾아보아도 그 잘못된 곳을 발견할 수 없고, 공부에 있어서 고찰해 보면 이미 자연스럽게 성의 속에 갖추어져 있어 조금도 흠결이 없다.[33]

이처럼 정제두는『대학』의 격물·치지에 대한 주희의 즉물궁리적 (卽物窮理的) 입장을 비판하면서, 격치(格致)의 순차에 따른 성의를 말하지 않고 성의 안에서 격물과 치지가 혼융하여 작동하고 있음을 강조하였다.34) 그가 보기에 격물이란 성의의 실제적인 일[用]로서, 내 마음에서 발생한 의념이 담겨 있는 사물·사태[物]를 바르게 하려는 노력이다. 그리고 치지란 성의의 근본[體]으로서, 마음의 본체인 양지가 이르지 않는 곳이 없도록 하려는 시도이다.35) 그래서 정제두는 "(격물의) 물은 의념의 용이고, (치지의) 지는 의념의 체이다. 의념이 담겨 있는 사물·사태가 바르면(物格) 그 용이 바르게 되고, 양지가 이르면(知至) 그 체가 이르게 된다. 이것이 의념이 성실하게 되는 까닭이요, 명덕이 본체를 얻게 되는 것이다"36)라고 함으로써, 성의 안에서 작동하는 격물과 치지를 체용의 관계로 설명하기도 했던 것이다. 그리고 이렇게 격물과 치지가 혼융하여 기능하는 성의는, 말 그대로 사물·사태와 관련된 의념[意]을 성실하게[誠] 하는 것이다. 그런데 그 과정에서 내 마음의 양지가 사욕에 가리지 않게끔 지속적으로 관찰하고, 또 적절하게 발휘될 수 있도록 적극적으로 노력하는 자세가 요구된다. 바로 이런 시도와 자세가 반영된 성의를 현대적인 용어로 전환하면 '반성적 성찰'이라고 할 수 있다.37) 여기서 양지는 성의를 통해 완전하게 구현해야 할 목표이자 기준 그 자체인 것이다.

　이상과 같은 의미의 성의를 실행함에 있어, ⓐ 홀로를 삼가고[愼獨], ⓑ 자기를 속이지 않으며[毋自欺], ⓒ 경계하고 두려워 함[戒愼恐懼] 등은 그 핵심적인 조목들이 된다. 그래서 정제두는 "성의의 공부는 다만 하나의 신독일 뿐이니, 신독은 곧 자기를 속이지 않으며 스스로 만족하는 공부이다"38)라고 하였으며,『대학』과『중용』의 내용은 각각 무자기와 계신공구로 압축할 수 있다고도 했던 것이다.39) 우리의 일상을 돌이켜보면, 인간이 도덕적으로 해이해지는 대표적인 경우는 다른 사람들의 시선이 닿지 않는 곳에서 도덕과 관련된 어떤 결단을 행해야 할 때이다. 이런 상황에서 인간이 사사로운 욕구와 욕망에 무너지는 경우가 많다는 사실을 부인하기란 쉽지 않다. 하지만 이렇게 아무도 보고 있지 않을 때조차 반(反)도덕적인 행동의 결과로 인해 우리 마음에 거리낌의 흔적이 남는 이유는, 인간이 본래부터 가지고 있던 양지가 강력한 도덕적 시선이 되어 지켜보고 있기 때문이다. 신독·무자기·계신공구는 바로 이 시선[良知]에 대한 믿음으로부터 나오는 공부법들인 것이다. 그리고 이 시선을 거스르지 않는 것이 반복될 때 주체의 내부에 형성되는 것이 스스로에 대한 '도덕적 충만감', 즉 자겸(自謙)이다.40) 이것은 양지가 도덕적 열정·의지라는 최종 형태로 구현될 수 있게끔 하는 원동력이라는 점에서 중요하게 다루어야 할 내용이다.

정제두는 "홀로를 삼가고(愼獨), 스스로 만족하여(自謙) 머묾에 이르면, 지극한 선(至善)을 얻는다"41)라고 하였다. 그의 사유에서 지극한 선이란 내 마음의 양지에 대한 자각과 보존, 실천을 뜻하는 것으로서, 양지가 도덕적 열정·의지라는 형태로 구현되었음을 말한다. 이렇게 보자면 반성적 성찰을 통해 형성되는 도덕적 충만감은 양지의 온전한 작용을 위해 필수적으로 요청되는 과정인 것이다. 그런데 이 충만감의 획득은 순간에 그치는 것이 아니라, 다시 반성적 성찰이 이루어지게끔 하는 촉진제 역할도 한다. 그래서 정제두는 성의 안에서 작동하는 격물과 치지를 통해 얻은 자겸이 다시 그 격물과 치지에 미치는 영향에 대해 말하기를, 공부란 오직 내 마음의 양지에 스스로 만족하기[自謙]를 구하고, 다시 그 양지에 비추어 자기를 속이지 말라[毋自欺]는 것일 뿐이니, 격물과 치지가 지향해야 하는 바도 결국 이 지점이라는 사실을 지적했던 것이다.42)

도덕적인 측면에서 느끼는 충만감에 대해 보다 구체적으로 말하자면, 이것은 '의(義)를 모아 자신을 가득 채워서 내 마음이 천지의 바른 것에 합하였으므로 만족하지 않음이 없다'는 맹자의 부동심(不動心)과 유사한 상태라고 할 수 있다. 이런 까닭에 정제두는 맹자가 언급했던 '뇌(餒)'라는 용어와 비교하면서 자겸의 상태를 설명하기도 했던 것이다. 여기서 뇌란, '마음에 만족하지 못함이 있으면 그 마음이 의에 부합하지 못하여 호연지기(浩然之氣)가 쭈그러든다'는 부정적인 개념이다. 그런데 정제두는 이 한 글자가 내포하고 있는 내용을 다음과 같이 상세하게 풀이하면서, 매우 좋은 표현이라고 극찬하였다.

이 '쭈그러든다(餒)'는 글자가 심히 좋다. 가령 사람은 밥을 기다려 사는데 먹지 못하면 배가 쭈그러든다. 이 기가 도의(道義)를 기다리는 것도 또한 그러함이 있다. 도의가 있어야 (이 기도) 있으니, 증자(曾子)가 '스스로 반성하여 곧지 못하면 천한 사람에게도 겁을 낸다'라고 했던 것이 그 것이다. 이 있고 없는 것은 도의가 있고 없는 것에 말미암으니, 이것은 도의가 쌓이고 모임으로 말미암아 생긴 것이다. 무릇 도의와 더불어 그 있고 없음을 같이 하니, 어찌 천지간의 바른 기운이 아니겠는가?[43]

뇌는 자신이 내린 도덕적 결단이 양지에 부합하지 못하고, 따라서 도의에도 어긋나 호연지기가 쭈그러들어 불쾌한 상태이다. 그러나 자겸은 뇌와는 정반대의 상태로, 반성적 성찰에 따른 결단이 양지에 전적으로 부합함으로써 바른 기운이 내 몸에 들어차 실제적으로 감지되는 도덕적 유쾌함이다. 이 유쾌함은 도덕 철학자이자 심리학자인 리코나(T. Lickona, 박장호·추병완 역, 2002: 82~84)가 언급한 열망의 도덕성(morality of desire) 혹은 도덕적 에너지(moral energy)로 기능함으로써, 도덕적인 측면에서의 충만감을 키워주고 나아가 양지가 강력한 열정과 의지로 구현되게끔 하는 원동력의 역할을 한다. 이런 유쾌한 감정의 강조는 정제두의 사유에서 발견할 수 있는 양명학 특유의 심미적인 특징이다. 다만 이 지점에서 유의해야 할 것은 유쾌한 감정으로 다가오는 도덕적 충만감은 일시적으로 얻었다고 해서 완성되는 것도 아니지만, 한 번 잃어버리기 시작하면 주리고 부족하게 되어 쉽게 채우지 못하게 된다는 사실이다. 그래서 정제두는 "사람의 행동이 한 번 선하지 못해 마음에 만족스럽지 못함이 있으면, 의가 상실되어 호연지기가 곧 쭈그러든다"[44]라고 했던 것이다. 요컨대 그는 보다 완전한 도덕적 충만감의 형성을 위해서는 지속적인 반성적 성찰이 필수적이라는 점을 거듭 강조했던 것이다.

지금까지 이 소절에서는 정제두가 풀이한 성의와 자겸을 양지 개념과 결부시켜 살펴보았다. 그의 사유에서 성의는 격물과 치지가 혼융하여 작동하는 '반성적 성찰'의 역할을 한다. 그리고 자겸은 반성적 성찰에 따른 결단의 지속화로 생성되는 '도덕적 충만감'이다. 이 과정에서 내 마음의 양지는 성의와 자겸을 통해 자각해야만 하는 목표이자, 도덕적 결단을 행하는 매순간의 기준으로 기능한다. 그런데 정제두는 여기에서 머무르지 않고, 『중용』에 나오는 두 개의 지성(至誠·至聖)이라는 용어를 가지고 양지의 완전한 구현 상태를 설명하였다. 다음 소절에서는 이 부분에 대해 살펴보자.

2) 도덕적 열정·의지의 구현[至誠·至聖]

내 마음의 양지가 사욕에 가리지 않도록 ⓐ 반성적 성찰[誠意]을 하고, 그 양지의 자각 및 보존을 통해 ⓑ 도덕적 충만감[自謙]을 획득하게 되면, 이제 양지는 ⓒ 도덕적 열정·의지라는 최종 형태로 구현된다. 그러나 논의의 편의와 현대적 의의의 도출을 위해 구분하여 살펴보았을 뿐, 이 단계들은 실질적으로 합일되어 있다는 사실을 잊어서는 안 된다.

도덕적 열정·의지는 도덕적 열정과 도덕적 의지의 결합어로, 이 두 용어가 모두 욕구[欲]와 연결되어 있다는 점을 고려해 한 자리에 배치해 놓은 것이다. 유가에서의 욕구에 대한 용법은 이중적이다. 한 가지는 사욕(私欲)을 경계하고 인욕(人欲)을 제거하라는 명령에서 발견할 수 있는 부정적인 용법이고, 다른 한 가지는 옳은 것을 실천하고 그른 것을 피하고자 하는 주체의 도덕적 욕구에서 발견할 수 있는 긍정적인 용법이다. 이 중 주목해야 할 부분은 후자인데, 그 이유는 '옳고 그름의 판단'과 '옳은 것을 실천하고 그른 것을 피하고자 하는 욕구'의 연계·통합은 도덕 실천의 필요조건이기 때문이다(이경무, 2010: 472).[45] 이런 긍정적인 용법의 욕구와 여기에서 발생하는 호오(好惡)의 감정은 인간의 양지에 전폭적인 신뢰를 보내는 양명학에서도 강조하는 부분이다. 이 같이 도덕적 열정과 도덕적 의지 모두 욕구와 결부시켜 이해할 수 있다는 전제하에 약간의 구분을 두자면, 전자는 사물과 사태에 대해 양지가 이르는 범위를 비약적으로 확대시키려는 욕구라고 규정할 수 있고, 후자는 양지의 판단 작용이 즉각적인 행동으로 실현되게끔 하려는 욕구라고 설명할 수 있다. 그런데 정제두는 이런 도덕적 열정·의지로서의 양지가 구현된 상태를 구체적으로 나타내기 위해 『중용』에 나오는 두 개의 지성이라는 개념들을 사용한다. 먼저 첫 번째의 지성(至誠)을 통해 논의를 시작하도록 하자.[46]

앞 절에서 살펴본 성의(誠意)에서의 성(誠)은 도심(道心)과 연결되어 양지를 가리는 사욕을 철저하게 없애버린 상태를 말하는 것으로, 수양의 목표와 관련된 내용이었다. 그러나 지성(至誠)에서의 성(誠)은 그 수양을 몸소 실천하는 주체를 가리키는 것으로, 성실하려는[誠之] 노력을 통해 내 마음의 양지를 적극적으로 드러내는 도덕적 주체를 말한다. 관련하여 『중용』에는 "선(善)을 택해 그것을 붙잡는다"[47]는 구절이 있는데, 여기에 대해 정제두는 "선을 택한다는 것은 중도(中庸)에서 택하여 하나의 선을 얻는 것이요, 그것을 굳게 붙잡는다는 것은 정성스럽게 하여 그 선을 잃지 않는 것이다"[48]라고 풀이함으로써, 양지의 직관적 도덕 판단에 의심이 없고 그 판단을 행함에 태만함이 없는 도덕적 주체의 태도를 강조하였다. 그는 또한 "실심(實心)으로 보자면, 성(誠)이란 마음이 스스로 근본이 되는 곳이다"[49]라는 언급을 통해, 도덕적 주체로서의 성과 내 마음의 양지가 서로 다른 것이 아니라는 점도 함께 지적하고 있다. 요컨대 정제두의 사유에서 성이란 수양의 목표이자 주체인 것이다.

이 같은 의미의 성이 반영된 첫 번째 지성(至誠), 즉 '지극히 성실한 자'라는 개념을 통해 정제두가 나타내고 싶었던 것은, 한 주체 안에서 도덕적 열정·의지로 기능하는 양지가 그 활동 범위를 우주적인 영역까지 확장할 수 있다는 것이다. 그래서 그는 『중용』에 나타나는 지극히 성실한 자의 능력들을 기본적으로 수용하는 바, 첫째는 도덕적 주체인 인간이 스스로의 본성을 다함으로써 사물의 본성을 이루고 천지의 화육(化育)에까지 기여할 수 있다는 것이고, 둘째는 선한 것과 그렇지 않은 것을 곧바로 직관[前知]할 수 있다는 것이다.[50] 이러한 도덕적 주체의 본성과 직관 능력은 정제두의 사유에서 모두 양지를 가리킨다.

그런데 그는 『중용』의 내용들을 수용하는 정도에 그치지 않고, 체용론을 통해 지극히 성실한 자에 대한 보다 분석적인 접근을 취한다. 우선 지극히 성실한 자의 체(體)로서의 특징은 '쉼이 없다'는 것이다. 관련하여 『중용』에는 "지성은 쉼이 없으니, 쉼이 없으면 오래 가고, 오래 가면 징험이 나타나며, 징험이 나타나면 아득히 멀고, 아득히 멀면 넓고 두터우며, 넓고 두터우면 높고 밝다"[51]라는 구절이 있다.

결국 지극히 성실한 자는 끊임없는 노력을 통해 양지의 실현을 추구하므로, '오래 가고, 징험이 나타나며, 아득히 멀고, 넓고 두터우며, 높고 밝다'는 말들로 형용되는 공효가 드러난다는 것이다. 정제두는 이 부분을 다음과 같이 좀 더 상세하게 풀이하였다.

'성실하려고 노력하는 자(誠之者)'는 쉬지 아니하여 변함없이 오래 간다. 그래서 쌓이기를 오래하여 공효가 나타나는데, 그 기운(勢)이 길고 길어서 다하지 아니하고, 그 양이 넓고 두터워서 끝이 없으며, 그 본체가 높고 밝아서 넘을 수가 없다. 이 세 가지가 곧 오래 가는 징험이다.[52]

정제두가 『중용』 원문의 지극히 성실한 자[至誠]를 완성태로서의 천도(天道)가 아닌 '성실하려고 노력하는 자[誠之者]'로 풀이했다는 것은, 지성이 스스로의 양지가 제공하는 판단에 의심을 두지 않고, 그 판단을 즉각적으로 행하기 위해 적극적으로 시도하는 도덕적 주체임을 다시 한 번 보여주는 것이다. 그리고 이와 같은 지극히 성실한 자의 쉼이 없는 체로서의 특징으로 인해, 우리의 일상 세계에 활용할 수 있는 삼백 가지의 예의(禮儀)과 삼천 가지의 위의(威儀) 같은 용(用)이 나오게 된다. 정리하자면, 정제두는 『중용』에 나오는 첫 번째 지성(至誠) 개념을 통해 도덕적 열정·의지로서의 양지가 구현되는 모습과 범위를 일반화시켜 나타내고 있는 것이다. 그렇다면 두 번째 지성(至聖) 개념을 통해 그가 말하고 싶었던 것은 무엇일까? 이 물음에 답하기 위해 『중용』에 나오는 아래 구절을 살펴보도록 하자.

크도다. 성인의 도여. 만물을 발육함에 양양(洋洋)하니 높음이 하늘에 이르렀다. 대단히 크도다. 예의가 삼백 가지요 위의가 삼천 가지로되, '그 사람'을 기다린 뒤에 행해진다. 그러므로 이르기를, '진실로 지덕(至德)이

아니면 지도(至道)가 모이지 않는다'라고 하였던 것이다.53)

인용문은 첫 번째 지성(至誠)의 용에 해당하는 구절인데, 눈여겨보아야 할 부분은 용으로서의 예의와 위의가 '그 사람'이 나타나기를 기다린 뒤에서야 행해진다는 것이다. 여기서 그 사람이란 도덕적 열정·의지로서의 양지를 통해 예의와 위의를 마땅한 때에 마땅한 방식으로 실천하는 보다 현실적인 인간상을 의미하는 것으로, 인용문의 '진실로 지덕이 아니면 지도가 모이지 않는다'는 구절 가운데 지덕을 가리키는 것이다. 이것은 또한 직전에 살펴본 지극히 성실한 자[至誠]의 현실태로서, 정제두가 두 번째의 지성(至聖), 즉 '지극히 성스러운 자'라는 개념을 통해 나타내고 싶었던 것이다.

지극히 성스러운 자를 이해하기 위해 지덕과 지도에 대해 좀 더 상세히 언급하자면, 정제두는 예의와 위의는 지극한 도[至道]와 연결시키고, 이것을 행하는 자는 지극한 덕의 사람[至德]과 연결시켰다. 뿐만 아니라 첫 번째 지성(至誠) 개념은 지극한 도와 연결시키고, 두 번째 지성(至聖) 개념은 지극한 덕의 사람과 연결시켰다.54) 이렇게 지극히 성스러운 자[至聖]를 지극한 덕의 사람[至德]과 연결시킴으로써, 정제두는 지극히 성실한 자[至誠]의 현실태를 제시함과 동시에 도덕적 열정·의지로서의 양지를 자각한 주체가 생동적이고 활발하게 활동하는 모습을 묘사하고자 했던 것이다. 실제로『중용』에서도 지극히 성실한 자와 비교할 때 지극히 성스러운 자가 더욱 역동적이고 현실감 있는 모습으로 나타나는바, 이런 까닭에 그 명성이 흐르고 넘쳐서 멀고 먼 여타 지방에까지 미친다고 했던 것이다.

오직 천하의 지극히 성스러운 자여야 능히 총명예지가 아래로 임하기에 충분하고, 너그럽고 넉넉하고 따스하고 부드러움은 포용하기에 충분하며, 분발하고 강하고 굳세고 꿋꿋함은 잡기에 충분하고, 재계하고 장중하고 중도를 지키고 올바름은 공경하기에 충분하며, 문장과 조리와 자세함과 살핌은 분별하기에 충분하다.55)

정제두는 『중용』의 두 개의 지성 개념 중 지극히 성스러운 자[至聖]는 덕성으로써 말한 것이기에 근본에서 말단으로 나간 것이요, 지극히 성실한 자[至誠]는 도로써 말한 것이기에 말단에서 근본으로 들어간 것이라고 언급했다.56) 이것은 두 개의 지성 개념이 분리되어 있는 것이 아니라는 점을 보여주는 것으로, 결국 지극히 성스러운 자의 덕이 목표하는 곳이 지극히 성실한 자의 도이며, 이 도를 체득한 자야말로 제대로 된 덕을 발현할 수 있다는 것이다. 그럼에도 그는 "총명과 성지(聖知)가 하늘의 덕(天德)에 도달한 사람은 지극히 성스러운 자이니, 진실로 지덕이 아니면 지도가 모이지 않는다. 지극히 성스러운 자의 덕이 아니라면, 누가 능히 (지극히 성실한 자의) 도와 더불어 하겠는가?"57)라고 밝힘으로써, 내 마음의 양지를 자각하고 보존하며 실천하여 지극한 덕을 체득(體得)한 인물이야말로 지극한 도를 구현할 수 있다고 보았던 것이다.

지금까지 이 소절에서는, 정제두가 양지의 구현 상태를 보다 구체적으로 드러내기 위해 사용했던 두 개의 지성 개념에 대해 살펴보았다. 하나는 지극히 성실한 자[至誠]로서, 정제두는 이 개념을 통해 도덕적 주체 안에서 생동하는 양지가 그 활동 범위를 우주적인 영역까지 확장시키는 모습을 일반화시켜 드러내고자 했다. 그리고 다른 하나는 지극히 성스러운 자[至聖]로서, 정제두는 이 개념을 통해 양지의 판단을 마땅한 때 마땅한 방식으로 실천하는 실제적이고 현실적인 인간상을 담아내고자 했다. 여기서 두 개의 지성 개념을 관통하는 것이 바로 도덕적 열정·의지로서의 양지이다. 요컨대 정제두는 도덕적 열정·의지로서의 양지를 구현한 두 개의 지성 개념을 통해, 마음이 본래적으로 지니고 있는 양지를 자각하고 보존하며 실천하는 지극한 덕성의 인간을 학문의 지향점으로 제시했던 것이다. 그렇다면 이 절에서 살펴본 정제두의 양지 구현 과정이 지니는 도덕교육적 시사점은 무엇일까? 마지막 절에서는 이 물음에 대한 간략한 답변을 시도하는 것으로 제6장을 마무리할 것이다.

4. 정제두의 양지 구현 과정이 지니는 도덕교육적 시사점

정제두의 양지 구현 과정에 대한 현대적 해석이 지니는 도덕교육적 시사점으로 여러 가지 내용을 제시할 수 있겠지만, 여기에서는 두 가지만 언급하고자 한다.

첫 번째는 그간 도덕교육계에서 제대로 된 의미 규정 없이 사용하고 있던 용어들을 좀 더 분명하게 이해하는 데 도움을 제공한다는 것이다. 이 장에서 정제두의 양지 구현 과정을 현대적으로 재해석하면서 사용했던 용어들 가운데 '반성적 성찰'과 '도덕적 열정·의지' 등은 현재 도덕과 교육에서 활용하고 있는 용어들로서, 필자가 의도적으로 채택한 것들이다. 반성적 성찰에 대해서는 "자기 자신의 내면과 현실세계를 도덕적인 관점에서 성찰하는 삶의 중요성을 인식하고, 도덕적인 인간이 지닌 덕과 성품, 보편적인 도덕 원리 등을 도덕적 성찰을 위한 준거로 이해한다"라고 기술하고 있으며, 도덕적 열정·의지에 대해서는 "정의적 측면에서는 도덕적 민감성과 열정, 도덕적 가치·덕목의 내면화 정도 등을 평가한다"라고 기술하고 있다(교육과학기술부, 2012: 19·30). 요컨대 반성적 성찰은 학습 요소로 설정되어 있고, 도덕적 열정·의지는 평가 요소로 설정되어 있는 것이다. 그러나 『도덕과 교육과정』에는 그 이상의 해설이 없어 연구자들이나 일선 현장의 교사들로 하여금 혼란을 초래하는 경우가 잦다. 가령 ⓐ 자신의 내면을 성찰한다는 것은 구체적으로 무슨 뜻인가? ⓑ 성찰은 도덕 교과에서 강조하는 또 하나의 중요 학습 요소인 도덕적 탐구와 어떤 차이점을 갖는가? ⓒ 정의적 측면의 민감성이나 도덕적 열정을 어떻게 평가해야 하는가? 등은 여전히 해결되지 않은 채 남아 있다.

이 같은 상황에서, 정제두의 양지 구현 과정에서 발견할 수 있는 성의(誠意)나 지성(至誠)·지성(至聖) 등의 개념은 중요한 도덕교육적 시사점을 지닌다. 그의 사유에서 나타나는 반성적 성찰[誠意]이란 사물·사태에 대해 내 마음으로부터 발생한 의념을 성실하고 바르게 하려는 노력이자, 도덕적인 측면의 유쾌함과 충만감을 파생시키는 출발점이다. 또한 도덕적 열정·의지의 구현[至誠·至聖]이란 이 도덕적 충만감을 원동력 삼아 공평하고 바른 마음의 적용 범위를 개인을 넘어 자연만물을 포함한 우주적인 범위로 확장시키려는 욕구이자, 적극적인 실천을 통해 지극한 덕성으로 거듭나게 하려는 의지이다. 그리고 이런 기반 위에 만들어지는 도덕교육이란 자라나는 아이들의 마음[良知]에 교과의 역량을 집중하여, 그 마음을 밝고 건강하게 만들어주려는 학교 중심의 대통합적인 노력이다. 이렇게 보자면 우리의 전통적인 사유 방식은 그동안 불분명하게 사용되던 교육적 용어들을 더욱 명료하게 만드는 데 크게 기여할 수 있다. 이 장은 그 전통들 가운데 조선 최대의 양명학자로 꼽히는 정제두의 사유에 초점을 맞춘 것이다.

도덕교육적 시사점의 두 번째로 제시할 수 있는 것은, 정제두의 양지 구현 과정이 지니는 도덕 심리학적 시사점이다. 제2절에서 지적한 것처럼, 정제두가 양지를 구조적으로 이해하면서 도덕적 성격을 강화했던 까닭에, 그의 사유에는 한 주체의 내면에서 이루어지는 양지의 구현 과정이 두드러진다. 그리고 그것은 반성적 성찰로부터 시작되어 도덕적 충만감을 거쳐 도덕적 열정·의지라는 형태로 완성된다. 이 과정은 앎과 행함의 완벽한 일치[知行合一]라는 양명학의 기본 명제를 보다 심도 있게 다룬 것이라고 평가할 수 있다. 그런데 이와 같은 양지의 구현 과정은 도덕 심리학에도 시사하는 바가 적지 않다.

도덕 심리학이 인간의 도덕적 인지[知], 정서[情], 행동[行]의 과정을 이해하고 응용하는 데 큰 공헌을 했다는 점에는 이견이 있을 수 없다. 그러나 블라지(A. Blasi, 정창우 역, 2008: 168)의 고백처럼, "무엇이 도덕적 동기화를 만들어내는가? 의지에 기반을 둔 도덕성을 구성하는 결정적인 요인은 무엇인가? 도덕성이 개인 정체성의 핵심을 구성하고 안하는 것을 판가름 내는 결정적인 요소는 무엇인가? 심리학자들은 이런 질문들에 대해 대답하지 못한다." 이 같은 점에 비추어 볼 때, 정제두가 제시한 양지의 구현 과정은 도덕 판단이 행위로 완성되는 과정을 '도덕적 충만감[自謙]'과 같은 인간 심리를 반영하여 설명하고 있다는 점에서 상당한 도덕 심리학적 시사점을 확보한다. 무엇보다 그가 반성적 성찰로부터 도덕적 열정·의지로 나아가는 일련의 단계들을, 양지를 중심으로 통합시켜 다룬다는 점에 주목해야 한다. 이것은 도덕 심리학에서 도덕성을 논하면서 인지, 정서, 행동을 분리하여 다룬 것과는 인간에 대한 관점이 다르기 때문이다. 도덕 심리학자들은 인지, 정서, 행동의 각각을 도덕성으로 규정하고 특화시키는 데 초점을 맞추었기에 연구의 편의성은 확보했지만, 이것들이 통합되어 살아가는 인간 그 자체를 설명하는 데는 어려움을 겪을 수밖에 없었다. 그러나 정제두는 우리의 마음[良知]을 구심점으로 삼아 인간의 여러 측면들을 합일시키고 있기에, 보다 실제적인 인간 이해에 도움을 제공한다. 그리고 이것이 그의 사유가 지니는 도덕

심리학적 시사점이다.

지금까지 제6장에서는, 정제두의 양지 구현 과정에 대해 현대적 해석을 시도하고 도덕교육적 시사점을 추출한다는 목적 하에 논의를 진행하였다. 먼저 양지 개념의 사적(史的) 맥락 안에서 정제두의 양지가 지니는 사상적 특징들을 살펴보았다. 이어서 그가 제시한 양지의 구현 과정을 성의(誠意), 자겸(自謙), 지성(至誠·至聖) 등의 용어들과 연결시켜 구체화하였다. 끝으로 정제두의 양지 구현 과정에서 도출할 수 있는 도덕교육적 시사점에 대해 고찰하였다. 그러나 이 장의 논의는 후속 과제의 필요성도 함께 남기고 있다. ⓐ 우선 여기에서 장구한 유학사(儒學史)에서 언급되었던 모든 양지 개념들을 살펴본 것은 아니므로, 이 부분에 대한 후속 연구가 필요하다. ⓑ 다음으로, 이 장의 내용에 기초하여 정제두의 사상을 현대 사회의 쟁점이 되고 있는 인성교육, 명상교육 등과 연결시켜 활용하는 방안을 모색하는 후속 연구가 필요하다. 이상의 과제들이 필자의 추후 관심사가 될 예정임을 밝히면서 제2부를 마친다.

1) 이 장의 목적은 양지 개념에 대한 정주학과 육왕학의 관점 중 어느 것이 더 타당한가를 밝히려는 것이 아니다. 같은 맥락에서 정제두의 양지 이해가 왕수인과 양명후학에 비해 더 타당하다는 것을 주장하려는 것도 아니다. 맹자의 양지 언급 이후, 유가에서는 기본적으로 인간 본성의 본래적 선함을 설명할 때 이 개념을 사용하였다. 하지만 특정 개념에 대한 사적(史的) 측면에서 볼 때, 양지에 대한 학자별, 학파별 관점에는 차이가 존재한다. 필자는 이 부분을 부각시킴으로써 정제두의 사상이 지니는 특징을 보다 명확히 하려는 것이다.

2) 『孟子』 「盡心」: 人之所不學而能者, 其良能也, 所不慮而知者, 其良知也.

3) 황갑연(2005: 413~414)은 양지·양능의 양(良)은 良-郞-廊의 도식으로 설명할 수 있다고 보면서, 전국 시대 궁정의 낭중(廊中)에서 군주를 모시던 낭중(郞中)은 '좋은' 신하라는 의미를 내포하고 있으며, 이로부터 良의 좋다, 우량하다의 뜻이 인신된 것이라고 하였다.

4) 『正蒙』 「誠明」: 天良能本吾良能, 顧爲有我所喪爾 ; 誠明所知乃天德良知, 非聞見小知而已.

5) 『二程集』 『河南程氏遺書』 卷2 上: 仁者, 渾然與物同體, 義禮知信皆仁也. 識得此理, 以誠敬存之而已, 不須防檢, 不須窮索. … 蓋良知良能元不喪失, 以昔日習心未除, 却須存習此心, 久則可奪舊習.

6) 『二程集』 『河南程氏遺書』 卷2 上: 良知良能, 皆無所由, 乃出於天, 不繫於人.

7) 『孟子集註』 「盡心章句」: 良者, 本然之善也.

8) 양지를 지식이나 지각으로 해석하면서 위상을 낮추었던 것은 나흠순(羅欽順, 1465~1547)을 비롯한 주희의 후학들과 조선의 일부 유자들이었지, 정주의 언급에서 양지의 선천성을 부정할 언급을 찾아보기는 어렵다. 주희의 충실한 제자였던 진순(陳淳, 1159~1223)만 하더라도 양지의 지식적 측면을 강조했지만, 그 선천성을 드러내기 위해 '타고난 양지(自良知)'와 같은 표현을 사용하였음에 유의해야 한다(『北溪字義』 卷上: 自良知無不知是愛, 則仁之智也. … 自良知無不知是敬, 則義之智也).

9) 이와 관련해 피터 볼(P. K. Bol, 김영민 역, 2011: 252)은 정주학자들이 다음과 같은 주장을 펼쳤다고 말한다. "첫째, 모든 생명을 창조하고 지탱하는 '통합적이고 조화로우며 일관된' 과정들이 존재한다. 둘째, 생물학적 존재로서의 인간 또한 그러한 과정들의 산물이기 때문에, 인간은 자기 내부에 '통합적이고 조화로우며 일관된' 질서에 필요한 원리들을 가지고 있다. 셋째, 인간은 자신이 본래적으로 가지고 있는 리를 의식하고 그에 따라 행동함으로써 '통합적이고 조화로우며 일관된' 사회를 만들어 낼 수 있다." 여기

서 '통합적이고 조화로우며 일관된' 것이 바로 리의 속성이며, 그 리가 인간에게 내재된 것이 성이요 인간의 조건이다.

10) 『陸九淵集』 卷1 '與曾宅之': 孟子曰, 所不慮而知者, 其良知也, 所不學而能者, 其良能也. 此天之所與我者. 我固有之, 非由鑠外我也. 故曰, 萬物皆備於我矣, 反身而誠, 樂莫大焉. 此吾之本心也, 所謂安宅正路者, 此也. 所謂廣居正位大道者, 此也. 古人自得之, 故有其實.

11) 『王陽明全集』 卷34 「年譜 2」: 我此良知二字, 實千古聖聖相傳一點滴骨血也.

12) 『傳習錄』 卷中: 良知只是一個良知, 而善惡自辨, 更有何善何惡可思. … 蓋思之是非邪正, 良知無有不自知者.

13) 『王陽明全集』 卷8 '書朱守乾卷': 夫良知者, 即所謂是非之心, 人皆有之.

14) 『傳習錄』 卷下: 爾那一點良知, 是爾自家的準則 … 爾只不要欺他, 實實落落依着他做去, 善便存, 惡便去.

15) 사구교 각각에 대한 상세한 풀이 및 왕수인의 견해에 대해서는, 김세정(2013: 97~121)의 연구를 참조할 수 있다.

16) 이 장에서는 양명후학의 갈래들 중 양명좌파를 중심으로 논의를 전개하였다. 이것은 지면의 한계 때문이기도 하지만, 소위 양명우파(陽明右派)의 양지 이해가 후천적 치지(致知)를 강조함으로써, 왕수인의 본지(本旨)와는 다소 멀어졌다고 판단하였기 때문이다. 이 부분과 관련해서는 시마다 겐지(島田虔次, 김석근·이근우 역, 2008: 177~191)와 이상훈(2004: 357~390) 등의 연구를 참조할 수 있다.

17) 『明儒學案』 卷12 「郎中王龍溪先生畿」: 良知二字, 是徹上徹下語, 良知知是知非, 良知無是無非 ; 當萬欲騰沸之中, 若肯反諸一念良知, 其眞是眞非, 炯然未嘗不明.

18) 『明儒學案』 卷32 「處士王心齋先生艮」: 天下之學, 惟有聖人之學好學, 不費些子氣力, 有無邊快樂. 若費些子氣力, 便不是聖人之學.

19) 왕기는 제자들이 스승의 양지를 잘못 이해하고 있음을 지적하고, 이와 관련된 사례들을 여섯 가지(歸寂, 修證, 已發, 無欲, 體用, 本末)로 나누어 제시하였다. 그 마지막 분류에 왕간이 자리하고 있다는 점에서, 왕기와 왕간의 사유가 전적으로 같다고는 할 수 없다(이주행, 2005: 204~222). 그러나 세부적인 논의에는 차이가 있을지라도 두 사람의 사유가 기본적으로 현성 양지에 기반하고 있으며, 극단적인 현성 양지만을 강조했던 맹추(孟秋)와 같은 인물에 비해 사상적 영향력이 대단히 컸기에 두 사람을 함께 언급하였다.

20) 정제두가 학문의 본령을 양명학으로 설정했을지라도, 그의 사상이 가지는 특징은 결국 조선의 정주 성리학적 배경과 결합해 탄생한 것이다. 특히 리기(理氣)의 본체 문제에 대한 그의 견해는 서경덕(徐敬德, 1489~1546), 이황(李滉, 1501~1570), 이이(李珥, 1536~1584), 성혼(成渾, 1535~1598) 등의 관점을 일정 부분 수용하기도 하고 배격하기도 하면서 이루어졌다. 결론적으로 그는 리와 기를 본체의 양면으로 이해하고 양자의 불가분리성을 통해 도덕적 본체의 발용과 활동성을 담보했던 것이다(김윤경, 2013: 164~165). 이 소절에서 살펴볼 생리(生理) 중심의 리 삼중 구조는 바로 여기에서 비롯되었다. 정제두에게 미친 당대 성리학의 영향 및 리기에 대한 그의 견해를 고찰하는 것은 매우 중요한 문제이지만, 양지 개념에 천착하려는 이 장의 범위를 벗어나므로 다른 기회에 살펴보기로 하겠다.

21) 정제두가 리를 그 성격에 따라 세 가지 용어로 나누어 제시하였음은 잘 알려진 사실이

다. 이와 관련해 김교빈(1992: 15~37)은 '중층 구조'라고 명명하면서, 물리를 제외한 생리와 진리만을 가치론적으로 구별하여 설명하였다. 그리고 이상호(2008: 135~200)는 '리삼분설'이라고 명명하면서, 정제두의 사유는 세 가지의 리 중 진리를 중심으로 하기에 양명우파적 특질을 지니게 되었다고 풀이하였다. 필자는 김교빈과 이상호의 구조화를 인정하지만, 정제두의 본래 의도는 생리를 중심으로 하되 생리의 활동 영역과 도덕적 완전성을 부각시킬 때 각각 물리와 진리라는 용어를 사용하였다고 본다. 따라서 '생리 중심의 리 삼중 구조'라는 명칭을 채택하였다.

22) 『霞谷集』卷9 『存言 下』: 何可獨以大學中只有一物字, 執之以蔽其千經萬訓邪.

23) 정제두의 학문함은 정주학에서 출발하였기에, 성학(聖學)을 위한 주희의 노력을 잘 알고 있었고 대체로 공감하였다. 하지만 정제두는 주희의 격물(格物) 해석만큼은 결코 수용하지 않았고 지속적으로 비판하였다. 이것은 그가 주희의 물리를 잘못 이해하고 있었다기보다는, 점점 경화(硬化)되어 가던 당대 학문 풍토의 주된 원인을 주희의 격물 해석으로 보았기 때문이다. 이런 점은 정제두가 『대학』에 있어서도 『고본대학(古本大學)』을 택하였고, 그 풀이에 있어서도 왕수인의 견해를 상당 부분 인정하였다는 사실에서 잘 나타난다. 정제두의 『대학』에 나타나는 특징에 대해서는, 민혜진(2004a: 27~51)의 연구를 참조할 수 있다.

24) 『霞谷集』卷8 『存言 上』: 萬事萬理皆由此出焉, 人之皆可以爲堯舜者卽以此也, 老氏之不死, 釋氏之不滅, 亦皆以此也.

25) 『霞谷集』卷8 『存言 上』: 於凡理之中主生理, 生理之中擇其眞理, 是乃可以爲理矣.

26) 『霞谷集』卷9 『存言 下』: 王氏以心爲理, 卽良知也. 心之良知爲體. 凡事物作用爲用, 而謂事物之理. 理皆具於心, 心自有良知, 未有不知之理.

27) 『霞谷集』卷1 '與閔彦暉論辨言正術書': 蓋人之生理, 能有所明覺, 自能周流通達而不昧者, 乃能惻隱能羞惡, 能辭讓是非, 無所不能者. 是其固有之德, 而所謂良知者也, 亦卽所謂仁者也.

28) 『霞谷集』卷1 '與閔彦暉論辨言正術書': 致其知而無不盡, 不思不勉, 正所謂沛然若決江河者也.

29) 『霞谷集』卷9 『存言 下』: 夢中忽思得王氏致良知之學甚精, 抑其弊或有任情縱欲之患.

30) 『霞谷集』卷1 '答閔誠齋書': 良知者, 以其靈明之體言之則帝也, 以其知此覺此之用言之則化工也, 卽一心之謂也.

31) 『霞谷集』卷13 「大學說」: 大學之格致誠意, 中庸之明善誠身之誠, 惟精惟一之道心也.

32) 『霞谷集』卷8 『存言 上』: 就其心意之中, 須絶去其私心惡念, 始可以言誠也.

33) 『霞谷集』卷13 「大學古本」: 雖以格致言之, 亦於前之首段, 未有起頭之證, 後之誠意一章, 未見承接之語, 求以錯簡, 未見其有誤在者, 而考之工夫則已自備於誠意之內, 儘足無欠.

34) 중국에 서양 과학이 처음 도입되었을 때 그것을 '격치학(格致學)'이라고 불렸다는 사실을 상기하면, 정주학에서 강조하는 격물치지의 기본적인 의미를 보다 쉽게 짐작할 수 있다(정인재, 2014: 115).

35) 격물치지설과 관련된 주희와 왕수인, 정제두 세 사람의 관점 비교에 대한 상세한 안내는, 김용재(2001: 92~97)의 연구를 참조할 수 있다.

36) 『霞谷集』卷13 「大學說」: 物是意之用, 知是意之體也. 物格則其用正矣, 知至則其體至矣. 意之所以誠矣, 而明德得其本體矣.

37) 성찰은 다양하게 정의(定義)할 수 있는 개념이다. 가령 김상봉(2006: 292~293)은 성찰의 스펙트럼에는 단순한 의미의 내성(introspection), 가치 판단을 동반한 도덕적 자기반성, 생각을 반성하는 철학적 자기반성 등이 있을 수 있다고 보았다. 정제두의 사유가 내 마음의 양지라는 기준과 거기에 대한 믿음을 전제로 한다는 점을 고려할 때, 이 절에서 말하는 성찰은 '도덕적 자기반성', 다른 말로 '반성적 성찰'이라고 풀이하는 것이 적절하다고 생각된다.

38) 『霞谷集』卷13「大學 (2)」: 誠意功夫, 只是一愼獨, 愼獨即是毋自欺而自謙之功.

39) 『霞谷集』卷8「學辨」: 揭大人之學則其明明德於天下之道, 乃在乎正心誠意致知格物, 是即所謂明其明德也, 其功則毋自欺是也. 著中庸之道則其位天地育萬物之道, 乃本於喜怒哀樂未發之中耳, 是即謂天命之性也, 其功則戒愼恐懼是也.

40) 이와 관련해 이우진(2013: 83~94)은 왕수인의 자겸을 '존재론적 충만감'이라고 풀이한 바 있다. 왕수인의 입장에서 『대학』의 자겸은 결코 자기 독존적인 심리적·육체적 만족감일 수 없고, 양지를 통해 천지만물과의 통일성을 유지할 때 획득되는 건강함이라고 보는 것이 바람직하다는 것이다. 필자는 왕수인의 자겸에 대한 이 해석이 설득력 있다고 본다. 그러나 앞 절에서 살펴본 것처럼, 왕수인과 정제두의 양지에 대한 설명에는 차이가 있다. 그래서 왕수인의 자겸은 그 자체로 하나의 완성형일 수 있으나, 정제두의 자겸은 도덕적 주체가 자신의 양지를 완전히 발현하는 데 필요한 과정적 단계로 보는 것이 더 적절하다. 따라서 필자는 정제두의 자겸을 한 명의 주체 안에서 이루어지는 '도덕적 충만감'이라고 풀이한 것이다.

41) 『霞谷集』卷13「大學 (3)」: 愼獨自謙而致之止, 則至善得矣.

42) 『霞谷集』卷8「學辨」: 其功也惟求自慊其知, 毋自欺其知而已矣. 是謂之致知, 如是則致知之意誠矣. 其求自慊其是非者, 毋自欺其是非者, 是謂之格物, 其格其物之知, 而致其知於物, 則無彼此之二本也.

43) 『霞谷集』卷15「浩然章解 (3)」: 此餒字甚好. 如人待食而生, 無食而餒. 此氣之待義而有亦然也. 道義有乃有, 即曾子所謂自反而不縮, 惴焉褐夫是也. 此其有無, 由於道義之有無, 乃是由道義積集而生者也. 夫與道義同其有無, 豈非天地間正氣也.

44) 『霞谷集』卷15「浩然章解 (2)」: 人之所行, 一有不善而不足於心, 則是義失而其氣便餒.

45) 관련하여 황갑연(2008: 430)은, 유가 철학에서 말하는 도덕적 욕구란 판단과 인식을 도덕적 행동으로 표현될 수 있도록 행위 당사자를 격려하는 '주체의 자기 진동'이라고 표현하기도 하였다.

46) 여러 연구들에 의해 『중용』에 대한 정제두의 입장은 주희보다는 왕수인에 가깝다는 것이 검증되었다. 또한 사상의 특이점으로, 정제두가 『중용』의 체제를 솔성(率性)과 수도(修道)로 구분한 뒤 특히 후자에 관심을 가졌으며, 이 책에 등장하는 다양한 개념들을 통합적으로 해석하였음이 지적되었다. 관련하여 이해영(1993: 111~112)은 정제두의 『중용』 해석에는 그의 일체적·일원적 사고가 반영되어 있다고 보았다. 그리고 임선영(2003: 63)은 정제두가 『중용』을 통해 심(心)·성(性)·천(天)의 세 가지는 상호관통하며, 도덕적 주체는 인간 속에 내재된 천도(天道)라는 사실을 설명하였다고 밝힌다. 끝으로 민혜진(2004b: 12)은 정제두가 중(中)=심체(心體)=천리(天理)=양지라는 통일적 구조에 입각해 『중용』을 논의함으로써 인간 내부의 도덕적 주체성을 강조하고, 이것의 실현인 치양지를 통해 도덕적 심성의 확충에 기반한 세계 도덕화를 지향하였다고 말한다. 결론적으로 이상의 연구들은, 정제두가 『중용』의 내용을 해석함에 있어 내 마음의

양지를 자각하고 보존하며 실천하는 도덕적 주체를 중심으로 인간의 본성(性), 세상의 이치(理), 근원적 존재(天) 등을 통합적으로 이해했다고 본 것이다. 이 절에서는 위의 연구 결과들에 기초하면서도, 아직까지 제대로 다루어지지 않았던 두 개의 지성 개념에 초점을 맞추어 논의를 진행할 것이다.

47) 『中庸』: 擇善而固執之者也.

48) 『霞谷集』卷12「中庸 (2)」: 擇善, 擇乎中庸得一善也, 固執之, 拳拳不失之也.

49) 『霞谷集』卷12「中庸雜解」: 以實心則誠者心之所自爲本.

50) 『中庸』: 惟天下至誠, 爲能盡其性, 能盡其性則能盡人之性, 能盡人之性則能盡物之性, 能盡物之性則可以贊天地之化育, 可以贊天地之化育則可以與天地參矣. … 至誠之道, 可以前知, … 禍福將至, 善必先知之, 不善必先知之. 故至誠如神.

51) 『中庸』: 至誠無息, 不息則久, 久則徵, 徵則悠遠, 悠遠則博厚, 博厚則高明.

52) 『霞谷集』卷12「中庸 (2)」: 誠之者, 不息而常久焉. 則其積久而著效焉者, 其勢悠長而不窮, 其量博厚而無涯, 其體高明而莫踰. 三者卽久之徵也.

53) 『中庸』: 大哉. 聖人之道. 洋洋乎發育萬物, 峻極于天. 優優大哉. 禮儀三百, 威儀三千, 待其人而後行. 故曰苟不至德, 至道不凝焉.

54) 『霞谷集』卷12「中庸 (2)」: 至道謂大道, 之三千三百之禮是其事也. 爲惟是人行是道也. 德者又其誠之所存, 道者又是而道者也. … 下之天下至聖溥博淵泉者至德也, 天下至誠經綸化育者至道也. 故曰苟不至德, 至道不凝.

55) 『中庸』: 唯天下至聖, 爲能聰明睿知足以有臨也, 寬裕溫柔足以有容也, 發强剛毅足以有執也, 齊莊中正足以有敬也, 文理密察足以有別也.

56) 『霞谷集』卷12「中庸 (2)」: 至聖以德性言, 自睿知溥博以及時出, 自本而末. 至誠以道言, 自經綸以及立本知化, 自末而本.

57) 『霞谷集』卷12「中庸 (2)」: 其聰明聖知達天德者, 至聖也, 苟不至德, 至道不凝. 非至聖之德, 孰能與此道乎.

제7장

명상의 관점에서 본 이황의 '경(敬)' 사상과 도덕교육

1. 명상과 이황의 경 사상이 만나는 지점

이 장의 목적은 명상의 관점을 통해 퇴계(退溪) 이황(李滉, 1501~1570)의 '경(敬)' 사상을 고찰하고, 이와 같이 해석된 경 사상의 도덕교육적 함의를 제시하는 것이다. 이런 시도의 첫 번째 이유는 이황의 경 사상이 명상의 핵심 요소들과 소통하는 부분이 있으며, 나아가 명상에 대한 시사점까지 지니고 있기 때문이다. 그리고 두 번째 이유는 명상의 관점에서 이황의 경 사상을 해석함으로써, 궁극적으로는 우리 전통 사상의 외연을 넓히기 위해서이다.

현재 '명상(meditation, 冥想)'은 대중문화를 주도하는 키워드 중 하나가 되었다고 해도 과언이 아니다. 전통적으로 종교적 수행의 중요한 부분을 차지하였던 명상이, 이제는 누구나 쉽게 접근할 수 있고 실제로 행하는 교양적이고 문화적인 활동으로 변용된 것이다. 그럼에도 명상은 종교와 영성(靈性), 철학, 과학 등의 광범위한 영역과 결부되어 있는 까닭에 그 내용을 체계적으로 이해하기 어렵다는 한계도 드러내고 있다(황용식, 2008: 175~176). 따라서 명상이 제공하는 여러 정신적·신체적 효과에도 불구하고, 이 방법의 철학적 지향점 및 학문적 근거에 대해서는 의구심을 나타내는 경우가 적지 않다.

한편 이황의 '경(敬)' 사상은 일찍부터 그의 철학을 대표하는 용어가 되었다. "경, 이 한 글자가 진실로 성문(聖門)의 강령이요, 존양(存養)의 핵심이다"[1]라고 말했던 주희(朱熹, 1130~1200)의 견해를 계승한 이황은 경을 자신의 수양론의 핵심으로 삼았던 것이다. 이런 점은 한국을 넘어 일본 학자들을 통해서도 자주 강조되었는데, 가령 아베 요시오(阿部吉雄, 김석근 역, 2011: 117~122)는 일본 유학이 이황의 사상과 가장 크게 공명했던 지점이 경이라고 하였고, 다카하시 스스무(高橋進, 최박광 역, 2009: 580)는 동아시아 경 철학의 정점에 이황이 있다고 보았다. 하지만 이황의 철학을 대표하는 경 사상을 구체적으로 어떻게 응용·활용할 수 있을지에 대해서는 여전히 과제로 남아 있다.

바로 이 부분에서 필자는 명상과 이황의 경 사상이 만날 수 있는 지점이 있다고 보았다. 즉, 이황의 경 사상은 명상에 대해 철학적 지향점 및 학문적 근거를 제공할 수 있으며, 명상은 이황의 경 사상을 보다 현대적으로 활용할 수 있는 하나의 방법론적 틀을 제공한다는 것이다. 그리고 이것은 학문 간의 통섭·융합이라는 측면에서도 의의를 지닌다. 이러한 연구 목적을 위해 우선 제2절에서는 다양한 명상 기법들이 보여주는 공통적인 특징을 추출할 것이다. 이어서 제3절에서는 명상의 특징들에 비추어본 이황의 경 사상에 대해 『성학십도(聖學十圖)』를 중심으로 논의할 것이다. 그리고 제4절에서는 이렇게 해석된 이황의 경 사상이 지니는 도덕교육적 함의와 활용 방안에 대해 『활인심방(活人心方)』을 중심으로 고찰할 것이다.

2. 명상의 특징

우리 사회의 화두가 웰빙(Wellbeing)에서 힐링(Healing)으로 넘어가면서 명상은 더욱 주목받고 있다. 이런 흐름은 대중문화의 차원을 넘어서 학계에도 반영되었는데, 2000년 이후의 '명상 프로그램 관련 국내 연구물 동향'을 분석한 연구에 따르면, 2008년을 기점으로 명상 관련 연구물들이 급증하였다는 사실을 알 수 있다(이필원·박성식, 2013: 124). 특히 명상 프로그램들이 지향하는 목표가 우울증과 스트레스의 완화 및 부정적인 정서의 안정이라는 점을 고려할 때, 우리 사회가 명상에 기대하는 바를 쉽게 짐작할 수 있다.

명상은 사전적으로 '고요히 눈을 감고 깊이 생각함'을 말하지만, 이 정의(定義)에는 명상의 참의미가 담겨 있지 못하다. 이것은 명상을 과학적 지식과 비교할 때 잘 나타나는데, 과학적 지식이 외부의 연구 대상에 대해 무엇인가를 밝혀내어서 설명이 가능한 상태로 만드는 것이라면, 명상은 내부로 향하는 방향성을 전제로 설명적 차원과 같지도 않고 다르지도 않은 직접적 체험으로 체득(體得)되는 상태이기 때문이다(권봉숙, 2013: 91). 최근 명상이 긍정적인 정서의 발산이나 뇌의 주의체계에 영향을 미친다는 과학적 검토 결과들이 등장하고 있지만, 이것은 명상의 효과를 과학적으로 설명하고 검증하려는 것이지, 명상이 곧 과학적 지식이라는 뜻은 결코 아니다.

명상 기법에는 집중 명상(concentrative, samatha, 止法)과 마음챙김 명상(mindfulness, vipassana, 灌法), 구조적인 명상과 비구조적인 명상, 내향적인 명상과 외향적인 명상, 중도적인 명상 등과 같은 큰 갈래 아래 무수한 방법론들이 존재하는데, 존 카밧진(J. Kabat-Zinn, 안희영 역, 2012: 12)에 의하면 대체로 다음과 같은 특징들을 공유한다. 첫째, 명상이란 체계적으로 우리의 주의력과 에너지를 조절할 것을 요구한다. 둘째, 이 과정을 통해 우리 경험의 질에 영향을 미치고 그것을 변화시킨다. 셋째, 인간다움의 전(全) 영역을 온전히 체현할 것을 지향한다. 넷째, 타인과 세상에 대해 우리가 맺는 관계의 전 영역을 체현한다.

요컨대 명상은 수행자가 자신의 내부 혹은 마음에 지니고 있는 힘을 깨닫도록 도와줌으로써, 수행자가 맺는 여타 존재들과의 관계를 우주적인 차원으로 확장시키려는 노력인 것이다. 그리고 이 과정에서 수행자는 진리를 직관(intuition)할 수 있으며, 궁극적으로는 심신(心身)의 온전한 합일 및 자신을 둘러싼 존재들과 통합을 이루게 된다. 이 상태를 생리학적으로는, '정신은 각성되어 있으면서도 신체는 이완되어 편안한 상태'라고 표현할 수 있다. 명상에 대한 이런 개념 규정 아래, 보다 구체적으로 명상의 특징들을 살펴보도록 하자.[2]

그 첫 번째는, 명상이 인간 존재(human being)가 지니고 있는 내면적인 힘에 대해 낙관적인 전망을 취한다는 것이다. 가령 언급했던 존 카밧진은, 명상이란 '루브르 박물관'과 같은 장엄한 건축물로 들어가는 입구이며, 그 장엄한 건축물로 비유된 본체는 수행자 자신이자 인생이요 수행자가 지닌 잠재력이라고 하였다. 따라서 이 내적 자원에 대한 자각(awareness, 알아차림)이야말로 명상을 통해 달성해야 할 첫 번째 목표인 것이다. 이것은 결코 '나', '내 것'에 대한 집착을 말하는 것이 아니며, 오히려 내·외부를 통합하고 포용할 수 있는 가능성으로서의 '사랑의 성질'을 가리킨다.

따뜻한 사랑의 성질이란 우리에게 어떤 일이 일어나든 그것에 대해 열린 마음을 갖는 것으로, 자신까지도 품어 안는 우리 본성의 연민을 기꺼이 확장하려는 친절의 마음이다. 다시 말하지만 이러한 따뜻한 사랑의 성질은 우리가 얻기 위해 분투해야 하는 것이 아니다. 그보다 우리는 이것이 이미 우리 본성의 일부라는 사실을 깨달을 수 있다. 우리가 할 일은 이 따뜻한 사랑의 성질이 언제라도 의식의 전면에 더 드러나도록 하는 일을 잊지 않는 것이다(J. Kabat-Zinn, 안희영 역, 2012: 84).

이 사랑의 성질을 자각하게 되면 이른바 '의식의 수직적 전환(rotation in consciousness)'이 발생하게 된다. 그러나 의식의 수직적 전환이라는 용어가 어떤 신비스러운 것을 뜻하지는 않는다. 이것은 자신이 하려는 모든 실제적인 행위들이 진정으로 자신의 내면에서 우러나오게끔 하는 것으로, 이렇게 될 때에야 비로소 주체와 대상이 하나가 될 수 있다는 것이다. 그리고 여기에서 일종의 해방감이 발생한다. 사용하는 용어는 다르다고 할지라도, 잭 콘필드(J. Kornfield)가 우리 내면에 존재하는 지혜로운 마음을 지칭했던 '아는 마음(the one who knows)'이나, 수잔 카이저 그린랜드(S. K. Greenland)가 지금 이 순간 무슨 일이 일어나고 있는지 비추는 거울이라고 말했던 '깨어 있는 마음(mindfulness)' 등도 모두 명상을 통해 지향해야 하는 인간 내면의 힘이다. 한편 명상을 사고와 명백히 다른 것으로 구분했던 지두 크리슈나무르티(J. Krishnamurti, 장순용 역, 2008: 143) 역시 "진리가 무엇인지 볼 수 있는 것은 오직 천진한 마음뿐"이라고 지적함으로써 인간이 지닌 내면의 순수성에 대한 자각을 중요하게 여기고 있다.

이어서 명상이 지니는 특징의 두 번째는, 명상이 지성(intelligence, 知)과 가슴(heart, 情) 사이의 간극을 메울 수 있는 효과적인 방법이라는 것이다. 이것은 명상의 중요한 목적 중 하나가 '치유'라는 점과 연결된다. 우리는 살면서 앎과 느낌의 불일치로 인해 종종 슬픔과 불안, 불쾌감 등을 경험한다. 쉬운 예로 자신이 병에 걸렸다는 사실을 인지하고 있지만, 그것을 제대로 받아들이지 못해 회피하거나 필요 이상의 고통을 겪는 경우를 꼽을 수 있다. 여기에는 즐거운 일에 대해 기쁨과 편함, 만족감 등을 경험하지 못하는 소극적인 사례도 포함된다. 아는 것과 느끼는 것의 불일치에 대해 억압(repression)이나 투사(projection), 탈출(escape) 등의 방어 기제들이 일시적으로 자아를 보호하는 것은 사실이다. 그러나 이런 기제들의 작동이 앎과 느낌의 불일치에 대한 근본적인 해결책은 아니다. 그리고 그 불일치로부터 발생하는 것이 치유의 대상인 '긴장(stress)'이다.

구체적인 기법에는 차이가 있으나, 명상을 강조하는 이들은 공히 긴장 상태에 대한 명상의 효과를 높이 산다. 예를 들어 잭 콘필드는 몸에서 발생하는 느낌에 주의를 기울여 앎과 느낌을 일치시키는 것이 치유로서의 명상이 취해야 할 첫째 단계임을 지적하였다. 내 몸이 겪고 있는 실재 경험에 주의를 기울이고 집중함으로써 몸에서 발생하는 감각을 이해하고 느끼며, 한 걸음 더 나아가 느낌 그 자체가 무엇인지 통찰해야 한다는 것이다. 이렇게 되면 더 이상 느낌에 휘둘리지 않게 되고, 종국에는 지성과 가슴의 통합을 이룬다. 그는 이러한 긴장의 해소 상태를 '자유'라고 보았다.

　"두려움, 갈망, 결핍감, 각자의 내면에 존재하는 위대한 사랑 등의 감정을 기꺼운 마음으로 충분히 어루만질 때 얻게 되는 축복이 있다. 내면에 남아 있는 장애와 얼어붙은 감정들이 진정한 치유의 원천이 되는 것이다. 감정이 머물렀다 사라지는 알아차림의 영역에서 감정들을 마주하게 되면, 우리는 자유로워진다."(J. Kornfield, 정준영 역, 2013: 163)

두려움과 분노, 슬픔과 좌절, 초조함과 성마름, 만족과 공감, 연민이나 행복 등 어떠한 감정이든 그것이 자신의 몸에 터 잡고 있음을 느껴야 한다고 강조했던 존 카밧진이나, 감관(感官)의 문으로 들어오는 정보에 주의를 기울이고 생각과 분석에서 벗어나 느낌과 체험으로 향하는 것이 명상의 핵심이라고 지적했던 수잔 카이저 그린랜드의 언급 역시 이런 맥락에 있는 것이다. 그리고 그 출발은 거의 모든 명상 기법에서 강조하는 자신의 '호흡(숨)'에 대한 주의집중과 관찰이다.

다음으로 명상이 지니는 특징의 세 번째는, 명상이 전체(whole)를 통찰할 수 있는 힘을 길러주는 데 기여할 수 있다는 것이다. 명상이 인간 존재의 내면적인 힘에 대해 낙관적인 전망을 취하고, 이것을 바탕으로 지성-가슴, 몸-마음을 통합시키는 데 기여할 수 있을지라도, 거기에서 그친다면 명상의 효과는 대단히 개인적인 측면에 국한될 것이다. 그러나 명상이 지향하는 바는 이 지점을 넘어선다. 다시 말해, 명상을 통해 스스로에게 몰두하고 교감하려는 노력의 종착점은 나와 연결된 모든 존재와의 관계를 통찰하는 데 있다는 것이다.3)

지두 크리슈나무르티의 언급처럼, 명상은 자기폐쇄적인 고립의 행위가 아니라 오히려 세상과 그 세상의 온갖 방식들을 이해하려는 시도이다. 그리고 이런 시도의 시작은 자신에게 주의를 기울였던 것과 마찬가지로, 내 삶의 모든 관계 속에서 일어나는 움직임에 주의를 기울이는 것이다. 여기서 주의를 기울인다는 것은 '사고'에 의한 집중과는 다르다. 사고가 분리, 단편화, 관념화를 중심으로 한다면, 명상은 그것을 넘어서는 데 초점을 맞추고 있기 때문이다. 그래서 크리슈나무르티는 명상이란 사고로부터의 자유이며, 진리의 법열(法悅) 속에서 이루어지는 운동이라고도 하였다. 명상을 통해 '있는 그대로의 것'을 총체적으로 지각하고 통찰하게 될 때의 효과에 대해 그는 다음과 같이 말한다.

"당신이 오늘을 완벽하게 산다면 그 속에는 엄청난 강도(intensity)가 있다. 그러한 강도의 아름다움은 야망이나 질투, 시간이 건드릴 수 없으며, 그 아름다움 속에는 인간만이 아니라 꽃, 대지, 하늘 등의 자연과 함께하는 관계성이 존재한다. 그러한 관계성 안에는 강도 높은 천진성이 있으며, 그 때 삶은 전적으로 다른 의미를 지닌다."(J. Krishnamurti, 장순용 역, 2008: 215)

명상이 궁극적으로는 우리의 삶과 실재, 상상, 우리 존재의 아름다움, 우리의 가슴과 몸·마음, 종국에는 세상과 나누는 사랑의 행위라고 했던 존 카밧진이나,⁴⁾ 자신에게 주의 깊게 귀 기울이면 우리의 몸이 지구와 연결되어 있음을 깨닫게 될 것이라고 말했던 잭 콘필드의 논의는 모두 명상이 길러주는 전체에 대한 관조와 통찰력, 직관력 등을 강조한 것이다. 그들은 수행자가 명상을 통해 자신의 전체성과 타자와의 연결성을 인지하게 되면 욕망의 사라짐 및 내적 평화를 느끼게 되고, 그것이야말로 심신의 건강을 위한 근본적인 치유라고 여겼던 것이다(안양규, 2012: 413~419).

지금까지 필자는 명상을 '수행자가 자신의 내부 혹은 마음에 지니고 있는 힘을 깨닫게 도와줌으로써, 수행자가 맺는 여타 존재들과의 관계를 우주적인 차원으로 확장시키려는 노력'이라고 정의하고, 여러 명상 기법들에서 공통적으로 발견되는 목표와 특징들을 크게 세 가지로 요약·정리하였다. 첫째는 명상이 인간이 지니고 있는 내면의 힘에 대한 신뢰에 근거한다는 것이고, 둘째는 명상이 지성과 가슴 사이의 간극을 메울 수 있는 효과적인 방법이라는 것이며, 셋째는 명상이 전체를 통찰할 수 있는 힘을 길러주는 데 기여한다는 것이다. 요약하자면, 명상은 수행자 자신이 본래적으로 지니고 있는 진리에 대한 깨달음의 가능성을 믿고, 이 전제하에 스스로의 심신 상태를 주의하고 지켜봄으로써, 궁극적으로는 전체 속에서 자아, 인생, 세계를 바라볼 수 있도록 꾀하는 노력이다. 이어지는 절에서는 이 절에서 제시한 명상의 특징들과 이황의 경 사상을 비교하여 살펴보도록 하자.

3. 명상의 관점에서 본 이황의 경 사상

성리학을 학문의 근간으로 삼았던 이황은 '경(敬)'을 매우 중요하게 여겼다. 다음과 같은 언급은 이 개념에 대한 그의 관심을 잘 보여주고 있다.

대저 사람이 학문함에 있어서는, 일이 있을 때나 없을 때, 뜻이 있을 때나 없을 때를 막론하고 오직 마땅히 경으로써 중심을 삼아 동(動)과 정(靜)에 모두 그것을 잃지 않아야 한다. 그렇게 하면, 사려가 생기지 않을 때는 심체(心體)가 허명(虛明)해지고 본성(本領)이 순수해지며, 사려가 생겼을 때는 의리(義理)가 밝게 드러나고 물욕(物欲)이 물러나 복종하게 된다. 이렇게 함으로써 어지러운 근심이 점점 줄어들고 분수에 알맞음이 쌓여 성공에 이르게 되니, 이것이 학문의 핵심이다.[5]

이처럼 이황은 경이 공부하는 자의 삶 전체를 관통할 수 있게끔 해야 한다고 보았던 것이다. 그렇다면 이황의 경 사상은 어떤 측면에서 명상과 소통하는가? 이 물음에 대해 여기에서는 『성학십도(聖學十圖)』를 중심으로 논의를 진행할 것이다.

주지하는 것처럼, 경은 선진 유가에서부터 강조된 개념이다. 자로(子路, B.C. 543~B.C. 480)가 공자(孔子, B.C. 551~B.C. 479)에게 군자는 어떻게 처신해야 하는지를 묻자, 공자는 "경으로써 스스로를 닦아야 한다"[6]라고 답하였다.[7] 이런 공자의 답변에 대해 주희는 지극하고 완벽하다는 주석으로 그 가치를 높였다. 그런데 공자는 군자가 경으로써 스스로를 닦아야 하는 참된 이유는 결국 '만인을 편안하게 하기 위한 것[修己以安百姓]'이라는 설명을 덧붙였다. 이렇게 보자면 수기치인(修己治人)·내성외왕(內聖外王)으로 압축되는 유가의 강령을 구현하

기 위한 출발점이 바로 경인 셈이다. 한편 북송(北宋)의 정이(程頤, 1103
~1107)는 경을 자신의 자아를 체험하고 그것을 지켜나가는 함양(涵養)
공부의 방법으로 보면서, 주된 내용은 '정신을 하나로 집중하여 달아
나지 않게끔 하는 것[主一無適]'이라고 하였다. 경이 우리의 마음에 갖
추어져 있는 선한 본성에 집중하는 활동이자, 인욕(人欲)을 다스려 그
선한 본성을 회복하려는 노력과 다름 아니라는 사실을 상기할 때,
경은 이미 정이에 의해 핵심 의미가 완성되었던 것이다(蒙培元, 홍원식
외 역, 2008: 835~839). 주희는 정이의 경을 계승하고 거기에 여러 가지
방법들을 더함으로써, 이 개념의 위상을 더욱 공고하게 만들었다.

정자(程頤)는 일찍이 '주일무적'과 '정제엄숙(整齊嚴肅)'으로 경을 말하
였고, 문인 사씨(謝良佐)는 '항상 깨어있으라(常惺惺法)'는 것으로, 문인
윤씨(尹焞)는 '그 마음을 수렴하여 하나의 물건도 용납하지 말라(其心收
斂, 不容一物)'는 것으로 경을 말하였다. (…중략…) 경이란 한 마음의 주
재요, 모든 일의 근본이다. (…중략…) 대개 이 마음을 세우고, 이로 말미
암아 격물(格物), 치지(致知)로써 사물의 이치를 다하면 이것이 '존덕성
도문학(尊德性 道問學)'이고, 이로 말미암아 성의(誠意), 정심(正心)으로써
몸을 닦아 나가면 이것이 '먼저 그 큰 것을 세우면 작은 것이 빼앗지 못
한다'는 것이며, 이로 말미암아 제가(齊家), 치국(治國)으로써 천하에까지
미쳐 나가면 이것이 '몸을 닦아 만백성을 편안하게 하며', '돈독하고 공손
히 하여 천하가 공평해진다'는 것이다. 이 모두가 애초에 하루도 경에서
떠나지 못하는 것이니, 경이라는 한 글자가 어찌 성학(聖學)의 시작이요
끝이 되는 요체가 아니겠는가?[8]

여기서 '주일무적'은 마음이 집중된 상태를 말하고, '기심수렴'과
'상성성법'은 마음이 각성된 상태를 가리키며, '정제엄숙'은 마음과

거동이 안팎으로 드러나는 태도를 보여 준다(금장태, 2013: 203). 이황은 주희의 이 글을 『성학십도』의 제4도인 〈대학도(大學圖)〉에 대한 설명에서 직접 인용하고 있을 뿐 아니라, "경이란 위와 아래에 모두 통하는 것으로서, 공부와 그 효과를 거두어들임에 있어 마땅히 종사하여 잃지 말아야 한다"9)라고 특별히 강조하였다. 그리고 10개의 도를 관통하는 핵심은 경이라는 점을 다시 한 번 밝히고 있다. 그렇다면 정주(程朱)를 거쳐 이황에 의해 한층 강화된 경이 명상의 세 가지 특징들과 어떻게 소통하는지 살펴보도록 하자.10)

첫 번째는, 이황의 경이 인간의 내면적인 힘에 대해 낙관적인 전망을 전제로 하고 있는지와 관련된다. 이황은 선조(宣祖)에게 『성학십도』를 바치는 차(箚)에서, 마음은 텅 비고 신령한[虛靈] 것이며 이치는 분명하면서도 실제적인[顯實] 것이라고 하였다. 그리고 허령한 마음을 통해 분명하고 실제적인 이치를 구하려고 한다면, 구하지 못할 이유가 없다는 점을 확실히 하였다. 이것은 이황이 인간의 내면[心]을 신뢰하고 있었음을 나타내는 것이자, 성선(性善)이라는 유가의 기치를 성리학적으로 표현한 것이라고 하겠다. 그런데 그는 마음이 텅 비고 신령하다고 할지라도 '경'을 통해 주재함이 없으면 일이 목전에 닥쳐도 생각하지 못하게 되고, 결국은 진리 역시 보지 못하게 될 것이라는 점을 함께 경고하였다. 즉, 이황은 우리 마음이 진리를 통찰할 수 있는 본래적 가능성이 있다고 전제하면서도, 경으로 압축되는 수양이 없으면 실질적 효과는 얻을 수 없다고 본 것이다. 『성학십도』의 제6도인 〈심통성정도(心統性情圖)〉에 대한 다음의 설명은 이것을 잘 드러낸다.

요컨대 리와 기를 겸하고 성과 정을 통회하는 것은 마음이요, 성이 발하여 정이 되는 경계는 바로 한 마음의 기미이자 만 가지 변화의 지도리

(樞要)로서 선과 악은 여기에서 갈라집니다. 학자는 진실로 항상 경을 견지하여 이치와 욕심 사이에서 어둡지 않아야 하고, 더욱 이 마음을 삼가하여 미발(未發)인 때에 존양의 공부를 깊이 하며, 이발(已發)인 때에 성찰의 습관을 익숙하게 하여 진리를 쌓고 힘쓰기를 오래하여 그치지 않으면, 이른바 '정밀하게 살피고 한결같이 지켜 중용을 잡는(精一執中)' 성학(聖學)과 '본체를 보존하여 사물에 응하여 작용하는(存體應用)' 심법(心法)을 밖에서 구할 필요 없이 여기에서 모두 얻을 수 있을 것입니다.11)

이황은 〈심통성정도〉에서 정복심(程復心, 1279~1368)의 〈상도(上圖)〉에다가, 자신의 견해를 더한 〈중도(中圖)〉와 〈하도(下圖)〉의 2개 그림을 추가하였다. 그리고 이 〈중도〉와 〈하도〉에서는 성과 정을 통회(統會)하는 마음이 텅 비고 신령한 특성을 지녔음을 강조하면서도, 그 마음이 리와 기를 겸비하고 있는 까닭에 리발(理發)과 기발(氣發)에 따라 정이 달라질 수 있음을 나타내고 있다. 즉, 리가 발함에 기가 따라서 발생하는 순선한 정[四端]과 기가 발함에 리가 타서 발생하는 가선가악한 정[七情]이 모두 우리의 마음으로부터 나올 수 있다는 사실을 보여주고 있다는 것이다. 이 도식에서 이황이 리와 연결된 성[本然之性] 및 그 본연지성과 연결된 정[四端]에 절대적인 가치를 두었음은 이미 고봉(高峯) 기대승(奇大升, 1527~1572)과의 논쟁에서 드러난 바이다. 요컨대 이황은 인간의 마음에 대해 기본적으로 낙관적인 전망을 취하는 가운데, 경을 중심으로 미발시(未發時)의 존양 공부와 이발시(已發時)의 성찰 공부를 동시에 강조함으로써 성학과 심법의 온전한 체득을 꾀하고 있는 것이다. 그리고 이것은 이황의 경 사상이 앞서 살펴본 명상의 첫 번째 특징과 소통한다는 점을 나타낸다.

이어서 두 번째는, 이황의 경이 지성과 가슴 사이의 간극을 메우는 효과적인 방법인지와 관련된다. 지적하였듯이, 이것은 몸과 마음의 통합 문제로 연결된다. 즉, 마음으로 아는 것과 몸으로 느끼는 것이 하나가 될 때 비로소 지성과 가슴이 진정한 통합을 이룬다는 것이다. 이황은 경을 중심으로 하는 수양은 실제 몸을 떠나서는 논할 수 없다는 점을 분명히 하였다. 다시 말해, 경 공부는 마음공부에 그치는 것이 아니라 몸의 구체적인 행위를 통해 완성된다는 것이다(김부찬, 2011: 134~135). 경은 본래 통합을 전제로 한다. 그래서 그는 "경을 보존하는 것(持敬)은 생각과 배움에 다 필요하고 동과 정을 다 관통하며, 안과 밖을 모두 합치시키고 드러남(顯)과 은미함(微)을 하나로 하는 방법"12)이라고 하였다. 그런데 같은 맥락에서, 『성학십도』의 제8도인 〈심학도(心學圖)〉에서는 '마음은 한 몸의 주재(主宰)이고 경은 그 마음을 주재'한다는 정복심의 견해를 적극 수용하고 해설까지 덧붙였다. 이것은 결국 경이 몸과 마음의 통합 문제에 기여하는 바가 있음을 나타내는 것이다.

〈심학도〉에 따르면, 경은 경계하고 두려워하는 마음을 다하는[戒懼~盡心] '천리 보존의 공부'로부터, 홀로 아는 마음을 삼가고 바르게 하는[愼獨~正心] '인욕 다스림의 공부'까지 여러 가지 방법들이 있다. 이것이 곧 존천리 알인욕(存天理 遏人欲)의 공부이다. 그러나 여기에는 몸으로 실천하는 공부의 보완이 반드시 필요하며, 이 점은 『성학십도』의 마지막 두 그림인 제9도 〈경재잠도(敬齋箴圖)〉와 제10도 〈숙흥야매잠도(夙興夜寐箴圖)〉를 통해 잘 드러난다.

먼저 〈경재잠도〉에서는 고요할 때는 의관을 바로하고 시선을 존엄하게 하며, 움직일 때는 걸음걸이를 무겁게 하고 손을 공손히 하라고 강조하였다. 또 겉으로는 손님을 대하듯 제사를 모시듯 조심스럽게 행동하고, 속으로는 병마개 막듯 입을 지키고 성문 지키듯 잡생각을 막으며 경솔하게 행동하지 말라고 강조하였다. 이것은 경의 여러 방법들 가운데 특히 정제엄숙에 해당하는 것으로, 이황은 〈경재잠도〉

에 수록된 내용들은 공간적 상황 내지는 처한 상황에 따른 경의 실천이라고 보았다. 여기에 더해 그는 〈숙흥야매잠도〉의 내용들은 시간적 상황에 따른 경의 실천이라고 보았다. 닭이 울 때 깨어나 지나간 허물과 새로 얻은 것의 실마리를 살피고, 이른 새벽에 일어나 몸을 단정히 하여 단속하며, 독서를 할 때는 성현을 마주 대한 듯해야 한다. 일을 응접할 때는 밝은 천명이 드러날 수 있도록 항상 잘 살펴야 하고, 낮에는 부지런히 노력하면서도 성정(性情)이 쉴 수 있도록 신경 써야 하며, 저녁에는 재계(齋戒)하고 장중하게 가다듬음으로써 고달프고 흐린 기운이 자신을 감싸지 않게끔 해야 한다.

이와 같이 이황은 몸으로 하는 경 공부의 측면을 대단히 강조하였다. 그리고 이것은 고원한 것이 아니라 우리의 일상이라는 공간과 시간 속에서 함께 이루어져야 하는 것이다. 그래서 그는 〈경재잠도〉와 〈숙흥야매잠도〉의 끝에 각각 다음과 같은 언급을 덧붙여 놓았다.

① 일상생활을 하면서 마음의 눈(心目)으로 체득, 완미하며 깨우치고 살펴서 얻음이 있어야 합니다. 그렇게 되면 경이 성학(聖學)의 시작이자 끝이 된다는 것을 어찌 믿지 않을 수 있겠습니까.[13]

② 이것은 한 번 고요하고 한 번 움직일 때에나, 어느 공간 어느 시간에서나 존양하고 성찰하여 번갈아하는 공부 방법입니다. 과연 능히 이렇게 할 수 있다면, 어떤 상황에서도 털끝만한 잘못도 없을 것이요, 어떤 때라도 잠깐 동안의 중단이 없을 것입니다. 두 가지로써 병진하면 성인(聖人)이 되는 요령은 바로 여기에 있는 것입니다.[14]

이처럼 우리 일상에서 경을 통해 몸을 엄숙하고 정돈하며 가지런히 하면, 그 마음은 텅 비고 밝으며 고요하여 전일(專一)하게 된다는 것이 이황이 말하려고 했던 수양론의 핵심이다. 그리고 이러한 경으로 집약되는 심신 통합적 수양론은 명상의 두 번째 특징과 소통하는 것이다.

끝으로 세 번째는, 이황의 경이 개체로서의 '나'를 넘어 전체를 통찰할 수 있는 힘을 길러주는 데 기여할 수 있는지와 관련된다. 이것은 경이 궁극적으로 지향하는 지점이 천인합일(天人合一)이라는 사실과 직결된다. 이황은『성학십도』의 시작에서, 경을 통해 이치에 대한 깨달음이 쌓이고 노력이 오래되면 자연스럽게 마음과 이치가 서로 머금게 되고 또 융회(融會)하여 마침내 이치를 관통하게 된다고 하였다. 그는 이 경지를 자득(自得), 인(仁)을 어기지 않는 마음, 충서(忠恕) 등과 연결시키기도 하였다. 특히 경에 기초한 일상의 덕행이 결국은 천인합일로 귀결된다는 다음의 설명에 주목해야 한다.

> 일상생활에서 외경(畏敬)이 분리되지 않으면, (『중용(中庸)』에 나오는) '중화(中和)를 지극히 하여 천지가 자리하며 만물이 잘 길러지는(中和位育)' 공을 이룰 수 있고, 덕행이 일상의 윤리를 벗어나지 않는 가운데 천인합일의 오묘함을 얻을 수 있습니다.[15]

이런 까닭에 이황은『성학십도』의 가장 앞에 배치한 제1도 〈태극도(太極圖)〉를 통해서는 자연이 생성하고 변화하는 근원적인 원리와 그 원리가 품부된 인간에 대해 설명하고 있으며, 뒤이어 배치한 제2도 〈서명도(西銘圖)〉를 통해서는 인의 진정한 체득은 천지만물과 일체가 되는 것이라고 밝혔던 것이다. 특히 〈서명도〉에서는, "(장재(張載, 1020~1077)의)「서명(西銘)」앞부분은 사람이 천지의 자식이 됨을 밝혔고, 뒷부분은 사람이 천지 섬기기를 마땅히 자식이 부모 섬기듯이 해야 한다는 것을 말하였다"[16]는 요로(饒魯)의 말을 직접 인용함으로써,『성학십도』전체를 관통하는 경이 종국에는 천인합일로 귀결되어야 한다는 점을 다시 한 번 강조하고 있다. 요컨대 경을 통해 인의 체득 상태에 이르면, 우리 마음은 한없이 넓어져 '마음속에 사사로움이 없어 천지처럼 넓어지게[心底無私天地寬]' 되는 것이다(方朝暉, 박찬철 역, 2014: 215). 그리고 이런 경의 지향점으로서의 천인합일은 명상의 세 번째 특징과 소통한다.

지금까지 이 절에서는 『성학십도』를 주요 텍스트로 하여, 이황의 수양론의 핵심인 경을 명상의 특징들과 비교 분석하였다. 『성학십도』의 제1도(〈太極圖〉)에서 5도(〈白鹿洞規圖〉)까지가 천도(天道)에서 인륜(人倫)에로의 구조라면, 제6도(〈心統性情圖〉)에서 10도(〈夙興夜寐箴圖〉)까지는 심성(心性)에서 경(敬)에로의 구조로 되어 있다. 전체적으로 보자면, 인륜과 경을 존재론·심성론의 근거 위에서 정초지우는 구조를 취하고 있는 것이다(이광호, 1988: 77). 그리고 이 구조에 기초한 이황의 수양론의 핵심이 경이다. 그는 인간의 마음에 대한 낙관적인 전망을 전제로 미발시의 존양 공부와 이발시의 성찰 공부를 함께 강조하였고, 일상의 시·공간에서 몸과 마음공부를 병행함으로써 앎-느낌의 진정한 합일이 가능하다는 것을 고찰하였으며, 결국은 나라는 개체와 자연이라는 전체가 하나 되는 천인합일을 지향하였던 것이다. 그렇다면 여러 측면에서 명상의 특징들과 유의미하게 연결되는 이황의 경 사상이 지니는 도덕교육적 함의는 무엇일까? 이어지는 절에서는 이 물음에 답변을 시도할 것이다.

4. 명상의 관점에서 본 이황의 경 사상이 지니는 도덕교육적 함의

유행처럼 번지고 있는 명상 프로그램에 대한 소개와 일련의 연구들에도 유의하거나 보완해야 할 점들을 발견할 수 있다. 먼저 그러한 부분들을 지적하고, 여기에 기초하여 명상의 관점에서 바라본 이황의 경 사상이 지니는 도덕교육적 함의를 살펴보도록 하자.

현재 일반인들의 명상에 대한 바람이나 전문가들의 연구 경향은 명상이 우울이나 불안·분노, 스트레스와 같은 부정적인 정서의 해결에 도움이 될 수 있다는 것이다. 물론 부정적인 정서의 안정은 긍정적인 정서를 창출할 수 있는 기반이 되고, 이런 점에서 명상 프로그램들이 심리적 안녕감과 자존감, 자기애와 같은 긍정적인 정서의 향상에도 도움이 될 수 있다는 연구 결과들도 있다. 그러나 보다 직접적이고 집중적으로 연구되고 있는 측면은 분명히 부정적인 정서와 관련된 것들이다(이필원·박성식, 2013: 129; 불교와 사상의학 연구회, 2012: 171~193). 이 현상은 한편으로는 전문성과 복잡성을 강요받고 있는 현대인들의 삶이 부정적인 정서들을 야기하는 긴장이나 초조, 불안 속에 있음을 나타내는 것이지만, 다른 한편으로는 명상에 대한 기대와 소위 명상 전문가라고 불리는 사람들의 기법 및 프로그램 소개 방향이 편향되어 있음을 보여주는 것이기도 하다. 그리고 이것이 명상 혹은 명상-심리학의 연관성을 고찰한 연구들이 유의해야 할 첫 번째 부분이라고 생각된다.

이어서 두 번째는 명상에서 말하는 '마음(mind, 心)'의 정체가 무엇인가 하는 질문과 연관된다. 널리 알려진 '마음챙김에 근거한 스트레스 완화 프로그램(MBSR)'이나 '마음챙김에 근거한 인지행동치료 프로그램(MBCT)' 등을 위시한 여러 명상 프로그램들은 대체로 불교에 기반을 둔다. 그리고 동시에 몸-마음의 긴밀함을 인정하는 행동 의학(behavioral medicine) 및 뇌 과학, 심리학, 교육학 등을 함께 언급한다. 정리하자면, 과거에는 주로 불교와 같은 종교적인 차원에서 명상에 접근하였다면, 현재는 불교에 기반을 두되 주로 치료나 예방을 목적으로 하는 의학적인 차원에서 접근하고 있다는 것이다.[17] 여기에 명상의 효과를 검증하거나 기타 분야에 적용하려는 측면에서, 뇌 과학, 심리학, 교육학 등이 연결되어 있다. 이런 상황에서 나타나는 가장 큰 문제점은, 명상 프로그램들이 제공하는 심신의 통합이나 안정 같은 효과는 크게 부각시키면서도, 보다 근본적인 부분에 해당하는 마음에 대한 논의는 소략하게 다룬다는 데 있다. 다시 말해, 마음이 무아(無我)라는 용어로 대변되는 관념적인 용어인지, 직접적으로 느끼고 체험하는 감각인지, 몸의 상대어로 사용되는 정신인지, 현대 과학의 최대 관심사 중 하나인 뇌인지, 명상에서 궁극적인 목표라고 제시하는 전체성(wholeness)인지 등을 제대로 설명하지 않은 채 프로그램의 소개로 넘어가는 경우가 대부분이라는 것이다. 그리고 이런 이유 때문에 명상의 효과가 다방면에서 검증되고 있음에도 불구하고, 관련 의구심 역시 쉽게 사라지지 않는 것이다.

다음으로 세 번째는, 같은 맥락에서 명상에서 말하는 깨달음의 상태 역시 무엇인지 설명하기 어렵다는 것이다. 이것은 명상을 통한 깨달음이 대단히 개인적인 체험이라는 사실과도 연결된다. 명상 안내 서적들에서 '자각'이나 '마음챙김', '떠올림(remind)' 등의 용어로 설명되는 깨달음을 위한 마음의 도야는 새롭고 구체적이며 때로는 명료해 보이기까지 한다. 그러나 그것을 통해 개인과 우주가 온전히 하나 되는 경험을 할 수 있는지에 대해서는 의문을 제기할 수 있다(정혜정, 2012: 129~130). 명상 프로그램들이 강조하는 깨달음의 본질은 현대인들이 겪고 있는 만성적인 스트레스의 완화와 해소인가? 아니면 그것을 넘어서는 전(全) 우주적인 체험인가? 대체로 전자에 근거해 후자를 지향하고 있는 듯하지만, 왜 그러해야 하는지에 대해서는 '도덕적인' 혹은 '과학적인' 근거를 제시하기보다는 단순한 선언에 그치는 경우가 대부분이다.[18] 이런 까닭에 스트레스의 완화나 해소 등과 관련해서는 수행자들의 느낌과 감각을 소개하기도 하고 과학을 통해 검증을 시도하기도 하면서도, 궁극적인 방향이라고 밝힌 개인과 우주의 합일적 체험과 관련해서는 대체로 수행자 개인에게 맡겨버리는 것이다.

이상에서 지적한 사항들이 명상 프로그램들의 효과를 부정하는 것은 아니다. 오히려 필자는 마음의 치유와 스트레스의 안정이라는 측면에서 명상이 보여주고 있는 성과들에 대해 적극 인정한다. 그러나 위 사항들을 보완한다면 그 효과가 더욱 커질 뿐 아니라, 학문적인 신뢰성까지도 확보할 수 있음을 강조하기 위해 먼저 저 내용들을 지적한 것이다. 또한 저 내용들에 비추어볼 때, 명상의 관점에서 바라본 이황의 경 사상이 지니는 도덕교육적 함의가 보다 명확하게 나타난다.

우선 첫 번째로 제시할 수 있는 것은, 이황의 경 사상이 보여주는 목적의 뚜렷함과 도덕적인 지향성이다. 제3절에서 살펴보았듯이, 이황은 인간 내면[心]의 힘을 긍정하는 가운데 심신 통합의 효과적인 방법으로 경을 설정하였으며, 그 경 중심의 수양을 통해 종국에는 개체로서의 나를 넘어 전체를 통찰할 수 있어야 한다고 강조하였다. 그리고 이런 측면들은 명상의 특징들과 직접적으로 연결되는 것이다. 달리 표현하면, 이황은 ⓐ 신체의 평형 및 균형을 잡는 조신(調身)과 ⓑ 평온한 마음을 잃지 않으려는 노력으로서의 조심(調心) 및 ⓒ 자연과 더불어 호흡을 고르게 하려는 조식(調息)을 본인의 수양·명상의 핵심 주제로 삼고(권봉숙, 2013: 94), 그것을 경이라는 용어로 압축시켜 표현함과 동시에 이 개념을 통해 추구하는 '도덕 영역(moral domain)'의 범위를 비약적으로 확장시켰던 것이다. 여기서 나타나는 것이 이황의 경 사상이 지니는 목적의 뚜렷함과 도덕적인 지향성이다. 가령 『성학십도』의 제2도인 〈서명도〉에 수록되어 있는 다음의 내용에는 경 사상이 목표로 하는 지점과 그 과정에서 내포해야 할 도덕적인 측면이 잘 나타난다.

대개 성학(聖學)이란 인(仁)을 찾는 데 있는 것이니, 모름지기 이 뜻을 깊이 체득해야만 천지만물과 일체가 되는 것을 이해할 수 있습니다. 진실로 이렇게 되어야 인을 행하는 공부가 비로소 친절하고 맛이 있어서, 아득하게 자신과 상관없게 될 염려가 없고, 또 남을 자기로 여기는 병통도 없이 심덕(心德)이 온전해지는 것입니다.19)

경을 통해 추구하는 성인(聖人)되는 공부의 일차적인 과정은 인간 내면에 존재하는 성선의 기반, 즉 '인'을 찾는 것이다. 그러나 이것만으로는 부족하다. 다시 말해, 인의 뜻을 깊이 이해하고 느낌으로써 천지만물과 일체됨을 깨달아야만 인을 추구하는 공부의 참 맛을 알게 되는 것이다. 그리고 그것이 마음 덕[心德]의 온전함으로 드러나는 것이다. 이런 이황의 경 사상은 명상의 흐름과 매우 유사하게 보이지만, 명상이 마음의 안정과 스트레스의 해소라는 실용적이고 결과적인 측면에 초점을 맞춘다면, 경 사상은 인간이라면 마땅히 추구해야 할 도덕적인 측면[仁]의 기반 위에 저런 효용성을 강조한다는 점에서, 공통성과 함께 일정한 차별성까지 확보한다. 바로 이것이 명상의 관점에서 바라본 이황의 경 사상이 빠른 속도로 확대 재생산되고 있는 명상 프로그램들에 제시하는 중요 시사점이자 우리 교육에 제안하는 방향성이며, 이 절에서 언급할 첫 번째 도덕교육적 함의와 연결된다.

그간에 시행된 우리 교육을 되돌아보면, 아이들의 '생존 역량(survival competence)'을 길러주는 데 치우쳐 왔음을 부정하기 어렵다. 또한 지나치게 성과주의를 강조한 결과, 교육의 전 국면에서 '인성교육'에 대한 목소리가 높아지고 있는 것과는 반대로, 우리 아이들의 인성에 대한 사회적 믿음은 점점 더 흔들리는 상황으로 나아가고 있다. 빠른 속도로 변해가는 현대 사회에서 생존을 목적으로 한 필수적인 역량의 강화는 분명 교육의 핵심 목표이다. 그러나 명상의 관점에서 해석된 이황의 경 사상에서 나타난 것처럼, '도덕'이 전제된 위에서야 비로소 그 효율성·효과성 중심의 '역량'이 올바른 방향으로 나아갈 수 있다는 점을 간과해서는 안 될 것이다.

이런 전제하에 명상의 관점에서 바라본 이황의 경 사상이 지니는 도덕교육적 함의는 도덕 교과의 핵심 원리인 '가치 관계 확장법'과 관련이 있다. 주지하는 바와 같이, 가치 관계 확장법이란 가치 관계 속에서 '도덕적 주체로서의 나'가 성찰하는 대상 범위가 점차 확장되어 가는 방식을 말한다(오기성 외, 2011: 86). 그리고 그 대상들은 우리·타인 → 사회·국가·지구 공동체 → 자연·초월적 존재로 확장되어 간다. 가치 관계 영역들이 구분되어 있는 것처럼 보이지만, 확장되어 가는 대상들을 모두 수렴하고 포섭해야만 하는 것이 '도덕적 주체로서의 나'라는 점을 고려할 때, 이 지점에서 출발해 자연·초월적 존재와의 관계를 모두 관통할 수 있는 도덕교육적 방법론이 요청된다.[20] 그리고 여기에서 명상의 관점을 통해 바라본 이황의 경 사상이 지니는 도덕교육적 함의를 제시할 수 있다. 일반적으로 명상은 소아(小我)로서의 나를 넘어 대아(大我)로서의 나로 의식을 전환시킬 수 있다는 점에 의의가 있다. 그러나 명상과 연결된 이황의 경 사상은 단순한 확장이 아닌 인간의 도덕적인 측면을 근거로 천지만물과의 일체됨을 주장한다는 점에서, 도덕교육에서 강조하는 도덕적 주체의 정체 및 이 도덕적 주체가 자연·초월적 존재와 맺어야 하는 관계 방식을 설명하고 이해하는 데 있어 방법론적으로 매우 유용하다.

이어지는 맥락에서, 명상의 관점을 통해 바라본 이황의 경 사상이 지니는 두 번째 도덕교육적 함의는 도덕교육적 활용 가능성이다. 사실 마음을 주재하는 방법으로서의 경이란, 내 마음의 천리를 보존하는 공부이자 그 마음의 또 다른 가능성인 인욕을 다스리는 공부일 뿐이다. 그러나 이황은 이것을 선언하는 수준에 그치지 않고, 일종의 명상 프로그램으로 발전시키기도 하였는데, 구체적인 예들로『활인심방(活人心方)』의 '중화탕(中和湯)'과 '화기환(和氣丸)'을 꼽을 수 있다. 먼저 중화탕과 화기환에 대한 개략적인 내용을 살펴본 뒤, 그 도덕교육적 활용 가능성을 고찰하도록 하자.21)

우선 중화탕을 살펴보자면, 여기에는 "30가지 약제를 잘 썹어서 가루로 만들고 심화(心火) 1근과 신수(腎水) 2주발을 사용하여 약한 불로 반 정도에 이를 때까지 달여 놓고 끊임없이 살피면서 시간이나 계절에 걸림 없이 언제든지 따뜻하게 하여 마신다"(李滉, 이윤희 역, 2008: 86~87)라는 구절이 나온다. 이 구절의 초점은 그 30가지 약제의 정체로서, 잘 썹어서 가루로 만든다거나 약한 불로 달여 마신다는 것 등은 일종의 비유이다. 저 약제들이란 우리 마음을 다스리는 30개의 조목을 말하는데, 표로 정리하면 다음과 같다.

<표 7-1> '중화탕'에 소개된 치심(治心)의 30가지 약제

① 사무사(思無邪)	⑦ 제교사(除狡詐)	⑬ 인내(忍耐)	⑲ 절검(節儉)	㉕ 신독(愼篤)
② 행호사(行好事)	⑧ 무성실(務誠實)	⑭ 유순(柔順)	⑳ 처중(處中)	㉖ 지기(知機)
③ 막기심(莫欺心)	⑨ 순천도(順天道)	⑮ 겸화(謙和)	㉑ 계살(戒殺)	㉗ 보애(保愛)
④ 행방편(行方便)	⑩ 지명한(知命限)	⑯ 지족(知足)	㉒ 계노(戒怒)	㉘ 염퇴(恬退)
⑤ 수본분(守本分)	⑪ 청심(淸心)	⑰ 염근(廉謹)	㉓ 계포(戒暴)	㉙ 수정(守靜)
⑥ 막질투(莫嫉妬)	⑫ 과욕(寡慾)	⑱ 존인(存仁)	㉔ 계탐(戒貪)	㉚ 음즐(陰騭)

생각함에 사악함이 없어야 한다거나[思無邪], 선한 마음을 속이지 말고[莫欺心] 본분을 지킴으로써[守本分] 인을 보존해야 한다[存仁]와 같이 유가에서 기본적으로 강조하는 사항들 이외에도, 마음에서 발생할 수 있는 살생, 분노, 사나움, 탐욕을 경계해야 한다[戒殺~戒貪]는

등 다양한 내용들이 수록되어 있음을 확인할 수 있다.

다음으로 화기환을 살펴보자면, 여기에는 "(이 환약은) 오로지 어른이든 아이든 기의 질이 나빠지거나 몰리거나 팽창하는 증세를 치료한다. (…중략…) 증세가 있을 때마다 1알씩 복용하는데, 말을 하지 말고 침을 이용하여 (꿀꺽) 삼킨다"(李滉, 이윤희 역, 2008: 97~98)라는 구절이 나온다. 중화탕과 마찬가지로 1알씩 복용한다거나 꿀꺽 삼킨다는 것 등은 비유일 뿐이다. 이 화기환이란, 네모를 그리고 그 안에 다시 '참을 인(忍)'자를 새겨 넣는 것이다. 즉, 내몰리는 감정으로 인해 심신이 피로할 때, 그려놓은 화기환을 바라보거나 마음속에 반복하여 그림으로써 그 감정을 다잡는 방법이다.

이렇게 보자면, 이황은 주일무적과 정제엄숙, 상성성법과 기심수렴 등을 기초로 한 성리학의 경 사상에 대해 이론적으로만 강조한 것이 아니라, '중화탕'이나 '화기환'의 내용과 같이 우리 일상에서 활용할 수 있는 구체적인 명상 프로그램들을 제시한 것이다. ⓐ 가령 중화탕에 나오는 한 개 내지 두 개의 조목을 마음에 새기어 하루 혹은 특정 기간을 성찰한다거나, 소수의 조목에 집중하여 명상함으로써 일상에서 발생할 수 있는 스트레스와 잡념을 가라앉히는 방법을 생각해 볼 수 있다. ⓑ 또한 생활 속에서 일어나는 수많은 감정들에 휩쓸리지 않기 위해 화기환을 사용하는 방법 역시 가능한데, 『활인심방』에 소개된 내용을 그대로 시행할 수도 있고, 변용하여 우울한 감정이 '나'를 지배할 때 마음의 네모 안에 '즐길 락(樂)'자를 새겨 반복적으로 떠올리는 방안도 모색해볼 수 있다. 그리고 이런 기초적인 단계에 익숙해지면, 인용했던 구절들처럼 '끊임없이 자신을 살피면서 시간이나 계절에 걸림 없이 언제든지 따뜻하게 데워 마실 수 있고', '감정으로 인해 힘들 때마다 한 알 꿀꺽 삼킬 수 있게' 되는 것이다. 이 수준에 이르면 일개인의 마음에 집중한다거나 바라보는 차원을 넘어, 자연의 원리를 따르며[順天道], 처세함에 자연스럽게 중도를 꾀할 수 있게[處中] 된다. 위 방법들은 일반 성인들을 포함해 초·중·고등학교의 학생들에게도 손쉽게 소개할 수 있고, 별도의 명상 프로그램을 도입하지 않더라도 체크리스트나 수행평가 등과 연계해 활용할 수 있다.22) 수행평가에서 활용할 수 있는 '명상일지'에 대해서는 이 장의 끝에 첨부된 〈표 7-2〉를 참조하길 바란다.

현재 학교 교육 안에서 명상 기법을 적용하려는 시도들은 관련 명상 프로그램으로부터 효과를 경험했거나, 새로운 수업 기법을 도입하려는 일부 교사에 의해 주도되고 있는 것이 사실이다. 그러나 '깨달음'의 상태라는 것이 극히 이해시키기 어려운 까닭에, 학생들에게 왜 군이 학교에서 명상을 해야 하는지에 대한 당위성을 설명하기 어렵고, 무엇보다 생소한 명상 프로그램의 무리한 도입은 학생들의 학교생활에 또 하나의 스트레스가 될 수 있다는 점에 주의해야 한다. 이런 제한점들에 비추어 볼 때, 이황의 사상 및 그의 삶과 관련된 내용들은 도덕 교과를 위시한 여러 과목들에서 다루고 있기에, 학생들로 하여금 보다 친숙하면서도 자연스럽게 경 중심의 명상법으로 유도할 수 있다.23) 또한 일반적인 명상법과 달리 이황의 경 중심의 수양론은 일종의 '도덕 명상법(moral meditation)'인 까닭에 학급과 학교 전체의 도덕적 분위기 창출에도 기여할 수 있을 것이다. 바로 이것이 명상의 관점에서 바라본 이황의 경 사상이 지니는 도덕교육적 활용 측면에서의 시사점이다.

정리하자면, 먼저 이황은 천인합일이라는 궁극적인 목적의 출발점으로 개인의 수양을 강조하고 있으며, 특히 우리 마음에 존재하는 선함[仁]에 기초한 경을 통해 개인-전체가 통합될 수 있는 도덕적 근거를 제시하였다. 이것은 개인과 전체가 하나 되어야 함을 강조하면서도, 왜 그러해야 하는지에 대한 설명이 부족한 현대의 명상 프로그램들에 대해 이황의 경 사상이 지니는 중요 시사점이다. 또한 교육과 관련해 거시적으로는 '도덕' 교육이 전제된 위에서 '역량' 교육이 시행되어야 함을 나타내고 있으며, 미시적으로는 도덕 교과의 핵심 원리인 '가치 관계 확장법'의 구현을 위한 방법론을 제시하고 있다는 점에서 의의가 크다. 다음으로 이황은 철저한 이론적 기반 위에 일상에서 활용할 수 있는 손쉬운 '도덕 명상법'을 제안하고 있다. 이것은 현대의 명상 프로그램들이 갖추어야 할 철학적 지향점 및 학문적 근거의 필요성을 나타내고 있을 뿐 아니라, 학교 도덕교육과 연결시켜 활용할 때의 수월성 역시 보여주고 있다는 점에서, 명상의 관점에서 바라본 이황의 경 사상이 지니는 훌륭한 도덕교육적 함의이다.

5. 이황의 경을 명상으로 활용하기 위한 후속 과제들

지금까지 이 장에서는 '명상의 관점에서 바라본 이황의 경 사상이 지니는 도덕교육적 함의'를 밝힌다는 목적 아래 논의를 전개하였다. 이 목적을 위해 필자는 먼저 명상의 정의와 기본 특징들을 살펴보았다. 명상이란 수행자 자신이 본래 지니고 있는 진리에 대한 깨달음의 가능성을 믿고, 그 가능성 위에 스스로의 심신 상태를 주의하고 지켜봄으로써, 궁극적으로는 전체 속에서 자아, 인생, 세계를 바라볼 수 있도록 꾀하는 노력이다. 이와 같은 명상의 기본 특징으로는 첫째, 인간의 내면의 힘에 대한 신뢰, 둘째, 지성-가슴, 앎-느낌, 몸-마음의 통합 강조, 셋째, 전체(whole)를 자각하고 통찰할 수 있는 심안(心眼)의 획득 등을 제시할 수 있다.

다음으로 이 장에서는 『성학십도』를 중심으로 이황의 경 사상과 명상의 특징들을 연결하였다. 이황이 말하는 경은, 몸의 주재로서의 마음과 분리되어 바깥에 별도로 존재하는 것이 아니다. 다시 말해, 경은 마음이 스스로 자신을 통제하여 응집시키는 힘 그 자체이자(금장태, 2013: 200~201), 동시에 수양론·공부법의 핵심인 것이다. 이황은 우리 마음에 대한 낙관적인 전망[仁]을 전제로 미발시 공부[存養]와 이발시 공부[省察]를 함께 강조하였고, 일상의 시·공간에서 몸과 마음 공부를 병행함으로써 앎-느낌의 진정한 합일이 가능하다는 점을 논의하였으며, 결국 개체[我]와 전체[自然]가 하나 되는 천인합일을 지향하였다. 그리고 이런 경은 명상의 세 가지 특징들과 잘 소통한다.

끝으로 이 장에서는 명상의 관점에서 해석된 이황의 경 사상이 어떤 도덕교육적 함의를 지니는지 고찰하였다. 그 첫 번째는 이황의 경 사상이 보여주는 목적의 뚜렷함과 도덕적인 지향성이다. 이것은 마음의 안정이나 스트레스의 해소 등을 강조하면서 빠른 속도로 확대 재생산되고 있는 실용적 결과 중심의 명상 프로그램들에 대해 이황의 경 사상이 제시하는 중요 시사점이자, 우리 교육에 제안하는 방향성이며, 도덕교육적 함의이다. 특히 교육적 방향성과 관련해서는 '도덕' 교육이 전제된 위에서야 비로소 효율성·효과성 중심의 '역량' 교육이 올바른 방향으로 나아갈 수 있다는 점을 나타내고 있으며, 도덕교육적 함의와 관련해서는 도덕 교과의 핵심 원리인 '가치관계 확장법'의 구현을 위한 의미 있는 방법론을 제시하고 있다. 이어서 둘째는 명상의 관점에서 해석된 이황의 경 사상이 보여주는 도덕교육적 활용 가능성이다. 이황의 경은 일반적인 명상법과는 차이가 있는 '도덕 명상법'이요, 중화탕이나 화기환과 같은 구체적인 명상 프로그램까지 함께 지니고 있기 때문에, 일반 성인들을 포함해 자라나는 아이들을 위한 학교 도덕교육에서도 충분히 활용 가능할 뿐 아니라, 학급과 학교 전체의 도덕적 분위기 창출에도 기여할 수 있을 것으로 기대된다.

일찍이 『주역(周易)』「문언전(文言傳)」에서는 "군자는 경으로써 안을 곧게 하고, 의로써 밖을 바르게 한다"[24]라고 하였다. 이 문장에는 마치 경과 의가 분리된 것처럼 기술되어 있지만, 실제 경·의는 분리된 것이 아니다. 이후 경은 수양론의 핵심이 되면서, 내면의 '도덕적 집중[主一無適]'과 외면의 '가지런함[整齊嚴肅]'을 모두 포괄하게 되었고, 정주에 의해 학문적 위치를 확고히 하게 되었다. 그리고 이황에 들어와 동아시아를 관통하는 경 사상이 성립된 것이다. 하지만 경 사상의 위상과 달리, 현대적 활용 방안에 대한 논의는 그리 활발하지 않았던 것으로 보인다. 이러한 문제의식 하에 필자는 이황의 경을 명상의 관점에서 해석하였으며, 경이 명상에 대해서는 물론이거니와 여러 도덕교육적 시사점까지 지니고 있음을 확인하였다. 그러나 필자의 주장이 보다 확실하게 뒷받침되려면, 다음과 같은 후속 연구가 필요하다. ⓐ 첫째는 『활인심방』에 나타난 명상 프로그램들을 교육적으로 보다 구체화시키는 것이다. ⓑ 둘째는 경 중심의 명상 프로그램들을 도덕수업의 현장에 투입하여 그 효과를 검증하는 것이다. 이런 부분들까지 논의가 진행된다면 이황의 사상이 지니는 외연이 보다 넓어질 것이라고 기대하면서 제7장을 마친다.

<표 7-2> '이황의 경을 활용한 학교 수행평가용 명상일지'의 예시

명 상 일 지						
				반 __ 번호 __ 이름 ___		
명상 기간	예) 2014. 9. 1 ~ 5		명상 횟수	예) 正, 正 …		
요일 체크	월 √	화 √	수 √	목	금	토
명상 구절	예) '중화탕' 중 ① 사무사, ⑥ 막질투, ㉒ 계노					
내용 분석	① 思無邪: 생각함에 삿됨을 두지 말라. ⑥ 莫嫉妬: 남을 미워하고 깎아내리지 말라. ㉒ 戒怒: 노여워함을 경계하라.					
1단계-상황	명상을 실천했던 상황 적어보기					
○ _____ ○ _____ ○ _____ ○ _____						
2단계-관찰	명상에서 경험한 내용 적어보기					
○ _____ ○ _____ ○ _____ ○ _____						
3단계-소감	명상 이후 일상의 성찰 적어보기					
○ _____ ○ _____ ○ _____ ○ _____						

1) 『朱子語類』卷12: 敬之一字, 眞聖門之綱領, 存養之要法.

2) 5000년 이상의 역사를 가진 명상 기법들을 모두 검토하고 그로부터 일반적인 특징들을 추출한다는 것은, 반드시 필요한 작업이지만 이 장의 범위를 넘어서는 일이다. 여러 명상 기법들에 대한 개략적인 소개는, 한자경(2011: 41~275), 불교와 사상의학 연구회(2012: 20~107), 장승희(2012: 242~249) 등의 연구를 참조할 수 있다. 필자가 명상의 특징들을 추출하고 직·간접적으로 인용하는 과정에서 활용한 문헌들은 존 카밧진(안희영 역, 2012), 잭 콘필드(정준영 역, 2013), 수잔 카이저 그린랜드(이종복 역, 2012), 지두 크리슈나무르티(장순용 역, 2008)의 저서들이다. 그들의 저서에 명상의 의미나 기법들이 전부 담겨 있다고는 할 수 없다. 실제 존 카밧진과 잭 콘필드, 수잔 카이저 그린랜드의 저서들에서 강조하는 명상은 불교에 기반한 '마음챙김 명상(MBSR)'이고, 지두 크리슈나무르티의 저서에 나타나는 명상은 '영성적 명상'이다. 그러나 필자는 위 저서들이 학문적 진지함과 대중적 영향력을 모두 확보한다고 판단하였기에 이 장에서 참조, 활용하였다.

3) 관련하여 한자경(2011: 19)은 "명상을 통해 나를 찾는다는 것은 결국 명상을 통해 우주와 자연과 신과 하나가 된 나를 발견하는 것이다. 자아와 세계와의 근원적 합일, 인간과 신과의 궁극적 합일을 체험하고자 하는 것이 명상의 궁극적 지향점이다"라고 강조하였다.

4) 그는 모든 생명체가 그 자체로서 하나의 전체성을 갖고 있지만, 보다 큰 전체성에 포함되어 있기도 하다는 점에 주목한다. 당연히 인간 역시 환경, 지구, 우주에 속해 있고, 이 사실을 자각한 인간에 대해 존 카밧진은 '전체적' 혹은 '총체적' 인간(whole person)이라고 표현하였다(J. Kabat-Zinn, 장현갑 외 역 2013: 41·253~273).

5) 『退溪集』卷18 '答金惇敍': 大抵人之爲學, 勿論有事無事有意無意, 惟當敬以爲主, 而動靜不失. 則當其思慮未萌也, 心體虛明, 本領深純, 及其思慮已發也, 義理昭著, 物欲退聽. 紛擾之患漸減, 分數積而至於有成, 此爲要法.

6) 『論語』「憲問」: 修己以敬.

7) 그 이전에도 『삼경(三經)』을 중심으로 경에 대한 논의들이 등장하지만, 분명한 점은 공자에 와서야 비로소 경이 수양론의 핵심 개념으로 자리하였다는 것이다. 다시 말해, 공자는 그 이전의 하늘(天)과 자연에 대한 막연한 '외경심' 혹은 '경각심'으로서의 경 개념을 내면화하고 구체화함으로써 경에 새로운 의미를 부여했던 것이다. 이런 까닭에 『사서(四書)』에서는 경이 한층 도덕적인 것으로 표현된다(김수청, 2012: 49·58).

8) 『大學或問』: 程子於此, 嘗以主一無適言之矣, 嘗以整齊嚴肅言之矣, 至其門人謝氏之說, 則又

有所謂常惺惺法者焉, 尹氏之說則, 又有所謂其心收斂, 不容一物者焉. … 敬者, 一心之主宰而萬事之本根也. … 蓋此心既立, 由是格物致知以盡事物之理, 則所謂尊德性而道問學, 由是誠意正心以修其身, 則所謂先立其大者而小者不能奪, 由是齊家治國以及乎天下, 則所謂修己以安百姓, 篤恭而天下平. 是皆未始一日而離乎敬也, 然則敬之一字, 豈非聖學始終之要也哉.

9) 『退溪集』卷7 '進聖學十圖箚': 敬者, 又徹上徹下, 著工收效, 皆當從事而勿失者也.

10) 그러나 이황의 경이 주희와 차이가 없는 것은 결코 아니다. 가령 경[居敬]과 정[靜坐]의 관계에 대해, 주희는 후자가 전제되어야 전자가 의미 있게 작동한다고 이해한 반면, 이황은 그렇게 보지 않았다. 오히려 이황은 거경이 주도적인 지위에서 정좌를 포괄하는 것으로 이해하였다. 이것은 이황이 주희에 비해 경의 우선성을 훨씬 강조하였음을 보여주는 것이다. 관련하여 엄연석(2008: 18)은, 이황의 경은 존양과 성찰, 치지와 궁리를 아우르는 것으로, 주희에게서 거경의 전제가 되었던 정좌 역시 이런 확장된 범위 안에서 언급될 수 있는 것으로 바뀌었다고 지적하였다.

11) 『退溪集』卷7 '進聖學十圖箚': 要之, 兼理氣統性情者, 心也, 而性發爲情之際, 乃一心之幾微, 萬化之樞要, 善惡之所由分也. 學者誠能一於持敬, 不昧理欲, 而尤致謹於此, 未發而存養之功深, 已發而省察之習熟, 眞積力久而不已焉, 則所謂精一執中之聖學, 存體應用之心法, 皆可不待外求而得之於此矣.

12) 『退溪集』卷7 '進聖學十圖箚': 持敬者, 又所以兼思學, 貫動靜, 合內外, 一顯微之道也.

13) 『退溪集』卷7 '進聖學十圖箚': 常宜體玩警省於日用之際心目之間, 而有得焉. 則敬爲聖學之始終, 豈不信哉.

14) 『退溪集』卷7 '進聖學十圖箚': 此一靜一動, 隨處隨時, 存養省察, 交致其功之法也. 果能如是, 則不遺地頭, 而無毫釐之差, 不失時分, 而無須臾之間. 二者並進, 作聖之要, 其在斯乎.

15) 『退溪集』卷7 '進聖學十圖箚': 畏敬不離乎日用, 而中和位育之功可致, 德行不外乎彝倫, 而天人合一之妙斯得矣.

16) 『退溪集』卷7 '進聖學十圖箚': 西銘前一節, 明人爲天地之子, 後一節, 言人事天地, 當如子之事父母也.

17) 명상 프로그램들이 불교와 얼마만큼의 상관성을 지니고 있는지에 대해서는 보다 깊이 있는 연구가 진행되어야 할 것이다. 한 예로 박재현(2013: 126~147)은 치유와 행복을 목적으로 하는 현대의 각종 명상법들이 불교와 밀접한 연관성이 있는 것처럼 보이는 것은 불교 용어를 응용하는 데서 오는 착시일 뿐, 실제 선(禪) 중심의 불교 수행과 명상의 접점은 극히 희미하다는 사실을 여러 측면에서 논증하고 있다.

18) 물론 모든 명상 프로그램이 그렇다는 것은 아니다. 가령 박병기(2013: 115)는 사마타(samatha)와 위빠사나(vipassana)로 대표되는 불교 명상은 '탐욕과 무명(無明)을 제거하여 해탈에 이르는 것'을 목적으로 삼는다는 점에서 단순히 스트레스의 해소나 마음의 평온을 목적으로 삼는 일반적인 명상법들과는 차별화된다는 점을 지적하고 있다. ⓐ 하지만 대부분의 명상 프로그램들이 사마타와 위빠사나 방식을 차용하기에 불교 명상과 일반적인 명상법들이 어떤 점에서 얼마나 차별화가 가능한지, ⓑ 불교 명상의 지향점인 공성(空性)에 대한 체험이 구체적으로 무엇이며 설명이나 전달이 가능한지 등의 물음에 대해서는 불교 명상 역시 자유로울 수 없다.

19) 『退溪集』卷7 '進聖學十圖箚': 蓋聖學在於求仁, 須深體此意, 方見得與天地萬物爲一體. 眞實如此處, 爲仁之功, 始親切有味, 免於莽蕩無交涉之患, 又無認物爲己之病, 而心德全矣.

20) 일례로 도덕적 주체가 자연·초월적 존재와 맺는 가치 관계 영역(제4영역)을 생각해 보자면, 현행 초등학교 3~6학년, 중학교 1~3학년 『도덕』 교과서의 관련 내용들을 통해, 이 목적을 구현할 수 있는지에 대해서는 의문을 제기할 수 있다. 학생들이 '자신과 자연·초월적 존재와의 관계에 대한 올바른 이해를 바탕으로, ⓐ 이상적 삶을 영위할 수 있는 도덕적 능력과 태도를 지니고 ⓑ 자연·생명에 대한 외경심을 함양하며 ⓒ 우주적 내지는 초월적 가치의 지평에서 이상적 삶을 설계하여, 이를 바탕으로 인간 및 사회를 도덕적으로 성찰하려는 태도'(교육과학기술부, 2012: 9)를 지니기 위해 가장 먼저 해야 할 일은 도덕적 주체인 내가 그 자연·초월적 존재를 감지(感知)하는 일이다. 그러나 현행 『도덕』 교과서들은 삶, 환경, 종교 등에 대한 내용들로만 채워져 있을 뿐, 자연·초월적 존재를 어떻게 감지하고 관계 맺어야만 하는지에 대해서는 내용이 부족하다.

21) 『활인심방』은 이황의 수양론을 명상과 연결시키는 연구들, 가령 권봉숙(2013), 이연도(2009, 2010) 등의 연구에서 자주 거론되는 문헌으로, 명(明)나라 왕자 주권(主權, 1378~1448)이 저술한 『구선활인심법(臞仙活人心法)』 상·하권 중 이황이 상권을 필사한 것이다. 『구선활인심법』이 도교의 양생법을 기록한 책인 까닭에 그것을 필사한 『활인심방』역시 마찬가지이지만, 이 절에서 인용하는 '중화탕'과 같은 부분에는 이황의 유가적 관점이 잘 반영되어 있다. 『구선활인심법』에서 이 부분의 원래 제목은 '보화탕(保和湯)'이었으나, 이황이 필사하는 과정에서 그것을 '중화탕'으로 바꾸었기 때문이다. 그리고 중화란 『중용』의 미발지중 중절지화(未發之中 中節之和)를 말하는 것이다. 이렇게 보자면, 『성학십도』에서 강조하고 있는 경은 이황의 수양론 전체를 관통하는 테마(thema)요, 그 테마가 『활인심방』의 '중화탕'이나 '화기환' 같은 구체적인 수양법으로 나타난 것이다. 첨언하여, 명상의 관점에서 이황의 경 사상을 해석하는 이 장에서 필자가 『활인심방』을 우선적인 텍스트로 삼지 않은 까닭은, 선행 연구들에 엿보이는 연구 방법상의 문제점과 관련이 있다. 권봉숙과 이연도의 연구에서는 『활인심방』과 명상을 연결시키기 이전에 해결해야 할 문제, 즉 이황의 사상의 핵심인 경이 명상과 연결될 수 있는지의 문제를 간과하거나 소홀하게 다루었던 것이다. 다시 말해, 『활인심방』에 나타난 표면적인 방법들과 명상 프로그램의 유사성을 밝히는 데 대부분의 논의를 할애하고 있다는 것이다. 필자는 이황의 사상과 명상을 연결시키려는 선행 연구들의 학문적 의의를 인정하고 계승하면서도, 그 연구들에서 나타나는 방법상의 문제를 보완하는 것이 필요하다고 보았기에, 『성학십도』를 우선하는 텍스트로 삼았다.

22) 수행평가에서 활용할 명상일지에는 명상 기간과 횟수, 명상 구절 등의 기본 내용을 적게 하고, ⓐ 명상을 실천한 '상황', ⓑ 명상 중에 경험한 내용의 '관찰', ⓒ 명상을 마치고 난 이후의 '소감' 등을 담을 수 있게 구성한다(김정호, 2014: 6; 박병기·김국현 외, 2013: 228).

23) 이황의 경을 활용한 명상 기법은 초등학교급에도 충분히 적용될 수 있다. 김혁수·장윤수(2014: 134~137)의 연구에 따르면, 이황의 경을 활용한 일상에서의 명상 기법[居敬]은 초등학교 2학년 학생들에게도 상당히 유의미하게 작동하였다.

24) 『周易』「文言傳」: 君子敬以直內, 義以方外.

제8장

조식의 사상에 나타난 '도덕과 내용 요소' 탐색

1. 노력을 통해 완성된 철인(哲人), 조식

도덕적 지행합일은 도덕과(道德科) 교육의 핵심 주제이자 궁극적인 목표이다. 그러나 우리가 이미 스스로의 삶에서 체험하고 있듯이, 도덕적으로 아는 것과 행동하는 것을 매순간 일치시키기란 그리 쉽지 않다. 이런 일상적 경험에 더하여, 대중매체를 통해 종종 접하는 청소년들의 패륜적인 사건과 반(反)도덕적인 행동들, 그리고 범죄를 저지르는 행위자의 연령대가 점점 어려지고 있다는 사실들은 도덕적 지행합일을 지향하는 도덕과 교육의 실효성에 의문을 가지게 한다. 이 같은 상황에서 남명(南冥) 조식(曺植, 1501~1572)의 사상은 우리에게 어떤 도덕적 메시지를 전달하며, 그것은 도덕과 교육에 어떤 의미가 있는지 고찰하는 것이 이 장의 목적이다.

조식의 언행이 남아 있는 글들을 살펴보면, 그는 도덕적 지식과 행동이 거의 일치하는 인물로 보인다. 당시의 혼란스러웠던 시대 상황을 고려할 때, 명종(明宗)과 문정왕후(文定王后)의 실정(失政)에 대한 비판은 죽음과 직결되는 것이었다. 그러나 이것을 알고 있었음에도, 조식은 의(義)에 부합하지 못하는 그들의 행동이 오랫동안 벌레가 갉아먹어 진액이 이미 말라버린 큰 나무 같은 조선을 더욱 더 위태롭게 만든다고 날카로우면서도 태연하게 지적하고 있다.1) 이 역사적 사실은 그의 도덕적 지행합일의 면모를 보여주는 작은 조각일 뿐이다. 그런데 조식의 이러한 측면은 시살적(厮殺的) 존양성찰(存養省察)이나 방단적(方斷的) 처사접물(處事接物)과 같은 용어에서 느껴지는 '차가운', '서늘한' 등의 수식어로 그를 묘사하게끔 한 원인이 되기도 하였다. 과연 그는 아무런 망설임도 없이 도덕적인 지식을 행동으로 직결시킬 수 있었던 선천적인 철인(哲人)이었을까?

필자가 이해한 조식은 선천적인 철인이라기보다는, 절차탁마(切磋琢磨)하는 노력을 통해 완성된 후천적인 철인이었다. 조식이 임종에 즈음하여 스스로 밝힌 것처럼, 그의 사상의 요체는 경의(敬義)와 출처(出處)였다.2) 이 두 가지에 대해 많은 연구가들은 경과 의가 동전의 양면 같은 것일 뿐 둘이 아님을 강조하고 있고, 조식은 처사로서 지행합일이 체득(體得)된 인물이라는 점을 높이 사고 있다. 하지만 필자는 오히려 그 기저에 있는 경과 의 사이의 간극, 그리고 그가 처사임을 자처하면서 설정했던 가치와 사실 사이의 간극에 조식의 사상의 핵심이 있다고 본다. 다시 말해, 조식에게 경-의, 지-행이 하나일 수 있었던 이유는 경과 의, 가치와 사실 사이에 존재하는 간극을 때로는 좁히고 때로는 일부로 설정하는 등의 지난한 노력이 있었기 때문이라는 것이다. 그리고 이 지점을 포착해야 '노력하는 도덕인'으로서의 조식과 그의 사상이 지니는 도덕과 교육적 의의 및 도덕과 교육 내로의 수용 방안을 도출할 수 있다고 생각한다.

이제 조식의 사상은 철학, 문학, 일반 교육학에서 연구되는 단계를 넘어 도덕과 교육에서도 논의되고 있다. 그런데 그의 사상에 대한 도덕과 교육계의 연구 경향을 살펴보면, 그의 사상이 지니는 시사점이나 함의 등을 밝히는 데 주력하였음을 알 수 있다.[3] 이 장의 내용 역시 선행 연구들과 이어지는 선상에 있지만, 거기서 한 걸음 더 나아가 조식 사상의 요체들이 도덕과 교육의 내용 요소들과 어떠한 상관성을 지닐 수 있는지 밝히는 데 주안점을 둘 것이다. 그리고 이러한 조식 사상의 도덕과 내용 요소 탐색을 토대로, 그의 사상을 도덕과 교육 내로 수용하는 방안에 대해서도 살펴볼 것이다.

위 목적을 위해 제2절에서는 먼저 수양으로서의 경[居敬]과 행동함으로서의 의[行義] 사이에 존재하는 간극을 좁히기 위해 조식이 사용했던 방법이 현대 도덕과 교육의 내용 요소 중 하나인 '도덕적 성찰'과 어떠한 연관성이 있는지 고찰할 것이다. 이어서 제3절에서는 그가 자임했던 처사가 도덕과 교육의 실천적 목표인 '노력하는 도덕인'이었다는 점을 전제로, '가치와 사실의 문제'에 대해 논의할 것이다. 제2절과 3절의 내용이 조식의 사상을 도덕과 교육의 내용 요소들과 연결시키려는 시도라면, 제4절의 내용은 그의 사상을 도덕과 교육 내로 수용하는 방안과 관련된 것이다. 특히 조식의 사상에서 엿볼 수 있는 '실(實)'의 강조와 사상적 포용성이 조선 유학을 주자학(朱子學) 일색으로 흐르지 않도록 하는 토대가 되었으며, 뒤이어 탄생한 실학(實學)과 위정척사(衛正斥邪), 항일·독립운동 등의 이론적 기반이 되었음을 강조할 것이다. 그리고 이 같은 내용이 『도덕과 교육과정』과 관련 교과서에 적극 반영될 때야 비로소 학생들이 배워야 할 한국 유교 사상의 흐름이 보다 온전하게 기술될 수 있음을 주장할 것이다.

2. 경의(敬義)와 성(誠): 도덕적 성찰과 지행합일의 원동력

조식은 청년 시절에 『성리대전(性理大全)』을 읽다가 "나아가 벼슬하면 국가를 위해 크게 하는 일이 있어야 하고, 물러나 은거해 있으면 스스로를 지킬 줄 알아야 한다. 대장부라면 마땅히 이와 같이 해야 한다. 나아가 벼슬해도 하는 일이 없고 물러나 은거하면서도 지키는 것이 없다면 뜻하고 배운들 무엇을 하겠는가?"[4]라는 원(元)나라 허형(許衡, 1209~1281)의 글을 읽고 자기반성의 계기를 마련하였다. 이 글귀에 비추어 끊임없이 스스로를 되돌아보며 학문에 정진하던 그는, 자신의 시대를 불치(不治)와 불행(不幸)의 시대로 판단하고 물러나 은거하는 처사로서의 삶을 선택하였다. 여기서 조식이 물러나 은거하면서도 끝까지 지키고자 했던 것이 다름 아닌 경의(敬義)이다. 그는 경의에 대한 생각을 집약하여, 패용하던 칼에 "안으로 마음을 밝히는 것은 경이요 밖으로 행동을 결단하는 것은 의이다"[5]라고 새겼다. 조식이 자기 학문의 요체를 경의라고 말하고 또 몸소 실천하였기에, 그의 경의관(敬義觀)은 일찍부터 주목받았다. 일례로 김충열(2004: 56)은 조식의 사상을 '본체와 작용(體用), 근본과 말단(本末), 이치와 사태(理事), 안과 밖(內外)을 병고구도(並顧俱到)하여 전체대용(全體大用)을 꾀한 경의철학'이라고 정의하였다.

조식의 문집에서 경의에 대한 독창적인 견해가 많이 발견되는 것은 아니지만, 확실한 사실은 그가 경을 물욕(物欲)에 빠지거나 그것에 흔들리지 않기 위한 자기수양법으로 인식하고 있었다는 점이다. 가령 '원천부(源泉賦)'에서 조식은 "경을 통해 '근원'을 함양해야만, 하늘의 법칙(天則)에 '근본'을 둘 수 있다"[6]라고 하였다. 여기서 근원이자 근본은 곧 우리의 마음[心]이다. 그렇다면 조식은 마음의 수양법으로 경을 설정하고 있었다는 결론이 도출된다. 이 사실은 다음과 같은 내용에서 보다 구체적으로 나타난다.

경은 성학(聖學)의 시작이자 끝이 되는 것으로, 초학자에서 성현에 이르기까지 모두 경을 주로 하는 것으로 도에 나아가는 방편을 삼는다. 학문을 함에 있어 경을 주로 하는 공부가 부족하면 학문하는 것이 거짓이 된다. 맹자(孟子)가 말하기를, "학문하는 방법은 다른 것이 없다. 놓아버린 마음을 구하는(求放心) 것뿐이다"라고 하였으니, 이것이 바로 경을 주로 하는 공부이다. 옛날 여러 성현들의 글이 많지만, 이 한 마디면 지극하고 다한 것이다. 학문하는 사람들이 이 마음을 능히 거두어들여 오래도록 잃지 않으면, 자연히 모든 악한 마음이 사라지고 온갖 이치가 통하게 될 것이다.[7]

이처럼 조식은 경을 성인이 되는 학문의 핵심 공부법으로 삼고 있으며, 나아가 그 공부의 중심에 마음이 있다는 것을 강조하고 있다. 그는 또한 구방심(求放心)의 중요성이 단지 한 몸 수양에 그치지 않고 국가의 안녕과도 직결되어 있음을 지적하였는데, 이것은 1568년 선조(宣祖)에게 올린 '무진봉사(戊辰封事)'에서 잘 나타난다. 조식은 왕도(王道)는 임금이 선을 밝히고 몸을 성실히 하는[明善誠身] 데 있을 뿐이며, 이를 통해 자신의 마음을 온전히 보존하고 도덕적으로 성찰할 수 있다면 치인(治人)은 자연스럽게 이루어진다고 하였다. 특히 ⓐ 이치를 탐구하고, ⓑ 몸을 닦으며, ⓒ 선량한 마음을 보존하고, ⓓ 도덕적으로 성찰하는 공부[窮修存省]의 극치는 반드시 '경'이 중심이 되어야 한다고 밝히면서, "이른바 경이란 정제엄숙하고 항상 깨어 있어 마음을 어둡지 않게 하는 것입니다. 이렇게 해서 일심(一心)의 주인이 되어 만사에 응하는 것이 안을 곧게 해 밖을 바르게 하는 것입니다"[8]라고 하여, 경과 공부의 관계, 공부와 마음의 관계, 경의 방법들을 제시하고 있다. 요컨대 조식은 자기수양법으로서의 경을 통한 마음의 보존을 강조하고 있으며, 그 기반 위에서야 비로소 천하의 이치를 궁구할 수 있고, 사물의 변화도 다스릴 수 있다고 여긴 것이다. 이것은 자신을 닦고[修己] 관계를 맺는[治人] 유가 공부의 핵심을 경이라고 보았다는 것이다. 만일 수양으로서의 경이 일정 수준을 넘으면, 밖으로 행동을 결단하는 의(義)는 본래 하나였던 것처럼 이루어진다.

사실 조식의 사상에서 의는 행동의 기준이자 행동함 그 자체이다. '신명사명(神明舍銘)'에는 이런 점이 잘 나타나는데, "태일진군(太一眞君)이 명당(明堂)에서 정사를 펼친다. 안으로는 총재(冢宰)가 관장하고 밖으로는 백규(百揆)가 살핀다"[9]는 명의 시작에서, 그는 이것이 바로 '총체(總體)'라는 주석을 덧붙이고 있다. 다시 말해 태일진군인 마음이 도덕적인 앎을 행동으로 직결시키는 데 있어 마치 총재가 내정을 관장하고 백규가 외정을 살피는 것처럼, 내면으로는 수양으로서의 '경'을 통해 선한 마음을 보존하고 외면으로는 행동의 기준이자 행동함 그 자체로서의 '의'를 결단해야 한다는 것이다. 만일 이 두 가지가 온전히 이루어지지 않으면 그것은 총체라고 부를 수가 없다. 그러므로 수양이 수양에서 그친다거나, 수양에 근거하지 않은 상태에서의 일시적인 도덕적 결단은 제 의미를 지니지 못한다. 도덕적 지행합일의 전형(典型)인 조식 사상의 핵심을 경의라고 하는 이유가 바로 여기에 있다. 그리고 이 부분까지만 밝히더라도 그의 사상을 도덕과 교육에서 수용해야 하는 목표적인 차원에서의 논의는 가능하다. 그러나 '도덕적 지행합일을 지향하지 않은 학자가 있었던가?'라는 물음은 여전히 남아 있고, 조식의 사상을 통해 여기에 차별화된 답을 할 수 있어야, 도덕과 교육 내로 그의 사상을 수용하기 위한 본격적인 가교가 놓이는 것이다. 이제 그 답을 위해 경과 의 사이의 간극에 놓여 있는 성(誠)에 대해 살펴보자.[10]

경과 의는 궁극적으로는 하나일 수밖에 없으나, 이미 〈신명사도(神明舍圖)〉에 표현되어 있는 바와 같이 그 사이에는 엄연한 벽이 있다. 이 벽은 사사로운 욕구가 발생하거나 침입하려는 기미(幾微)조차 사전에 차단하겠다는 조식의 의지를 담고 있는 것이다. '해관서문답(解關西問答)'에서 밝힌 것처럼, 그는 귀·눈·코·입으로부터 발생하는 욕구 자체를 부정하지는 않았다. 그런 욕구는 성인(聖人)도 보통 사람과 다를 수 없다. 그러나 그것이 선하지 못한 쪽으로 기울 때 사사로운 인욕(人欲)으로 성격이 바뀌어 버린다.[11] 그는 이 사사로움의 싹[幾]을 대단히 경계하였는데, 만일 한 치밖에 안 되는 약간의 기미를 방심하여 내버려두면 이로부터 발생하는 결과는 천 리 만큼 어긋나게 되는 것이라고 여러 차례 환기시킨다. 〈신명사도〉의 벽이 이런 조식의 강한 의지를 시각적으로 보여주는 것이긴 하지만, 그럼에도 그가 추구하는 바는 기미의 발생에 도덕적으로 민감하게 반응하고 나아가 기미조차 아예 발생하지 않는, 즉 벽이 전적으로 필요하지 않은 상태이다. 그리고 이 목표를 위해 그가 강조했던 공부법은 경의 실천 상태인 '신독(愼獨)·근독(謹獨)으로서의 도덕적 성찰(省察)'이며, 부단한 성찰을 통해 형성되는 것이 경과 의 사이의 벽을 허물어 줄 '도덕적 에너지(moral energy)로서의 성'이다. 그렇다면 경과 의, 성의 관계는 다음과 같은 단계와 해석으로 표현할 수도 있을 것이다.

〈표 8-1〉 조식의 사상에서 나타나는 경과 의, 성의 관계

구분	경		성		의
단계	수렴	→	보존	→	발산
해석	도덕적 성찰		도덕적 에너지		도덕적 행동

위 단계와 해석을 보다 구체적으로 이해하기 위해서는, 먼저 주일무적(主一無適)과 정제엄숙(整齊嚴肅), 상성성법(常惺惺法)과 기심수렴(其

心收斂)을 포괄하는 경의 실천적인 방법으로서 조식이 강조했던 '성찰'의 대상이 무엇인지 살펴보아야 하고, 다음으로 이 성찰과 도덕적 에너지로서의 성이 지니는 밀접한 관계 역시 고찰해야 한다.

조식이 수양의 과정에서 가장 주의를 기울였던 것은 사사로움의 싹이 마음에 발생하거나 침입하는 것을 막는 데 있었다는 점을 지적하였다. 그러나 이런 수양이 우리 생활과 동떨어진 별도의 것은 결코 아니다. 그는 '좌우명(座右銘)'에서는 "평소 언행을 미덥게 하고 삼가며, 사악함을 막아 성(誠)을 보존하라"12)고 하였으며, '신언명(愼言銘)'에서는 "언어의 표현을 다듬어 성을 세우라"13)고 하였다. 이런 표현들 이외에도 이황(李滉, 1501~1570) 혹은 오건(吳健, 1521~1574) 등과 주고받은 서신에서 잘 드러나듯이, 조식은 일상을 성찰의 터전으로 삼았다.

① 요즘 공부하는 자들을 보건대, 손으로 물 뿌리고 비질하는 절도도 모르면서 입으로는 천리(天理)를 담론하여 헛된 이름을 훔쳐서 남들을 속이려 하고 있습니다. 하지만 도리어 남에게 상처를 입게 되고, 그 피해가 다른 사람에게까지 미치니, 아마도 선생 같은 장로가 꾸짖어 그만두게 하지 않기 때문일 것입니다.14)

② 성(性)과 천도(天道)는 공자(孔子)의 문하에서 드물게 말하던 것이네. (…중략…) 그대는 요즘의 선비들을 살펴보지 않았는가? 손으로 물 뿌리고 비질하는 절도도 모르면서 입으로는 천상의 이치를 말하는데, 그들의 행실을 공평히 살펴보면 도리어 무지한 사람만도 못하네.15)

위 구절들을 하학이상달(下學而上達)에서 쇄소(灑掃), 응대(應待), 진퇴(進退) 등의 하학, 다시 말해 기본적인 생활 습관과 예절 교육만을 강조하는 것이라고 본다면, 그런 해석이 의미 없는 것은 아니라 해도 조식 사상의 고유한 특색은 아니다. 여기에서 그가 전달하고 싶었던 참뜻은, 적극적 행위자로서의 '나' 자신과 나를 둘러싼 주변의 것들로부터 도덕적 성찰을 시작해야 한다는 바로 그것이다. 그리고 이런 '도덕적 성찰의 반복' 및 '성찰 범위의 확장'을 통하여 시의에 알맞은 도덕적 행위가 무엇인지 스스로 깨우치는 것[自得], 이것이 그가 하학을 강조했던 근본적인 이유이자, 조식이 몸소 보여 준 것과 같은 도덕적 지행합일의 출발점이다. 이때 성찰의 자세와 마음가짐은 열정과 의지이다. 비유하자면, "밥해 먹던 솥도 깨부수고 주둔하던 막사도 불사르며 타고 왔던 배도 불 지른 뒤, 사흘 먹을 식량만 가지고서 사졸들에게 죽지 않고는 결코 돌아오지 않겠다는 의지를 보여주는"16) 것처럼, 때로는 물러질 수 있는 성찰적 마음가짐을 다잡는 열정과 의지가 필요하다는 것이다.

이와 같은 도덕적 성찰을 통해 형성되는 것이 성이다. 인용했던 '좌우명'의 한사존성(閑邪存誠)과 '신언명'의 수사입성(修辭立誠)을 통해 도덕적 성찰과 성의 관계가 어느 정도 드러났지만, 이 관계는 '신명사명'에서 좀 더 적극적으로 나타난다. '신명사명'에는 "기미가 있자마자 용감하게 이겨내고, 나아가 반드시 섬멸토록 한다. 승리를 임금에게 보고하니, 요순(堯舜)의 세월이다"17)라는 구절이 있다. 구절의 앞부분이 성찰 및 성찰에 대한 열정·의지를 표현한 것이라면, 뒷부분은 경의가 전적으로 하나 된 화평한 마음의 상태를 나타낸 것이다. 그런데 특히 뒷부분에 대해 조식은 이것이 곧 '성을 존재시켜 두는 것[存誠]'이라는 주석을 덧붙이고 있다. 요컨대 그는 성을 보존해야만 지극한 선[至善]에 이를 수 있고, 또 이렇게 해야 사물의 이치와 지혜가 극진해지며 참된 예(禮)로 돌아갈 수 있다고 여긴 것이다.18) 성에 대한 이러한 강조는 경과 의 사이에 존재하는 간극을 좁혀주는 장치가 바로 성이라는 이 절의 논지를 뒷받침한다. 성의 보존을 통해 경이라는 안으로의 수렴과 의라는 밖으로의 발산이 진정한 하나를 이룬다. 그래서 '신명사명'의 마지막은 "하나에로 되돌아가니, 시동과도 같으며 연못과도 같도다"[19]로 끝나게 되는 것이다. 여기서 시동, 연못은 각각 용, 우레와 짝을 맺는 것으로, 시동처럼 가만히 있고 연못처럼 고요하지만 용처럼 위의(威儀)와 문채(文彩)가 나타나고 우레 소리처럼 덕이 사람을 감동시킨다는 의미이다. 즉, 성을 통해 경과 의가 하나 됨으로써 도덕적 지행합일이 완성되고 이로부터 '도덕적인 매력·권위(moral charisma)'가 형성, 자연스럽게 흘러나온다는 것이다. '원천부'의 다음과 같은 구절은 이런 성의 효용을 문학적으로 표현한 것이라고 하겠다.

> 작은 덕은 흐르는 냇물 같고 큰 덕은 무궁한 조화를 이루니,
> 모두 근본을 충실히 하는 데서 오는 것이다.
> 무궁한 조화의 덕은 광박(廣博), 심후(深厚)한 땅과 대비되니,
> 만물의 다양함이 한 가지 이치로 귀결된다.
> 이것은 성(誠)이 자연스럽게 나타나는 것,
> 은하수처럼 아득하여 이루 다 헤아릴 수 없도다.[20]

지금까지 이 절에서는 조식 사상의 요체인 경의에 대해 살펴보고, 특히 경의 실천적 방법인 도덕적 성찰과 이를 통해 형성되는 도덕적 에너지로서의 성에 대해 논의하였다.[21] 이제 이런 내용들이 도덕과 교육적으로는 어떤 의의가 있는지 고찰할 것이다.

현재 『도덕과 교육과정』에는 '도덕적 성찰'이라는 개념이 비중 있는 내용 요소로 반영되어 있다.[22] 그러나 교육과정에 등장하였다고는 할지라도, 도덕적 성찰은 그 의미 규정이 확실하지 않아 적지 않

은 혼란을 초래하였다. 그런데 최근 도덕과 교육에서의 성찰이 무엇인지 구체화시키려는 시도들이 이어지고 있는 바, 먼저 그 연구 성과들을 언급한 뒤 조식 사상의 도덕적 성찰 개념이 지니는 도덕과 교육적 의의를 살펴보자.

먼저 박병기(2011b: 71)는 '윤리적 성찰(ethical reflection)'에 대한 논의를 통해 도덕적 성찰의 의미 이해에 도움을 제공하였다. 그는 도덕과 교육을 위한 윤리학적 접근의 구체화로 '넓은 범주의 성찰'을 제시하면서, 그것을 "우리 스스로가 영향을 받고 있는 기존의 도덕규범을 현상적 차원과 내면적 차원으로 나누어 비판적으로 검토하는 방법"이라고 정의하였다. 여기에서 현상적 차원과 관련된 것은 '도덕적 탐구'이고, 내면적 차원과 관련된 것은 '윤리적 성찰'이다. 이렇게 논의하려는 성찰의 범위를 점차적으로 좁힌 후, 그는 마음의 도덕성에 대한 윤리적 성찰을 삶의 의미 문제와 연관된 것으로 해석하고, 그 방법론들로서 자연론적 성찰과 명상을 제시한다. 다음으로 김국현(2012: 8)은 기존의 『도덕과 교육과정』 내에서 도덕적 성찰이 제대로 규정되지 못한 현상을 진단하고, 이 개념을 '과거의 도덕적 경험을 떠올려 자신의 행동·생각·감정·도덕적 판단·의도·신념 등을 조사하고, 그 경험이 현재 자신의 도덕적 삶에 미치는 영향을 분석하며, 이 작업에서 배운 것을 기초로 도덕적 삶의 실천 방안을 결정하는 사고 과정'이라고 정의한다. 그리고 한 걸음 더 나아가 도덕적 성찰과 도덕적 탐구의 차별화를 논의하면서, 도덕적 성찰의 목적, 대상, 방법 및 교수학습 원리와 그 구체적인 방안까지 제시하고 있다.

위 연구들은 도덕과 교육에서 그 의미가 불분명하게 사용되던 도덕적 성찰의 개념을 보다 뚜렷하게 자리매김했을 뿐만 아니라, 실제적인 활용 방안까지 제시하였다는 점에서 선구적인 의의를 지닌다. 그러나 이 연구들은 다음과 같은 보완 사항들도 함께 가지고 있다.

우선 박병기의 연구는 윤리적 성찰의 대상으로 마음의 도덕성에 대한 논의를 강조하고 있으나, '그 마음이란 무엇인가?'라는 물음에는 답변이 부족해 보인다. 또한 경(敬)이나 간화선(看話禪) 등 유불의 주요한 수양론이 언급되고 있으나, 이러한 것들이 윤리적 성찰이라는 방법론과 관련해서 어떻게 작동하고 있는지에 대한 논의도 보완되어야 할 것이다. 이어서 김국현의 연구는 도덕적 성찰과 도덕적 탐구가 차별화되어야 한다는 점을 언급하고 있지만, 도덕적 성찰의 정의 자체가 분석과 추론을 핵심으로 하고 있어 그 구분이 불분명해 보인다. 또한 도덕적 성찰이 과거-현재-미래의 시간 구조에 기초하고 있지만, 그 시작은 과거의 도덕적 경험에 대한 반성에 전적으로 집중된다. 그렇다면 도덕적 경험 자체가 부족하다거나, 회귀하고 싶지 않은 도덕적 경험을 가지고 있다거나, '지금·여기(now and here)'에 관한 도덕적 성찰을 시도해야 하는 때를 맞이한다면, '이런 경우는 어떻게 해야 하는가?'라는 의문이 든다.23)

그런데 조식 사상의 경에서 강조하는 실천적 방법인 도덕적 성찰은, 이상의 물음과 의구심들을 보완할 수 있는 가능성을 지님과 동시에 도덕적 성찰의 개념 규정 자체에도 높은 적용 가능성을 드러낸다. 그 이유는 이 절에서 살펴본 것처럼, ⓐ 조식의 사상에 나타난 도덕적 성찰[敬]은 사사로운 욕구가 발생하거나 침입할 수 있는 우리의 마음을 대상으로 성찰의 반복 및 범위의 확장을 추구하기에, 마음의 정체와 마음-성찰의 관계를 설명하는 데 있어 일정 이상의 시사점을 제공하기 때문이다. ⓑ 또한 도덕적 성찰의 작동 역시 정형화된 사고의 형식만으로 이루어지는 것이 아니라 열정과 의지의 격렬성을 통해 철저하게 이루어지는[克己] 까닭에, 성찰하는 자세와 마음가짐에 대해서도 함의하는 바가 크다. ⓒ 이어서 조식 사상의 도덕적 성찰은 사태에 대한 분석이나 추론을 강조하는 것이 아니기에, 분석·추론 중심의 도덕적 탐구 개념과도 보다 확실한 차별성을 확보할 수 있다. ⓓ 그리고 정제엄숙과 주일무적, 상성성법과 기심수렴 등의 조목을 통하여 도덕적 성찰의 일상화, 지속화, 신속화 등을 논의할 때도 도움을 제공하기에, 성찰을 과거의 경험에만 국한시킬 필요가 없다. ⓔ 마지막으로 조식 사상의 도덕적 성찰은 도덕적 지행합일을 설명하는 데 있어서도 그 의의가 크다. 왜냐하면 그의 사상에서는 도덕적 성찰을 통해 형성·보존되는 도덕적 에너지, 즉 성(誠)에 대한 강조가 반영되어 있기 때문이다. 따라서 도덕적 성찰이 순간의 일시적 깨달음으로 끝나버리는 것이 아니라, 그대로 온축(蘊蓄)되어 도덕적 행동을 이끌어낼 수 있는 힘의 근간으로 작동하는 과정을 잘 보여 준다.

이 절에서는 먼저 조식 사상의 요체인 경의와 그동안 그리 주목받지 못했던 성 개념의 관계를 고찰하였다. 또한 이 개념들의 의미와 관계를 도덕과 교육의 중요 내용 요소인 '도덕적 성찰' 및 도덕과 교육이 지향하는 '도덕적 지행합일'과 연결시켜 논의하였다. 요약하자면, ⓐ 조식 사상의 대표적인 자기수양법인 경은 현재 도덕과 교육에서 강조하는 도덕적 성찰의 의미 규정에 도움을 제공하며, ⓑ 경을 통해 형성·보존되어 경과 의 사이의 간극을 허무는 성은 도덕적 지행합일을 완성하는 힘을 설명할 수 있다는 것이다. 이제 이어지는 절에서는 조식 사상의 또 하나의 요체인 처사(處士) 개념이 지니는 도덕과 교육적 의의에 대해 살펴볼 것이다. 유의해야 할 점은 그가 '경의'에 대해서는 그 사이에 존재하는 간극을 좁히려고 한 반면, '처사'에 대해서는 처사로서 살아가는 사실(fact)의 영역과 추구하는 가치(value)의 영역을 엄밀하게 구분하고 그 사이의 간극을 일정하게 유지하려 했다는 것이다.

3. 처사(處士): 노력하는 도덕인

그간 조식의 처사상(處士象)에서 부각되었던 측면은 '엄정한 출처 관[出處大節]'과 '현실적·사회비판적 성향의 처사'라는 것이었다. 전자 와 관련해서는 기세도명(欺世盜名)하는 무리에 대한 조식의 비난이, 후자와 관련해서는 후한(後漢)의 엄광(嚴光, B.C. 37~43)에 대한 평이나 사회 참여적 의지가 드러난 언급들이 주요 근거가 되었다(이상필, 2004: 182~198; 권인호, 2006: 173~204). 이외에도 조정에서 내린 직책들을 사 직하며 조식이 올린 몇 차례의 소(疏)와 『실록(實錄)』의 내용들이 그의 처사상을 논의할 때 자주 인용되는 자료들이다. 그런데 이런 엄정하 고 현실적이며 사회비판적인 처사상을 부각시킬 때 떠오르는 조식의 인상은 차갑다.24) 하지만 동학(同學)이나 제자들에 대한 조식의 따뜻 한 감정이 묻어나는 시(詩)·서(書)들을 살펴보면, 그가 지향했던 처사 상을 그렇게만 규정할 수 있는지 의문이 든다. 이 절에서는 조식의 처사상을 정치·사회적인 측면이 아닌, 그가 지향했던 하나의 인간상 으로 규정하고자 한다. 그리고 그것이 '노력하는 도덕인'으로서의 처 사이다. 조식의 처사상을 이런 방식으로 이해할 때, 도덕과 교육 내 로 그의 사상을 수용하기 위한 두 번째 가교를 놓을 수 있다.

정인홍(鄭仁弘, 1535~1623)은 스승에 대해 "선생은 구차하게 복종하 지도 침묵하지도 않으셨다. (…중략…) 은거하였으나 반드시 시대를 살피고자 하였고, 스스로를 지켰으나 이를 다른 사람에게 자랑하고 자 하지 않았다. 깎아지른 요새의 높은 바위 구멍에서 죽어도 후회하 지 않을 것 같이 하였으니, 천 길 높이 나는 봉황새라고 하면 옳을 것이다"25)라고 평가하였다. 그리고 김우옹(金宇顒, 1540~1603)은 스승 이 "몸으로 행동하는 처음에는 마치 금과 옥이 아주 작은 티끌의 더 러움도 입지 않을 듯이 해야 한다. 또 장부의 행동거지는 무겁기가 마치 산악 같아서 만 길이나 깎아선 듯하다가, 때가 와서 움직일 때에는 바야흐로 허다한 사업을 해낼 수 있어야 한다"[26)라는 가르침을 전했다고 기록하였다. 제자들의 이런 평가와 기록들은 조식이 지향했던 인간상을 추측할 수 있는 좋은 자료들이지만, 제자들의 눈에 비친 스승의 모습이라는 한계도 있다. 따라서 그가 직접 언급하고 강조하면서 따르고자 했던 인물의 특징을 살펴보아야만 한다.

> 안회(顔氏)의 도는 사물의 시초에까지 다하였고 조화의 시작에까지 아득하다. 천지의 거대함으로도 (안회의 도를) 헤아릴 수 없으며 해와 달의 밝음도 (안회의 도보다) 밝을 수 없다. 또한 하늘로써 즐기고 하늘로써 근심하였다. (…중략…) 천자는 천하로써 영토를 삼지만, 안자(顔子)는 만고(萬古)로써 영토를 삼는다. 그래서 누추하고 좁은 곳이 그의 영토는 아니었던 것이다. 또한 천자는 만승(萬乘)으로써 지위를 삼지만, 안자는 도덕(道德)으로써 지위를 삼는다. 그래서 팔을 베개 삼아 잠을 청하는 것이 그의 지위는 아니었던 것이다. 그의 영토 삼음이 넓지 아니한가? 그의 지위 삼음이 크지 아니한가?[27)

조식은 '누항기(陋巷記)'에서 안회(顔回, B.C. 521~B.C. 490)야말로 자신이 지향하는 인간상, 즉 '도덕적 모델(moral model)'임을 밝히고 있다. 그가 묘사하는 안회는 속세에 머물고 있지만 그 뜻만은 철저히 도덕적 가치의 영역에 두고 있는 까닭에, 천하의 땅보다 넓은 만고를 영토로 삼으며 만승의 위치보다 높은 도덕을 지위로 삼는 인물이다. 조식이 안회를 이 같이 묘사했다는 것은 그가 사실과 가치의 영역에 대한 구분을 시도하고, 전자에서 후자에로의 초월을 강조하고 있다는 점을 보여 준다.

조식의 글에서 그의 고상한 정신세계와 초월 의지를 엿볼 수 있는 구절들을 찾는 것은 어렵지 않다.28) 가령 '청학동(靑鶴洞)'에서는 구름을 뚫고 천상계(上界)로 올라가는 학과 인간계(人間)로 흐르는 한 줄기의 시내를 대비함으로써 가치 영역에 대한 지향을 드러내고 있고,29) '덕산복거(德山卜居)'에서는 풀향기 나고 온통 아름다운 봄산에서도 최고봉인 천왕봉이야말로 상제가 거처하는 곳[帝居]에 가깝기 때문에 유독 사랑한다고 하여 역시 뜻을 두는 곳이 사실의 영역보다 높은 데 있음을 밝히고 있다.30) '두류작(頭流作)'에서는 가치의 영역을 지향하는 자신의 높은 뜻이 천 자나 되어 어디 걸기도 어려우니 지리산[方丈]의 꼭대기에나 걸 수 있을 것이라고 하여 가치 영역에로서의 초월 의지를 드러내고 있으며,31) '우음(偶吟)'에서는 큰 기둥 같은 고산이 하늘 한 쪽에 버티고 서 있는데 그 모습이 전혀 부자연스럽지 않음을 강조하면서 가치 영역에로의 초월 의지가 고통스럽거나 어색하지 않은 높은 기상의 인간이 되길 원했음을 보여주고 있다.32) 그렇다면 그가 추구했던 도덕적 가치 영역의 구체적인 성격을 살펴보아야 할 것인데, 이는 '욕천(浴天)'이라는 시에서 잘 나타난다.

> 사십 년 동안 더럽혀져온 몸,
> 천 섬 되는 맑은 못에 싹 씻어버린다.
> 오장 속에서 만약 티끌이 생긴다면,
> 지금 당장 배를 갈라 흐르는 물에 떠나보내리.33)

이처럼 조식은 조금의 인욕도 용납하려고 하지 않았다. 이것은 그가 추구했던 상달처(上達處), 즉 도덕적 가치 영역의 성격이 바로 '무욕(無欲)'이라는 것을 의미한다(정순우, 2006: 131~138; 2007: 61~65). 여기서 무욕이 뜻하는 바가 귀·눈·코·입으로부터 발생하는 욕구 자체의 부정은 아니다. 하지만 조식은 감각 기관들로부터 발생하는 기본적인 욕구들이 선하지 못한 곳으로 기우는 순간 발생하는 인욕은 절대 인정하지 않았다. 그리고 인욕이 우리의 마음에 개입할 여지가 전혀 없는 무욕의 완성을 위한 방법론으로 철저한 도덕적 성찰[敬] 및 이를 통한 도덕적 에너지[誠]의 형성·보존을 강조했던 것이다. 이 지점에 조식의 처사상이 지니고 있는 한 단면인 '도덕적 가치 영역에로의 초월 의지'가 자리하고 있다.

물론 금은보화가 가득한 큰 시장에서 하루 종일 오가며 그 값이나 물어보고 다니면 결국 자기 물건으로 삼을 수 있는 것은 아무 것도 없다는 조식의 언급에서 알 수 있는 것처럼,[34] 그는 사실·실제의 영역을 도외시한 채 성리(性理)에 대해 고담준론(高談峻論) 한다거나, 아예 모든 것을 잊고[忘世] 살아가려한 인물은 아니었다. 이렇게 단언할 수 있는 첫 번째 이유는 조식의 사상에는 시대와 백성에 대한 관심과 걱정이 가득하기 때문이며, 두 번째 이유는 그가 남긴 글들에는 본인 스스로도 사실과 가치의 영역 사이에서 갈팡질팡하는 모습이 잘 나타나기 때문이다. 첫 번째 이유에 대해서는 다음 절에서 언급할 것이므로, 여기에서는 두 번째 이유에 대해서만 살펴보도록 하자.

조식은 '독서신응사(讀書神凝寺)'에서 세상을 살다보면 결국 세상의 얽매임은 없을 수 없기에 아름다운 물과 구름을 다시 물과 구름에 돌려주고 돌아간다고 함으로써 사람은 사실의 영역에서 살아갈 수밖에 없는 존재임을 인정하고 있고,[35] '제황강정사(題黃江亭舍)'에서는 자신의 마음이 때로는 외로운 기러기가 되기도 하고 또 때로는 구름이 되기도 한다고 하여 속세와 초월의 의지 사이에서 혼란스러워하는 스스로의 모습을 그리기도 하였다.[36] 그리고 다음의 '신별이학사증영(贐別李學士增榮)'과 같은 글에서는 그가 사실의 영역에서 포착되는 감정[情]의 결에 민감하였을 뿐만 아니라, 그것을 섬세하게 표현할 줄 알았음이 드러난다.

그대 보내노라니 강물에 잠긴 천 길의 달도 한스러워하는 듯,

붓으로 그리려 해도 어찌 이 깊은 심정 그려낼 수 있겠나.

이 얼굴이야 지금부터 오래도록 이별하게 되겠지만,

이 마음이야 앞으로도 헤어지지 않은 마음이라네.[37]

실제 그는 자신이 영위하는 사실의 영역과 추구하는 가치의 영역 사이에서 발생하는 괴리 때문에 고뇌하는 모습을 여러 곳에서 표현하고 있다. '영독수(咏獨樹)'에서는 홀로 서 있어서 비바람도 막기 어려운 나무에 스스로를 빗대어 이러지도 저러지도 못해 상심하여 마음이 다 타버린 모습을 형상화하고 있고,[38] '춘일즉사(春日卽事)'에서는 모든 것이 화사해지는 계절인 봄에도 그 봄의 신[東皇]에게서 아무 은택도 받지 못하는 소나무에 자신을 비유하고 있다.[39] '영리(詠梨)'에서는 이빨도 들어가지 않는 열매를 단 배나무를 향해 자신과 마찬가지로 쓸모가 없기에 타고난 수명을 보존한다고 조소하고 있으며,[40] 제자 김우옹에게 주는 한 편지에서는 "한평생의 행동거지가 웃음과 한탄을 자아낼 만하고 늙어서도 일컬을 만한 것이 없으니, 이미 도적이나 다름없네. 이제 다시 이 몸은 이름난 도적(名賊)이 되어 온갖 꾀를 내어 도망치려고 해도 그럴 수가 없으니, 바로 하늘의 명호를 훔쳐 하늘이 도망치지 못하게 하는 것이네"[41]라고 하여 본인의 현실적인 삶과 지향하는 삶이 일치하지 못한 가운데 얻은 처사로서의 명망에 부끄러움을 토로하고 있다. 그리고 여기에 조식의 처사상이 지니는 또 하나의 단면인 '그리 상쾌하지만은 않은 사실의 영역에 대한 솔직한 인정과 불만족'이 자리하고 있다.

그렇다면 '도덕적 가치 영역에로의 초월 의지'와 '사실 영역에 대한 인정·불만족' 사이에서 조식이 채택한 방향은 무엇일까? 그것은 무욕으로 규정되는 도덕적 가치의 영역에 도달할 수 있다는 강한 신

념과 철저한 노력이다. 이 장의 시작에서 밝힌 것처럼, 조식은 선천적인 철인이 아니라 끊임없는 노력으로 완성된 후천적인 철인이다. 그는 사실의 영역과 가치의 영역을 구분하여 일정한 거리를 유지함과 동시에, 인간은 도덕적 가치의 영역에로 초월할 수 있다는 신념을 가지고 맹렬하게 수행했던 것이다. 이것은 절대적인 이치의 존재를 상정했던 당대의 대학자 이언적(李彦迪, 1491~1553)이나 이황 등과는 학문의 성격이 다른 것이다. 그들이 도덕적 가치의 영역을 선재(先在)하는 리(理)·태극(太極)과 연결시키는 데 초점을 맞추었다면, 조식은 도덕적 가치 영역의 성격을 무욕으로 규정할 뿐 그 이상의 상세한 언급은 별로 하지 않는다. 다만 무욕에 도달할 수 있다는 믿음과 철저한 수행만을 강조하였다. 이 과정에서 그가 보여 준 노력들은 『언행총록(言行總錄)』에 잘 나타난다.

조식은 꼭두새벽부터 일어나 의관을 갖추고 앉아 있었는데 그 모습이 마치 그림이나 조각상과 같이 흐트러짐이 없었다고 한다. 그리고 사색하는 공부는 늦은 밤에 더욱 전일하게 할 수 있으므로 학자라면 밤잠을 줄여야 한다고 강조하였으며, 항상 마음이 깨어 있는 상태를 유지하기 위해 성성자(惺惺子)를 달고 다녔다. 또한 세상에서 흔히 좋은 것이라고 일컬어지는 사물들 보기를 초개(草芥)와 같이 대했고, 공부하는 뜻을 지키기 위해 깨끗한 잔에 맑은 물을 담아 두 손으로 받들어 밤을 지내기도 하였으며, 성현들의 초상을 그려 좌우에 두면서 눈으로 보고 마음으로 생각하여 공경심을 불러일으키기도 하였다. 특히 다음의 내용들에는 이런 노력의 과정과 목적이 압축적으로 드러난다.

① 선생은 학문함에 있어 성찰(敬)을 유지하는 것보다 중요한 것이 없다고 여겼던 까닭에, 마음에 집중하고 항상 깨어 있어 어둡지 않도

록 하며, 이를 통해 몸과 마음을 거두어들임에 온 힘을 기울였다. 또한 학문은 욕심을 적게 함보다 먼저가 없으므로, 자신을 이기는 데 힘을 써서 마음에 있는 찌꺼기들을 씻어내고 천리를 함양하였다.[42]

② 선생은 남들이 보지 않고 듣지 않는 곳을 경계하고 조심하였으며, 은미하고 홀로 있는 곳에서도 스스로 성찰하였다. 그래서 앎이 이미 정밀하게 되면 더욱 정밀해짐을 구하고, 행하여 이미 힘을 얻으면 더욱 힘을 다하여서, 이를 통해 반궁체험(反躬體驗)하여 진정한 경지(實地)를 밟을 것을 힘썼으니, 구함에 반드시 그 경지를 얻었던 것이다.[43]

요컨대 조식은 사실과 가치의 영역이란 본래 분리될 수 있는 별개의 것이 아님을 잘 알고 있었으나, 학문의 과정에서 두 영역에 대한 구분을 시도하고 굳건한 신념과 철저한 노력을 통해 사실의 영역에서 도덕적 가치 영역에로의 초월을 강조했던 것이다. 그리고 이것이 조식이 지향했던 인간상인 '노력하는 도덕인'으로서의 처사상이다. 그렇다면 이제 이 '노력하는 도덕인'으로서의 처사상이 현대 도덕과 교육과 어떻게 연결될 수 있을지 살펴보아야 할 것이다. 언급할 두 가지 내용 중 첫째는 도덕과 교육에서 강조하는 '도덕적 주체' 개념과 관련된 것이고, 둘째는 도덕과 교육을 이론적으로 뒷받침하는 두 축, 즉 도덕철학과 도덕 심리학의 쟁점 중 하나인 '자연주의적 오류 (naturalistic fallacy)'와 관련된 것이다.

주지하는 바와 같이, 현재 도덕과 교육의 구성 원리는 '가치 관계 확장법'이다. 이것은 도덕적 주체인 '나'가 우리·타인, 사회·국가·지구 공동체, 자연·초월적 존재와 맺는 관계의 확장을 중심으로 도덕과 교육의 내용을 구성하는 것이다. 특히 도덕적 주체와 대상 사이에 맺는 관계는 도덕적 가치에 의해 규정되며, 이 관계가 도덕적 주체에서 자연·초월적 존재로 확장됨에 따라 주체인 나의 성찰 범위가 확장되어 간다는 것이 골자이다. 그리고 도덕과 교육에서 '도덕적 주체로서의 나' 영역의 내용 구성 방향은 "도덕의 개념, 삶의 목적, 자율적 도덕성 등을 다루는 가운데 개인의 도덕적 성장의 출발점이자 기반이 되게 하는 내용으로 구성"(오기성 외, 2011: 84~87)한다는 것이다. 현재 『도덕과 교육과정』 및 도덕과 교과서에서 '도덕적 주체로서의 나' 영역의 내용 구성은 여기에 기초하고 있다.

그러나 『도덕과 교육과정』이나 교과서들을 살펴보면 도덕적 주체가 무엇이고 어떤 속성들을 지녀야 하는지 분명하지 않다는 사실을 쉽게 확인할 수 있다. 가령 『도덕과 교육과정』에서 제시하는 '도덕적 주체로서의 나' 영역의 학습내용별 성취 기준에는 수많은 개념들이 수록되어 있지만, 그것들이 도덕적 주체와 어떠한 상관이 있는지에 대해서는 설명이 없다. 그 예로 중학교 1~3학년의 '도덕적 주체로서의 나' 영역에 해당하는 학습내용별 성취 기준들을 살펴보면, 도덕적 주체는 우선 도덕의 의미를 이해해야 하고, 내 삶의 목적을 윤리적인 관점에서 실현하기 위한 동기를 지녀야 한다. 그리고 문제 사태에 대해 도덕적으로 성찰, 추론, 사고, 탐구하는 과정을 통해 도덕적 행위를 실천해야 한다. 이 과정들은 자율적으로 이행되어야 하며, 나아가 도덕적 인생관과 자아상의 설계까지 연결되어야 한다(교육과학기술부, 2012: 19~21). 이것은 성취 기준의 대강일 뿐, 각 개념들에 포함되는 하위 항목들은 별도로 준비되어 있다. 그렇다면 이런 수많은 개념들이 도덕과 교육을 통해 길러야 할 도덕적 주체의 실제적인 모습[象]을 그대로 보여주고 있는가? 아니면 그 개념들을 알려주기만 하면 학생들이 스스로 도덕적인 행동을 실천한다는 것인가? 지금의 『도덕과 교육과정』에는 이러한 물음들에 대한 깊이 있는 고찰이 부족하다.

그런데 조식의 '노력하는 도덕인'으로서의 처사상은 이 지점에서 일정한 도덕과 교육적 의의를 지닌다. 왜냐하면 조식 본인의 모습으로도 대변되는 '노력하는 도덕인'으로서의 처사는 도덕적 지행합일의 상태를 궁극적인 목표로 하여, 그 달성 과정에서 요구되는 강한 신념과 실천적인 노력의 모습을 압축적으로 보여주기 때문이다. 이것은 우리 도덕과 교육에 제시된 "자율적이고 통합적인 인격 형성"(교육과학기술부, 2012: 4)의 실천태(實踐態)이자, 도덕적인 인간의 모습을 수많은 개념들의 나열이 아닌 하나의 완성형(完成形)으로 보여 준다는 점에서 도덕과 교육적 의의를 확보한다. 그런데 조식의 '노력하는 도덕인'으로서의 처사상은 사실과 가치의 영역에 대한 구분에 기초하고 있음을 언급하였다. 그리고 이는 도덕과 교육을 이론적으로 뒷받침하는 도덕철학과 도덕 심리학에도 시사하는 바가 있다.

흄(D. Hume, 1711~1776)이 제기하고 무어(G. E. Moore, 1873~1958)가 구체화한 자연주의적 오류에 따르면 '사실판단과 존재'로부터 '가치판단과 당위'를 연역, 도출하는 것은 잘못이다(P. W. Taylor, 김영진 역, 2001: 244). 왜냐하면 이 두 가지 영역은 성격이 전혀 다른 것이므로 서로의 영역을 간섭할 수 없기 때문이다. 실험적인 데이터로 무장한 과학이 윤리학의 영역으로 넘어오던 20세기 초반, 도덕적인 지식과 진리의 독립성을 옹호하던 학자들은 자연주의적 오류를 주장의 근거로 삼았다. 하지만 지금의 도덕철학과 도덕 심리학계에서 이 자연주의적 오류를 비호하는 사람들은 많지 않다.

먼저 도덕철학과 관련해, 프랑케나(W. K. Frankena)와 서얼(J. Searle) 등은 사실 진술은 가치 진술을 암묵적으로 담고 있거나 구성 성분으로 포함하므로 전자에서 후자를 도출하는 것은 '논리적으로' 아무런 오류도 없다고 주장하였고, 퍼트남(H. Putnam)은 자연주의적 오류에는 사실과 가치에 대한 이분법이 자리하고 있는데 이 두 가지는 '존재론적으로' 얽혀 있는 것이기에 이분법에 기초한 자연주의적 오류야말로 오류라고 여겼다(H. Putnam, 홍경남 역, 2006: 196~202). 한편 도덕 심리학과 관련해, 콜버그(L. Kohlberg, 김민남 외 역, 2000: 147~243)는 3수준 6단계라는 형식을 통해 도덕적 사고가 위 단계로 발달할수록 보편성·일관성·규정성 등의 당위 속성들이 더 잘 확보될 수 있다고 보았다. 그의 최종 목적은 사실에서 당위로 나아갈 수 있다는 점을 보여줌으로써 사실 영역과 연결된 도덕 심리학과 가치 영역과 연결된 도덕철학의 관계를 새롭게 정립하려고 한 것이다. 그리고 최근의 랩슬리(D. K. Lapsley)와 나바에츠(D. Narvaez) 등은 콜버그보다 한 걸음 더 나아가 '심리학적으로 고찰된 도덕성(psychologized morality)' 및 '자연화된 윤리학(naturalized ethics)'에 도덕 심리학의 초점을 맞추고 있다(D. K. Lapsley·D. Narvaez, 정창우 역, 2008: 63~65). 이것은 사실과 가치의 영역이 매우 밀접하게 연관되어 있으며, 도덕성과 같은 당위적인 개념들을 잘 이해하려면 생물학, 동물행동학, 사회학, 신경심리학, 인지과학 등 인간의 본능·본성을 연구하는 사실 영역의 학문이 필수적으로 뒷받침되어야 한다는 것이다.

이와 같이 현재 도덕철학과 도덕 심리학계에서는, 학자마다 세부적인 방향은 달리한다고 할지라도 사실과 가치의 영역을 구분하려는 자연주의적 오류를 달갑게 여기지 않는다. 그리고 이런 견해는 두 학문의 이론적 기반 위에 있는 도덕과 교육에도 그대로 적용된다. 그러나 다음과 같은 의문은 여전히 남아 있다. '사실과 가치의 영역이 얽혀 있다는 점에 치중할 경우, 후자보다 전자에 더 높은 비중을 두게 되는 것은 아닐까?' 다시 말해 '두 영역이 다른 것이 아니라는 점[不二]을 강조할 경우, 우리는 우리에게 더 자극적으로 다가오는 사실의 영역에 함몰되어 두 영역이 전적으로 하나도 아니라는 점[不一]을 간과하고, 결국은 가치의 영역을 소홀히 다루게 되는 것은 아닐까?' 이 물음에 답변을 시도하는 과정에서 조식의 처사상이 지니는 두 번째 도덕과 교육적 의의를 제시할 수 있다.

　조식은 자신이 욕구가 만연하는 사실의 영역에서 살고 있으며, 때로는 기본적인 욕구가 사사로운 인욕으로 변해버리는 이 영역에서 비판적인 시각을 가지고 적극 참여해야 한다는 점을 누구보다 잘 알고 있었다. 그런데 그는 이 앎을 실천으로 옮기기 위한 수행 과정에서, 사욕이 일절 존재하지 않는 '가치의 영역[無欲]'을 상정하고 여기에 대한 강한 신념과 초월의 의지를 보여주고 있다. 이 같은 조식의 처사상은 사실의 영역에서 살고 있는 우리가 보다 철저하게 도덕적으로 살기 위해서는, 가치의 영역을 보다 엄격하게 설정하는 것이 훨씬 효과적일 수 있음을 보여 준다. 특히 사실과 가치의 영역을 구분한다는 것은, 전자에서 후자로 초월할 수 있다는 인간의 '도덕적 가능성'에 대한 믿음을 보여 준다는 점에 유의해야 한다. 이것은 조식이 가치의 영역을 리·태극과 같은 별도의 절대적인 존재들과 연결시켜 해석하지 않았다는 점에서 더욱 그러하다. 만일 가치의 영역이 그런 존재들과 연결된다는 이유로 높은 위상을 차지하게 된다면, 가치의 영역은 사실의 영역과는 전혀 '상관없는' 별개의 것이 될 우려가 있다. 그러나 조식은 이런 방향을 채택하지 않음으로써 사실의 영역은 사실의 영역대로 그 존재 의의를 확보하게 하였으며, 이 영역과 구분된 가치의 영역은 우리가 도덕적인 노력을 통해 도달할 수 있고 그 가능성을 믿어야만 하는 지향처(指向處)·상달처(上達處)로 남아 있을 수 있게 했던 것이다.

　이 절에서는 먼저 조식 사상의 또 하나의 요체인 처사를 그가 지향했던 인간상으로 규정하고, '노력하는 도덕인'이라는 말로 풀이하였다. 이 노력하는 도덕인으로서의 처사는 사실과 가치의 영역을 구분하여 일정한 거리를 유지하면서, 인간은 도덕적 가치 영역에로 초월할 수 있다는 신념을 가지고 맹렬하게 수행하는 인간상이다. 이런 처사상은 ⓐ 도덕과 교육에서 강조하는 '도덕적 주체' 개념의 실천태이자 완성형을 보여주고 있으며, ⓑ 사실과 가치의 영역을 구분하였을 때 얻을 수 있는 도덕적인 효과를 제시하였다는 점에서, 도덕과 교육적 의의를 확보한다고 할 것이다. 제2절과 3절을 통해 조식의 사상이 도덕과 교육과 밀접하게 연관될 수 있다는 점이 드러났다. 이것을 전제로 이어지는 절에서는 실제『도덕과 교육과정』및 관련 교과서 내로 그의 사상을 수용할 때 유념해야 할 부분들에 대해 살펴볼 것이다.

4. 실(實)의 강조와 사상적 포용성: 조선 유학의 다양화의 기반

이 장에서 지금까지의 논의 목적은 조식의 사상과 도덕과 교육이 직접적으로 연결될 수 있는 가교를 놓는 것이었다. 기존의 한국윤리 사상과 관련된 많은 연구물들은 이런 연결고리를 설정하지 않은 상태에서 단편적인 시사점을 제시하는 경우가 잦았다. 하지만 우리 전통 사상이 소중하다는 이유만으로 특정 학자의 사상 체계를 도덕과 교육 안으로 도입하기에는 무리가 있다. 그리고 이 점에 비추어 볼 때, 조식의 사상은 도덕과 교육의 방법과 목표라는 원리적인 측면에서 상당한 도덕과 교육적 의의를 지닌다는 것이 드러났다. 그렇다면 보다 구체적으로 어떤 내용을 도덕과 교육으로 수용해야만 하는가? 이 물음에 답하기 위해 이 절에서는 조식의 사상에서 두드러지는 '실(實)'의 강조와 사상적 포용성에 주목하고자 한다.

조식이 천문·지리·음양·병법·법가·의학·우주 관련 내용에 관심을 기울이고, 불교나 도가 사상에 대해서도 여타 학자들에 비해 포용적이었다는 것은 주지의 사실이다(권인호, 2001: 87). 그러나 그는 기본적으로 유가 입장에 충실한 가운데 그런 사상들을 받아들였다. 이점은 송파자(松坡子)에게 보낸 다음의 글에서 잘 나타난다.

세상 학자들은 사서(四書) 내용의 평범함을 싫증내어서 그 책들을 읽는 것이 장구(章句)나 기억해 암송하는 습관을 지닌 속유(俗儒)들과 다를 바가 없네. 그들은 견문을 넓히는 글을 좋아해 그런 데에만 공력을 기울인다네. 이것이 소위 '은미한 것을 찾고 괴이한 것을 행동한다(索隱行怪)'는 것이니, 이런 치들은 도의 본체를 알지 못할 뿐만 아니라, 끝내는 문호도 엿볼 수 없을 것이네. 주자(朱子)가 말하길, "내가 평생 정력을 기울인 것이 모두 『대학(大學)』에 있었다"라고 하였고, 정자(程子)는 말하길, "『논어(論語)』와 『맹자(孟子)』를 온전히 익히면 육경(六經)은 익히지 않아도 밝아질 수 있다"라고 하였네. 학문하는 사람들의 박문(博文)하는 공부는 마땅히 이와 같아야 하네.44)

이처럼 조식은 주희(朱熹, 1130~1200)와 정이(程頤, 1033~1107)의 말을 빌려서까지 유가의 기본서인 사서의 중요성을 피력하였고, 그 중에서도 특히 『대학』을 높이 여겼다. 그는 『대학』을 선현들이 후학을 위해 세워둔 깃발이라고도 하였으며, 온전히 익히기만 한다면 연(燕)나라에 가거나 초(楚)나라에 가더라도, 즉 유가가 아닌 다른 공부에 빠지더라도 결국은 본령인 유가로 돌아와 머물게 될 것이라고도 하였다.45) 성인·현인이 되는 공부의 핵심이기에 정밀하고 깊이 있게 읽어야만[精讀·熟讀] 하는 『대학』에 대한 존숭 이외에도 그는 유가의 여러 서적들을 읽을 것을 언급하였는데, 『소학(小學)』을 규범적 실천의 기초로 삼고, 『대학』을 학문 체계의 중심에 놓으면서, 그 확장으로서 『근사록(近思錄)』과 『심경(心經)』, 『성리대전』 등의 읽기를 강조하였다(금장태, 2002: 6~7). 흔히 '정주후불필저술(程朱後不必著述的)' 태도를 근거로 조식의 사상 체계가 빈약하다는 관점도 있으나, 그의 입장에서는 성(性)과 리(理)에 대한 글을 많이 남길 필요성이 없었다. 왜냐하면 의리를 창도하고 천리의 공명정대함을 밝히는 도학(道學)의 근원은 이미 공자로부터 비롯되었고, 이에 대한 상세한 체계는 염락관민(濂洛關閩)으로 요약되는 송유(宋儒)들에 의해 구체화되었기 때문이다.

> ① 선생(孔子)은 여기(杏壇)에서 도학을 강론하시고 의리를 창도하시면서 천리의 공명정대함을 밝히셔서, 사람들이 왕실을 업신여길 수 없음과 중국이 오랑캐와 다름을 알게 하셨다. (…중략…) 같은 단(壇) 위에서 일을 했지만 (공자의) 의리 추구와 (장문중(臧文仲)의) 이익 추구가 서로 같지 않음은 하늘과 땅만큼의 차이가 있다.46)
> ② 한(漢)·당(唐)나라 때의 유학자들은 도덕의 행실이 대강 있기는 하였지만, 도덕의 학문을 강구하지는 않았다네. 염락(濂洛)의 어진 이들이 나온 이후로 저술과 집해에 계제(階梯)와 노맥(路脈)이 해와 별처럼 밝아 초학자들도 책을 펴면 이치가 환하게 나타나네. 따라서 고명한 스승이 귀를 당겨 일러준다고 해도 전현들의 가르침보다 조금도 더하지 못할 게야. 그러하니 어찌 맹자가 살던 시대에 배우기를 구하면 스승 삼을 만한 사람이 넘치던 것과 같을 뿐이겠는가? 다만 학자들이 학문을 구하는 것이 정성스럽지 못할 따름이네.47)

조식의 관점에서, 공자는 의리지학(義理之學)으로서의 도학을 제창하였고, 이 전통은 송(宋)나라에 들어와 내용적으로 완성되었다. 이런 까닭에 그는 리기(理氣)나 사단칠정(四端七情)의 관계를 논하기보다는 '실(實)'의 추구에 성실해야 한다고 했던 것이다. 조식은 '여오자강서(與吳子强書)'에서 당시의 학문 풍속이 당나귀 가죽에 상서로운

동물인 기린(麒麟)의 모양을 수식하는 것과 같은 나쁜 병이 있다고 지적하였다.[48] 이를 통해 그는 하학도 제대로 실천하지 못하는 초학들을 꾸짖지 않고 도리어 함께 엽등(獵等)하여 상달의 길을 논하는 이황을 비판함과 동시에 실제적인[實] 일의 추구를 강조했던 것이다. 물론 이 '실'의 의미가 도덕적 가치의 영역을 무시한 사실 영역에로의 함몰이 아니라는 것은 앞 절에서 밝혔다. 조식은 그 자신 개인적인 측면에서는 무욕이라는 가치의 영역에 대한 지향 및 그곳에 대한 초월의 의지를 절대 놓지 않고 있다. 그리고 이것은 수기(修己)·내성(內聖)이라는 부분과 연관이 있다. 그렇다면 '실'은 어디에서 구체화되는가? 그것은 바로 치인(治人)·외왕(外王)이라는 사회적인 부분에서 잘 나타난다.

조식은 백성[民]에 대한 생각을 한시라도 놓은 적이 없었고, 이것이 그가 실에 주목하게 된 배경이었다. 그는 '유감(有感)'에서 굶주림을 참는 방법은 굶주림을 잊는 것 외에는 다른 방법이 없는데 백성들이 이런 고통 속에 빠져 있는데도 임금[舍主]은 전혀 구제할 생각이 없다고 비판하였고,[49] '증황강(贈黃江)'에서는 슬피 우는 백성들은 곡식이 여물고 있는데도 오히려 더 굶주리고 있을 뿐이라고 하여 당시 백성들이 겪고 있는 궁핍에 대해 토로하였다.[50] 그가 말하는 '실'의 구체적인 내용은 '구급(救急)'이라는 두 글자로 요약된다.

(지금 조정의 상황은) 뇌물을 주고받는 것이 극도에 달했고, 백성들을 착취하는 것이 극도에 달했습니다. 백성들의 분하고 억울함이 극도에 달했는데도 (이 사실은 무시하고) 사치는 극도에 달했으며, 음식도 쓸데없이 잔뜩 먹고 있습니다. 공물은 (제대로 위로) 통하지 않고, 오랑캐들은 깔보고 쳐들어오고 있습니다. 수많은 병통이 급하게 되어 하늘의 뜻과 사람의 일도 제대로 예측하지 못합니다. 그런데 이런 급한 일들을 버려

두고 구제하지 않으면서, 한갓 헛된 이름을 일삼고 말만 화려한 사람을 따르고 있습니다. 아울러 산야에 버려진 저 같은 사람을 찾아 현명한 이를 구한다는 아름다운 이름을 일삼으려 하는데, 그런 이름으로는 '실'을 구할 수 없습니다. 이는 마치 그림의 떡으로 굶주림을 구제하지 못하는 것과 같으니, '위급한 상황을 구제함'에 있어서는 전혀 도움이 안 됩니다. 청하옵건대 일의 완급(緩急)과 허실(虛實)을 다시 분간하여 처리하십시오.51)

조식은 1567년 선조의 부름에 '위급한 상황부터 구제해야 한다[救急]'는 말로 대신하겠다는 상소와 함께 위 내용을 올렸다. 그는 국가에 시급히 해결해야 할 일들이 산적한 데도 이를 간과하고 어진 산림처사를 등용한다는 미명(美名)을 얻으려 한다고 임금을 비판하면서, 무엇보다 일의 완급과 허실을 분명하게 구분하고 특히 위급하고 실제적인 일들부터 처리하는 것이 급선무라는 점을 거듭 강조하고 있다. 여기서 위급하고 실제적인 일들이란 다름 아닌 백성과 관련된 일이다. 그는 '민암부(民巖賦)'에서 백성은 임금을 받들기도 하지만, 그 백성이 국가를 뒤엎을 수도 있다는 점을 분명히 하였다. 하지만 백성은 고통으로 인해 생긴 역심(逆心)을 안에 숨기고 있으므로, 통치자들은 쉽사리 이 사실을 간과한다. 결국 조식은 임금을 정점으로 하는 통치자들이 백성의 고통과 마음에 주목해야 함을 강조하면서, 그들의 실덕(失德)·실정(失政)이 '하늘이 내린 험함[天險]'으로 비유되는 백성들의 역심으로 구체화된다는 점을 계속 상기시킨다. 궁궐의 광대함, 여알(女謁)의 성행함, 과도한 세금, 넘치는 사치, 백성들에 대한 착취, 형벌의 남용 등은 국가의 지지기반인 백성이 도리어 국가라는 배를 부수는 암초가 되게끔 한다는 '민암부'의 구절은, 조식이 말하는 실이 치인과 외왕으로 직결된다는 것을 다시 한 번 보여주고 있다.52) 그의 소와

부에는 위 내용들 이외에도, 국방의 중요성이나 무리한 공물 강요의 폐해, 서리(胥吏)의 악행에 대한 비판들로 가득하다.

그렇다면 조식의 실에 대한 강조가 어떤 이유에서 도덕과 교육 내로 수용되어야 한다는 것인가? 이것은『도덕과 교육과정』및 도덕과 교과서들 중『윤리와 사상』을 살펴보면 분명해진다. 먼저『도덕과 교육과정』에 대해 살펴보자면,『2007 개정 도덕과 교육과정』(교육인적자원부, 2007: 49)에서는 한국 유교 사상과 관련된 성취 기준을 "유교 사상의 한국 수용 과정 및 발전 양상과 한국 유교 사상의 특성을 이해한다. 이를 위해 한국 사회에서 나타난 시대별 요청과 그에 따른 유교 사상의 적용을 조사한다"라고 기술하고 있다. 그리고 구체적인 내용으로 ⓐ 도덕적 인간관(성리학, 퇴계와 율곡), ⓑ 실천적 인간관(실학), ⓒ 근대적 인간관(위정척사, 의병운동, 애국계몽운동, 강화학파 등)의 세 가지 요소를 제시한다. 그런데『도덕과 교육과정』안에서는 '도덕적 인간관'으로 대변되는 성리학의 내용과 '실천적 인간관'으로 대변되는 실학의 내용 사이에 연관성이 전혀 드러나지 않는다.*

『도덕과 교육과정』에서 발견되는 문제점은 이것을 구체화한『윤리와 사상』교과서에도 그대로 이어진다.『2007 개정 도덕과 교육과정』에 따른『윤리와 사상』교과서로는 두 종의 검정본이 있는데, 공히 ⓐ 이황과 이이(李珥, 1536~1584) 중심의 성리학, ⓑ 정약용(丁若鏞, 1762~1836) 중심의 실학, ⓒ 근대의 윤리학의 순서로 구성되어 있다(박

---

* 이것은 최근의『2012 개정 도덕과 교육과정』(교육과학기술부, 2012: 51)에서도 별다른 차이가 없음을 발견할 수 있다.『2012 개정 도덕과 교육과정』에서는 한국 유교 사상과 관련된 성취 기준을 "유교 사상의 한국 수용 과정 및 발전 양상과 한국 유교 사상의 특성을 이해한다. 이를 위해 한국 사회에서 나타난 유교 사상의 시대별 요청과 그에 따른 유교 사상의 적용, 그리고 한국 유교 사상의 현대적 의의를 조사한다"라고 기술하고 있으며, 구체적인 내용으로서 ⓐ 조선 전기 유교 사상(성리학, 퇴계 및 율곡 등), ⓑ 조선 후기 유교 사상(실학, 위정척사, 의병운동, 애국계몽운동, 강화학파 등), ⓒ 한국 유교 사상과 현대 사회"의 세 가지를 제시한다. 여기에서도 '조선 전기 유교 사상'과 '조선 후기 유교 사상'과의 연관성은 거의 드러나지 않는다.

찬구 외, 2012: 67~72; 박효종 외, 2012: 61~67). 그리고 성리학과 실학의 내용 사이에 두 사상의 연관성은 거의 드러나지 않는다.[‡] 그런데 『도덕과 교육과정』과 『윤리와 사상』 교과서에 제시된 구성으로는 학생들에게 사상간 연계성을 제대로 가르치기 어렵다. 왜냐하면 사상의 전개는 본래 사회적인 변화와 맞물려 이전 사상을 계승, 비판하면서 이루어지는 것인데, 현재의 구성에서는 이 전개 양상이 잘 드러나지 않기 때문이다. 무엇보다 이황·이이의 시대와 정약용의 시대 사이에는 150년 이상의 간극이 있고, 여기에는 실학이 탄생할 수 있었던 사회적 변화와 사상적 배경이 자리한다는 점이 무시되어 있다. 전자의 예들이 임란(壬亂)이나 병란(丙亂)이라면, 후자의 예들은 조식의 사상이나 이 책의 제2부에서 살펴보았던 한국양명학이다. 특히 조식의 사상은 성리학의 관념화에 대한 비판과 실학의 탄생 예고를 동시에 설명할 수 있다는 점에서 주목해야 한다.

　우리 역사에서 실학이라는 용어를 쓸 수 있는 시기는 16세기 중엽 이후 주자학 일변도의 성리학이 현실적인 문제를 외면하고 관념화(觀念化), 내성화(內省化), 허학화(虛學化) 되면서 이를 극복하고자 하는 움직임이 일어난 이후부터라고 할 수 있다(권인호, 2004: 262~263). 이런 구분을 염두에 두면서, 『도덕과 교육과정』과 『윤리와 사상』 교과서에 조식의 사상을 이황의 사상과 함께 배치하면, 다음의 효과를 기대할 수 있다. 먼저 이황의 사상을 통해서는 조선 성리학의 독자적 발전 및 이후 이이의 등장으로 가속화된 성리학의 성행을, 그리고 조식의 사상을 통해서는 성리학의 관념화를 예측한 비판적 지식인의

[‡] 2014년 현재 『윤리와 사상』 교과서는 『도덕과 교육과정』 개편에 따라 다섯 종(천재교육, 교학사, 지학사, 미래엔, 금성출판사)으로 확대되었다. 『윤리와 사상』 교과서는 『도덕과 교육과정』에 비해 '조선 전기 유교 사상'과 '조선 후기 유교 사상'의 연관성이 잘 나타난다. 그럼에도 임진왜란과 병자호란 등에 대한 내용만이 간략히 기술되어 있을 뿐, 실학의 탄생에 대한 사상적 배경은 찾아보기 어렵다.

자세 및 이익(李瀷, 1681~1763)과 정약용으로 이어지는 실학 탄생의 연결 고리를 체계적으로 설명할 수 있다. 이렇게 함으로써 학생들은 단순 암기가 아닌 사상적 맥락을 이해함으로써 한국 유교 사상의 흐름을 배울 수 있다.

여기에 더해 조식의 영향력이 지속되던 경상우도(慶尙右道) 지역에서, 19세기 이후 이진상(李震相, 1818~1886)의 주리론(主理論)을 사상적 배경으로 한 위정척사나 항일·독립운동 등이 활발했다는 사실에도 유의해야 한다. 정인홍과 대북파(大北派)의 몰락으로 한때 조식의 위상까지 실추되었던 적도 있지만, 경상우도에서 그의 '경의' 정신은 계속 유지되었고 19세기 이후 서세동점(西勢東漸)의 위기 상황에서 조식의 사상은 당시 유림(儒林)에 의해 재조명되었다(김낙진, 2003: 208~213). 현재 『도덕과 교육과정』과 『윤리와 사상』 교과서에서 위정척사와 항일·독립운동에 대한 부분은 시대적 배경이나 이항로(李恒老, 1792~1868), 최익현(崔益鉉, 1833~1906) 등의 간단한 언행만을 다룰 뿐, 사상적 맥락에 대한 부분은 언급하지 않는다. 이런 까닭에 학생은 물론이고 교사들까지 이 사상들에 대한 바른 이해를 결여하는 경우가 잦다. 그런데 조식의 사상을 도덕과 교육 내로 적극 도입함으로써 위정척사와 항일·독립운동의 사상적 뿌리에 대한 부분까지 연계하여 가르칠 수 있을 것으로 기대된다.

지금까지 이 절에서는 조식의 사상을 도덕과 교육 내로 수용하기 위한 방안으로써, 그의 사상에서 발견되는 '실'의 강조와 사상적 포용성을 제안하였다. 요약하자면, 현재 『도덕과 교육과정』 및 『윤리와 사상』 교과서는 성리학과 실학 사이에 존재하는 맥락을 제대로 보여주지 못하며, 조선 후기에 등장한 위정척사와 항일·독립운동의 사상적 기반에 대해서도 설명이 부족하다. 이 지점에서 조식의 사상을 도입하여 퇴계의 사상과 함께 배치할 경우, 이런 취약함이 상당 부분

해소될 것으로 기대된다. 그런데 유가의 입장을 근간으로 한 조식의 사상에는 불교와 도가 사상과 관련된 부분도 나타난다. 물론 이 장의 전체에서 강조하고 있듯이, 그의 사상은 기본적으로 유가에 충실하다. 하지만 같은 시대를 살았던 이황이 성리학을 제외한 여타 사상들을 이단(異端)으로 규정하고 배척하는 데 주력했다면, 조식은 유가의 본연에 충실할 경우 그 사상들까지도 수용하려 한 포용력을 발휘했던 것이다. 제8장의 마지막 내용으로 이 부분에 대해 살펴보도록 하자.

조식은 '을묘사직소(乙卯辭職疎)'에서 "불교에서 말하는 이른바 '진정(眞定)'이란 것도 다만 이 마음을 보존하는 데 달려 있을 뿐이니, 위로 하늘의 이치에 도달하는 데 있어서는 유불(儒釋)이 하나입니다"53)라고 하였다. 이것은 불교의 본질이 유가의 본질과 통할 수 있다는 그의 생각을 간략하게 나타낸 것이다. 아쉽게도 전하는『남명집(南冥集)』에 불교 이론과 관련된 상세한 언급은 없기에 불교에 대한 조식의 학문적 깊이를 가늠하기는 쉽지 않다. 하지만 최소한 그가 당시의 불교의 몰락 상황을 객관적인 시각에서 바라보았으며, 동시에 측은지심(惻隱之心)을 가지고 승려들의 이야기를 들었다는 사실은 쉽게 확인할 수 있다. 조식은 '산사우음(山寺偶吟)'에서 "부처 앞의 향불은 이미 꺼졌고 보이는 것은 오로지 식어서 재가 된 마음뿐이라네"54)라고 하여 당시 불교가 직면한 어려움을 묘사하였고, '증오대승(贈五臺僧)'에서는 날이 어두워질 무렵 찾아온 승려와 함께 걱정스런 마음을 서로 이야기하다가 잠 못 이루었다고 고백하기도 하였다.55) 이밖에도 지리산을 유람하면서 승려의 부탁으로 고을 수령에게 절에 부여된 세금과 부역을 조금이라도 완화해 주기를 청하는 편지를 써 주었다든지,56) 휴정(休靜, 1520~1604)이나 유정(惟政, 1544~1610)과 같은 당대의 학승(學僧)들과 교류하였다든지(김경수, 2004: 534~542) 하는 일화는 익히 알려진 것이다. 실제 이황도 몇 명의 승려와 개인적인 교류를 나누었다. 그러나 이것이 그의 엄격한 배불(排佛)의 입장을 바꾸지는 못했다(오지섭, 2004: 43~53). 이런 사실과 비교할 때, 자료의 부족이라는 한계는 있지만, 같은 시대의 대유(大儒)였던 조식의 불교에 대한 견해는 훨씬 포용적인 색채를 드러내고 있다는 점에 주목해야 할 것이다.[57]

이 같은 포용성은 조식의 사상 내 도가적 특징과도 연결된다. 그는 도가의 어휘들을 자주 언급하였는데, 자신의 호인 '남명(南冥)'은『장자(莊子)』「소요유(逍遙遊)」편에 등장하는 것으로 거대한 붕(鵬)새가 날아가는 장소이다. 또한 조식이 여러 시들에서 인용하는 '영인(郢人)의 도끼'나 '무아지경에 빠진 남곽자(南郭子)', '곡신(谷神)', '기모(氣母)' 등도『노자(老子)』와『장자』에서 끌어와 사용하는 것이다. 그러나 조식을 노장(老莊)에 빠진 사람으로 몰아가서는 안 된다. 이런 주장을 펼친 이가 당시 큰 영향력을 행사한 이황이었던 까닭에 오해가 점차 확장되었을 뿐, 조식 본인은 그것을 인정하지 않았기 때문이다(오이환, 2004: 456~483). 다만 제3절에서 지적하였듯이, 조식은 도덕적 가치 영역에로의 초월 의지와 관련된 기상(氣像)·의기(意氣)를 도가 사상의 언어로 표출했을 따름이다. 다시 말해 유가의 입장에서 도가 사상을 수용했다는 것이다.

이처럼 조식의 사상에는 상당한 수준의 포용성이 발견된다. 그리고 이것은 조선 유학이 주자학(朱子學)으로만 매몰되지 않고, 후기에 들어와 다양하게 변모할 수 있었던 사상적 기반을 제공하였다. 바로 이러한 점이 조식의 사상을 우리『도덕과 교육과정』과『윤리와 사상』 교과서 내로 도입하여 '학습자들의 언어'로 전환해야 할 또 하나의 이유인 것이다.

5. 도덕과 교육 내로 조식 사상의 도입을 위한 제언

이 장에서는 '조식의 사상 내 도덕과 내용 요소 탐색을 통한 수용 방안 연구'라는 주제 하에 논의를 진행하였다. 필자는 그 첫 번째 과정으로서 조식 사상의 요체인 경의(敬義)와 성(誠) 개념의 의미 및 관계를 고찰하였다. 그리고 이 개념들의 의미와 관계를 도덕과 교육의 내용 요소인 '도덕적 성찰' 및 도덕과 교육이 지향하는 '도덕적 지행합일'과 연결시켜 논의하였다. 결론적으로 조식 사상의 대표적 자기수양법인 경은 현재 도덕과 교육에서 강조하는 도덕적 성찰의 의미 규정에 도움을 제공하며, 경을 통하여 형성·보존되어 경과 의 사이의 간극을 허무는 성은 도덕적 지행합일을 완성하는 힘을 설명할 수 있다고 보았다.

필자는 이 장의 두 번째 과정으로서 조식 사상의 또 다른 요체인 처사(處士)를 그가 지향했던 인간상으로 규정하고, '노력하는 도덕인'이라는 말로 재해석하였다. 노력하는 도덕인으로서의 처사는 사실과 가치의 영역을 구분하고 그 사이의 일정한 거리를 유지하면서, 인간은 도덕적 가치의 영역으로 초월할 수 있다는 신념을 통해 맹렬하게 수행하는 인간상이다. 결론적으로 이러한 처사상은 도덕과 교육에서 강조하는 '도덕적 주체' 개념의 실천태이자 완성형을 보여주며, 동시에 사실과 가치의 영역을 구분하였을 때 얻을 수 있는 도덕적인 효과를 제시하였다는 점에서 도덕과 교육적 의의를 확보한다고 보았다.

위의 두 단계를 통해 조식의 사상이 도덕과 교육과 밀접하게 연관될 수 있음을 검증한 뒤, 필자는 이 장의 마지막 과정으로서 조식의 사상을 『도덕과 교육과정』 및 관련 교과서 내로 수용할 때 강조해야 할 부분들에 대해 살펴보았다. 특히 그의 사상에서 자주 발견되는 '실(實)'에 대한 강조와 사상적 포용성에 초점을 맞추었으며, 이것은 현재『도덕과 교육과정』및『윤리와 사상』교과서에서 발견되는 다음과 같은 문제점들의 해결 방안으로써 조식 사상의 도입이 시급하다는 결론으로 이어졌다. 즉, 지금의『도덕과 교육과정』이나『윤리와 사상』교과서는 성리학과 실학 사이에 엄연히 존재하는 사상적 맥락을 제대로 보여주지 못하며, 조선 후기에 등장한 위정척사, 항일·독립운동의 이론적 기반에 대해서도 설명이 부족하다. 그런데 조식의 사상을 도입하여 이황의 사상과 함께 배치할 경우, 이런 취약함이 상당 부분 해소될 것으로 기대된다는 것이다. 또한 조식의 사상에서 종종 발견되는 불교나 도가에 대한 포용성은 조선 유학이 주자학으로만 매몰되지 않고 조선 후기에 들어와 다양하게 변모할 수 있었던 사상적 토대를 제공하였기에, 이런 점 역시 도덕과 교육에서 좀 더 부각시킬 필요가 있음을 언급하였다.

　도덕과 교육의 윤리학 부분을 비판적으로 검토해 보면, 역사적 위상과 사상적 중요성에 비해 특정 인물이나 학파가 소홀하게 다루어지는 경우가 적지 않다는 것을 알 수 있다. 그리고 조식 역시 그런 인물 중 하나라고 볼 수 있다. 그러나 역사적 위상이나 사상적 중요성만을 가지고 도덕과 교육이라는 제도권 교육 내로 특정 인물을 끌어들이자고 주장할 수는 없다. 그 이유는 특정 인물이나 학파의 도입이 교과로서의 도덕과를 포함한 도덕교육 전체의 방향과 부합하지 않을 수도 있기 때문이다. 이런 까닭에 이 장에서는 조식의 사상이 도덕과 교육의 내용 요소들과 연관될 수 있는지, 연관된다면 어떠한 의의를 지니는지 등을 먼저 살펴본 것이다. 그리고 그 과정을 거친 뒤 실질적으로 조식 사상의 어느 부분을 도덕과 교육 내로 도입해야 교육적 효과를 높일 수 있는지에 대해서도 고찰하였다. 이렇게 보자면 제8장의 내용은 매우 실제적이고 실용적인 성격이라는 점에서, 조식의 사상에 대한 기존의 연구들과 차별성을 가진다. 그럼에도 필자는 다음과 같은 후속 작업들이 이어져야만 이 장의 타당성을 보다 더 높일 수 있다고 생각한다. ⓐ 첫째는 이 장을 구성하는 세 과정이 각각 분리되어 좀 더 치밀하고 구체적으로 연구되어야 한다는 것이다. ⓑ 둘째는 논의 과정에서는 제외된 『학기유편(學記類編)』과 같은 서적을 함께 다룬 후속 연구가 필요하다는 것이다. 이러한 보완점들은 추후 다른 지면을 통해 개진할 예정임을 밝혀둔다.

1) 『校勘 南冥集』 '乙卯辭職疏': 抑殿下之國事已非, 邦本已亡, 天意已去, 人心已離. 比如大木, 百年虫心, 膏液已枯, 茫然不知飄風暴雨何時而至者, 久矣.

2) 『无悶堂集』 卷5 '南冥先生年譜': 宇顒請曰萬一不諱, 當以何號稱先生乎. 曰用處士可也, 此吾平生之志, 若不用此而稱爵, 是棄我也. … 又曰書壁敬義二字極切要, 學者要在用功熟, 熟則無一物在胷中, 吾未到這境界以死矣.

3) 예를 들어 ⓐ 강봉수(2006: 267~302)는 조식의 사상을 '의로움'의 윤리학으로 규정하고, 의로움을 함양하기 위한 공부론과 교육론으로서 '전형으로서의 도학자', '경', '전범으로서의 교재와 자득적 공부론' 등을 꼽고 있다. ⓑ 김철호(2011: 1~32)는 리코나(T. Lickona)의 인격교육론과 조식의 경 개념을 비교한 뒤, 조식 사상에 나타나는 지, 정, 행의 강렬한 통합성이 현대 인격교육론에 시사하는 바가 크다고 제시하였다. ⓒ 박병기(2009: 239~265)는 도덕과 교육의 목표인 시민과 우리 전통의 선비정신이 연결될 수 있는 접합점을 모색하는 과정에서, 조식의 출처관과 의리관이 큰 시사점을 지니고 있음을 밝혔다. ⓓ 장승희(2012: 139~169)는 조식 사상의 의(義) 개념을 중심으로 그의 선비정신과 도덕과 교육의 연결을 시도하면서, 이 같은 작업의 의미와 교육과정 및 교과서 집필 시 유념해야 할 방향 등을 제시하고 있다. 이상의 연구들은 도덕과 교육에서 조식의 사상이 차지할 수 있는 위상과 향후 도덕과 교육에서 그의 사상을 수용할 경우 유념해야 할 점들을 제시하고 있다는 점에서 훌륭한 학문적 의의를 지닌다. 그러나 대체로 조식의 윤리학을 분석하는 데 그치거나, 시사점과 방향 등을 몇 가지 지적하는 데서 머물고 있다는 것은 이 장과 같은 연구 시도의 필요성을 보여주는 것이기도 하다.

4) 『性理大全』 卷50: 出則有爲, 處則有守. 丈夫當如此. 出無所爲, 處無所守, 所志所學, 將何爲.

5) 『校勘 南冥集』 '佩劍銘': 內明者敬, 外斷者義.

6) 『校勘 南冥集』 '原泉賦': 敬以涵源, 本乎天則.

7) 『校勘 南冥集』 '示松坡子': 敬者, 聖學之成始成終者, 自初學以至聖賢, 皆以主敬爲進道之方. 學而欠主敬工夫, 則其爲學僞矣. 孟子曰學之道無他, 求其放心而已, 此是主敬工夫. 古者, 群聖賢之書雖多, 而於此一言, 至矣盡矣. 學者苟能收斂此心, 久而不失, 則群邪自息, 而萬理自通矣.

8) 『校勘 南冥集』 '戊辰封事': 所謂敬者, 整齊嚴肅, 惺惺不昧. 主一心而應萬事, 所以直內而方外.

9) 『校勘 南冥集』 '神明舍銘': 大一眞君, 明堂布政. 內家宰主, 外百揆省.

10) 조식의 성 개념을 중요하게 언급한 연구물들로 김충열과 엄연석의 것을 꼽을 수 있다. ⓐ 김충열(2008: 194~199)은 『학기유편(學記類編)』의 〈소학대학도(小學大學圖)〉 분석을

통하여, 경과 성의 밀접한 연관성을 강조하고 있다. 즉, 경은 단지 맹목적으로 주일(主一)하는 것이 아니라 성을 안에 품고 있기 때문에 주일의 대상을 찾을 수도 있고 주일을 위한 정신적 힘도 공급받을 수 있다는 것이다. ⓑ 엄연석(2007: 452~458)은 『학기유편』의 여러 도(圖)들을 분석하여, 천도(天道)로서의 성은 도덕적 수양의 근거이며 인도(人道)로서의 성은 도덕적 행위를 행할 수 있게 하는 실천적인 경지라고 보았다. 또한 이런 분석을 근거로, 조식의 사상에서 경은 '수양의 방법론'으로 의미가 있으며, 성은 그 수양을 통해 '보존하고 확립하려는 가치·덕목' 또는 '형이상학적 근거'로서 의미가 있음을 지적하였다. 김충열의 연구는 성을 일종의 힘으로 본다는 점에서, 그리고 엄연석의 연구는 경과 성을 단계로 구분하여 본다는 점에서 이 장의 내용과 맥락을 같이한다.

11) 『校勘 南冥集』 '解關西問答': 耳目口鼻之發, 雖聖人亦同, 同一天理也. 流於不善而後, 方可謂之欲也. 조식은 인심(人心)과 도심(道心)은 형기(形氣)와 의리(義理)의 차이일 뿐, 인심을 인욕으로 해석해서는 안 된다고 보았다. 이것은 이언적(李彦迪)의 견해와 대립하는 것으로, 논변이 상세하게 진행된 것은 아니지만 조선 유학사 최초의 인심도심 논쟁이라는 점에서 사상적 의의를 찾을 수 있다(한국철학사상연구회, 2011: 375~376).

12) 『校勘 南冥集』 '座右銘': 庸信庸謹, 閑邪存誠.

13) 『校勘 南冥集』 '愼言銘': 修辭立誠.

14) 『校勘 南冥集』 '與退溪書': 近見學者, 手不知洒掃之節, 而口談天理, 計欲盜名. 而用以欺人, 反爲人所中傷, 害及他人, 豈先生長老無有以呵止之故耶.

15) 『校勘 南冥集』 '與吳御史書': 性與天道, 孔門所罕言. … 君不察時士耶. 手不知洒掃之節, 而口談天上之理, 夷考其行, 則反不如無知之人.

16) 『校勘 南冥集』 '神明舍銘': 破釜甑, 燒廬舍, 焚舟楫, 持三日粮, 示士卒必死無還.

17) 『校勘 南冥集』 '神明舍銘': 動微勇克, 進教廝殺. 丹墀復命, 堯舜日月.

18) 『校勘 南冥集』 '神明舍銘': 丹墀復命, (存誠, 止至善.) 堯舜日月. (物格知至. 復禮.)

19) 『校勘 南冥集』 '神明舍銘': 還歸一, 尸而淵.

20) 『校勘 南冥集』 '原泉賦': 合川流而敦化, 皆大本之充實. 配悠久於博厚, 歸萬殊於一極. 是誠者之自然, 河漢浩而莫測.

21) 조식의 문집이 보여 준 부침의 역사 속에서, 문집에 포함되기도 했고 빠지거나 편집되기도 했던 『학기유편』을 통해서도 이 절의 논지는 뒷받침된다. 예를 들어 ⓐ〈소학대학도〉를 통해서는 경과 성의 관계를, ⓑ〈경도(敬圖)〉와 〈태극여통서표리도(太極與通書表裏圖)〉·〈성도(誠圖)〉를 통해서는 경과 성 각각의 특색을, ⓒ〈성현논심지요도(聖賢論心之要圖)〉와 〈심위엄사도(心爲嚴師圖)〉를 통해서는 조식이 강조하는 마음의 위상 및 경의와의 관계를, ⓓ〈기도(幾圖)〉를 통해서는 기미에 대한 도덕적 성찰의 중요성과 자세 및 이 성찰과 성의 관계 등을 논의할 수 있다. 그러나 여기에 대한 고찰 과정은 이 장의 직접적인 목적 달성과는 거리가 있기에, 차후 다른 지면을 통해 살펴볼 것이다.

22) 『2007 개정 도덕과 교육과정』에서는 도덕과의 '성격'을 논하면서 성찰에 대해 언급하고 있고, 『2012 개정 도덕과 교육과정』에서는 중학교 1~3학년의 '도덕적 주체로서의 나' 영역에 해당하는 성취 기준으로서 도덕적 성찰을 보다 상세하게 다루고 있다. 『2007 개정 도덕과 교육과정』(교육인적자원부, 2007: 2)에서 성찰 관련 내용은 다음과 같다. "도덕 교과는 인간의 삶에 필요한 도덕규범과 예절을 익히고, 자신뿐만 아니라

사회와 관련된 도덕 문제를 주체적으로 성찰하고 실천하도록 하여 자신의 삶을 바람직하게 영위하도록 하며, 나아가 우리 사회와 세계의 발전에 기여할 수 있도록 도와주는 교과이다. 이를 위해 학생들에게 기본적인 도덕규범과 예절을 실천하는 습관을 길러주고, 다양한 도덕 문제를 합리적으로 해결할 수 있는 도덕적 사고력과 판단력을 길러 주는 데 중점을 둔다." 그리고 『2012 개정 도덕과 교육과정』(교육과학기술부, 2012: 19)에서 성찰 관련 내용은 다음과 같다. "(다) 도덕적 성찰 – 자기 자신의 내면과 현실세계를 도덕적인 관점에서 성찰하는 삶의 중요성을 인식하고, 도덕적인 인간이 지닌 덕과 성품, 보편적인 도덕 원리 등을 도덕적 성찰을 위한 준거로 이해한다. 또한 동양의 전통수양법으로 활용해 왔던 것들과 명상이나 일기쓰기 등의 도덕적 성찰을 위한 방법을 자신의 삶에 적용한다. ① 자신을 도덕적으로 성찰하는 삶 ② 도덕적 성찰의 준거 ③ 도덕적 성찰의 방법"

23) 김국현(2013: 213~236)은 후속 연구에서도 도덕적 성찰에 대한 유사한 입장을 유지하는 한편, 유가 사상에서 도덕적 성찰의 근거를 찾는다. 그러나 여전히 과거의 경험에 치중되어 있고, 심리학적 반성(reflection)과 유가적 성찰의 구분이 뚜렷하지 않으며, 유가적 성찰에서도 선진(先秦) 유가와 성리학(性理學)에 대한 입장이 혼재되어 있다. 본문에서 언급한 박병기와 김국현의 연구 이외에도 서미옥·배상식(2013: 99~120)의 연구를 참조할 수 있다. 그들은 후수(J. Husu)와 티리(K. Tirri)의 주장에 근거해 교사교육에서의 도덕적 성찰을 '이론적 성찰'과 '실천적 성찰'로 구분한 뒤, 전자는 교사가 윤리적 목적, 윤리적 규칙과 원리, 윤리적 개연성 등에 대해 성찰하면서 철학적인 관점이나 실천적인 이해를 갖는 것을 의미하고, 후자는 교사가 가진 배경적 신념, 교사의 행동을 이끄는 기준, 교사의 딜레마를 다루는 기술 등에 대해 실제적인 맥락에서 성찰해 보는 것을 의미한다고 하였다. 그리고 교사들은 이 두 가지 성찰이 통합되고 상호작용하는 '도덕적 성찰'을 통해 비로소 윤리적인 행위와 문제 해결 능력을 기를 수 있게 된다고 강조하였다. 도덕과 교육 내 도덕적 성찰의 의미 규정이 확립되지 않은 상황에서, 서미옥과 배상식의 연구는 주목할 만하다. 그러나 이 연구 역시 도덕적 성찰을 주로 사고와 연결시켜 해석한다는 점에서, 조식의 사상에 근거해 도덕적 성찰을 논하는 이 절의 내용과 차별성이 있다.

24) 일례로 강봉수(2006: 299)는 조식이 추구했던 처사라는 삶의 방식 이면에 자리한 윤리학을 '차갑다'고 규정하였다. 그리고 선과 악, 옳음과 그름, 의와 이익을 엄격히 준별하는 칼날과도 같은 근본주의 윤리가 추상화될 경우, 무차별의 열광주의와 광란의 소용돌이가 몰아치도록 할 우려가 있음을 경계하였다.

25) 『來庵集』卷12 「行狀」 '南冥曹先生行狀': 先生不苟從, 不苟默. … 隱見必欲相時, 自守不欲徇人, 守關巖穴, 死而不悔, 謂之翔千仞鳳凰可也.

26) 『東岡集』卷17 「行狀」 '南冥先生言行錄': 行己之初, 當如金玉, 不受微塵之汚. 又曰, 丈夫動止, 重如山岳, 壁立萬仞, 時至而伸, 方做出許多事業.

27) 『校勘 南冥集』 '陋巷記': 顔氏之道, 極於物初, 冥於化始. 天地之大, 無以爲量, 日月之光, 無以爲明也. 樂以天也, 憂以天也. … 天子以天下爲土, 而顔子以萬古爲土. 陋巷非其土也. 天子以萬乘爲位, 而顔子以道德爲位. 曲肱非其位也. 其爲土不亦廣乎, 其爲位不亦大乎.

28) 이 부분과 관련하여 조식의 도가적 경향을 강조하는 연구들도 있다. 그러나 필자는 조식의 사상이 수기치인(修己治人)과 내성외왕(內聖外王)이라는 유가의 기본 입장에 충실한 가운데 사상의 다양성을 수용했다고 본다. 그가 '고상한 정신세계와 초월의 의지를 지녔다'는 말은 이런 맥락에서 사용한 것이다. 조식의 사상이 보여주는 사상의 포용성과 그것의 도덕과 교육적 의의에 대해서는 이 장의 제4절에서 다룰 것이다.

29) 『校勘 南冥集』 ‘靑鶴洞’: 獨鶴穿雲歸上界, 一溪流玉走人間.

30) 『校勘 南冥集』 ‘德山卜居’: 春山底處無芳草, 只愛天王近帝居.

31) 『校勘 南冥集』 ‘頭流作’: 高懷千尺掛之難, 方丈于頭上上竿.

32) 『校勘 南冥集』 ‘偶吟’: 高山如大柱, 撑却一邊天. 頃刻未嘗下, 亦非不自然.

33) 『校勘 南冥集』 ‘浴川’: 全身四十年前累, 千斛淸淵洗盡休. 塵土倘能生五內, 直今刳腹付歸流.

34) 『无悶堂集』 卷5 「南冥先生言行總錄」: 遨遊於通都大市中, 金銀珍玩, 靡所不有, 盡日上下街衢, 而談其價, 終非自家家裏物.

35) 『校勘 南冥集』 ‘讀書神凝寺’: 生世不能無世累, 水雲還付水雲歸.

36) 『校勘 南冥集』 ‘題黃江亭舍’: 旋作孤鴻又作雲.

37) 『校勘 南冥集』 ‘贐別李學士增榮’: 送君江月千尋恨, 畵筆何能畵得深. 此面由今長別面, 此心長是未離心.

38) 『校勘 南冥集』 ‘咏獨樹’: 離群猶是獨, 風雨自難禁. 老去無頭頂, 傷來煖腹心.

39) 『校勘 南冥集』 ‘春日卽事’: 朱朱白白皆春事, 物色郊原得意新. 自是東皇花有契, 猗君於汝豈無.

40) 『校勘 南冥集』 ‘詠梨’: 支離梨樹立門前, 子實辛酸齒未穿. 渠與主人同棄物, 猶將檞樗保天年.

41) 『校勘 南冥集』 ‘又’: 平生行止, 堪可笑嘆, 老而無述, 已是爲賊. 今復身作名賊, 百計求逭而不得, 正是盜天之名, 而天不使逃也.

42) 『无悶堂集』 卷5 「南冥先生言行總錄」: 先生以爲學莫要於持敬, 故用工於主一, 惺惺不昧, 收斂身心. 學莫先於寡欲, 故致力於克己, 濯淨査滓, 涵養天理.

43) 『无悶堂集』 卷5 「南冥先生言行總錄」: 先生戒愼乎不覩不聞, 省察乎隱微幽獨. 知之已精而益求其精, 行之已力而益致其力, 以反躬體驗, 脚踏實地爲務, 求必蹈夫閫域.

44) 『校勘 南冥集』 ‘示松坡子’: 世之學者, 其於四書, 厭其尋常, 讀之無異俗儒記誦章句之習而求者. 喜於聞見之書, 好着任功. 此所謂索隱行怪者, 不啻不知道體而已, 終不能覘覘其門戶矣. 朱子曰, 平生精力, 盡在大學, 程子曰, 語孟旣治, 則六經可不治而明矣. 學者博文之工夫, 當如是矣夫.

45) 『校勘 南冥集』 ‘在山海亭書大學八條歌後’: 賴有前賢爲堅幡. ; 「答仁伯書」: 常常出入大學一家, 雖使之燕之楚, 畢竟歸宿本家.

46) 『校勘 南冥集』 ‘杏壇記’: 夫子講道於是, 倡義於是, 明天理之正, 而人知王室之不可陵, 中國之異於夷狄. … 從事於一壇之上, 而義利之不相侔者, 霄壤之分矣.

47) 『校勘 南冥集』 ‘奉謝金進士肅夫’: 漢唐諸儒, 粗有道德之行, 而未講道德之學. 濂洛諸賢以後, 著述輯解, 階梯路脈, 昭如日星, 初學小生, 開卷洞見. 雖明師提耳, 萬不能略加於前賢指南. 豈止如孟氏之時求而有餘師者乎. 但學者求之不誠耳.

48) 『校勘 南冥集』 ‘與吳子强書’: 熟看時尙, 痼成麟楦驢蹕.

49) 『校勘 南冥集』 ‘有感’: 忍飢獨有忘飢事, 摠爲生靈無處休. 舍主眠來百不救.

50) 『校勘 南冥集』 ‘贈黃江’: 嗚咽蒼生稔益飢.

51) 『校勘 南冥集』'丁卯辭職呈承政院狀': 賄賂極盡, 掊克極盡. 寃痛極盡, 奢侈極盡, 飲食極盡. 貢獻不通, 夷狄凌加. 百疾所急, 天意人事, 亦不可測也. 舍置不救, 徒事虛名, 論篤是與. 竝求 山野棄物, 以助求賢美名, 名不足以救實. 猶畫餠之不足以救飢, 都無補於救急. 請以緩急虛實, 更加分揀處置.

52) 『校勘 南冥集』'民巖賦': 宮室廣大, 巖之興也, 女謁盛行, 巖之階也, 稅斂無藝, 巖之積也, 奢 侈無度, 巖之立也, 掊克在位, 巖之道也, 刑戮恣行, 巖之固也.

53) 『校勘 南冥集』'乙卯辭職疏': 佛氏所謂眞定者, 只在存此心而已, 其爲上達天理, 則儒釋一也.

54) 『校勘 南冥集』'山寺偶吟': 佛前香火死, 唯見已灰心.

55) 『校勘 南冥集』'贈五臺僧': 愁懷說罷仍無寐.

56) 『校勘 南冥集』'遊頭流錄': 雙磎, 神凝兩寺, 皆在頭流心腹, 碧嶺揷天, 白雲鎖門, 疑若人煙罕 到, 而猶不廢公家之役, 贏糧聚徒, 去來相續, 皆至散去. 寺僧乞簡於州牧, 以舒一分. 等憐其無 告, 裁簡與之.

57) 박병기(2011a: 51~52)는 조식의 불교관에 대해 "성리학적 질서 중심의 부분적인 개방 성"이라는 말로 요약한 바 있다. 필자는 이 의견에 적극 공감하면서, 이황과의 비교를 통해 보다 적극적으로 조식 사상의 포용성을 강조한 것이다.

제9장

정약용이 제시하는 '청렴[廉]'의 가치·덕목

1. 청렴의 의미 규정을 위한 정약용 사상의 연구 필요성

이 장의 목적은 다산(茶山) 정약용(丁若鏞, 1762~1836)의 청렴에 대한 인식과 그가 제시한 청렴의 구성 요소들을 살펴보는 것이다. 이 과정에서 정약용의 여러 저서들 가운데 『목민심서(牧民心書)』의 「율기(律己)」편을 중요한 분석 텍스트로 삼았다. 이 장은 필자의 다음과 같은 두 가지 문제의식에서 출발하였다.

첫째는 '청렴(淸廉, integrity)'이란 무엇인가라는 질문과 연관된다. 최근 국제투명성기구(TI)는 2013년 국가별 부패인식지수(CPI)를 공식 발표하였다. 여기서 한국은 100점 만점에 55점을 받아서 177개국 중 46위를 차지하였다. 그러나 이 순위보다 더 이슈화되고 있는 사실은, 2009년 이후 꾸준히 순위가 하락하고 있다는 것이다. 부패인식지수는 국가의 공공부문 청렴도를 측정하는 것으로서, 다른 말로 '국가 청렴도지수'라고도 불린다. 그런데 여기서 제기할 수 있는 한 가지 의문은,

과연 청렴을 어떻게 규정해야만 하는가이다. 필자의 검토 결과, 청렴은 좁게는 반부패와 동일어로 사용되고 있으며 넓게는 투명성과 책임성 등을 포괄하는 통합적인 개념으로 사용되고 있다. 하지만 이것도 청렴을 조사하는 개인이나 단체에 따라 다양하게 재(再)정의되어 사용되는 것이지, 공식적인 합의가 이루어진 것은 아니다.1) 더욱이 그런 정의들도 대체로 서양의 연구물에 의존하고 있으며, 우리 전통 사상에서 청렴을 어떻게 규정하고 있었는지를 밝히는 본격적인 연구는 전무하다. 그래서 필자는 조선 후기 혼란스러웠던 정치·사회적인 분위기 속에서 특히 '실(實)'과 '민(民)'을 강조했던 정약용의 청렴관을 살펴봄으로써, 앞서 제기한 물음에 답변을 시도하고자 한다.

다음으로 문제의식의 둘째는 정약용 사상에 대한 연구들의 결락(缺落) 부분과 연관된다. 현재까지 그의 사상에 대한 연구는 철학, 경학(經學), 역학(易學), 종교·예술, 사회·역사 및 문학관 등과 관련하여 매우 다양한 방면에서 이루어져왔다. 이 중『경세유표(經世遺表)』,『목민심서』,『흠흠신서(欽欽新書)』등의 서적을 통해서는 그의 실학적 자세나 경세론(經世論)의 강조, 애민(愛民) 의식 같은 주제들이 다루어졌다. 또한 그 과정에서 정약용이 공직자를 포함한 직업인 전반의 청렴의식을 강조했다는 사실도 언급된 바 있다. 그러나 아쉬운 점은 연구들의 대부분이 '정약용은 청렴을 강조하였다'는 정도에서 그치고 있다는 것이다.2) 이 장의 진행 과정에서 드러나겠지만, 정약용은 청렴이라는 가치·덕목을 단순히 강조하는 차원에 머무르지 않았다. 왜냐하면 그에게 청렴은 수기(修己)·내성(內聖)과 치인(治人)·외왕(外王)이라는 유가의 두 축을 진정으로 합일시키는 근원이기 때문이다. 따라서 필자는 이 장의 내용을 통해 정약용의 청렴관을 구체적으로 분석함으로써, 기존의 연구들이 소홀하게 다루었던 부분을 보충하고자 한다.

이상에서 밝힌 연구 목적의 달성과 문제의식의 해소를 위해, 필자는 다음과 같이 논의를 진행할 것이다. 우선 제2절에서는 『맹자(孟子)』와 조선시대 유자들의 서적·행실들을 통하여, 청렴에 대한 유가의 기본 입장을 살펴볼 것이다. 그리고 이 기반 위에 제3절에서는 『목민심서』「율기」편의 '청렴[淸心]'조를 중심으로, 정약용이 제시했던 청렴의 의미, 시행 상의 유의점, 그 효용 등을 상세하게 언급할 것이다. 이어서 제4절에서는 논의를 확장하여 「율기」편 전체를 채우고 있는 6개 조의 관계를 가시화하고 분석함으로써, 청렴의 구성 요소들을 설정할 것이다. 끝으로 제5절에서는 3절과 4절을 통해 살펴본 정약용의 청렴관이 제공하는 도덕교육적 시사점에 대해 간략하게 지적하는 것으로 이 장을 마무리할 것이다.

2. '청렴[廉]'에 대한 유가의 기본 입장

유가에서는 기본적으로 청렴을 강조하는 입장을 표명한다. 이것을 보다 구체적으로 논의하기 위하여 여기에서는 유가의 핵심 경전 중 하나인 『맹자』와 조선시대 유자들의 청렴에 대한 견해를 살펴볼 것이다. 『맹자』로부터 논의를 시작하는 까닭은, 해석상에서 '렴(廉)'을 청렴으로 풀이할 수 있는 실질적인 용례가 『맹자』에 들어와서야 등장하기 때문이다.[3] 『맹자』에서 주의가 필요한 구절들은 다음과 같다.

> ① 취할 수도 있고 취하지 않을 수도 있을 때, 취하면 청렴이 상한다.[4]
> ② 제(齊)나라 선비 가운데 나는 반드시 진중자(陳仲子)를 으뜸으로 여긴다. 그러나 중자가 어찌 청렴하다고 할 수 있겠는가? 중자의 지조를 그대로 채우려면 지렁이(蚓)가 되고난 이후에야 가능할 것이다.[5]

첫 번째 인용문은 『맹자』「이루(離婁)」편에서, 두 번째 인용문은 「등문공(滕文公)」편에서 발췌한 것으로, 원전 내 수록 순서는 반대이나 논의를 위해 「이루」편의 글을 먼저 소개하였다.

우선 첫 번째 인용문을 통해서는, 청렴함을 지키려면 분별과 신중이 필요하다는 점을 알 수 있다. 가령 재물이 들어올 때, 얼핏 보면 취해도 괜찮을 것 같지만 신중하게 분별해 보면 취해서는 안 되는 것으로 판명되는 경우들이 있다. 이러한 때 그 재물을 취하면 그것은 청렴을 상하게 하는 것이며, 이미 중도(中道)를 넘었으므로 결국 구차하게 취하는 것이라고 맹자는 짧은 문구로 경고하고 있다.

다음으로 두 번째 인용문을 통해서는, 청렴함이 과도하거나 일관성이 없는 경우에도 문제가 된다는 점을 알 수 있다. 인용문의 맥락을 간단히 언급하자면, 진중자는 주거와 음식의 문제에 있어서 극도로 청렴함을 추구하던 제나라의 선비였다. 그러나 진중자는 청렴의 실천 과정에서 어머니가 해 준 음식은 먹지 않으면서도 아내가 해 준 음식은 먹고, 형의 집에는 살지 않으면서도 오릉(於陵)의 집에는 거처하는 등 비(非)일관적인 모습을 보임으로써 효도와 우애[孝悌]를 가볍게 여겼다. 이런 까닭에 맹자는 진중자가 자신의 청렴하고자 하는 마음을 완벽하게 실현하려면, 무언가를 요구함이 없이 단순하게 살아가기만 하는 지렁이가 된 이후에야 가능할 것이라고 비꼰 것이다. 그리고 이 내용을 통하여 청렴의 실천이 효도나 우애와 같은 유가의 인륜(人倫)에 해당하는 상위의 가치·덕목을 위배할 만큼 과도해서는 안 되며, 또한 일관성 있는 적용이 필요하다는 점을 도출할 수 있다.

이상으로써 유가에서 말하는 청렴은 분별이나 신중 같은 또 다른 요소들과 연관이 있고, 그 적용이 과도하다거나 일관성이 부족할 경우에도 문제가 된다는 것이 드러났다. 그러나 보다 유의해야 할 점은,

청렴이 유가에서 특별히 내세울 필요도 없을 만큼 군자(君子)라면 마땅히 실천해야 할 일상적인 가치·덕목이었다는 사실이다.6) 유가에 속하는 학자들은 수필이나 편지글 같은 일상적인 잡문을 통하여 이런 점을 잘 보여주고 있는데, 다음의 글들을 그 예로 들 수 있다.

① 진서산(眞西山, 眞德秀, 1178~1235) 선생이 말하길 "사군자(士君子)가 세상을 살아감에 있어 매우 청렴하고 깨끗함은 하나의 작은 선에 불과하고, 일점의 탐욕으로 자신을 더럽힘은 곧 평생의 커다란 죄악이 된다"라고 하였는데, 지극한 말씀이다. 우리들은 그 말씀을 마땅히 세 번 반복해서 경계하며 살펴보아야 할 것이다.7)

② 옛날, 소현령(蕭縣令)이 부구옹(浮丘翁)에게 다스리는 방법을 물어보니, 부구옹이 이르기를 "나에게 여섯 글자의 비결이 있는데, 그대는 사흘 동안 목욕재계를 해야 들을 수 있을 것이다"라고 하였다. 소현령이 그 말대로 하고 청하니, 부구옹이 먼저 한 글자를 가르쳐 주었는데 청렴(廉)이었다. 소현령이 일어나 재배하고 잠시 있다가 다시 청하니, 부구옹이 또 한 글자를 가르쳐 주었는데 청렴이었다. 소현령이 일어나 재배하고 다시 한 번 청하니, 부구옹이 세 번째로 한 글자를 가르쳐 주었는데 청렴이었다.8)

첫 번째 인용문은 고려 말의 명신 이색(李穡, 1328~1396)의 후손으로 이조판서를 역임했던 이기(李墍, 1522~1600)의 잡록에서, 두 번째 인용문은 정약용이 영암군수로 재직 중이던 이종영(李鍾英)에게 보낸 편지글에서 발췌한 것이다.

먼저 첫 번째 인용문을 통해서는, 청렴은 선비를 자임한다면 갖추어야 할 필수 가치·덕목으로서 그것을 실천했다고 하여 굳이 칭송할 필요는 없지만, 만일 실천하지 않는다면 그야말로 대죄[大惡]를 범하는 셈이라는 점을 알 수 있다. 그래서 이기는 다른 글에서도 청렴이란 단지 소선(小善)으로서 군자에게 진실로 칭찬할 만한 것이 못되지만, 바로 이 가치·덕목에 결함이 있다면 여타 항목들이 아무리 훌륭하다고 해도 썩은 악취가 풍긴다는 점을 거듭 강조하고 있다.[9]

이어서 두 번째 인용문을 통해서는, 청렴이 자기 자신과 타인, 그리고 양자를 포함한 공동체를 다스리는 방법의 핵심이라는 점을 알 수 있다. 쉽게 짐작할 수 있는 것처럼, 위 인용문에서 제시되지 않은 나머지 세 가지의 통치 비결 역시 모두 '청렴'이다. 그런데 정약용이 이종영에게 위 글을 소개한 이유는 단순히 청렴을 강조하는 데 있는 것이 아니라, 이 가치·덕목에 속한 성격들을 밝히는 데 있다. 인용문과 이어지는 구절에서 부구옹은 소현령에게 청렴이 중요한 이유를 밝힌다. 즉, "청렴은 밝음을 낳기에 사물에 대한 (마땅하지 못한) 감정을 숨기지 못하고, 청렴은 위엄을 낳기에 백성들 중 좇지 않는 자가 없으며, 청렴은 곧 강직이기에 상관이 가볍게 보지 못한다"[10]는 것이다. 요컨대 정약용은 밝음, 위엄, 강직의 세 가지를 청렴이라는 가치·덕목의 성격이라고 간주한 것이다.

그렇다면 조선시대의 대표적인 유자로 꼽히는 이황(李滉, 1501~1570)과 이이(李珥, 1536~1584)는 청렴에 대해 어떤 견해를 지니고 있었을까? 두 사람이 남긴 서적들에서 청렴 자체에 대한 상세한 논의를 발견하기는 어렵지만, 요약하자면 청렴은 사회 규율[治人·外王]의 원리이자, 개인 처세(處世)의 중요 지침이다.

> ① 서원의 유사(有司)는 가까이 사는 청렴하고 유능한 품관(品官) 두 사람에게 맡기고, 또 선비 중에 사리를 알고 행동함에 의(義)가 있어 뭇사람이 추앙하고 복종할 수 있는 한 사람을 선택하여 상유사(上有司)로 삼되, 모두 2년마다 교체한다.[11]

② 조정 신하로 하여금 각기 수령이 될 만한 사람을 천거하게 하되, 반
드시 청렴함을 지키고 능히 충서(忠恕)할 수 있는 자를 가려서 백리
를 다스리는 수령으로 내보내십시오. 이렇게 하여 쇠잔한 것을 소
생시키고 피폐한 것을 일으켜서 백성의 환심 얻는 일을 책임지우시
되, 일을 태만히 하거나 백성에게 사납게 하는 자를 중죄로써 응대
하시고, 아울러 천거한 사람까지도 죄로 다스리십시오.12)

첫 번째 인용문은 이황이 작성한 이산서원(伊山書院)의 원규(院規)에
서, 두 번째 인용문은 이이가 중종(中宗)에게 바친 상소문에서 발췌한
것이다. 위의 인용문들에서 공히 드러나는 바는, 청렴은 공적인 업무
를 수행하는 자라면 누구나 유념해야 할 사회 규율의 기본 원리라는
점이다.

먼저 이황은 청렴을 글로써 특별하게 내세우지는 않았지만, 몸소
실천적인 자세를 보여주었다. 가령 그는 외직으로는 단양군수와 풍
기군수를 한 차례씩 역임했을 뿐이지만, 직무 수행에 대한 평가는
"고을을 다스림에 있어 정성스럽고 신뢰로우며 간절하고 측은히 하
였다. 그리고 정사는 청렴하고 간결하였기에 아전이나 백성들이 모
두 편하게 여겼다"13)는 것이었다. 이런 사실로부터 이황은 그가 평
소 강조했던 ⓐ 경을 보존함[持敬], ⓑ 공사(公私)의 품별, ⓒ 일생의 수
양 등과 함께, 공인(公人)의 중요 생활윤리로서 청렴에 주목하였음을
알 수 있다(윤재풍, 2001: 199~202).

이와 같은 모습은 이이에게서 더욱 두드러지게 나타나는데, 그는
『격몽요결(擊蒙要訣)』「처세장(處世章)」에서 "비록 녹을 타기 위한 벼
슬이라고 할지라도 마땅히 청렴하고 부지런하게 공무를 받들어 직무
를 다해야지, 자리를 비운다거나 먹고 마시기만 해서는 안 된다"14)
라고 밝힘으로써, 사회 규율의 원리이자 개인 처세의 지침이 되는

청렴에 대해 보다 직접적인 견해를 표명하고 있다. 또한 향약(鄕約)의 지침서로 잘 알려진 「해주향약(海州鄕約)」에서는, 특히 덕업상권(德業相勸)과 과실상규(過失相規) 조항에 청렴을 포함시키고 있다.15) 이것은 이이가 청렴을 중요 가치·덕목으로서 뚜렷하게 인식하고 있었으며, 향촌 사회라는 공동체의 운영에서도 이 가치·덕목이 필수적임을 인정하고 있었다는 사실을 보여 준다. 그런데 그는 청렴을 강조하는 수준에서 한 걸음 더 나아가, 이것을 인물 평가의 기준으로 활용하기도 하였다. 일례로『경연일기(經筵日記)』에서는 당대의 수많은 인물들을 평가하는 윤리성의 기준으로서 청렴 준거를 내세우기도 하였다(전세영, 2007: 22~23). 이렇게 보자면 이황과 이이로 대표되는 조선시대의 유자들은 청렴을 경세(經世)와 처세(處世)의 중요 지침으로 삼았다는 결론을 도출할 수 있다.

지금까지 이 절에서는『맹자』와 조선시대 유자들의 서적과 행실들을 중심으로 유가의 청렴에 대한 기본 입장을 검토하였다. 요약하자면, ⓐ 청렴은 군자·선비라면 그것을 행했다고 하여 특별하게 자랑할 필요도 없을 만큼 일상적인 가치·덕목[小善]이다. 그러나 이런 일상적인 가치·덕목으로서의 청렴을 제대로 이행하지 못한다면, 그것은 작은 죄가 아니라 대죄를 범하게 된다는 유가의 경고에 더욱 유의해야 한다. ⓑ 청렴은 신중 혹은 분별 같은 다른 요소들과 연관되어 있으며, 그 시행에 있어서도 인륜을 위배해서는 안 된다거나 일관성이 없어서도 안 된다는 등 제약 사항이 있다. 이것은 청렴을 '청개염결(淸介廉潔)'로 단순 이해해서는 안 되며, 그 관련 요소들과 성격에 대해 보다 구체적인 이해가 필요하다는 점을 시사한다. ⓒ 청렴은 사회 규율과 개인 처세의 지침으로서 기능한다. 특히 공적인 업무에 종사하는 사람이라면 사회 규율로서의 청렴이 곧 개인 처세의 지침과 직결한다는 점에 유념해야 할 것이다. 이상으로 이 절에서는 유가에서 말하는 청렴의 대략적인 테두리를 설정해 보았다. 이제 이어지는 절에서는 청렴이라는 가치·덕목을 꼽아서 매우 강조했던 정약용의 견해를 살펴볼 것이다. 특히 청렴의 의미와 시행 상의 유의점 및 그 효용에 논의의 초점을 맞출 것이다.

3. 청렴에 대한 정약용의 인식

청렴에 대한 정약용의 인식은 일표이서(一表二書) 중 하나인『목민심서』에 잘 나타난다.16) 목민학(牧民學)의 정수이자 그 규모와 체계에 있어서도 여타 목민서류를 능가하는『목민심서』에서 정약용은 '청렴'을 어떻게 논의하고 있을까?17) 이 절의 목적은 저 물음에 답하는데 있다. 그 과정에서 정약용이『목민심서』를 저술하게 된 조선 후기의 정치·사회·경제·사상적 배경을 살펴보는 것도 중요한 참고 사항이 되겠지만, 이 절의 내용과 직접적인 관련성은 없다고 판단하여 다루지 않았다.18) 여기에서는『목민심서』의 구성과 내용을 개략적으로 살펴본 뒤, 특히「율기」편의 '청렴'조에 집중하여 정약용의 청렴에 대한 인식을 논의할 것이다.

정약용이『목민심서』의 서문에서 밝히고 있는 것처럼, 군자의 학문이란 '수신이 반이요 나머지 반은 목민'이다. 이 책의 내용은 특히 후자의 목민, 즉 치인·외왕과 관련된 것으로서, 수령이 맡은 지역에 부임했을 때부터 떠날 때까지 가져야만 하는 마음가짐과 행동 지침들을 다룬 것이다. 전체적인 구성을 하나의 표로 정리하면, 다음 쪽의〈표 9-1〉과 같다.

<표 9-1> 『목민심서』의 구성과 내용

	편명	각 6조의 내용		구분
1	「부임」 (赴任)	① 임명 받음	② 행장 꾸리기	부임
		③ 조정에 하직하기	④ 부임 행차	
		⑤ 취임	⑥ 업무 시작	
2	「율기」 (律己)	① 자기 단속	② 청렴	삼기 (三紀)
		③ 집안 단속	④ 청탁 거절	
		⑤ 근검·절약	⑥ 베풂	
3	「봉공」 (奉公)	① 교화 펼침	② 법도 지킴	
		③ 예의 있는 교제	④ 보고서 작성	
		⑤ 공물 바치기	⑥ 차출	
4	「애민」 (愛民)	① 노인 봉양	② 아이 돌봄	
		③ 가난한 자 구제	④ 상을 당한 자 도움	
		⑤ 병자 돌봄	⑥ 재난 구제	
5	「이전」 (吏典)	① 아전 단속	② 관속 통솔	육전 (六典)
		③ 사람 쓰기	④ 인재 추천	
		⑤ 물정 살핌	⑥ 고과 제도	
6	「호전」 (戶典)	① 전정(田政)	② 세법	
		③ 환곡 장부	④ 호적	
		⑤ 부역을 공평히 함	⑥ 농사 권장	
7	「예전」 (禮典)	① 제사	② 손님 접대	
		③ 백성 교화	④ 교육 진흥	
		⑤ 신분 구별	⑥ 과거 공부에 힘씀	
8	「병전」 (兵典)	① 병역의 의무자 선정	② 군사 훈련	
		③ 병기 수선	④ 무예 권장	
		⑤ 변란에 대응	⑥ 외침을 막아냄	
9	「형전」 (刑典)	① 송사 심리	② 형사 사건 판결	
		③ 형벌을 신중히 사용	④ 죄수를 불쌍히 여김	
		⑤ 백성의 폭력을 금함	⑥ 도적의 피해 제거	
10	「공전」 (工典)	① 산림	② 수리 사업	
		③ 관아 건물 수리	④ 성의 수축과 보수	
		⑤ 도로	⑥ 공작(匠作)	
11	「진황」 (賑荒)	① 구휼 물자 준비	② 부자들이 베풀게 함	구휼
		③ 세부 계획	④ 시행 방법	
		⑤ 민생 안정의 방책	⑥ 마무리	
12	「해관」 (解官)	① 임무 교대	② 돌아가는 행장	이임
		③ 수령 유임의 청원	④ 수령의 죄 사면 청원	
		⑤ 수령 재임 중 사망	⑥ 떠난 뒤 사랑이 남음	

그런데 표와 함께 유의해야 할 것은 정약용이 「자찬묘지명(自撰墓誌銘)」에서 다음과 같이 『목민심서』를 해설하고 있다는 사실이다.

『목민심서』란 어떤 책인가? 지금의 법제에 근거해 우리 백성들을 다스리는 것이다. 「율기」·「봉공」·「애민」편이 '삼기(三紀)'가 되고, 「이전」·「호전」·「예전」·「병전」·「형전」·「공전」편이 '육전(六典)'이 되며, 「진황」편 일목으로 종결하였다. 각 편마다 6조씩을 두되 고금을 조사하여 망라하고, 간사하며 거짓된 것을 발라내었다. '이 내용을 목민관들에게 제공하면, 한 명의 백성이라도 더 은택을 입게 되는 자가 있지 않을까?' 하는 것이 나(鏞, 정약용)의 마음이다.[19]

이상의 표와 인용문이 의미하는 바는, 부임지에 도착하고(1편 「赴任」) 수령직을 떠날 때까지(12편 「解官」) 유념해야 할 열 편의 내용 가운데, 보다 근본적인 부분은 2편 「율기」, 3편 「봉공」, 4편 「애민」이라는 것이다. 다시 말해 이 세 가지 규율[三紀]의 전제하에, 「이전」에서 「공전」까지의 육전(六典) 및 「진황」 등의 구체적인 실무가 이행되어야 한다는 것이 정약용의 본의라는 말이다. 실제 「율기」·「봉공」·「애민」편은 편명에서부터 이미 도덕적인 방향성이 전제되어 있음을 알 수 있다(임형택, 2007: 31).[20] 그러나 이 세 편의 내용도 각각을 펼쳐놓고 보면 차이점이 나타나는데, 그 이유는 「율기」편을 제외한 다른 두 편은 실무적인 조항들로 가득 차 있기 때문이다. 결론적으로, 『목민심서』는 「율기」편이라는 도덕적 기초 위에 수령이 지녀야 하는 마음가짐과 행동 지침들을 나열해 놓고 있다고 볼 수 있다.[21]

그런데 〈표 9-1〉에 나타난 것처럼, 「율기」편은 6개 조로 구성되어 있다. 첫째는 '자기 단속[飭躬]'이고, 둘째는 '청렴[淸心]'이며, 셋째는 '집안 단속[齊家]'이다. 넷째는 '청탁 거절[屛客]'이고, 다섯째는 '근검·

절약[節用]'이며, 여섯째는 '베풂[樂施]'이다. 청렴을 전면에 부각시키는 둘째의 '청렴'조를 제외한 나머지 5개 조 역시 모두 청렴을 핵심적인 가치·덕목으로 삼고 있지만, 그 부분에 대해서는 다음 절에서 논의할 것이다. 이 절에서는 '청렴'조의 내용을 집중 분석하여, 청렴에 대한 정약용의 기본 인식을 살펴볼 것이다.

「율기」편 안에서 둘째 조에 해당하는 '청렴'조는 다시 총 18개의 조항들로 구성되어 있다. 정약용은 각각의 조항에 대하여 다양한 고사(古事)들을 덧붙임으로써 설득력을 높이고 있다. 현대적으로 재해석하기 어려운 조항들을 제외한 뒤, ⓐ 청렴의 의미와 ⓑ 그 시행 상에서의 유의점, 그리고 ⓒ 청렴의 효용에 대해 차례로 살펴보도록 하자. 우선 청렴의 의미와 관련된 조항들을 꼽아보자면 다음과 같다.

① 1조항: 청렴은 목자(牧者)의 의무이다. 모든 선의 원천이요, 모든 덕의 근본이다. 청렴하지 않고 목자 노릇을 할 수 있는 자는 없다.[22]

② 2조항: 청렴은 천하의 큰 장사이다. 이런 까닭에 크게 욕심내는 자는 반드시 청렴하려고 한다. 사람이 청렴하지 않게 되는 것은 그 지혜가 짧기 때문이다.[23]

1조항을 통해 정약용이 청렴이라는 가치·덕목을 어떻게 인식하고 있었는지 단번에 확인할 수 있다. 그는 청렴을 목자(牧者)가 갖추어야 할 가장 기본적인 가치·덕목으로 설정하고 있으며, 목자가 행하는 모든 선과 덕의 원천이라고 이해하고 있다. 1조항의 해설에서 정약용은 청렴에도 세 가지 등급이 있음을 밝힌다. 최상의 염리(廉吏)는 그야말로 월급 이외에는 아무 것도 취하지 않는 것이다. 그 다음의 염리는 월급 이외에도 명분이 바른 것이라면 취하는 것이다. 최하의 염리는 명분이 바르지 않더라도 관행화되어 있는 것은 취하되, 그렇지 않은 것은 취하지 않는 것이다. 현재 우리 사회를 보면, 이 중 최하위의 염리만 되어도 괜찮다는 인식이 팽배한 듯하다. 하지만 정약용은 이것은 이미 악을 범한 것이므로 결국은 악한 것이라고 강조한다. "모든 악을 갖추고 있는 자가 지금의 대세를 이루고 있다. (…중략…) 선을 좋아하고 악을 부끄럽게 여기는 자는 결코 그렇게 행동하지 않을 것이다"[24]라는 그의 외침은 오늘날에도 여전히 유효한 것이다.

이어서 2조항을 통해서는 정약용이 청렴을 실제적으로도 이득을 주는 가치·덕목으로 이해하였음을 알 수 있다. 그는 2조항의 해설에서 "인자(仁者)는 인을 편안하게 여기고 지자(知者)는 인을 이롭게 여긴다"[25]는 공자(孔子, B.C. 551~B.C. 479)의 말을 빌려, "청렴한 자는 청렴함을 편안하게 여기고 지자는 청렴함을 이롭게 여긴다"[26]라고 하였다. 또한 이처럼 바꾸어 말할 수 있는 이유에 대해, 사람은 눈앞의 재물과 같은 단기적인 이익보다 일생의 명예와 같은 장기적인 이익을 생각해야 한다고 밝힌다. 요컨대 그 판단의 순간이 염리와 탐리(貪吏)를 나누는 경계가 된다는 것이다. 따라서 이런 상황에 직면하여 적극적인 도덕적 사고[智·慮]를 발휘함으로써 청렴함을 지키는 것이, 곧 실제적으로도 이득을 보장하는 가장 현실적인 방법이라는 점을 정약용은 강조하고 있는 것이다.

결론적으로 정약용은 청렴을 목자가 행하는 모든 선과 덕의 원천으로 인식하였으며, 이런 청렴을 지키는 것이야말로 장기적이고 실질적인 이득을 보장한다고 보았다. 그러나 그는 청렴을 행동으로 옮기는 것만을 강조하지는 않았다. 왜냐하면 그 과정에는 유의해야 할 부분들도 존재하기 때문이다. 그리고 이런 부분들을 구체화하는 것은 청렴의 성격을 이해하는 데 있어 좋은 실마리들을 제공한다고 판단된다. 관련된 조항들을 꼽아보자면 다음과 같다.

① 9조항: 대저 과격한 행동이나 각박한 정사와 같은 것은 인정에 맞지 않아 군자라면 물리치는 바이니, 취할 것이 아니다.[27]

② 10조항: 청렴하되 치밀하지 못하다거나 재물을 내어놓되 실효가 없으면, 이 역시도 일컬을 것이 못된다.[28]

③ 16조항: 무릇 내어놓은 것은 말도 하지 말고, 자랑하는 표정도 짓지 말며, 다른 사람에게 이야기도 하지 말 것이다.[29]

④ 17조항: 청렴한 자는 은혜를 베푸는 일이 적으니, 사람들이 이것을 병으로 여긴다. 책임은 자기 스스로 두텁게 지고 다른 사람에게 적게 지우는 것이 좋다. 청탁이 행해지지 않으면 청렴하다고 말할 수 있다.[30]

정약용은 9조항의 해설에서 명(明)나라 정선(鄭瑄)의 「환택편(宦澤編)」을 인용하며 말하기를, "(옛말에) 상관이 탐욕스러우면 백성은 그래도 살 길이 있으나, 청렴하면서 각박하면 곧 살 길이 막힌다고 하였다. 고금을 통하여 청리(淸吏)의 자손이 많이 떨치지 못하는 것은 바로 그 각박함에 연유하는 것이다"[31]라고 하였다. 이것은 두 개 이상의 가치·덕목들이 충돌하는 사태에 직면하여 무조건 청렴만을 고수해서는 안 된다는 것이다. 왜냐하면 가치·덕목들 사이에는 상하의 위계가 있을 수 있고, 청렴을 지킴과 동시에 인륜에 부합하는 선택지도 존재할 수 있기 때문이다. 그래서 정약용은 청렴을 고수하기 위해 가족들을 가혹하게 대하거나 백성들을 괴롭혔던 인물들의 사례를 들면서, 군자라면 이런 행동은 취하지 말아야 한다고 언급한다.

다음으로 10조항에서 나타나듯이, 정약용은 청렴을 실천할 것이라면 치밀함을 겸비하려고 노력해야 하고, 아울러 실효[實]도 있어야 함을 강조하고 있다. 만일 단순히 청렴하기만 한다거나 재물을 내어놓으면서도 그것을 어디에 어떠한 방식으로 사용해야 하는지 고려하지 않는다면, 이것은 청렴하게 행동하고자 하는 바른 동기가 전혀 실제적인 효과를 얻지 못한다는 것이다. 이와 같은 부분에서는 정약용의 실학자다운 면모가 잘 나타나는 바, 그가 무능에서 나온 적빈(赤貧)과 군자의 맑은 청빈(淸貧)이 전혀 다른 것임을 강조했다는 사실과도 자연스럽게 연결된다(정민, 2012: 542).

여기에 더해, 청렴을 실천하고자 할 때 유의해야 할 또 하나의 사항은 그것을 밖으로 드러내지 않는 것이다. 정약용은 16조항의 해설에서 다시 한 번 「환택편」을 인용하며 말하기를, "관직에 있으면서 청렴하게 행동하는 것은 사군자의 분수 안의 일이다. 청렴하기가 어려운 것이 아니라 그 청렴함을 드러내지 않기가 어려운 것이며, 청렴함을 믿고 다른 사람을 억누르고 무시하지 않기가 더 어려운 것이다"[32]라고 하였다. 사실 청렴은 공직을 포함한 직업 전반에 있어 지켜야 할 기본적인 윤리 중 한 가지라고 할 수 있다. 그럼에도 우리는 일상생활이나 여러 대중매체들을 통하여 일순간의 청렴함을 내세우려는 사람들의 모습을 종종 목도할 수 있다. 그런데 정약용은 이러한 행동이야말로 아직까지 진정으로 청렴을 체득(體得)하지 못한 반증이라고 혹평하는 것이다.

끝으로 17조항을 통해서는 청렴의 실천에서 유의해야 할 사항이자, 동시에 구성 요소가 되는 두 가지 내용을 파악할 수 있다. 하나는 '베풂[樂施]'이고, 다른 하나는 '청탁 거절[屛客]'인데, 관련 내용은 다음 절에서 살펴볼 것이다. 그러나 여기서 언급해야 할 것은 은혜를 베푸는 과정이나 청탁이 이루어지는 과정에서 발생할 수 있는 뇌물에 대한 경계이다. 청렴을 행하는 과정에서의 직접적인 유의 사항은 아니므로 이 절에서 두드러지게 내세우지는 않았으나, 정약용은 5~6조항에서 "뇌물을 주고받는 것을 누가 비밀스럽게 하지 않겠는가마는 야밤에 이루어진 것도 아침이면 이미 드러난다. 선물로 보낸 물건이 비록 아주 작은 것이라고 하더라도, 은정(恩情)이 이미 맺어지면 사사로움도 움직이게 되는 것이다"33)라고 하였다. 특히 5조항의 해설에서는 『후한서(後漢書)』의 고사를 인용하면서, 결국 뇌물에 대한 일은 "하늘(天)이 알고 신(神)이 알며, 내가 알고 그대가 안다"34)는 사지론(四知論)을 언급하였다. 요컨대 정약용은 은혜를 베푸는 과정 혹은 청탁이 이루어지는 과정에서 발생할 수 있는 뇌물의 문제에 대해, 아무도 모를 것 같지만 이미 네 개 이상의 도덕적 시선이 발동하고 있음을 강조하는 것이다. 이것은 청렴을 행동으로 옮기는 과정에서 그런 도덕적 시선들을 항상 유념하고 있어야 한다는 간접적인 유의사항이라고 하겠다.

요약하자면, 정약용은 청렴의 실천 과정에서 청렴만을 고수하기 위해 다른 가치·덕목들이나 고려해야 할 상황들을 무시해서는 안 되며, 동시에 치밀함을 갖추어 실질적인 효과들이 나타날 수 있도록 해야 한다고 보았다. 또한 청렴하게 행동하였다면 그것으로 된 것이지 내색할 필요가 전혀 없으며, 항상 자신의 내·외부에 존재하는 도덕적 시선들에 유념해야 함을 강조하였다. 그렇다면 청렴을 제대로 실천하였을 경우, 구체적으로 어떤 효용들이 발생하는가? 이 물음과 관련된 조항들을 꼽아보자면 다음과 같다.

① 7조항: 청렴한 관리를 귀하게 여기는 이유는, 그가 지나가는 곳이라면 산림과 샘이나 돌까지도 모두 맑은 빛을 입게 되기 때문이다.35)
② 18조항: 청렴한 소리가 사방에 퍼져서 명성이 날로 빛나게 되면, 이 또한 인생의 지극한 영광인 것이다.36)

청렴의 효용 중 첫째는, 이 가치·덕목의 실천이 가져오는 긍정적인 효과가 광범위하게 적용된다는 것이다. 특히 목자의 위치에 있는 사람이 청렴할 경우가 그러한데, 정약용은 7조항의 해설에서 당(唐)나라 이백(李白, 701~762)의 고사를 인용하며 말하길, 목자의 청렴함은 쓴 우물물조차 단 샘물로 바꿀 수 있다고 하였다. 그 정도로 청렴의 효용을 강조하는 것이다. 또한 같은 이유에서 정약용은 목자가 청렴하지 못할 경우에 발생하는 폐해 역시 대단히 경계하였다. 일례로 4조항에서는, "목자가 청렴하지 않으면 백성들은 그를 도둑으로 지목하여 마을을 지날 때는 추하다고 욕하는 소리가 드높을 것이니, 또한 수치스러운 일이다"[37]라고 하였다. 즉, 염리·청리·양리(良吏) 등으로 표현되는 청렴한 목자와는 정반대로 행동하는 도둑[盜] 혹은 낮도적[晝賊] 같은 관리가 가져오는 해악은, 일개인을 넘어 공동체 전체에 그 영향이 미치게 됨을 적극 경계하는 것이다.

이어서 청렴의 효용 중 둘째는, 청렴의 꾸준한 실천과 체득이 결국 행위자 자신의 삶에 윤기(潤氣)를 더해준다는 것이다. 언급한 것처럼, 청렴은 공공(公共)의 이익과 직결되는 가치·덕목이다. 그러나 더욱 근본적인 것은 청렴을 진정으로 자기화하려는 행위자의 노력이다. 그리고 정약용은 이런 노력이 도덕적 만족감을 제공하는 수준을 넘어, 행위자에게 빛나는 명성과 인생의 영광을 가져다준다고 여겼던 것이다. 필자는 정약용이 18조항을 '청렴'조의 마지막에 배치한 것도 이런 부분과 무관하지 않다고 본다.

이처럼 정약용은 청렴의 효용에 대해 공공의 측면과 개인의 측면을 모두 제시하였는데, 전자에 대해서는 목자의 청렴한 다스림이 유발하는 사회 공동체의 이익을, 후자에 대해서는 청렴을 실천하는 행위자가 지니게 되는 삶의 윤기를 강조하였다. 지금까지 이 절에서는 『목민심서』「율기」편의 '청렴'조를 집중 분석하여 정약용의 청렴에 대한 인식을 살펴보았다. 이 과정에서 특히 청렴의 의미, 시행 상에서의 유의점, 그 효용을 중심으로 논의를 진행하였다. 이제 이어지는 절에서는 「율기」편 내 6개 조들의 관계를 살펴봄으로써, 청렴의 완성을 위한 구성 요소들을 설정해 보고자 한다.

4. 『목민심서』「율기」편에 나타나는 청렴의 구성 요소

『목민심서』「율기」편은 6개의 조로 구성되어 있고, 각 조의 본 명칭은 ⓐ 칙궁(飭躬), ⓑ 청심(淸心), ⓒ 제가(齊家), ⓓ 병객(屛客), ⓔ 절용(節用), ⓕ 낙시(樂施)이다. 이것을 각 조의 내용을 고려하면서 현대어로 바꾸면, '자기 단속', '청렴', '집안 단속', '청탁 거절', '근검·절약', '베풂' 정도로 풀이가 가능하다. 둘째의 '청렴'조와 마찬가지로 다른 5개의 조들도 여러 조항들 및 관련 고사들을 나열해 놓고 있는데, 보다 분석적으로 살펴보면 각 조에서 강조하는 핵심적인 가

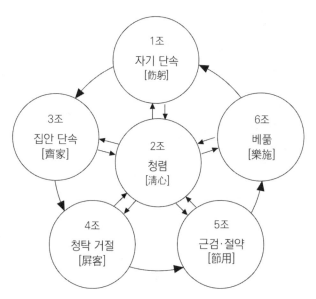

<그림 9-1> 「율기」편 내 6개 조의 상호 구성적인 관계

치·덕목 역시 청렴으로 수렴된다는 사실을 발견할 수 있다. 결론부터 제시하여 6개 조의 관계를 가시화할 경우, 앞 쪽의 〈그림 9-1〉과 같이 나타낼 수 있다.

이 6개의 조들은 각각 미시적으로는 그 자체로 하나의 가치·덕목들이며, 거시적으로는 내부에 여러 하위 요소들을 지니고 있는 도덕 영역(moral domain)들이다. 가령 '자기 단속'조의 경우, 행위자가 이것을 행동 지침으로 하여 스스로의 몸가짐과 마음가짐을 바로 한다는 의미에서는 가치·덕목이라고 말할 수 있다. 그러나 '자기 단속'에 속하는 다양한 하위 요소들을 제시하는 것이 가능하므로, 도덕 영역이라고 말할 수도 있다. 즉, 「율기」편의 6개 조들은 각각 하나의 가치·덕목이자 도덕 영역으로 기능함과 동시에, '청렴'조를 중심으로 상호 구성적인 관계를 맺고 있다는 것이다. 이런 전제하에, 여기에서는 앞절에서 살펴본 '청렴'조를 제외한 각 조의 내용 중 청렴과 연결되는 부분은 무엇이고, 그것이 청렴이라는 개념을 이해하는 데 있어 어떤 시사점을 제공하는지 논의할 것이다.

「율기」편의 첫째 조인 '자기 단속[飭躬]'조의 중심 내용은 사욕이 우리 마음에 침범하는 사태를 경계하는 것이다. 그래서 정약용은 이 조의 도입부인 1조항의 해설에서 "사욕을 끊어버리고 한결같이 천리(天理)를 따라야 한다"[38]라고 언급하였던 것이다. '자기 단속'조에서 청렴과 관련된 대표적인 조항들을 꼽아보자면 다음과 같다.

① 7조항: 술을 끊고 여색을 멀리하며 노래와 음악을 물리쳐서 단정하고 엄숙하기를 큰 제사 받들 듯이 해야 한다. 감히 놀고 즐김으로써 거칠고 안일하게 되어서는 안 되는 것이다.[39]
② 8조항: 놀면서 즐기는 것은 백성들이 기쁘게 여기는 바가 아니다. 이것은 단정하게 처신하면서 움직이지 않는 것만 못하다.[40]

정약용은 '자기 단속'조의 13개 조항 가운데 위의 7조항에 가장 많은 고사들을 덧붙여 놓았는데, 송(宋)나라 매지(梅摯)의 언급을 인용하면서 목자가 일을 할 때 유의해야 할 다섯 가지 병통들을 소개하고 있다. 첫째는 아랫사람을 재촉하며 조세를 함부로 거두어들이는 것이고, 둘째는 법을 아무데나 갖다 붙여 선악을 명백히 가리지 못하는 것이며, 셋째는 술잔치에 빠져 공무를 등한히 하는 것이고, 넷째는 목자의 임무를 잊은 채 자기 주머니만 채우는 것이며, 다섯째는 노래와 여색을 즐기는 것이다. 정약용은 이 중 뒤의 세 가지를 매우 경계하였는데, 각각을 음식, 재물, 유박(帷薄)의 병통이라고 지칭하면서 청렴을 지키는 데 이 세 가지의 병통이 자주 방해가 됨을 반복적으로 언급하고 있다. 사실 이 병통들이 청렴의 실천에 방해가 된다는 것은 새로운 내용이 아니다. 그러나 상투적인 내용을 상투적이라는 이유로 무시해서는 안 된다. 왜냐하면 그 당연하게 지켜져야만 할 내용들이 잘 지켜지지 않는 모습들을 우리 주변에서 쉽게 발견할 수 있기 때문이다. 또한 정약용이 강조하려고 했던 본질은, 청렴의 실천을 방해하는 근원으로서의 사욕을 제거하는 데 있다는 점에 유의해야 한다. 그는 특히 내 마음에서 사욕의 기미가 발견되는 순간에 바로 제거해야만 결과적인 측면에서도 좋다는 것을 강조한다. 그래서 「환택편」을 인용하며 말하기를, "욕심(嗜慾)의 싹이 돋아날 때 그것을 채우고 나면 반드시 후회한다. 하지만 참고 지나가면 반드시 즐겁다"[41]라고 했던 것이다.

한편 '자기 단속'조에서는 목자가 단순하게 청렴하기만 해서는 아무 실효도 없다는 점도 강조하고 있다. 한 예로 12조항의 해설에 나온 다음의 내용을 살펴보자.

남창(南牕) 김현성(金玄成, 1542~1621)이 여러 번 주군(州郡)을 맡아 다스렸는데, 손을 씻은 듯 깨끗하게 직책에 봉사하여 청렴하다는 명성이 세상에 드러났다. 그러나 그 성품이 심히 소방하여 맡은 실무에는 익숙하지 못하였고, 나무라는 것을 일삼지 않았으며, 거처에서 담연하게 종일 시구를 읊조리고 있었다. 호사가들이 말하기를 "남창이 백성 사랑하기를 자식처럼 하지만 온 고을이 원망하여 탄식하고, 추호도 사사로이 범하지 않았으나 관아의 창고는 바닥이 났다"라고 하여 한 때의 웃음거리가 되었다.42)

이것은 앞 절에서 살펴보았던 청렴의 실천 시 유의 사항과도 직결하는 것이다. 그런데 정약용은 유사한 내용을 '자기 단속'조에서도 언급함으로써 이 조와 '청렴'조가 서로 유기적으로 연결되어 있음을 보여주고 있다.

이어서 「율기」편의 셋째 조인 '집안 단속[齊家]'조에서 정약용은 목자가 청렴하게 공무를 수행하려면 자기 단속에 더하여 집안 역시 잘 다스려야 함을 강조하고 있다. 그래서 그는 이 조의 도입부인 1조항의 해설에서 집안을 잘 단속하는 데는 다음과 같은 요점이 있다고 언급한다.

첫째, 데리고 가는 사람의 숫자는 법규대로 해야 하고, 둘째, 치장은 검소하게 해야 하며, 셋째, 음식은 절약해야 하고, 넷째, 규문(閨門)은 근엄해야 하며, 다섯째, 사사로운 청탁은 끊어버려야 하고, 여섯째, 물건을 사고파는 데는 청렴해야 한다. 이 여섯 가지 조목에 법도를 세우지 못하면, 목자로서의 다스림은 가히 알 만한 것이다.43)

정약용은 목자가 청렴을 실천하지 못하는 주요 원인이 상당 부분 집안을 단속하지 못하는 데 있다고 여겼던 것이다. 그래서 1조항 이

하 2~5조항에서는 목자가 부임지에 데려가야 하는 가족·빈객의 숫자를, 6~7조항에서는 치장의 사치를, 8조항에서는 음식의 사치를, 9조항에서는 규문의 어지러움을, 10조항에서는 사적인 청탁을, 11~13조항에서는 기타 유의 사항들을 차례대로 경계하고 있다. 이와 같이 '집안 단속'조는 전체적으로 청렴을 집안 단속의 핵심 가치·덕목으로 내세우고 있는데, 특히 10조항의 해설에서 정약용이 얼마만큼 그것을 강조했는지 짐작할 수 있는 구절이 등장한다.

내 지위가 높아지면 나의 처자부터도 모두 나를 가리고 속이며 저버리는 사람이 될 것이다. 지아비를 공경하지 않는 처가 없으며, 아버지를 사랑하지 않는 자식이 없는데, 어찌 가리고 속이며 저버릴 마음이 있겠는가? 그러나 도리를 아는 사람이 적기 때문에, 혹은 안면이나 사사로움에 끌리기도 하고, 혹은 뇌물에 유혹되기도 해서 사사로운 청탁이 행해지는 것이다. (…중략…) 만일에 처자가 나를 사랑하는 사람이라고 하여 그 말까지도 반드시 충직하다고 생각하면, 사실에 크게 어긋날 것이다. 처자도 이미 그러한데 하물며 나머지는 어떠하겠는가?44)

얼핏 보면 '집안 단속'을 하나의 가치·덕목으로 볼 수 있는가 하는 의문을 제기할 수도 있다. 그러나 『대학(大學)』의 팔조목 안에 이미 '제가'가 포함되어 있음을 고려할 때, 유가에서 규정하는 '집안 단속'은 그 자체로 하나의 가치·덕목인 것이다. 그리고 이런 맥락에서 정약용은 목자로서의 내 지위가 높아질수록 집안 단속을 더욱 철저히 해야만 온전하게 청렴을 실천할 수 있다는 사실을 강조하고 있다. 이것은 청렴의 성격이 사회적이라는 사실을 보여주는 것이며, 청렴의 효용이 공공적이라는 앞에서의 지적과도 통하는 것이라고 하겠다. 실제 우리는 고위 공직자를 포함한 여러 사회적 인사들이 제 집안을 단속하지 못하여 청렴의 실천에 실패하는 사례들을 종종 접한다. 이런 점들을 고려할 때, '집안 단속'조 역시 '청렴'조와 상호 구성적인 관계를 맺고 있다는 것을 쉽게 이해할 수 있다.

다음으로 「율기」편의 넷째 조인 '청탁 거절[屛客]'조에서 정약용은, 관제에는 없으나 수령이 사사로이 임용하는 책객(冊客), 중앙 요직에 있는 고관의 부탁으로 목자가 지방 토호(土豪)를 방문하는 존문(存問) 등을 경계하고, 친지나 친구의 방문으로 발생할 수 있는 개인적인 청탁에 신중하게 대처해야 함을 강조하고 있다. 청렴의 실천이 청탁이나 뇌물 거절과 밀접하게 연관된다는 것은 앞서 지적하였기에, 정약용의 경험담을 소개하는 것으로 이 부분에 대한 설명을 대신한다.

> 참판 유의(柳誼, 1734~?)가 홍주(洪州) 목사로 있을 때, 나(정약용)는 금정역(金井驛)에 있었다. 편지를 띄어 공적인 업무를 의논하려고 하였는데 답이 없었다. 훗날 홍주에 가서 서로 마주보며 말하길 "왜 답서를 하지 않았소?"라고 하니, 유공이 "나는 관직에 있을 때, 본래 편지를 뜯어보지 않소"라고 하며 시동에게 명해 편지 바구니를 쏟았다. 그런데 한 통의 편지도 뜯겨지지 않았으니, 모두 조정 귀인들의 편지였다. 내가 "그것은 본래 그러한 것이지만, 내가 말하려던 것은 공적인 업무였는데 어찌 뜯어보지 않았소?"라고 하니, 유공이 "만일 공적인 업무였다면, 어찌 공문서로 보내지 않았소?"라고 하였다. 내가 "마침 그것은 기밀 업무였소"라고 하니, 유공이 "만일 기밀 업무라면, 어찌 기밀 공문서로 보내지 않았소?"라고 하였다. 나는 거기에 응대하지 못하였다. 그가 사적인 청탁을 끊어버림이 이와 같았다.[45]

물론 편지 이외에도 수많은 소통의 도구들이 존재하는 현대의 삶에서 참판 유의와 같이 행동한다는 것은 불가능하다. 그러나 정약용의 경험담이 우리 시대에 의미하는 바는, 그런 사적인 소통의 도구들을 대하는 공정하고 객관적인 태도라고 하겠다. 다시 말해, 현대에 청렴을 실천하는 정신적 자세로서의 시사점을 지닌다는 것이다.

「율기」편의 다섯째 조인 '근검·절약[節用]'조는 청렴과의 연결성이 가장 뚜렷하게 드러나는 조이다. 정약용은 이 조의 도입부인 1조항에서 "목자의 역할을 잘 하고자 하는 자는 반드시 자애로워야 하고, 자애롭고자 하는 자는 반드시 청렴해야 하며, 청렴하고자 하는 자는 반드시 절약해야 한다. 근검·절약은 목자의 가장 중요한 의무이다"46)라고 하였다. 이것은 목자가 행하는 모든 선과 덕의 원천을 청렴이라고 보았던 그의 청렴관과 일치하는 것으로, 근검·절약을 통해 청렴을 체득한 목자는 자애의 마음으로써 백성들을 대한다는 것이다. 정약용은 이와 유사한 내용을 『목민심서』에서 반복적으로 언급하는 바, 일례로 「부임」편의 '행장 꾸리기[治裝]'조에서는 "백성을 사랑하는 근본은 근검·절약하는 데 있고, 근검·절약하는 근본은 검소함에 있다. 검소한 이후에야 능히 청렴하고, 청렴한 이후에야 능히 자애로우니, 검소야말로 목민에 있어 가장 중요한 의무이다"47)라고 하였다. 그런데 유의해야 할 것은, 그가 이 과정에서 법식[式]의 필요성을 적극 강조하고 있다는 사실이다.

① 2조항: 절(節)은 한도를 두어서 억제하는 것이다. 한도를 두어 억제하는 데는 반드시 법식이 있어야 한다. 법식은 근검·절약의 근본이다.48)
② 3조항: 의복과 음식은 검소함으로써 법식을 삼는다. 조금만 법식을 넘어도 씀씀이에 절도가 없어진다.49)

정약용은 2조항의 해설에서, 천자(天子)와 같은 막대한 부유함이 있다고 할지라도 반드시 법식을 정함으로써 씀씀이를 절제해야 한다고 하였다. 그런데 법식을 정하는 것이 끝은 아니다. 왜냐하면 여기에는 항상 법식을 따르려는 행위자의 강한 의지가 요청되기 때문이다. 이런 까닭에 정약용은 청렴을 위해 언제나 좇아야만 할 법식, 즉 항식(恒式)을 강조했던 것이다. 청렴의 실천을 결심한 시작에서부터 무리할 필요는 없다. 그러나 일단 정한 법식에는 조금도 어긋나지 않겠다는 투철한 도덕적 의지가 필요하다. 그리고 지금 따르는 법식이 자연스러워지는 수준에 이르면, 보다 강화된 법식의 단계로 나아가는 것이다.

이외에도 정약용은 아무런 실효가 없는 근검·절약은 차라리 낭비보다도 못한 것이라고 비판하였고, 과도한 근검·절약 역시 선비가 취할 행동이 아니라고 하였다. 그는 이것을 설명하기 위해 명나라의 모범적인 목자로서 이름을 알렸던 장종련(張宗璉)의 사례를 든다. 어느 날 장종련은 심한 병에 걸려 의원을 불렀다. 그런데 그의 방에는 등잔도 촛불도 없어서 치료를 할 수가 없었다. 시동이 할 수 없이 기름을 가지고 왔으나, 장종련은 즉시 시동을 물리쳤다.50) 정약용은 이 고사에 대해 평하기를, 장종련의 처신은 너무 각박한 것이므로 법식으로 따를 바가 아니라고 하였다. 이것은 청렴의 실천이 중도에 미치지 못하거나 아예 넘어설 경우 올바르지 못하다고 보았던 앞에서의 논의와 같은 맥락으로, 청렴의 근간이 되는 근검·절약에도 그대로 적용되는 것이다. 또한 정약용은 같은 근검·절약이라고 할지라도 그 대상이 사적인 것이냐 혹은 공적인 것이냐에 따라 행동이 달라져서는 안 된다고 보았다. 그래서 8조항에서는 "사용(私用)의 절약은 사람들이 능히 할 수 있으나, 공고(公庫)의 절약은 능히 할 수 있는 사람이 적다. 공적인 것을 사적인 것과 같이 보아야 현명한 목자이다"51)라고 하였다. 요컨대 정약용은 공적인 것도 내 물건처럼 아끼는 태도야말로 청렴의 완성을 위한 또 하나의 요소임을 강조하는 것이다.

이처럼 '근검·절약'조를 통해 정약용은, 근검·절약으로써 청렴을 체득하고 이 체득된 청렴으로써 백성들을 자애롭게 대할 것을 강조한다. 그리고 그 과정에서 법식의 필요성을 높이 사고, 실효가 없다거나 과도한 근검·절약은 경계하며, 나의 사적인 물건을 아끼듯 공적인 대상도 소중히 다루어야 함을 언급하고 있다.

끝으로 「율기」편의 여섯째 조인 '베풂[樂施]'조는 '근검·절약'조에서 언급한 백성들을 자애롭게 대한다는 것과 연결된다. 그리고 이런 점에서 두 조는 다른 조들에 비해 좀 더 유기적인 관계를 맺고 있다고 하겠다. '베풂'조는 전체적으로 가난한 친구, 궁색한 친척, 귀양살이하는 이, 전란(戰亂)이나 자연재해 등으로 피해를 입은 사람들에게 베풀기를 노력해야 한다는 점을 강조하고 있다. 그런데 이렇게 베푸는 과정에서 청탁을 들어주거나 사사롭게 공물을 사용함으로써 베푸는 것이 아닌, 평소에 근검·절약과 청렴을 통해 베풀기에 힘쓰는 것이야말로 진정한 도덕적 행동이라는 것이다. 예를 들어 정약용은 이 조의 도입부인 1조항에서 "절약만 하고 쓰지를 않으면 친척이 멀어진다. 베풀기를 즐겨하는 것은 덕을 심는 근본이다"[52]라고 하였다. 여기서 친척이란 천하 만민(萬民)을 뜻한다. 만일 근검·절약을 통해 청렴을 실천했다고 혼자 자부하여도, 그것은 제대로 된 청렴의 구현이 아니다. 왜냐하면 그 효용을 누리는 범위가 나와 내 주변을 넘어 전체로 확장되어야만 하기 때문이다. 또한 이렇게 될 때, 비로소 덕이 참으로 완성된다. 그래서 정약용은 1조항의 해설에서 다음과 같이 밝힌다.

못 위에 물이 고여 있는 것은 장차 흘러내려서 만물을 적셔주기 위함이다. 이런 까닭에 절약할 수 있는 사람은 능히 베풀 수 있고, 절약하지 못하는 사람은 능히 베풀지 못하는 것이다. (…중략…) 근검·절약은 은혜

를 베푸는 근본이 된다.53)

못에 고여 있는 물이 넘쳐서 만물을 적시려면 먼저 차야 한다. 그러나 한가득 차여 있다고 해도 정작 흘러내리지 않으면 만물을 적실 수가 없다. 이처럼 베풀려면 우선 근검·절약을 해야 한다. 하지만 근검·절약만으로는 부족하다. 즉, 근검·절약을 근간으로 폭넓은 베풂을 실천해야만 청렴이 진정으로 완성된다는 사실을 정약용은 강조하는 것이다. 여기서 유의해야 할 점은, 베풂을 위한 근검·절약이 결코 축재(蓄財)를 의미하지 않는다는 것이다. 오히려 인용문의 '만물을 적시기 위한 물의 고임'이란, 베풂을 행하는 행위자의 마음이 도덕적인 동기로 꽉 채워지는 과정을 말한다. 그리고 이 동기를 통한 자발적인 베풂의 구현이야말로 청렴을 실천하는 전체 과정의 완성이라는 것이, 정약용이 '베풂'조를 「율기」편의 마지막에 배치한 의도라고 필자는 판단한다.

이상으로 이 절에서는 『목민심서』「율기」편을 채우는 6개 조의 관계를 분석하여 청렴과 밀접하게 관련된 구성 요소들을 설정해 보았다. 이 절의 내용을 통해 '자기 단속', '집안 단속', '청탁 거절', '근검·절약', '베풂'의 5개 조는 각기 하나의 가치·덕목이자 도덕 영역으로 기능함과 동시에, '청렴'조를 중심으로 상호 구성적인 관계를 형성하고 있다는 것이 드러났다. 이제 끝으로 제3절과 4절에서 살펴본 정약용의 청렴에 대한 인식과 그 구성 요소들이 학교 도덕교육과 관련해 어떤 시사점을 제시하는지 몇 가지 고찰하는 것으로 제9장을 맺고자 한다.

5. 정약용의 청렴관이 지니는 도덕교육적 시사점

정약용의 청렴관이 지닐 수 있는 도덕교육적 시사점이 여러 가지 있겠지만, 필자는 두 가지만 간략하게 제기할 것이다. 그 첫째는, 청렴이라는 가치·덕목에 대한 정약용의 인식이 현재 도덕과 교육을 중심으로 점차 확대되고 있는 학교 청렴교육에 실질적인 도움이 될 수 있다는 것이다. 이것은 특히 청렴의 의미 규정과 관련된다. 이미 '국민권익위원회'의 주도로 각급 학교에서 사용할 수 있는 『학생용 청렴교육 매뉴얼』이 구축된 바 있다.54) 그러나 이 매뉴얼들을 검토해 보면, 청렴의 의미에 대한 심도 있는 논의가 생략된 채 연구가 진행되었다는 점을 발견할 수 있다.

일례로 초등학교용 매뉴얼에서는 청렴과 관련된 가치·덕목들을, ⓐ 치우치지 않는 '공정', ⓑ 내 몫을 다하는 '책임', ⓒ 함께 지키는 '약속', ⓓ 욕심을 버리는 '절제', ⓔ 진실을 위한 '정직', ⓕ 공공을 위한 '배려' 등으로 설정하고, 부분적으로 『도덕과 교육과정』과 연계하여 청렴교육을 실시하고자 하였다. 물론 저 여섯 개의 가치·덕목들은 청렴과 연결될 수 있고, 일부는 이 장에서도 살펴보았다. 하지만 정작 초등학교용 매뉴얼 구축 연구의 진행 과정에서는 위 여섯 개의 가치·덕목들이 청렴과 어떤 측면에서 연결되는지에 대한 논의가 거의 이루어지지 않았다. 이런 까닭에 이 연구는 공정, 책임, 약속, 절제, 정직, 배려라는 덕목을 제각각 교육하고 있을 뿐, 본래 가르치고자 했던 청렴은 잘 찾아볼 수 없는 결과를 초래하였다. 그리고 이와 같은 한계는 중·고등학교용 매뉴얼에서도 그대로 나타난다. 여기에 비추어볼 때, 이 장에서 살펴본 정약용의 청렴관은 청렴의 의미, 시행 상의 유의점, 그 효용 등을 중심으로, 청렴이라는 가치·덕목의 본질이 무엇인지 이해하는 데 상당히 기여할 수 있다고 판단된다. 또한 정약용의 논의를 주축으로 우리 전통 사상에서 청렴을 어떻게 규정하고 있었는지를 밝히고자 하였기에, 그간 서양의 연구물에 편중되었던 청렴의 의미 규정에 있어 동·서양의 평형적인 감각을 되살리는 데도 일정 부분 도움이 될 것으로 예상된다.

다음으로 도덕교육적 시사점의 둘째는, 정약용이 제시하는 청렴의 구성 요소들의 상호 유기적인 관계가 주로 도덕 교과를 통해 이루어지는 학교 청렴교육의 방향성을 제시하고 있다는 것이다. 앞서 밝힌 것처럼, 기존의 학교 청렴교육에 대한 연구들은 청렴과 제반 요소들 간의 밀접한 연관성을 제대로 확보하지 못하였다. 만일 이런 상황에서 교육이 시행된다면, 중점 가치·덕목인 청렴이 학생들에게 제대로 전달, 체득되지 못한다는 것은 자명하다. 여기에 비추어볼 때, 이 장에서 살펴본 청렴의 구성 요소들은 정약용의 풍부한 학문과 경험을 통해 유기적인 연관성을 확보하고 있으므로, 그 내용들을 도덕 교과와 접목시켜 시행할 경우 학교 청렴교육에 있어 보다 높은 교육적 효과를 기대할 수 있다고 판단된다.

또한 정약용이 제시한 청렴의 구성 요소들이 장기적이며 동시적인 학습을 필요로 한다는 점에도 주목해야 한다. 보다 구체적으로 말해, 자기 단속, 집안 단속, 청탁 거절, 근검·절약, 베풂 등이 학생들의 상황과 연령대에 알맞게 '학습자들의 언어'로 전환되어 오랜 기간 함께 교육되어야 한다는 것이다. 그리고 이렇게 될 때에야 비로소 사회적인 가치·덕목으로서의 청렴이 완성된다. 그동안 학교 청렴교육은 『도덕』, 『사회』 등의 일부 교과에서 다루어져왔고, 이 과목들 안에서도 공직윤리와 관련해 매우 한정된 시간에 언급되었다. 그러나 이렇게 시행된 학교 청렴교육의 효과가 그리 크지 않았다는 것을 우리는 경험으로 잘 알고 있다. 바로 이 사실이 도덕과 교육, 나아가 학교 교육의 차원에서 정약용의 청렴관에 관심을 가져야 하는 또 하나의 이유인 것이다.

현재 고등학교 도덕과의 선택 과목인 『윤리와 사상』과 『생활과 윤리』교과서들에는 청렴과 관련된 내용이 기술되어 있다. 청렴은 공직자의 윤리로 다루어지며, 이 가치·덕목을 실현하기 위한 법률 및 제도적 접근을 중심으로 청백리 정신이나 봉사 정신 등이 강조되고 있는 것이다(김국현 외, 2014: 158~160). 하지만 청렴의 의미와 그 구성 요소들에 대한 내용은 구체적으로 제시되어 있지 않다는 점에 유의해야 한다. 점점 더 강화되는 청렴교육과 관련해 『도덕과 교육과정』및 교과서에 이 가치·덕목을 녹여내기 위한 보다 구체적인 방안이 논의되길 희망하고, 여기에서 살펴본 내용들이 그 부분에 기여할 수 있기를 바라면서 제9장을 마친다.

1) 청렴의 의미와 구성 요소에 대해서는 김재광(2008: 5~6), 박순애·박재현(2009: 7~13), 이희태(2012: 2~9) 등의 연구를 참조할 수 있다. 이 연구들에 따르면 청렴은 반부패로 이해되거나, 여기에 정직, 신뢰, 공정, 객관, 투명, 책임 등을 선택적으로 포함한다.

2) 예를 들어 송재소(2005: 496~497), 조성을(2005: 131~133), 임형택(2007: 31), 정희태 (2010, 145~146), 오필환(2010: 75~80) 등의 연구에서는 『목민심서』에 나타난 청렴을 정치·사회학적인 측면에서 언급하고 있다. 그러나 대체로 '정약용은 청렴을 강조하였 다'는 정도에서 그치고 있으며, 구체적인 사항에 대해서는 논의가 소략하다.

3) 『맹자』 이전의 『서경(書經)』이나 『논어(論語)』에도 '렴'자가 한 차례씩 언급되기는 하 나, 이것을 일상적인 언어 사용에서의 청렴이라고 풀이하기는 어렵다. 우선 『서경』의 「고요모(皐陶謨)」편에서는, 아홉 가지 덕의 정체에 대한 우(禹)임금의 물음에 고요가 답 하는 과정에서 "簡而廉"이라는 구절이 등장한다. 채침(蔡沈, 1167~1230)에 따르면, 여기 에서의 렴은 "모가 난 것(廉隅)"이다.
    다음으로 『논어』의 「양화(陽貨)」편에서는, 옛 사람들에게 있던 고질이 현재 사람들에 게서는 그것조차 없어진 까닭으로 풍속이 한층 쇠락되었음을 한탄하는 과정에서 "古之 矜也廉"이라는 구절이 등장한다. 주희(朱熹, 1130~ 1200)에 따르면, 여기에서의 렴은 "모가 나서 날카로운 것(稜角陗厲)"이다. 이렇게 보자면, 『맹자』 이전에는 렴을 주로 모 가 난 상태를 표현할 때 사용하였다는 결론이 도출된다. 실제 청렴이라는 단어의 일상 적인 언어 사용법에는 올바르지 못한 것에 대해 '모가 나게' 대응한다는 의미가 반영되 어 있다. 그러나 해석상에서 『서경』과 『논어』에서의 렴을 청렴으로 단순 번역하기에는 무리가 있다. 필자는 일반적으로 사용하는 청렴의 뜻이 잘 나타나는 구절로 전한(前漢) 의 대덕(戴德)이 편찬한 『대대예기(大戴禮記)』「문왕관인(文王官人)」편의 "潔廉而果敢者 也"를 꼽을 수 있다고 본다.

4) 『孟子』「離婁」: 可以取, 可以無取, 取傷廉.

5) 『孟子』「騰文公」: 於齊國之士, 吾必以仲子爲巨擘焉. 雖然仲子惡能廉. 充仲子之操, 則蚓而 後可者也.

6) 하지만 '일상적인' 가치·덕목이 일상적으로 이루어지고 있는가에 대해서는 반드시 살 펴보아야 할 일이다. 흔히 일상적인 가치·덕목들에 대해 진부함을 표하고 무시하지만, 이런 사실은 그 가치·덕목들이 '일상적인' 것임에도 잘 지켜지고 있지 않다는 반증이기 도 하다. 이것은 이 장의 후반부에서 다시 한 번 언급될 것이다.

7) 『民翁尤默』卷上: 眞西山先生有言, 士君子處世, 十分廉潔, 不過一端小善, 一點貪汚, 是乃終 身大惡, 至哉, 言乎. 爲吾當者, 宜三復而警省之也.

8) 『與猶堂全書』卷17「贈言」'爲靈巖郡守李鍾英贈言': 昔蕭縣令, 問治於浮丘翁, 翁云予有六字閟詮, 子其三日齋沐, 乃可聞也. 令如其言而請之, 翁先授一字曰廉. 令起再拜, 有間復請, 翁復授一字曰廉. 令起再拜而復請, 翁卒授一字曰廉.

9) 『艮翁尤默』卷上: 廉之一節, 特小善而已, 在君子, 固不足稱也. 然廉節或虧, 則雖有他善, 有如西施而蒙不潔之物, 人之不掩鼻者, 寡矣.

10) 『與猶堂全書』卷17「贈言」'爲靈巖郡守李鍾英贈言': 廉生明, 物無遁情, 廉生威, 民莫不從, 令廉則剛, 上官不敢傷.

11) 『退溪集』卷41「雜著」: 院有司, 以近居廉幹品官二人差定, 又擇儒士之識事理有行義, 衆所推服者一人, 爲上有司, 皆二年相遞.

12) 『栗谷全書』卷3 '諫院陳時事疏: 令廷臣各薦堪爲守令者, 必持廉能忠恕者, 出爲百里之宰. 責之以蘇殘起弊, 得民歡心, 而其怠事虐民者, 接以重罪, 言治擧者.

13) 『退溪先生年譜』卷1: 先生治郡, 誠信懇惻, 政事淸簡, 吏民皆便之.

14) 『栗谷全書』卷27「擊蒙要訣」: 雖曰祿仕, 亦當廉勤奉公, 盡其職務, 不可曠官而飾噫也.

15) 『栗谷全書』卷16「雜著」: 德, 謂孝於父母, 忠於國家, 友于兄弟, 弟于長上, 治身以道, 正家以禮, 言必忠信, 行必篤敬, 懲忿窒慾, 放聲遠色, 見善必行, 聞過必改, 祭盡其誠, 喪致其哀, 睦族交鄰, 擇友親仁, 敎子有方, 御下有法, 貧守廉介, 富好禮讓之類. ; 五曰營私太甚, 謂與人交易, 損人利己, 專務進取, 不恤餘事, 好干求人物, 侵苦村民, 及山寺之僧, 或受人寄託而有所欺隱, 或受人賄賂而請囑官司, 或居官守職而不能廉潔. 凡營私自利之事, 皆是.

16) 주지하는 것처럼, 일표는 『경세유표』이고, 이서는 『목민심서』와 『흠흠신서』이다. 『경세유표』는 국가 제도와 국정 운영의 전반적인 개혁을 설계한 서적이고, 『목민심서』는 지방 행정 단위 차원에서 관리가 지켜야 되고 알아야 하는 제반 사항을 다룬 것이며, 『흠흠신서』는 형사 재판과 관련된 문제를 특화시켜 논의한 것이다. 『흠흠신서』의 내용 특이성을 고려할 때, 『경세유표』와 『목민심서』는 다루고 있는 행정 규모에는 차이가 있지만 그 운영과 연관되어 있다는 측면에서 공통점을 찾을 수 있다. 그러나 『경세유표』가 개혁 자체에 초점을 맞추었다면, 『목민심서』는 전면적이고 총체적인 제도 개혁을 할 수 없는 당시 상황에서 지방관의 양심에 호소하여 지방 행정의 운영을 개선시키는 것이 목적이었다. 요컨대 일표이서 혹은 정법삼서(政法三書)로 일컬어지는 세 서적 가운데, 『목민심서』는 가장 현실적이고 실천적인 성격의 저술이었다고 할 수 있다(임형택, 2007: 19~23; 조성을, 2005: 123~126). 그리고 이러한 맥락에서 '청렴'이라는 가치·덕목이 높이 받들어졌음에 유의해야 한다.

17) 김선경(2010: 159~184)은 목신서류의 대부분이 '목민(牧民)'을 의미하는 서명을 달고 있고, 이들 목민서류를 산출·유통·활용하였던 영역이 존재하였다는 사실을 근거로, 이와 관련된 학문 영역을 '목민학'이라는 장르로 설정하였다. 실제로 『목민심서』 안에는 중국과 조선에 유포되었던 여러 종류의 목민서들이 직·간접적으로 인용되고 있고, 글쓰기 방식 역시 정약용의 경험이 반영된 진술한 문체가 중심을 이룬다는 점에서, 필자도 목민학의 설정 가능성 및 그 안에서 『목민심서』가 차지하는 위상을 적극 인정한다.

18) 이 부분에 대해서는 장동희(2003: 792~795), 장승희(2006: 314~318), 송재소(2012: 18~54) 등의 연구를 참조할 수 있다.

19) 『與猶堂全書·詩文集』卷16「自撰墓誌銘」: 牧民者何也. 因今之法而牧吾民也. 律己奉公愛民爲三紀, 吏戶禮兵刑工爲六典, 終之以振荒一目. 各攝六條, 搜羅古今, 剔發奸僞, 以授民牧, 庶

幾一民有被其澤者, 鏞之心也.

20) 또한 김선경(2010: 179~180)의 지적처럼, 「율기」·「봉공」·「애민」편의 설치가 『목민심서』와 조선 후기에 유행하던 여타 목민서들의 차이점이기도 하다. 왜냐하면 다른 목민서들은 첫머리에 청(淸)·근(勤)·신(愼) 등의 좌우명을 중심으로 도덕적인 마음가짐에 대해서는 간략히 이야기하고 바로 실무로 넘어가는 반면, 『목민심서』는 「율기」편을 두어 목민관의 자기 규율의 구체적인 방식을 밝힌 뒤, 「봉공」편과 「애민」편을 두어 지방통치의 근본 목적과 이상 등을 환기시키고 있기 때문이다. 그럼에도 본문에 기술한 바와 같이, 도덕적인 성격을 가장 확실하게 드러내고 있는 것은 「율기」편이다.

21) 송기호(2009: 150~151)는 『목민심서』의 12편 중 1편 「부임」, 2편 「율기」, 12편 「해관」은 개인윤리로, 3편 「봉공」은 직업윤리로, 나머지는 모두 위민행정으로 나누었다. 이러한 구분은 각 편을 현대적인 의미로 재해석하였다는 점에서 학문적 의의가 있으나, 필자는 무리가 있다고 본다. 그 이유는 「부임」편에서 「해관」편까지의 내용에는 개인윤리, 직업윤리, 위민행정이 섞여 있기 때문이다. 이 가운데 가장 많은 부분을 차지하는 것은 결국 '위민행정으로서의 직업윤리'라고 정리할 수 있겠다. 이러한데 「봉공」편만을 직업윤리라고 볼 수 있을까? 또한 개인윤리로 분류할 수 있는 내용도 「율기」편 정도라고 할 수 있을 것이며, 이것은 이 절에서 나타나고 있다.

22) 『與猶堂全書·政法集』 卷17 『牧民心書』: 廉者, 牧之本務. 萬善之源, 諸德之根. 不廉而能牧者, 未之有也.

23) 『與猶堂全書·政法集』 卷17 『牧民心書』: 廉者, 天下之大賈也. 故大貪必廉. 人之所以不廉者, 其智短也.

24) 『與猶堂全書·政法集』 卷17 『牧民心書』: 諸惡悉備者, 今之滔滔者皆是也. … 凡樂善恥惡之人, 必不肯爲是也.

25) 『與猶堂全書·政法集』 卷17 『牧民心書』: 『論語』 「里仁」: 仁者安仁, 知者利仁.

26) 『與猶堂全書·政法集』 卷17 『牧民心書』: 廉者安廉, 知者利廉.

27) 『與猶堂全書·政法集』 卷17 『牧民心書』: 若夫矯激之行, 刻迫之政, 不近人情, 君子所黜, 非所取也.

28) 『與猶堂全書·政法集』 卷17 『牧民心書』: 淸而不密, 損而無實, 亦不足稱也.

29) 『與猶堂全書·政法集』 卷17 『牧民心書』: 凡有所捨, 毋聲言, 毋德色, 毋以語人.

30) 『與猶堂全書·政法集』 卷17 『牧民心書』: 廉者寡恩, 人則病之. 躬自厚而薄責於人, 斯可矣. 干囑不行焉, 可謂廉矣.

31) 『與猶堂全書·政法集』 卷17 『牧民心書』: 上官貪, 百姓尙有生路, 淸而刻卽生路絶矣. 古今淸吏子孫多不振, 正坐刻耳

32) 『與猶堂全書·政法集』 卷17 『牧民心書』: 居官以淸, 士君子分內事. 淸非難, 不見其淸爲難, 不恃其淸而操切陵轢人爲尤難.

33) 『與猶堂全書·政法集』 卷17 『牧民心書』: 貨賂之行, 誰不秘密, 中夜所行. 朝已昌矣, 饋遺之物, 雖若微小, 恩情旣結, 私已行矣.

34) 『與猶堂全書·政法集』 卷17 『牧民心書』: 天知, 神知, 我知, 子知.

35) 『與猶堂全書·政法集』卷17 『牧民心書』: 所貴乎廉吏者, 其所過, 山林泉石, 悉被淸光.

36) 『與猶堂全書·政法集』卷17 『牧民心書』: 淸聲四達, 令聞日彰, 亦人世之至榮也.

37) 『與猶堂全書·政法集』卷17 『牧民心書』: 牧之不淸, 民指爲盜, 閭里所過, 醜罵以騰, 亦足羞也.

38) 『與猶堂全書·政法集』卷17 『牧民心書』: 務絶私欲, 一循天理.

39) 『與猶堂全書·政法集』卷17 『牧民心書』: 斷酒絶色, 屛去聲樂, 齊遬端嚴, 如承大祭. 罔敢游豫, 以荒以逸.

40) 『與猶堂全書·政法集』卷17 『牧民心書』: 燕游般樂, 匪民攸悅. 莫如端居而不動.

41) 『與猶堂全書·政法集』卷17 『牧民心書』: 嗜慾萌生, 旣遂必悔, 忍過必樂.

42) 『與猶堂全書·政法集』卷17 『牧民心書』: 金南聰玄成屢典州郡, 洗手奉職, 廉聲著世. 而性甚疏雅, 不閑吏事, 不事鞭扑, 淡然鈐齋, 終日吟哦. 好事者爲之語曰, 南聰愛民如子, 闔境怨咨, 秋毫無犯, 官庫板蕩, 一時傳笑.

43) 『與猶堂全書·政法集』卷17 『牧民心書』: 一曰, 從行不可不守法也, 二曰, 治裝不可不從儉也, 三曰, 飮食不可不節約也, 四曰, 閨門不可不嚴謹也, 五曰, 干謁不可不斷截也, 六曰, 貿販不可不廉淸也. 於此六者, 不能立法, 而牧之治理, 可知矣.

44) 『與猶堂全書·政法集』卷17 『牧民心書』: 我位旣尊, 自我妻子, 皆壅蔽欺負之人也. 妻無不敬夫, 子無不愛親, 夫豈有壅蔽欺負之心哉. 知道者鮮, 或爲顏私所牽, 或爲貨賂所誘, 干謁於是乎行焉. … 若云妻子是愛我之人, 其言必忠, 則失之遠矣. 妻子旣然, 況於其餘乎.

45) 『與猶堂全書·政法集』卷17 『牧民心書』: 柳參判誼牧洪州時, 余在金井驛. 書議公事, 不答. 後入州相見日, 何不答書, 柳公曰, 我在官, 素不發書, 遂令侍童, 寫下書籠. 一籠之書, 都不開坼, 皆朝貴書也. 余曰, 彼固然矣, 我所言者公事, 胡亦不發, 柳公曰, 若係公事, 胡不公移. 余曰, 適是秘事, 柳公曰, 若係秘事, 胡不秘移. 余無以應. 其絶去私囑如此.

46) 『與猶堂全書·政法集』卷17 『牧民心書』: 善爲牧者必慈, 欲慈者必廉, 欲廉者必約. 節用者, 牧之首務也.

47) 『與猶堂全書·政法集』卷17 『牧民心書』: 愛民之本, 在於節用, 節用之本, 在於儉. 儉而後能廉, 廉而後能慈, 儉者牧民之首務也.

48) 『與猶堂全書·政法集』卷17 『牧民心書』: 節者, 限制也. 限以制之, 必有式焉. 式也者, 節用之本也.

49) 『與猶堂全書·政法集』卷17 『牧民心書』: 衣服飮食, 以儉爲式. 輕踰其式, 斯用無節矣.

50) 『與猶堂全書·政法集』卷17 『牧民心書』: 張宗璉, 明之循吏也, 蒞郡不携妻子. 病亟召醫, 室無燈燭, 童子從外, 索取油一盂入, 宗璉立却之.

51) 『與猶堂全書·政法集』卷17 『牧民心書』: 私用之節, 夫人能之, 公庫之節, 民鮮能之. 視公如私, 斯賢牧也.

52) 『與猶堂全書·政法集』卷17 『牧民心書』: 節而不散, 親戚畔之. 樂施者, 樹德之本也.

53) 『與猶堂全書·政法集』卷17 『牧民心書』: 澤上有水, 以淳以濇, 將以洩疏, 以潤物也. 故能節者能施, 不能節者, 不能施也. … 節用, 爲樂施之本也.

54) 초등학교용으로는, 문용린 외(2009)가 있고, 중·고등학교용으로는, 조상식 외(2011a; 2011b) 등이 있다. 이 연구들에 선행하는 것으로는, 조난심 외(2006)의 것이 있는데, 청렴에 대해 반부패를 중심으로 언급하고 있을 뿐, 위 연구들과 마찬가지로 청렴의 의미에 대해서는 논의가 소략하다.

제10장

최한기의 '심덕[心氣之德]'과 도덕과 평가

1. 최한기 사상에 대한 도덕교육적 연구의 필요성

고증할 수 있는 자료의 부족으로 인해 혜강(惠岡) 최한기(崔漢綺, 1803~1877)의 삶은 많은 부분 베일에 가려져 있었다. 그가 어떤 인품을 가진 인물이었는지, 양반이었는지 중인이었는지, 심지어 생몰연대조차 확실하지 않은 상황이었다. 그러나 영재(寧齋) 이건창(李建昌, 1852~1898)의 「혜강 최공전」이 발견되고, 1999년에는『소모(素謨)』,『승순사무(承順事務)』,『향약추인(鄕約抽人)』,『의상리수(儀象理數)』와 같은 저서 및 문집 형식의『잡고(雜藁)』, 그리고 최한기의 장남 최병대(崔柄大)의『난필수록(亂筆隨錄)』등 새로운 자료들이 발견된 이후 서서히 밝혀지는 최한기의 모습은 그가 얼마나 자신의 사유에 충실했으며 또 인간적이었는지를 보여주고 있다(이우성, 2000: 435~447; 한형조 외, 2004: 17~50). 그러나 아직도 최한기라는 인물 자체에 대해서 구체적으로 언급하기는 쉽지 않다. 그의 가계(家系)에 대해서는 어느 정도 밝혀졌으나 기타 여러 면에서 많은 고증이 필요한 것도 사실이다.

최한기가 살던 시대는 조선의 대·내외적인 여러 요인으로 인해 발생한 위기의식이 사회 전반에 팽배했던 혼돈의 시기였다. 19세기의 조선은 파행적인 세도 정국의 폐해와 외세의 충격으로 인한 민족적 위기가 고조되던 시기였던 것이다. 이런 시기에 수많은 지식인들은 각기 독자적인 사유 방식을 통해 조선 사회의 위기를 극복하고자 하였다(황경숙, 1996: 193). 그리고 그 중 한 사람이 한우충동(汗牛充棟)하는 저술을 남긴 최한기다. 그는 생원에 머무른 채, 벼슬길에 나가지 않고 독서를 통하여 서구 문명을 학습하였으며, 그것을 바탕으로 독창적인 사유를 시도했다. 이것은 그의 사승(師承) 관계만 살펴보아도 알 수 있다. 최한기가 누구에게 학문을 배웠으며, 또 누구에게 학문을 전하였는지는 아직도 그에 대한 연구에 있어 밝혀야 하는 과제로 남아 있다. 육당(六堂) 최남선(崔南善, 1890~1957)은 최한기의 저서가 1천권으로 최대의 기록이지만 대부분 간행되지 못하고, 원본조차 사방에 흩어져 있어 장차 어떻게 될지 모른다고 안타까워 한 적이 있다. 이런 사실로서 추측할 수 있는 것은 최한기가 엄청난 학문적 열정으로 평생 저술 활동을 했지만, 그의 저술은 그가 생전에도 사후에도 모두 잊혀 왔다는 것이다.

하지만 현재 최한기에 대한 관심은 그 어느 때보다도 활발하다. 그에 대한 본격적인 연구가 그리 길지 않은 기간 동안 진행되었고 참고할 수 있는 문헌도 제한되어 있었음에도 불구하고, 최한기에 대한 연구는 상당히 체계적으로 진행되어 왔다. 그의 신기(神氣)와 통(通), 추측(推測), 운화(運化) 개념 등과 관련된 존재론, 인식론, 가치론 연구는 이미 상당한 양이 축적되어 있으며, 최근에는 그의 사유 방식에 대한 비판적 고찰들이 진행 중이다. 그리고 이런 비판적 고찰들과 함께 다양한 분야에서 재해석이 시도되고 있다. 이 장 역시 이런 재해석 시도의 일환이다. 그렇다면 어떤 측면에서 최한기의 기학(氣學), 특히 이 장의 핵심인 심기(心氣) 개념에 대한 재해석이 요구되는가? 이것은 이 장의 논의 필요성을 의미하기도 하는바, 현대의 혼란스러운 가치 상황과 연관이 있다.

주지하듯이 우리가 사는 시대는 가치의 포화 상태에 직면해 있다. 현대가 안고 있는 마음과 사회의 질병은, 수많은 가치들이 주입되고 중요시되어 어떤 것이 옳고[善] 그른지[不善] 제대로 파악하기조차 어려운 가치의 혼란 상태로부터 왔다고 해도 과언이 아니다. 소위 윤리적 혼란 상태인 것이다. 이런 현실은 우리로 하여금 무엇이 진정한 도덕적 문제이고, 어떻게 판단하고 행동하는 것이 윤리적인지를 알아내게끔 하는 데 상당한 어려움을 제공한다. 따라서 많은 사람들에게는 윤리적인 문제에 아예 관심을 두지 않으려고 하는 경향마저 생겼다(박병기·박찬구, 1997: 119~120). 그러나 이러한 가치의 혼란 상태에서는, 이 상황을 타개하고 바람직한 방향으로 이끌기 위한 작업이 절실하게 요청된다. 이 책의 맥락에서는 그것이 바로 학교 도덕교육, 즉 도덕과(道德科) 교육이다.

도덕과 교육이 어떠한 양태로 펼쳐진다고 할지라도, 그 핵심이 학생들의 마음에 있음을 간과해서는 안 된다. 유학의 역사에서, 『서경(書經)』 「대우모(大禹謨)」편의 "인심(人心)은 위태하고, 도심(道心)은 은미하니, 오직 정미롭고 한결같이 하여 진실로 그 중도(中)를 잡으라"[1]라는 천명 이래, 마음의 문제는 리(理)와 성(性), 천(天) 등의 상징들과 연결되어 끊임없는 논쟁의 주제가 되었다. 여기에 비추어 볼 때, 마음의 정체에 대한 물음은 몇 천 년이 지났어도 해결되지 않은 숙제이지만, 인간이 인간답게[人格] 살아가기 위해 계속해서 관심을 두어야만 하는 숙명적 과제인 것이다. 물론 현대 도덕과 교육에서도 마음의 문제는 다루어지고 있다. 그것은 특히 '도덕성(morality)'의 개념과 연결되어 설명된다. 그러나 우리들은 현재 이 마음·도덕성에 대해 여전히 잘 모르면서도, 그 올바름의 필요성을 강력하게 요청해야만 하는 상황에 처해 있다. 이것은 자연스럽게 마음·도덕성의 평가 문제와도 연결된다. 이 장에서는 최한기가 제시하는 심기(心氣)의 덕, 즉 심덕(心德)이 마음·도덕성의 정체 및 도덕과 평가 문제에 어떤 시사점을 제공하는지 고찰하고자 한다.

이상의 목적을 위해 우선 제2절과 3절에서는 최한기가 제시하는 기능적 마음과 도덕적 심기의 정체에 대해서 논의할 것이다. 이 장에서는, 논의의 과정상 2절과 3절이 차지하는 분량이 상대적으로 많다는 점을 밝혀둔다. 이어서 제4절에서는 그가 「감평(鑑枰)」이라는 저작을 통해 심덕을 어떻게 평가하였으며, 그것이 도덕과 평가에 어떤 시사점을 제시하는지 간략하게 살펴볼 것이다. 끝으로 제5절에서는 도덕과 평가가 지향해야 할 방향에 대해 언급하는 것으로 이 장을 마무리할 것이다.

2. 최한기가 제시하는 기능적 마음[心]

최한기는 본래 기(氣)를 전면에 내세우는 학자이다. 따라서 그의 심과 심기 개념을 본격적으로 살펴보기 위해서는 최한기가 제시하는 '기학'의 구조, 보다 구체적으로 말해 기와 신기(神氣), 통(通)과 추측(推測), 리(理)와 운화(運化)라는 기학의 거대한 구조 속에서, 그 공능(功能)과 공효(功效)로서의 심과 심기 개념을 언급해야 할 것이다. 그러나 그 작업은 이 장의 취지와는 다소 어긋나므로, 여기에서는 최한기의 심과 심기 개념에만 집중할 것이다.* 그럼에도 기학의 얽혀 있는 유기적 체계 속에서 심과 심기 개념만 추출하여 드러내는 것이기에,

상당한 한계가 있을 것으로 짐작된다.

최한기는 "옛날의 심체(心體)라는 것은 곧 신기이다"[2]라고 말하였다. 그래서 많은 연구자들은 이 문장을 가지고 마음은 곧 신기라고 받아들였던 것이다. 예를 들어 오해규(1996: 20)는 최한기의 마음 개념을 신기 그 자체로 보고 있다. 강원모(1999: 68~70) 역시 이 문장을 그대로 마음은 곧 신기로 해석하면서, 그 마음의 기능을 곧 추측이라고 풀이하였다. 마음의 기능이 추측임은 필자 역시 긍정한다. 그러나 마음이 곧 신기인가? 이 경우 다음과 같은 문제가 발생한다. 먼저, 신기가 물질인지 정신이지, 아니면 양자를 모두 아우르는 어떤 것인지 제대로 해명이 되지 않는다. 이어서 최한기에게 있어 마음이라 불리는 것이 과연 인식 작용으로서의 추측만 하는 것인지 물음을 제기할 수 있다. 따라서 신기와 마음은 구분지어 바라볼 필요성이 있다.[3]

최한기는 마음을 결코 간과하지 않았지만 그것은 일종의 '기능'으로서, 이 장에서 강조하는 도덕성의 성격을 지니지는 않는다. 그가 언급했던 기능적 마음의 특징들을 요약하면, ⓐ 순담허명(純澹虛明)의 본질, ⓑ 체(體)로서의 몸 강조, ⓒ 추측의 근원, ⓓ 객관성·보편성 획득의 주체 등으로 제시할 수 있다.

첫째, 순담허명의 본질로서의 마음을 살펴보자. 최한기는 『신기통(神氣通)』의 「체통(體通)」편에서 "인간의 신기는 담연허명(澹然虛明)하다"[4]라고 표현하였다. 이것은 마음이 발동하기 전의 상태를 묘사한

---

* 그러나 논의의 편의를 위하여, 기(氣)와 신기(神氣), 통(通)과 추측(推測), 리(理)와 운화(運化)로 체계화되는 기학의 구조에 대해 최소한으로만 언급하자면 다음과 같다. 만물의 근원인 유형의 '기'가 응집, 모양을 형성하여 질(質)이 갖추어지면 주체적 성격의 '신기'가 이루어진다. 이것은 감각기관을 '통'하여 경험을 쌓고 '추측'으로 미루고 헤아려, 기의 조리(條理) 중 유행지리(流行之理)로서의 '운화', 곧 대기운화(大氣運化)를 파악하여 그것에 겸허히 승순(承順)해야 한다. 이것이 최한기가 제시하는 기학의 기본적인 구조이다. 특히 대기운화는 선악을 판단하는 최상위의 표준으로서, 물리적으로는 자연이지만 인간·사회·도덕적으로는 객관적이고 보편인 법칙이요 그것에 대한 겸허한 수용의 태도를 강조하기 위해 정립된 개념이다.

성리학의 허령불매(虛靈不昧)와는 다르다. 즉, 마음이 비어 있으면서도 신령스러워 어둡지 않기 때문에 모든 것이 그 안에 갖추어져 있다는 허령불매로서의 마음 관점을 최한기는 부정한다는 것이다. 그는 대신 마음을 우물에 비유하는데, 마음의 본체는 순담한 우물과도 같아서 거기에 타는 색깔에 따라 우물의 색깔이 바뀐다고 보았다. 최한기는 또한 마음을 맑은 구슬에도 비유하는데, "천지(天地)의 리와 기를 마음으로 헤아리는 것은, 마치 해가 만물을 비추는데 오직 맑은 구슬만이 그 빛을 받아 반사하는(飜射) 광채를 내는 것과 같다"5)라고 하였다. 여기서 무엇을 반사한다는 것은, 마음에 품부된 태극(太極)의 리를 강조하는 성리학과 달리, 우리 마음에 그 자체로 순선무악한 절대적인 것이 내재해 있는 것은 아니라는 의미이다.

둘째, 최한기는 몸과 마음을 분리시켜 해석하는 오류를 범하지 않는다. 그는 방촌(方寸)이나 영대(靈臺), 심즉리(心卽理) 등 마음과 관련된 다양한 개념들이 나타내는 바가 나름대로 연구할 것이 있지만, 어느 하나에만 치우치면 올바른 체용(體用) 관계를 파악할 수 없다고 하면서, 몸이야말로 곧 마음의 체라고 보고 있다.6) 그리고 결국 "보고 들은 것을 기억하는 것이 마음이 능히 하는 것이고, 그것을 통해 사물을 바로잡고 분별하는 것이 마음이 있는 곳"7)이라고 강조한다. 이것은 일반적으로 성리학과 양명학에서 마음의 순수함[純]이나 고요함[靜]을 내세우는 것과는 대비될 뿐 아니라, 현실 세계의 몸과 타자의 존재를 인정하고 그것을 받아들일 것을 강조하는 것이다. 그는 이것을 거울에 비유해서 말하는데, 삼라만상은 본디 거울에 갖추어져 있는 것이 아니라, 거울이 물건을 비춘다는 점을 강조한다.8) 요컨대 타인과 타물의 기가 나의 그것과 감응하여 인식된다는 것이다.

셋째, 마음은 헤아려 미루는 추측(推測)의 근원이다. 그래서 경험한 내용을 통해 만리(萬理)가 마음속에 자리 잡을 수 있다. 기존의 연구물들이 최한기의 마음에 대한 부분을 제대로 언급을 하지 않은 이유는, 그를 주로 경험론이나 유물론 위주로 파악하였고,[9] 그 근원적인 부분에 대해서는 간과하였기 때문인 것으로 생각된다. 그러나 최한기는 '마음은 지극한 보배[至寶]'라고 표현할 정도로 강조하였다. 그런데 그것은 추측이라는 마음의 기능이 뚜렷해진 뒤에야 알 수 있다고 본다. 나에게 있는 지극한 보배, 다시 말해 마음은 원래부터 나에게 있는 것이지만, 마음의 기능인 추측이 발달해야 그것을 제대로 파악할 수 있다는 것이다.[10] 이것은 추측하는 근원이 곧 마음이라는 것을 의미한다.

넷째, 최한기는 객관성과 보편성을 확보하는 주체로서 마음을 강조한다. 추측, 즉 미루어[推] 헤아린다[測]는 이 인식 개념을 최한기는 다시 한 번 나누어 설명한다. 그는 몸과 마음을 분리시키는 오류를 범하지 않는다고 하였는데, 이와 관련해 추측이란 개념은 몸과 마음을 아울러 설명하는 큰 개념이다. 그것을 다시 구체적으로 나누어 살펴본다면, 최한기는 "눈과 귀, 코와 혀, 몸에는 모두 미룰[推] 것이 있고, 헤아리는[測] 것은 마음에 있다"[11]라고 하였다. 물론 양자는 별개의 것이라고 보기 힘들다. "미룰 것이 있는 헤아림은 모두 진실하지만, 미룰 것이 없는 헤아림은 모두 허망"[12]하기 때문이다. 그럼에도 최한기가 이렇게 마음의 기능을 보다 구체적으로 '헤아림[測]'에 두는 까닭은 표준[準的]의 객관성과 보편성을 획득하기 위한 것이다. 그는 "눈은 낯빛을 미루고, 귀는 소리를 미루며, 코는 냄새를 미루고, 혀는 달고 씀을 미루며, 몸은 부딪힘을 미루는데, 그것들의 선악이나 우열을 헤아려서 돕고 억제하며 권하고 징계하는 것은 마음이다"[13]라고 하였다. 이렇게 최한기는 몸을 강조함으로써 구체성과 실제성을 확보하는 동시에, 그것을 헤아림으로써 객관성과 보편성을 획득할 것도 강조하는 것이다. 이런 헤아림을 강조하는 측면은 그가 인간의 자율성을 대단히 긍정하였다는 부분과도 연결된다.

지금까지 이 절에서는 추측하는 기능으로서의 마음에 대해 살펴보았다. 이런 마음에 대해 압축적으로 잘 나타내고 있는 최한기의 언급으로는 다음과 같은 내용을 꼽을 수 있다.

마음이라는 것은 사물 추측의 거울이니, 그 본체로 말하면 순담허명하여 아무 것도 없다. 다만 보고 듣는 경험이 오래되어 습(習)이 형성되면, 거기에 추측이 생긴다. 만약에 오래 쌓인 경험(閱歷)이 없다면 추측이 어찌 따라 생기겠는가? 혹 추측이 이미 뚜렷하여진 뒤에도 몇 년 동안 쌓인 경험은 고려하지 않고, 다만 모름지기 금일의 사용만을 보면 만리가 마음에 갖추어 있는 듯하나, 기실 마음의 비어있고 밝음은 전과 다름없고, 오직 있는 것은 추측하는 이치일 뿐이다.14)

그렇다면 이어서 살펴볼 심기(心氣)란 무엇인가? 최한기의 사유에서 한 몸을 주관하는 기능이자 기로서의 마음은 두텁게 쌓여서 독실해지면 힘이 생긴다. 그리고 그 힘이 있어야 비로소 먼 길을 갈 수 있다.15) 여기서 먼 길이란 인생의 공부 과정을 말하는 것이다. 그런데 유의해야 할 점은 그가 추측하는 마음을 유형(有形)으로 보지는 않았다는 사실이다.16) 이미 살펴본 것처럼, 인간의 신기에서 추측할 수 있는 기능이 곧 마음인 것이다. 하지만 심기는 추측하는 기능으로서의 마음과는 성격을 달리한다. 최한기는 심기를 일종의 형체라고 보았다. 그리고 이 개념에서는 도덕적인 내용을 발견할 수 있다. 필자는 심기를 통하여 이 장의 서두에서 언급했던 도덕성으로서의 마음을 일정 부분 설명할 수 있다고 본다. 이어지는 절에서는 심기가 지니는 특징들을 살펴보도록 하자.

3. 최한기가 제시하는 도덕적 심기(心氣)

최한기는 사람의 마음이 추측 작용을 펼칠 때, 유형을 미루어 유형을 헤아리는 것이야말로 성실한 유형의 학이라고 보았다. 즉, 무형(無形)을 미루어 무형을 헤아리거나, 무형을 미루어 유형을 헤아린다면 이는 의혹된 것으로 보았던 것이다. 주체인 내가 보고 듣고 연구하고 깊이 생각함에 이르러서는 범위가 뚜렷하고 간격이 분명해져서 마음에 형체가 생기게 된다.[17] 그것이 바로 심기이다. 그래서 최한기는 "일체의 공부는 그것을 연마하고 수련한 것이, 마음속에서 형체를 이루어야 잘 미루어 쓸 수 있고 잘 변통할 수 있는 바, 형체를 이룸이 분명치 못하여 구분하는 경계가 아주 모호하다면, 미루어 쓰고 변통하는 것이 완전하게 되기 어렵다"[18]라고 강조하였다. 이런 심기의 특징으로 제시할 수 있는 것은 ⓐ 변화성, ⓑ 욕구와 욕망의 방향성 제시, ⓒ 심기운화(心氣運化), ⓓ 일통(一統)의 근원 등이다.

첫째, 심기는 불변하는 것이 아니다. 심기는 끝없이 활동하고 있으며 지속적으로 변화한다. 그런데 변화하는 양상은 두 가지 원인으로 인해 드러난다. 한 가지는 태초에 품부 받은 기의 양상으로 인해 변화하는 것이며, 다른 한 가지는 지속적인 추측과 증험의 과정을 통해 변화하는 것이다. 이에 대해 각각 살펴보자.

최한기는 태양과 지구가 고요하게 멈춤이 없고 충만한 자연[大氣]의 활동운화(活動運化) 역시 잠시라도 정지함이 없음을 말하면서, 천기(天氣)와 연결된 심기도 몸의 변화와 함께 변화한다고 말한다. 그래서 그는 사람 몸이 태어나면서부터 죽음에 이르기까지 살아 있는 햇수의 범위 내에서 상세하게 분배해 보면, 몸의 성하고 쇠함에 스스로 시간의 흐름에 따른 변화가 있으며 심기 역시 이에 따라 나아가거나 물러난다고[進退] 말한다.[19] 그러다가 "나이가 들면 혈기(血氣)와 심기가 모두 고정됨을 얻으니, 약한 자는 쳐지고 강한 자는 높은 곳으로 상승한다. 그리고 맑은 자는 그 능한 바를 드러내고 어두운 자는 그 덕을 어지럽히는 바, 운화의 묘함은 모두가 품부 받은 기에 어긋나지 않는 것이니 어려서는 약하다가 늙으면 강해지고, 소년 때에는 탁하다가 장년 때는 맑아지는 것 또한 심기와 혈기의 운화"[20] 때문인 것이다. 이것은 이미 결정되어 있는 부분을 강조하는 것으로, 최한기의 사상에서 나타나는 한계로 지적할 수도 있지만 필자는 그렇게 보지 않는다. 실제로 우리 주변에는 선천적으로 뛰어난 능력을 가진 이들을 발견할 수 있다. 그런 이들을 최한기는 훌륭하게 형성된 질과 품부 받은 기의 차이로 해석하고 있는 것이다. 따라서 이것은 그의 기학의 체계에서는 지극히 타당한 지적이라고 할 수 있겠다.

그러나 이런 식으로만 심기의 변화를 제시한다는 것은, 품부 받은 기의 차이로 인한 절대적 제약을 드러내는 것도 사실이다. 그래서 최한기는 심기의 변화에 대한 다른 양상을 지적한다. 보다 구체적으로 말해, 심기가 바야흐로 한창일 때는 널리 보고 들어서 학식과 도량을 넓히고, 심기가 쇠퇴할 무렵에는 매우 익숙하게 익히고 단련시키자는 것이다.[21] 요컨대 학문의 성취를 통해 천인운화(天人運化), 즉 대기운화(大氣運化)에 한 걸음 다가감으로써 심기를 변화시키자는 것이다.

최한기는 심기의 변화 양상으로서 특히 뒤의 내용을 강조한다. 기본적인 인간의 형체는 그 쓰임이 유사하다. 따라서 귀와 눈, 코와 입, 손과 발 등이 사용되는 모습에는 큰 차이가 없다. 그러나 언어와 문자, 예법과 율법, 세속에서 숭상하는 여러 가지 내용들이 심기에 습염되는 것에는 뚜렷한 차이가 있다.[22] 그것은 지속적 변통을 통한 증험과 관련되는 것이며, 결국 공부에 대한 노력과 연결된다. 최한기는 이것을 『대학(大學)』의 팔조목과 비교해 다음과 같이 설명한다.

천인운화는 여러 번 증험하여 그것을 밖에서 얻고, 모습을 이루어 그 것을 안에 간직하고, 기회에 따라 그것을 밖으로 쓰니, 곧 『대학』의 팔조 목 중 격물(格物)과 치지(致知)는 그것을 밖에서 얻는 것이요, 성의(誠意) 와 정심(正心)은 그것을 안에 간직하는 것이고, 수신(修身)과 제가(齊家), 치국(治國), 평천하(平天下)는 그것을 밖에서 쓰는 것이다. 그런즉 격물과 치지는 수신제가치국평천하의 길이다.[23]

둘째, 심기는 현실적으로 욕구와 욕망의 올바른 방향성을 제시한 다. 최한기에게 있어 욕구와 욕망이란 부정되어야 할 대상이 아니 다.[24] 사실 인간에 대한 제대로 된 이해를 위해 간과해서는 안 될 점은, 도덕적인 선함을 욕구나 욕망과 대립적으로만 파악해서는 안 된다는 것이다. 이는 삶을 진실로부터 왜곡시킬 위험이 있다. 따라서 그것들에 대한 진정한 고찰은, 삶을 내적 분열이나 단절로부터 구해 내어 조화로운 총체성 속에서 향유하기 위해 피할 수 없는 과제이다 (김상봉, 2006: 118). 실제 욕구와 욕망은 그 방향성만 제대로 설정한다 면, 오히려 인간에게 가장 긍정적인 요소들 중 하나이다. 이런 점에 서 최한기는 욕구와 욕망이 올바로 이끌어질 것을 강조한다. 그는 사람의 신기는 밝게 깨우침[明悟]으로 말미암아 기억하고 궁구함[記 繹]이 있고, 기억하고 궁구함으로 말미암아 좋아하여 하고자 함[愛欲] 이 있게 된다고 본다.[25] 여기서 명오, 기억, 애욕의 크고 작음은 서로 깊은 관련이 있으며, 결국 심기와 연결된다. 밖에 있는 사물에서 취 하고 거두어 심기를 형성하여 다시 밖으로 사용하는 데 있어, 명오와 기억의 대기운화에 대한 순역(順逆)의 정도는 결국 애욕의 올바른 방 향성을 제시하는 것이다.

이것은 이 심기에도 따라야 할 도덕적 표준이 수립되어야 함을 의 미한다. 그래서 최한기는 "심기의 이끌고 따라감이 천기의 생성을 거스르지 않아야만 가히 우주에서 두루 통용될 수 있다"[26]라고 말한다. 여기서 그는 앞서 언급했던 천인운화·대기운화의 기를 강조하고 있음을 알 수 있다. 내외를 통괄하여 말하면, 하나의 천인운화의 기가 순환하여 끝이 없고 침투해 들어가 틈이 없다. 결국 심기의 운화는 대기의 운화에 의해 제어되어 어긋나거나 벗어날 수 없다는 것이다. 그래서 심기가 운행하는 변화의 조목이 많다고 해도 모두 천인운화를 승순(承順)하는 일이지, 하나라도 혼자서 오로지 하고 멋대로 행하는 것은 없다고 최한기는 강조한다.[27]

셋째, 이런 보편적 준적의 수립과 겸허함은 심기운화(心氣運化)의 개념으로 이어진다. 최한기는 일신운화(一身運化), 통민운화(統民運化), 대기운화의 삼등운화의 체계를 제시하거나, 일신운화와 통민운화 사이에 교접운화(交接運化)라는 조목을 넣어 사등운화의 체계를 강조하였다.* 그런데 그는 이 같은 체계에 승순할 것을 강조하면서, 그 중심에 심기운화가 있다고 밝힌다. 그래서 "크게는 천인운화가 있고, 작게는 사물운화가 있으며, 그 사이에 인심의 운화가 있다. 또한 큰 데서 얻어 작은 것에 실행하고, 작은 데서 증험하여 큰 것에 합쳐서 그것으로 모든 일을 해 나가는 것이니, 그 우열과 성패는 모두

---

* 이해를 돕고자 운화(運化)라는 개념에 추가적인 설명을 덧붙이자면, 운화란 기의 본성을 가리키는 것이다. 최한기는 이 기의 본성이 보여주는 생동성과 운동성을 '활동운화(活動運化)'라는 용어를 통해 설명하기도 하였다. 그는 운화에 등급을 설정하는데, 두 단계로 나누면 인기운화(人氣運化)-천기운화(天氣運化)요, 세 단계로 나누면 일신운화(一身運化)-통민운화(統民運化)-대기운화(大氣運化)이며, 네 단계로 나누면 일신운화-교접운화(交接運化)-통민운화-대기운화이다. 세 단계를 중심으로 각각에 대해 개략적으로 밝히자면, 일신운화는 한 몸의 개인과 관련된 운화이고, 통민운화는 공리(公利)적인 운화로서 정치적·사회적인 성격이 강하며, 대기운화는 자연의 물리와 직결하는 것으로서 운화의 등급에서 최상층에 속한다. 이현구(1993: 109~110)는 이 삼등운화에 대해 일신운화는 개인의 삶·육체의 생존과 연관된 영역이고, 통민운화는 교접운화와 정교운화(政敎運化)를 아우르는 정치 및 교화의 영역이며, 대기운화는 기후나 계절의 변화와 관련된 영역을 가리킨다고 지적하였다. 최한기가 운화를 단계별로 구분한 까닭은 보다 높은 단계로 승순(承順)할 것을 강조하기 위함이다. 여기에 비추어 볼 때, 운화의 가장 상위 단계에 대기운화가 위치해 있다는 사실은 그의 사상이 지니는 경험적이고 과학적인 성격을 잘 보여주는 것이다.

심기운화에 있다"28)라고 강조함으로써, 결국은 운화 체계의 원동력이 이 심기임을 밝힌다.

심기가 결국 신기 내에 형성된다는 점에 미루어, 이 심기운화가 한 인간의 일신운화 내에 속해 있다고 볼 수도 있겠으나, 최한기가 일신운화라는 조목을 떼어내서 설명하는 경우를 살펴보면, 그는 이 개념을 한 몸의 신체·감각적 측면 혹은 품부 받은 일신의 기가 변통함을 강조할 때 주로 사용한다.29) 이와 비교할 때, 심기운화는 삼등이나 사등운화의 체계 속에서 마음의 작용으로 인해 형성된 심기가 활발한 활동을 통해 보다 높은 단계로 승순함을 의미한다. 그는 또한 인의예지(仁義禮智)와 측은수오(惻隱羞惡), 공경시비(恭敬是非) 등의 덕목이 심기운화에 해당하는 조목들이라고 보았다.30) 즉, 인의예지의 실천적 가능성을 도덕적 심기에서 찾은 것이다.

넷째, 심기는 일통(一統)의 근원이다. 이것은 심기의 공효(功效)와 연결된다. 최한기는 진실로 심기가 하늘의 때와 인간의 일에 통달하면, "거대하고 세밀한 사무를 완성할 수 있어서 백년, 천년 후의 사람에게도 힘을 빌릴 수 있고, 수만리 떨어진 사람에게도 힘을 보답할 수 있다"31)라고 강조한다. 또한 이런 심기를 체득한 이들은 기화(氣化)32)를 경전에서 궁구해, 부합되는 것이 있으면 그것을 본받아 사업에 시행하고, 증험되는 것이 있으면 법으로 삼아서 문장과 말로 나타내 천하의 귀머거리와 장님을 총명하고 밝게 하며, 행사에 드러내어서 집안과 나라의 춥고 배고픈 이들을 입히고 먹인다. 또 효제충신은 인기(人氣)의 운화에 이르고, 인의예지는 심기의 대동(大同)에 통한다.33) 이 심기의 대동이 곧 최한기가 지향한 일통의 세계이다.

이상에서 논의한 심기가 실천적이고 도덕적인 성격의 것이라는 사실을 보다 뚜렷하게 나타내기 위해 최한기가 제시하는 도덕적 인간상, 다시 말해 심기를 함양한 인간상을 살펴보자. 그는 자신의 도덕적 인간상을 이와 반대되는 인간상과 비교하기도 하고, 그 자체로 다양하게 표현하기도 하였다. 먼저 비도덕적 인간상의 예들을 살펴봄으로써, 그것들부터 역으로 도출되는 도덕적 인간상의 특징을 살펴보자.

최한기는 비도덕적 인간상으로 독부(獨夫), 특립독행(特立獨行), 질색(窒塞), 소기(小器), 성심(成心) 등의 표현을 사용한다. 독부(獨夫)란 어떤 인간인가? 최한기는 "흉중에 조그마한 지혜를 지니고서 자부가 너무 심하여, 타인의 언론은 귀에 들어가지 않고, 또 들어 깨닫는 것도 없는"34) 인물을 독부라고 칭한다. 이런 자는 경전상에서 뜻에 맞는 글귀를 주워서 사용하지만, 교접이 올바르지 않아 남과 화협하지 않을 뿐 아니라, 남도 역시 그와 어울리려 하지 않는 인물이다. 그리고 작은 것·안·옛날에 편협하여 큰 것·밖·현재를 잊는다.35) 또한 이런 자는 세속과 어울리지 않는 특립독행(特立獨行)으로 연결되는데, "고상한 것만 내세워 홀로 얻음을 자부하여 치민(治民)과 안민(安民)의 일과는 무관한"36), 즉 타자를 제대로 인식하지 못하는 인간이 되는 것이다. 이들은 선한 말을 받아들이지 않는 질색(窒塞)이며, 동시에 큰 말은 받아들이지 않고 작은 말에는 투철한 소기(小器)이다.37)

결국 성심(成心), 다시 말해 국한된 마음에 이르러, "얻고 잃음을 관찰하는 것이 사물을 참작하는 예는 적고 스스로 좋아하고 미워하는 예는 많아져, 좋아하고 싫어함의 욕구를 억지로 배제하고 마음을 비게 만들려고 함에도 성심이 가슴 속에 은은히 존재하여 변통할 수도 없어, 그 몸을 마칠 때까지 잘못이 타인에게까지 미치는 예가 많다"38)라고 최한기는 말한다. 이런 대비들을 통해 그가 제시하는 도덕적 인간상의 첫 번째 특징이 도출된다. 즉, 최한기가 추구하고자 한 인간형은 인식의 범위가 넓고 편견과 선입견을 제거한, 어느 한쪽에 편폐(偏蔽)되지 않은 인물이다.

이어서 최한기가 직접 도덕적 인간상이라고 제시한 표현들을 통하여 그 특징을 도출해 보자. 그는 선인(善人), 통재달학(通才達學), 상등인(上等人), 상사(上士), 대훈(大勳), 대도량(大度量), 대지견(大知見), 대귀(大貴), 불기(不器), 대량(大量) 등 굉장히 다채로운 표현과 비유를 통해 도덕적 인간상을 드러낸다. 그런데 이 개념들의 공통적인 특징은 선악 판단 기준으로서의 운화와 연결된다.

최한기의 사상에서 운화에 승순할 때에야 비로소 그것은 선이 된다. 그러나 운화에는 단계가 있음을 감안한다면, 선 역시 큰 선[大善]과 작은 선[小善]으로 구분이 가능하다. 큰 선이란 천인의 기화(氣化)와 인도(人道)의 대체를 자신이 수행해서 남에게 펼쳐나가는 것이요, 작은 선이란 일상사에 있어 효제충신을 행하고 성인과 현인의 경전에서 인의예지를 연구하며 주변 사람들이 마음 편하게 지내고 향당(鄕黨)과 이웃 마을이 순하고 후덕한 풍속을 이루게 하는 것이다. 이때 대선으로 나아가는 방법은 '마음속 작은 형체[小形體]'의 생각과 '밖에 있는 큰 형체[大形體]'의 행사를 서로 참작해서 징험하는 것이라고 최한기는 말한다.39) 즉, 그가 제시하는 도덕적 인간상의 특징은 "대기운화에서 준적을 얻어 그 범위를 이어받아 미세한 데까지 투철하게 되어 대소(大小)와 상변(常變)에 통하지 않음이 없게 되는"40) 것이다. 또한 "신기·형질이 천지 사방에 관통해, 만고(萬古)를 통틀어 일생을 삼고 천하의 백성을 통틀어 한 몸을 삼아 운화를 활발하게 하여, 자연의 법칙(天則)을 승순하고 어지러운 것을 다스리고 위태로운 것을 편안하게 하여 인도(人道)에 두루 미쳐야"41) 한다.

이것은 서민운화(庶民運化)·통민운화에 통달했음을 의미하는 것으로, "견문을 두루 넓혀서 만백성을 통솔하여 일체로 삼고, 사무를 단련하고 근골을 수고로이 하여 은택을 두루 끼쳐서, 한 마디 말을 하면 천리·만리 안의 사람들이 화응(和應)하고, 한 가지 일을 행하면 천인·만인이 감복하는 덕량(德量)이 있음"42)이다. 여기에서 최한기가 제시하는 도덕적 인간상의 두 번째 특징이 도출된다. 즉, 그가 말하는 도덕적 인간상에게 있어 타인·타물을 아우르는 타자의 범위는 전체적(全體的)으로 확대되며, 그 중심에는 심기가 작용하고 있다는 것이다. 이렇게 넓은 범위로서의 심기가 형성된 사람은, "걱정하고 즐거워하고 좋아하고 싫어하는 것을 세상에서 타인과 같이 하며"43), 따라서 남과 더불어 선을 행하게 된다. 또한 무리를 사랑함에 있어서도, 소애(小愛)·협애(狹愛)가 아닌 대애(大愛)·박애(博愛)가 가능한 것이다.44) 그리고 이들은 선해서 "(인물과) 교접함에 실수가 거의 없고 취하고 버림이 마땅하며, 서둘지도 않고 포악하지도 않고 어지럽지도 않고 조급하지도 않아 관대하게 사물을 용납하고 온화하게 사물을 감동시키며, 강하면서도 부드러워 그 지조를 움직일 수 없고, 맑으면서도 탁함을 용납하여 그 행실을 더럽힐 수 없다."45)

최한기가 제시하는 도덕적 인간상을 구체적으로 살펴봄으로써, 심기의 도덕적이고 실천적인 성격을 보다 뚜렷하게 드러내었다. 이 같은 심기는 운화의 체계 속에서 보편성의 획득이 시도되고 있으며, 그 자체로도 대단히 통합적인 성격을 지닌다는 사실을 고려할 때, 현재 도덕과 교육에서 고민하는 마음·도덕성의 문제에 대해서도 적지 않은 시사점을 제공한다.

지금까지 제2절과 3절에서는, 최한기가 제시하는 추측하는 기능으로서의 마음과 그것이 하나의 형체를 이룬 도덕적인 성격의 심기에 대해 상세하게 살펴보았다. 그에게 있어 마음은 선험적 이치를 담고 있는 것이 아니라, 대상 세계와 끊임없이 추측 작용을 해가는 기능으로 이해된다. 그리고 이 마음의 추측으로 인해 어떤 '형체'가 형성되어야 한다. 그것이 도덕적 심기이다. 마음이 천지운화·대기운화의 기를 본받을 때, 그 유행의 이치는 신기 속에 자신의 형체를 드러내야 한다. 즉, 마음으로 인해 형성된 형체가 있어야 그것을 외부의 사물에 시행했을 때 사물의 신기와 인간의 신기가 하나로 통하게 되는 것이다. 그래서 임부연(2007: 186)은 이 마음으로 인해 형성된 형체를 '실천적인 상상력'에 가깝다고 표현하였다. 운화의 객관적 이치가 추측을 통해 구체적으로 파악된 것이 바로 형체이다. 이것이 다름 아닌 인간의 심기이며, 그 실천적 상상력으로서의 형체가 이루어지도록 이끈 신기의 공능이 곧 마음인 것이다.

4. 「감평(鑑枰)」에 나타난 심기에 대한 평가

이 절에서는 최한기의 저작들 중 『인정(人政)』 제7권에 해당하는 「감평(鑑枰)」을 중심으로 그가 제시하는 심기의 평가의 방법을 살펴보도록 하겠다. 사실 이것은 치국평천하를 위한 인재를 고르기 위한 방법으로 제시된 것이지만, 기존의 과거(科擧) 중심의 제도와는 달리 기품(氣稟), 심덕(心德), 체용(體容), 문견(聞見), 처지(處地) 등의 다섯 가지 조목을 중심으로 사람을 평가한다. 먼저 「감평」에 대해 간략히 언급하고, 다섯 가지 조목 중 심덕을 제외한 나머지 네 가지 조목에 대하여 개괄적으로 설명한 뒤, 본격적으로 심기의 덕, 다시 말해 심덕의 평가에 대해서 살펴보기로 하겠다.

최한기는 「감평」의 시작에서 사람을 선택하는 방법을 논하는 것은 사람을 알아보는 방법을 연구하는 것만 못하다고 밝힌다. 왜냐하면 사람됨을 모르면 비록 사람을 선택하는 좋은 방법이 갖추어졌더라도 실효를 거두기 어렵기 때문이다. 그래서 최한기는 인품을 감별하는 것이 사람을 선택하는 일에 있어 급선무라고 밝히면서, 다섯 가지 조목을 간략히 설명한 뒤 "화공도 그리기 어려운 것을 그렸을 뿐"[46]이라고 언급한다.

최한기가 「감평」에서 제시하는 제일 첫 번째 조목은 기품(氣稟)이다. 그는 자신의 기본 저작인 『신기통』과 『추측록(推測錄)』에서도 이기의 품부에 대하여 강조하였다. 최한기는 기(氣)에는 춥고 더우며 따뜻하고 시원한 것이 있고, 품(稟)에는 많고 적으며 가볍고 무거운 것이 있으므로, 기품에도 강(强)과 약(弱), 청(淸)과 탁(濁)의 구별이 있다고 보았다.47) 그래서 그는 이 네 가지를 다시 기품의 하부 기준으로 제시하면서, 강과 청을 상위로, 약과 탁을 하위로 설정한다.

두 번째 조목인 심덕은 뒤에서 보다 자세히 제시하기로 하고, 세 번째 조목인 체용(體容)을 먼저 살펴본다. 체용에서 체(體)란 기가 형체를 이룬 것이며, 용(容)이란 마음이 밖으로 드러난 것이다.48) 그런데 최한기는 이 체용이 단지 외모나 심중만을 가리키는 것은 아니라고 밝히면서 "(첫 번째 조목인) 기품과 (두 번째 조목인) 심덕이 합쳐져 체용이 드러난다"49)라고 제시한다. 이 역시 네 가지 하부 기준이 제시되는데, 그 각각은 후(厚)와 박(薄), 미(美)와 추(醜)로서 역시 후와 미가 상위이며, 박과 추는 하위로 설정 가능하다.

네 번째 조목은 문견(聞見)으로서 이것은 그냥 풀이하면 들음과 봄이겠지만, 최한기는 그것은 다만 듣고 보는 것만을 말하는 것이 아니라, 마음으로 분별하여 취하고 버릴 줄 아는 것을 가지고 말한다고 밝힌다.50) 그가 여기서 강조하는 것은 그 각각을 분별하여 취하고 버리는 것으로서의 마음이다. 문견은 주(周)와 비(比), 아(雅)와 속(俗)이라는 기준이 제시되고, 주와 아가 상위, 비와 속이 하위의 단계이다.

다섯 번째 조목인 처지(處地)는 환경에 따른 처신을 의미한다. 그래서 최한기는 "사람이 가난할 때 처신하는 것을 보면 그 사람이 부한 후에 처신하는 방법을 알 수 있으며, 천할 때 처신하는 것을 보면 귀하게 되었을 때 처신하는 방법을 알 수 있다"51)고 말한다. 그리고 이 조목의 하부 기준은 귀(貴)와 천(賤), 부(富)와 빈(貧)으로 설정되며, 마찬가지로 귀와 부가 상위, 천과 빈이 하위이다.

그럼 이제 두 번째 조목인 심덕(心德)의 평가에 대해서 살펴보자. 최한기는 이 심덕이란 것에 대해서 '마음이 얻은 것'이라고 밝힌다. 그래서 선에 힘쓰기를 오래하면 선을 얻게 되고 악에 빠지기를 오래하면 악을 얻게 되니, 양상은 다르지만 일단 어느 양상이든 심이 얻는 바가 있다고 하였다.52) 이것은 앞 절에서 언급했던 도덕적 심기의 형성 과정과 다름 아니다. 「감평」의 다른 네 가지 조목, 즉 기품과 체용, 문견과 처지는 살펴본 바와 같이 모두 마음과 연결되는 것이다. 기품이란 마음 형성의 근본이 되고, 체용이란 몸과 마음의 연결 관계를 설정한 것이며, 문견은 마음이 그 보고 듣는 바를 취사선택하는 것이고, 처지란 어떤 상황에 주체가 가지는 마음가짐인 것이다. 이 과정을 통해 형성되는 것이 유형의 도덕적 심기이다. 따라서 뒤이어 〈표 10-2〉에서 제시할 「감평」의 다섯 가지 조목을 통한 1천 24가지의 평가 기준은 곧 심기에 대한 평가를 매우 치밀하고 세부적으로 제시한 것이라고 할 수 있겠다.

이 도덕적 심기의 덕, 즉 심덕의 하부 기준으로 최한기가 제시하는 것은 성(誠)과 위(僞), 순(純)과 박(駁)이다. 각각 살펴보자면, 성이란 진실하여 속임이 없고 행동이 정직한 것이다. 또한 위란 명언(名言)을 거짓으로 꾸며 대는 것을 도(道)라 생각하여 남과 자신을 그르치는 것이다. 그리고 순이란 이치를 정숙하게 연구하여 모든 생각이 일치하는 것이며, 박이란 선과 악을 제대로 구별하지 못하는 것이다.53) 이 가운데 성과 순이 상위의 기준이며, 위와 박은 하부의 기준이다.

이 다섯 가지 조목을 모두 완비하면 그런 인간은 십분인(十分人)이 된다. 그런데 그 중 최한기는 기품을 가장 기본적이라고 여겨 4분을 할당하며, 심덕은 3분, 체용은 2분, 문견은 1분, 처지에 반분(半分)을 매긴다.54) 4분과 3분과 2분과 1분과 반분을 더하면 10.5분이지만 최한기는 그냥 반분을 내림하여 십분인이라고 표기한 것으로 추정된다. 여기서 유의할 사항은 기품을 4분이라 여겼다고 하여 그의 체계에서 심덕의 비중을 단지 두 번째라고 할 수는 없다는 점이며, 그 이유에 대해서는 앞서 지적하였다. 최한기는 선천적으로 타고난 요소들을 그만큼 중요하게 여기는 것이다. 그런데 다섯 가지의 각 조목에는 네 가지의 추가적인 하부 기준들이 있었다. 따라서 최한기는 여기에도 다시 규칙을 적용한다. 예를 들어 기품은 4분에 해당하는데, 이 중 강과 청의 상부 기준은 장 4분(長 4分)이 되며, 약과 탁의 하부 기준은 소 4분(消 4分)이 된다. 정리하자면, 각 조목의 상부 기준 두 가지는 '장' 4, 3, 2, 1, 반분이 매겨지고, 하부 기준 두 가지는 '소' 4, 3, 2, 1, 반분이 매겨지는 바, 이 중 장은 더하기(+)를, 소는 빼기(−)를 부여받게 된다. 이것을 표로 제시하면 아래와 같다.

<표 10-1> 「감평」에 제시된 다섯 가지 평가의 조목과 하부 기준

	기품		심덕		체용		문견		처지
강	장 4분	성	장 3분	후	장 2분	주	장 1분	귀	장 반분
약	소 4분	위	소 3분	박	소 2분	비	소 1분	천	소 반분
청	장 4분	순	장 3분	미	장 2분	아	장 1분	부	장 반분
탁	소 4분	박	소 3분	추	소 2분	속	소 1분	빈	소 반분

그런데 특이한 점은 최한기는 사람을 평가하는 방법으로서 위의 오구(五具)를 제시하고, 또한 그 오구가 발동하여 발생하는 다섯 가지 오발(五發)도 제시한다는 사실이다. 그 오발은 각각 기품이 발현한 재국(才局), 심덕이 발현한 응변(應變), 체용이 발현한 풍도(風度), 문견이 발현한 경륜(經輪), 처지가 발현한 조시(措施)이다. 그런데 최한기가 스스로 밝히길, 이렇게 오발을 다시 설명하는 이유는 오구를 가지고

우열을 분별하다가 통하지 않는 것이 있다면, 그 발현을 보아 갖추어진 오구의 우열을 가릴 수 있기 때문이다.55) 이런 부분은 그의 사유의 폭이 넓음과 동시에 얼마나 치밀한지 잘 보여 준다.

오발 역시 심덕의 발현인 응변은 뒤에 살펴보고 나머지 네 가지 발현을 우선 살펴보자. 첫 번째 기품의 발현인 재국에서 재(才)란 할 수 있는 바이며, 국(局)이란 일을 능숙하게 처리하는 정도를 의미한다.56) 이 재국에도 네 가지 하부 기준이 설정되는데, 그것은 고(高)와 저(低), 명(明)과 암(暗)이다. 다시 이 중에서 고와 명은 상위이며, 저와 암은 하위이다.

세 번째 체용의 발현인 풍도(風度)에서 풍(風)이란 듣고 봄의 나타남이요, 도(度)란 위의(威儀)의 법도, 즉 위엄 있고 엄숙한 태도이다. 이 풍도는 결국 심기가 발현된 것으로 최한기는 풍도를 보면 그 마음[中]을 알 수 있다고 밝힌다.57) 이 풍도의 하부 기준은 낙(樂)과 우(憂), 화(和)와 촉(觸)으로 분류되는데, 다시 낙과 화는 상위이고, 우와 촉은 하위라고 할 수 있다.

네 번째 문견의 발현인 경륜(經綸)에서 경(經)이란 경위(經緯), 다시 말해 일의 진행과정을 말하고, 륜(綸)이란 리를 모으는 것을 의미한다. 최한기는 일을 함에 있어 경위가 정해지면 다시 그에 따라서 리를 모아야 한다고 밝힌다.58) 이런 경륜은 결국 추측과 연결되는 바, 경륜 역시 자연스럽게 그가 강조하는 심기과 이어진다. 이 경륜의 하부 기준은 통(通)과 편(編), 거본(擧本)과 추말(趨末)로서, 통과 거본이 상위이고, 편과 추말이 하위이다.

다섯 번째 처지의 발현인 조시(措施)에서 조(措)란 일을 드는 것, 즉 어떤 일을 하기 위한 조치를 말하는 것이며, 시(施)란 시행할 것을 계획하는 것이니, 곧 조시는 일을 들어 시행함을 말한다. 최한기는 이 조시에 있어 반드시 시세에 맞추어 기회를 잃지 않을 것을 강조하는 데,

그것은 결국 운화의 흐름에 맞추어 승순해야 한다는 그의 추측으로서의 마음에 대한 사유와 연결된다.[59] 조시의 하부 기준은 일(逸)과 노(勞), 근(勤)과 태(怠)로서, 역시 일과 근이 상위이고, 근과 태가 하위이다.

그렇다면 오구의 두 번째 항목이었던 심덕의 발현에 해당하는 응변(應變)에 대해 살펴보자. "응(應)이란 타인의 요구에 응하는 것(酬應)이며, 변(變)이란 통하여 변하는(通變) 것이다. 사람이란 사물에 부딪치면 수응해야 하고 일이 막힐 때에는 변통해야 한다. 그러나 중심(中心)에 지닌 것이 없다면 밖의 사물을 수응할 수 없으며, 이치를 제대로 알지 못하면 변통할 수 없다"[60]는 것이 최한기가 응변에서 말하고자 하는 것이다. 요컨대 각각 마음의 얻은 정도, 즉 유형의 심기에 따라 수응하고 변통할 수 있다고 말하는 것으로, 이것은 앞 절에서 논의했던 추측으로서의 마음 및 그로부터 형성된 심기의 개념과 일맥상통한다. 이 응변에서도 똑같이 네 가지 하부 기준이 제기된다. 먼저 서기(恕己)란 자신의 이치를 다하고 사물의 이치를 다하는 것으로서 성실한 자의 일이다. 이어서 수인(隨人)이란 오직 남의 동정(動靜)만을 그대로 따르며 욕심나는 일이 있으면 염치가 없다. 또한 시종(始終)이란 말하고 행동하는 것이 신뢰로운 것이고, 한격(捍格)은 행동에 있어 잘못된 점이 많으며 말은 조리가 없어 가슴 속이 막힌 병을 가리킨다.[61] 여기서 서기와 시종이 상위에 해당하거, 수인과 한격은 하위에 해당한다.

최한기는 이 오구와 오발을 바탕으로 '사과열표(四科列表)'를 제시하는데, 그것은 기품의 "강·약·청·탁을 4과(科)로 나누고, 각 과 중에서 심덕의 성·위·순·박이 한 번씩 돌고 체용의 후·박·미·추가 4번 돌고, 문견의 주·비·아·속이 16번 돌고, 처지의 귀·천·부·빈이 64번 돌아서"[62] 만들어지는 거대한 체크리스트로서, 결국은 심덕(心德)에 대한 평가표이다. 이것을 간략하게 표로 나타내면 다음과 같다.

<표 10-2> 「감평」에 나타난 심덕(心德)의 평가표

기품 (氣稟)	심덕 (心德)	체용 (體容)	문견 (聞見)	처지 (處地)	소장분수 (消長分數)	우열분수 (優劣分數)	재국 (才局)	응변 (應變)	풍도 (風度)	경륜 (經綸)	조시 (措施)
강	성	후	주	귀	장 10분 반	우 10분 반	고	서기	낙	통	일
				천	장 10분 소 반분	우 9분 반					노
				부	장 10분 반	우 10분 반					근
				빈	장 10분 소 반분	우 9분 반					태
			비	귀	장 9분 소 1분 반	우 8분 반				편	일
				천	장 9분 소 1분 반	우 7분 반					노
				부	장 9분 소 1분 반	우 8분 반					근
				빈	장 9분 소 1분 반	우 7분					태
			아	귀	장 10분 소 반분	우 10분 반				거본	일
				천	장 10분 소 반분	우 9분 반					노
				부	장 10분 반	우 10분 반					근
				빈	장 9분 반 소 반분	우 9분 반					태
			속	귀	장 9분 소 1분 반	우 8분 반				추말	일
				천	장 9분 소 1분 반	우 7분 반					노
				부	장 9분 반 소 1분	우 8분 반					근
				빈	장 9분 소 1분 반	우 7분 반					태
		박	주	귀	장 8분 반 소 2분	우 6분 반			우	통	일
				천	장 8분 소 2분 반	우 5분 반					노
				부	장 8분 반 소 2분	우 6분 반					근
				빈	장 8분 소 2분 반	우 5분 반					태
⋮	⋮	⋮	⋮	⋮	⋮	⋮	⋮	⋮	⋮	⋮	⋮

최한기는 「감평변설(鑑枰辨說)」이라는 글에서 위와 같은 1천 24가
지 항목의 '사과열표'와 그 구성요소에 대해, 질문자의 물음에 답하
는 형식으로 여러 의문점을 해소해 준다. 우선 사람을 논평함에 있어
현우선악(賢愚善惡)의 네 가지로만 구분해도 충분할 것인데, 굳이 오
구와 오발로 자세하게 나눈 까닭이 무엇이냐는 질문에 대해 최한기
는 이렇게 세밀하게 알아야 사람을 상세하게 분별할 수 있으며, 또한
그 품격 및 진보와 변화하는 방법을 알 수 있다고 답변한다.[63] 최한
기의 이 같은 답변은 현대의 도덕과 교육에서 이루어지는 도덕성 평
가에 중요한 시사점을 제공한다. 이 시대에 도덕과 교육을 담당하는
교육자들이 도덕교육의 본질인 도덕성에 대해 최한기와 같은 시도를
한 적이 있었던가? 한 번쯤은 반성해야 할 일이다.

또한 질문자는 세상을 통틀어 선한 사람은 적고 악한 사람은 많으
니, '사과열표'에 나타난 4과 중 장분(長分)이 많은 것에 해당하는 사
람이 항상 모자라고, 소분(消分)이 많은 것에 해당한 사람은 중첩되지
않겠느냐고 최한기에게 질문한다. 여기에 대해 그는 세상에 선한 사
람이 비록 적지만, 진정으로 악한 사람 역시 많지 않다고 답한다. 다
만 선한 사람의 소문은 잘 전파되지 않고 악한 사람에 대한 비난은
빨리 잘 퍼지므로, 선한 사람은 적고 악한 사람은 많은 것처럼 인식
된다는 것이 최한기의 견해이다. 그래서 그는 지극히 선하고 지극히
악한 사람의 차이를 말하자면 실로 큰 차이가 아니며, 선할 수도 있
고 악할 수도 있는 사람에 대해서는 무조건 악이 많고 선이 적다고
논할 수 없다고 보았다.[64] 여기서 최한기는 일종의 선입견을 우려하
고 있으며, 또한 공정한 태도를 지향하고 있다. 이것은 도덕과 교육
을 시행하는 교사들의 마음가짐과도 연결된다고 할 수 있겠다. 교사
들은 흔히 학생들의 도덕성에 대해 기만하는 경우가 있다. 그러나
사실, 전적으로 선하거나 전적으로 악한 학생은 거의 없다. 또한 최

한기의 사유에 비추어 볼 때, 선악의 혼재 상태에 있는 아이들이 추측이라는 마음의 기능을 통해 올바른 도덕적 심기를 갖출 수 있도록 이끌어주는 것이야말로 도덕과 교육의 담당자가 해야 할 일이 아니겠는가?

5. 올바른 도덕과 평가의 정립을 위한 성찰

인지적 영역을 제외한 정서적이고 행동적 영역이 평가 불가능하다고 여기는 것은 도덕과 교육을 하지 않겠다는 것과 다름 아니다. 제10장에서는 이 같은 견해에 반대하면서, 최한기의 사유에 비추어 올바른 도덕과 평가를 위한 노력과 자세를 강조하였다. 도덕성에 대한 평가는 도덕과 교육의 본질에 해당한다. 그런데 그것이 힘들다고 하여 또는 실질적이고 유용하지 못하다고 하여 하지 않겠다고 하는 것은 도덕과 교육의 본질을 제대로 꿰뚫지 못한 것이다.

사실 도덕성, 특히 정서적이고 행동적인 영역에 대한 평가가 전혀 불가능한 것은 아니다. 일반적으로 많은 교사들이 그 영역의 평가는 힘들다고 간주하는데, 이것은 평가를 너무 '완벽한' 것으로 보려는 데서 발생하는 오류이며, 상당 부분은 가능하다. 그런데 '성적 처리'나 '수능 과목' 등과 같은 것들이 그 본질을 훼손한다. 이런 점에서 도덕과 교육의 평가는 일종의 패러다임의 전환이 필요하다. 그렇다고 해서 교과에서 내세우는 이상(Ideal Type)만으로 성취기준을 작성할 수는 없다. 즉, 현실을 고려해야 하는 것이다. 평가에 있어서 현실적인 부분만을 강조하는 이들의 정반대에는 이상만 강조하는 이들이 있다. 그러나 교과 이상만을 강조할 경우에도, 학생 수준과의 괴리로 인해 실패할 수밖에 없다. 따라서 그 괴리를 좁히는 방안이 필요하다.

그리고 이런 점에 있어 최한기의 도덕적 심기와 「감평」에 제시된 방법은 도덕과 평가에 적지 않은 시사점을 제공한다.

결국 최한기가 말하는 마음이란 '미루어 헤아리는' 추측의 기능이다. 그런데 이로부터 형성되는 유형의 심기는 도덕적인 성격을 지닌다. 물론 심기는 고정되어 있는 것이 아니며 활발한 속성을 지녔기 때문에 지속적으로 변한다. 또한 심기와 연결되어 있는 몸을 우리는 부정할 수 없다. 따라서 몸이 노쇠할수록 인간의 심기의 기능 역시 미루는 방향보다 헤아리는 방향으로 치우쳐 가는 것이다. 그러나 젊은 시절에는 몸과 마음의 기능이 모두 활발하게 작동하므로, 많은 노력과 공력을 들여 바른 모습으로서의 심기를 구성해가야 한다. 이것은 도덕과 교육에서 강조하는 도덕성의 성격과 그 형성 과정을 잘 드러낸다. 이 심기의 덕, 곧 심덕을 평가함에 있어 최한기는 아주 구체적이고 세부적인 모습을 보여 준다. 사실 그가 제시한 '사과열표'를 현대 도덕과 교육에 그대로 적용한다는 것은 불가능하다. 그럼에도 최한기가 보여주는 심덕[心氣之德]에 대한 치밀한 평가와 노력은 그가 사망한지 130년이 지난 지금에도 뚜렷한 생명력을 가질 수 있다. 후대에 도덕과 교육을 담당하는 교사들은 올바른 도덕과 평가를 위한 이런 고민과 자세, 그 자체를 받아들여야 하지 않을까?

1) 『書經』「大禹謨」: 人心惟危, 道心惟微, 惟精惟一, 允執厥中.

2) 『人政』卷9「敎人文 二」'善惡虛實生於交接': 古所謂心體, 卽神氣也.

3) 이 절의 논의를 뒷받침하는 연구의 예로 우선 금장태(2005: 219)와 김완겸(2002: 29)은 최한기가 마음의 본체적 측면이 아니라, 활동 현상에 관심을 기울이면서 추측이라는 인식론적 개념을 끌어들이고 있다고 말한다. 또한 이주석(1997: 32)은 최한기의 마음을 인간 신체를 통괄하는 주체적 신기와 동일하다고 보면서도 더욱 구체적으로 파악하는 데, 즉 신기는 마음의 본체를 의미하고, 마음은 신기의 작용이라는 의미가 한층 더 강조된다는 것이다.

4) 『神氣通』卷1「體通」: 人身神氣, 澹然虛明.

5) 『推測錄』卷2「推氣測理」: 天地理氣, 心能測之, 如日照萬物, 惟明珠能飜射生光.

6) 『推測錄』卷1「推測提綱」: 總言之則身是心體, 分言之則見是眼心, 聽是耳心, 齅是鼻心, 味是舌心, 觸是皮心, 皆能有所推而測生.

7) 『推測錄』卷1「推測提綱」: 見聞記繹, 是心之能也, 裁制事物, 是心之所也.

8) 『推測錄』卷1「推測提綱」: 如鏡照物, 森羅萬像, 非素具也, 如水應氣, 流注活潑, 隨其機也.

9) 1965년 박종홍이 「최한기의 경험주의」라는 글에서 혜강을 경험주의자라고 치밀하게 설명한 이래, 남한에서는 그렇게 단정하고 논의를 시작하는 경우가 많았다. 최근에는 특히 서욱수(2000)의 논의가 그러한데, 그는 혜강의 인식 연구에 있어 경험주의에 초점을 맞추며 또한 상당한 타당성을 보여 준다. 북한 및 연변대학교 등에서는 꾸준하게 혜강을 유물론 위주로 해석하고 있다. 예를 들어 정성철(1988: 533~604)은 기학의 사유를 유물론, 물질적 기의 불멸론, 인간기계론 등에 근거하여 파악하면서, 혜강을 기일원론적 유물론의 최대 학자라고 평가한다. 또한 연변대학교 교수들이 중심이 되어 편찬된 『한국철학사상사』(김문용·이홍용 역, 1994: 437~448)에서 역시 혜강을 유물론적이고 변증법적인 인식론 위주의 철학자로 평가한다.

10) 『推測錄』卷1「推測提綱」: 至寶在身, 推測未著, 不知其爲寶, 及到推測得著, 乃知其爲寶, 豈是寶之減於古而增於今也, 晦於前而顯於後也, 惟在推測著未著爾, 在於身者若是, 況於在人及在遠者乎, 至寶者心也.

11) 『推測錄』卷6「推物測事」: 眼耳鼻舌身, 皆有所推, 而測在乎心.

12) 『推測錄』卷6「推物測事」: 有推之測皆實, 無推之測皆虛.

13) 『推測錄』卷6「推物測事」: 眼推氣色, 耳推聲音, 鼻推薰蕕, 舌推甘苦, 身推抵觸, 而測其善惡優劣, 以爲扶抑勸懲者心也.

14) 『推測錄』卷1「推測提綱」: 心者, 推測事物之鏡也, 語其本體, 純澹虛明, 無一物在中. 但見閱歷, 積久成習, 推測生焉. 若無積久之閱歷, 推測從何以生, 或於推測旣著之後, 不思積年之閱歷, 只觀今日之須用, 雖若萬理具心, 其實則心之虛明, 與前無異, 惟有所得之推測理也.

15) 『推測錄』卷2「推氣測理」: 心乃一身之主氣也, 推測精明, 操履篤實, 自生其力, 不爲物所擾奪, 而得入剛健之域, 忘其力而任重, 不用力而致遠.

16) 『推測錄』卷2「推氣測理」: 光無體, 以氣閃爲光, 聲無體, 以氣擊爲聲, 心無體, 以推測事理爲心. 물론 이 유형이란 것이 전적으로 눈에 보인다는 의미는 아니다. 그래서 김완겸 (2002: 17)은 여기서 유형이란 눈에 보인다는 의미보다는, 실제로 존재하고 징험할 수 있다는 의미로 이해해야 한다고 보았으며, 이현구(1996: 491) 역시 유형은 구체적 형질을 가진 사물, 즉 기(器)에 근거하여 존재하고 기능과 효과가 있어 인간의 인식으로 포착할 수 있는 존재를 가리키는 것이라고 하였다.

17) 『氣學』卷1: 人心推測, 若推無形而測無形, 是乃虛焉也, 推有形而測無形, 戒推無形而測有形, 皆是疑緯也, 推有形而測有形, 乃誠實有形之學也, 遠近諸國際俗, 所常行, 所當用之法制與器皿, 我未及見未曾聞, 則於我心無此形, 及其見之聞之, 硏究熟思, 範圍較然, 間格分明, 於我心有此形.

18) 『氣學』卷2: 一切功夫, 琢磨錬熟, 成形于中, 乃可善推用, 亦可善變通, 若成形未分明, 間格心糢糊, 所謂推用變通, 難得其盡.

19) 『氣學』卷1: 太陽地球未有一靜定者矣, 充滿大氣活動運化無暫時之停浦, 人物之流注血脈無瞬息間不運, 若是紛紜磨蕩之中, 有何一事一物不隨運化而變動哉, 人身之自生至死, 詳細分排於壽限之內, 軀殼盛衰自有時刻之推遷, 心氣亦從而進退焉.

20) 『氣學』卷1: 至於長老, 則血氣心氣俱得其定, 弱者墮於下, 强者登彼岸. 淸者明其能, 濁者昏其德, 運化之妙, 總不違於所稟之氣, 幼而弱, 老而强, 少而濁, 長而淸, 亦由於心血氣之運化.

21) 『氣學』卷2: 心氣方壯之時, 廣搜見聞, 擴充識量, 心氣向衰之境, 慣熟鍛錬.

22) 『氣學』卷2: 宇內人民形體之用皆同, 耳之聞, 目之見, 鼻之嗅, 口之味, 手之執, 足之行, 皮之觸, 乃喜笑怒劬, 無少差異, 惟言語文字, 禮律俗尙, 由所習而染於心氣, 以爲情達事機, 統民運化之資, 然其所習染自有虛實深淺之不同, 言語文字, 禮律俗尙之義, 無違於天人運化, 則心氣之染, 不待勉强, 悅樂自深, 身內之氣感應, 再染三染, 成形于中, 因生變通.

23) 『氣學』卷1: 天人運化, 累驗而得之於外, 成象而藏之于內, 隨機而用之於外, 卽大學八條, 格物致知, 得之於外也, 誠意正心, 藏之于內也, 修身齊家治國平天下, 用之於外也. 然則, 格物致知之事乃修身齋家治國平天下道也.

24) 구체적 성격의 욕구와 초월적 성격의 욕망을 구분하여 인간 이해를 말하는 최봉영 (2007: 200~201)은, 그럼에도 불구하고 욕구와 욕망이 불가분의 관계에 있으며 또한 순환하는 전환 관계 속에 존재한다고 밝히면서, 현실적으로 그 구분이 무의미한 경우가 많다고 한다. 욕(欲)이라는 글자에 대한 최한기의 용법 역시 이런 맥락에 있다고 판단된다. 실제 최한기가 인간이 '욕세계(欲世界)'에 태어났음을 밝히면서 사용하는 욕(欲)은 욕구와 욕망을 아우르는 것으로 보인다(『人政』卷4「測人門 四」 '無欲有欲' 참조). 따라서 이 장에서는 욕구와 욕망을 굳이 구분하여 사용하지는 않았다.

25) 『氣學』卷2: 人之神氣, 因明悟而有記繹, 因記繹而有愛欲, 從明悟之淺深而記繹有多少, 從多

少而愛欲有大小, 未有明悟, 何以記繹, 未有記繹, 何以愛慾, 夫明悟記繹愛欲三者, 收取於在外之事物, 藏在心氣, 及其須用於外.

26) 『氣學』 卷1: 心氣導率, 不悖於天氣陶鑄, 可通行於宇宙.

27) 『氣學』 卷2: 統內外而言之, 只是一箇天人運化之氣循環無端, 透嶽無間, 心氣運化爲大氣運化之裁御, 不得違越, 十之八九分, 在外接濟變通和應, 纔爲一二分, 在內運化之目, 縱云多端, 皆是承順天人運化之事, 未有一自專自行者也.

28) 『氣學』 卷2: 大則有天人運化, 小則有事物運化, 其間有人心之運化. 得于大而施于小, 驗於小而合於大, 以爲凡百營濟, 優劣成敗全在於心氣運化.

29) 『氣學』 卷1: 一身運化, 在於少壯見聞, 隨時進就, 衰老經歷, 漸致鍊熟, 然脈動喉端未嘗晷刻停息, 志向意趨亦自隨遇轉環, 始善終惡, 前昏後明, 儘由氣血精力有時進退, 是自有稟氣焉 ; 『人政』 卷11 「敎人文 四」: "血脉調和, 神氣通暢.

30) 『氣學』 卷2: 心氣運化之目有仁義禮智, 惻隱羞惡, 恭敬是非, 喜怒哀樂, 志意思慮, 戒愼恐懼之類, 各有指別, 不暇推擧, 是皆在內者也, 耳聞目見口味鼻嗅皮觸手持足行, 是皆傳達內外, 出納彼比者也, 君臣父子夫婦長幼朋友, 以至萬物萬事, 是則在外而接濟應酬者也.

31) 『氣學』 卷1: 則可做巨細事務, 借人力於千百載之後, 報人力於數萬里之遠.

32) 최한기는 『기학』과 『인정』 전반에 걸쳐 지속적으로 기화를 강조한다. 기화란 신기의 운화를 의미하는 것으로, 특히 대기운화·천기운화를 말한다. 그래서 최한기는 『명남루수록(明南樓隨錄)』에서 다음과 같이 말한다. "한 몸 또는 한 집으로부터 천하에 이르기까지 식견의 대소는 등급이 무한하지만, 신기의 운화로 형질을 모두 일통하지 않으면 대소의 식견은 다 허황된 것이다. 또 일이 년부터 수천 년에 이르기까지 총명의 많고 적음에 분별이 있으나, 신기의 운화로 형질을 변통하지 않으면 모든 총명에 있어 실지로 얻음이 없게 된다."(自一身一家, 至於天下宇內, 識見之大小, 層節無限, 而若不擧神氣運化, 形質通爲一統, 則大小識見, 皆歸于虛慌. 自一年二年, 至于數千百載, 聰明之多寡有分, 若不因神氣運化, 形質得其變通, 則多寡聰明, 俱無實得.)

33) 『氣學』 卷1: 究之經傳, 有合者效則, 措諸事業, 有驗者爲法, 發於文辭, 爲天下之聰聾明瞽, 著於行事, 爲家國之寒衣饑食, 孝悌忠信, 達人氣之運化, 仁義禮智, 通心氣之大同. 최한기가 말하는 대동의 강령은 효제충신이나 인의예지와 다름 아니다. 그러나 이종란(1994: 15)도 지적하는 것처럼, 최한기의 대동 강령은 종래의 윤리도덕이나 정치체제하에서와 같은 고정적이고 불변하는 것이 아니라, 기의 운화라는 운동성과 현실성에 근거하고 있음을 유의해야 한다. 이런 점에서 최한기의 대동의 이상은 복고적 성격의 그것이 아닌 미래지향적 사회이다(권순홍, 1994: 58). 또한 최한기의 세계 문자를 만들자는 주장(『神氣通』 卷1 「體通」 '四海文字變通' 참조)은 그가 언급하는 대동이 단지 공상적 지향만은 아니었음을 시사한다.

34) 『人政』 卷5 「測人問 五」: 斯人胸中有小慧, 而自恃太甚, 他人言論不入耳, 而無所覺悟.

35) 『人政』 卷13 「敎人文 六」: 人之神氣, 有所偏蔽, 不能周通, 偏於小則忘於大, 偏於中則忘於外, 偏於古則忘於今, 左右前後, 遠近彼此, 莫不皆然.

36) 『人政』 卷23 「用人問 四」: 高尙皎潔, 自負獨得者, 大不合於治民安民之事.

37) 『人政』 卷2 「測人問 二」: 善言不入爲窒塞, 自覺善道爲通達, 大言不入, 而小言得澈爲小器, 小言遺漏, 而大言悅樂爲大器, 聽大言而大用, 聞小言而小用, 爲不器, 惟此不器之人, 道德才能, 師之於天地人物, 敷行於天地人物, 以天地人物爲器, 而不以一身爲器局也.

38) 『人政』卷9「敎人文 二」: 所觀得失, 參於事物者少, 而自多愛之憎之, 有時力除愛憎, 設爲虛衷, 然成心, 則隱隱在中, 不可變通, 至於終其身, 而誤及人者頗多.

39) 『人政』卷6「測人問 六」: 天人氣化, 人道大體, 修行於身, 數達於人, 大善也, 日用事務, 謹行孝悌忠信, 聖賢經傳, 潛究仁義禮知, 親戚僮僕, 咸得其宜, 鄕黨隣里, 便成淳俗, 小善也. … 在容貌, 如或難見, 必於內思想之小形體, 在外行事之大形體, 參互證驗, 可以見知.

40) 『人政』卷24「用人問 五」: 得準的於大氣運化, 承順範圍, 透澈微細, 於大於小於常於變, 無有不通.

41) 『明南樓隨錄』: 神氣形質, 通澈六合, 貫萬古爲一生, 汩億兆爲一體, 活動運化, 承順天則, 治亂安危, 幹旋人道.

42) 『氣學』卷1: 在於博治見聞, 統萬姓而爲一體, 鍛鍊事務, 炙筋骨而成膏澤, 發一言, 則千萬里和應, 行一事, 則千萬人感服, 是自有德量焉.

43) 『人政』卷24「用人問 五」: 憂樂好惡, 與人同於天下.

44) 『人政』卷25「用人問 六」: 人稟識量, 雖有大小而愛情爲之廣狹, 然身運化變遷, 小愛可爲大愛, 狹愛可爲博愛矣.

45) 『人政』卷5「測人問 五」: 交接無失, 取捨得宜, 不急不暴, 不亂不躁, 寬能容物, 和能感物, 剛而能柔, 不可以動其操, 清而容濁, 不可以汙其行.

46) 『人政』卷7「測人問 七」: 可謂畵良工之所難畵耳.

47) 『人政』卷7「測人問 七」: 氣有寒暑溫涼, 稟有多小輕重, 而所謂氣稟, 有强弱淸濁之別.

48) 『人政』卷7「測人問 七」: 氣之成形曰體, 心之著外曰容, 合言體容, 乃知厚薄美醜之分, 不獨指其外貌, 又不獨指其中心也.

49) 『人政』卷7「測人問 七」: 蓋氣稟, 與心德, 合而體容生.

50) 『人政』卷7「測人問 七」: 眼能顯色, 耳能通響, 而其所分別取捨者心也, 故聞見之周比雅俗, 非獨謂耳之聲眼之色, 乃以心之分別取捨言也.

51) 『人政』卷7「測人問 七」: 觀人處貧, 可以知其處富之方, 觀人處賤, 可以知其處貴之道.

52) 『人政』卷7「測人問 七」: 心德者, 心之所得也, 忸於善者, 久而得其爲善, 忸於惡者, 久而得其爲惡, 善惡雖殊, 俱可謂之心德爾.

53) 『人政』卷7「測人問 七」: 誠眞實無欺, 步履正直, 孚信如何, 山靜水活, 僞矯飾名言, 認以爲道, 誤人孔多, 先由誤己, 純究理精熟, 百慮一致, 除却斯害, 如耘去莠, 馭心猿意馬, 不分善惡, 處世何爲, 遇境轉側.

54) 『人政』卷7「測人問 七」: 蓋以極完備者, 爲十分人, 則今以氣稟心德體容聞見處地, 量其輕重, 分排十分, 氣稟最重而爲四分, 心德次重而爲三分, 體容又次之爲二分, 聞見又次之爲一分, 周與雅爲長一分, 比與俗爲消一分, 處地又爲爲半分.

55) 『人政』卷7「測人問 七」: "氣稟之發爲才局, 如樹木旣稟氣成形, 有可以爲棟樑, 可以爲榱桷者, 故人之稟氣强者, 必有高邁成物之才局, 清者必有明察理物之才局, 至於心德之發爲應變, 體容之發爲風度, 聞見之發爲經綸, 處地之發爲措施, 各因所具之發顯而命名焉, 才局也應變也風度也經綸也措施也, 謂之五發爾, 若於五具之中, 分別優劣, 有所未暢, 必推其發見之顯著者, 以辨所具之優劣.

56) 『人政』卷7 「測人問 七」: 才謂所能也, 局乃幹局也.

57) 『人政』卷7 「測人問 七」: 風者聲聞之發也, 度者威儀之則也, 風度著外, 而其中可知也.

58) 『人政』卷7 「測人問 七」: 經者經緯也, 綸者綸理之也, 在於事爲, 旣定經緯, 又從以綸理之也.

59) 『人政』卷7 「測人問 七」: 措擧也, 施設施也, 言擧而設施之也, 所擧而施者, 必因時隨勢, 不可失其機會.

60) 『人政』卷7 「測人問 七」: 應者酬應也, 變者通變也. 事物之來, 自有酬應, 屯難之際, 合有通變. 不由積中, 何以應外, 不有融會, 何以通達.

61) 『人政』卷7 「測人問 七」: 恕己盡己盡物, 誠者之事, 仁心仁聞, 隨處呈露, 隨人素蔑自覺, 效人動靜, 如有所慾, 不顧廉訪, 始終立言踐行, 信如四時, 三月韶韻, 翕如繹如, 扞格行多謇澁, 語不連續, 滿胸塊痞, 有時發作.

62) 『人政』卷7 「測人問 七」: 强弱清濁, 分爲四科, 各科之中, 心德之誠僞純駁, 一周焉, 體容之厚薄美醜, 四周焉, 聞見之周比雅俗, 十六周焉, 處地之貴賤富貧, 六十四周焉.

63) 『人政』卷7 「測人問 七」: 見其始而知其終, 見其終而揣其始, 在於人, 欲得分別之詳密, 自有五具五發, 條列毫分, 可知品格之所以異也, 亦可知進修變化之方矣.

64) 『人政』卷7 「測人問 七」: 曰天下之善人雖小, 天下之眞惡亦小, 但善人之聞難播, 而惡人之毀常溢, 雖若善小而惡多, 然語其至善至惡, 則實無多少之懸殊, 且可善可惡之人, 不可以此多彼小論之矣.

참고문헌

〈 원전류 〉

『論語』, 『大學』, 『孟子』, 『中庸』.

『書經』, 『禮記』, 『周易』.

『性理大全』.

金宇顒, 『東岡集』.

盧相稷, 노재찬 외 역(2013), 『서당의 일상』, 신지서원.

戴德, 『大戴禮記』.

王守仁, 『王陽明全集』.

王守仁, 『傳習錄』.

陸九淵, 『陸九淵集』.

李墍, 『艮翁疣默』.

李象秀, 『峿堂集』.

李珥, 『栗谷全書』.

李珥, 이민수 역(2004), 『격몽요결』, 을유출판사.

李滉, 『退溪集』.

李滉, 이윤희 역(2008), 『활인심방』, 예문서원.

李滉, 박상주 역(2009), 『고경중마방』, 예문서원.

朴絪, 『无悶堂集』.

張載, 『正蒙』.

丁若鏞, 『與猶堂全書』.

鄭仁弘, 『來庵集』.

鄭齊斗, 『霞谷集』.

鄭齊斗, 민족문화추진회 역(1989), 『국역 하곡집』 I-III, 민족문화추진회.

程顥·程頤, 『二程集』.

曹植, 경상대학교 남명학연구소 역(2012), 『남명집』, 한길사.

朱熹, 『論語集注』.

朱熹, 『大學或問』.

朱熹, 『孟子集註』.

朱熹, 『朱子語類』.

朱熹, 성백효 역(2008), 『맹자집주』, 전통문화연구회.

朱熹, 박성규 역(2011), 『논어집주』, 소나무.

陳淳, 『北溪字義』.

蔡沈, 『書經集傳』.

崔漢綺, 『氣學』.

崔漢綺, 『氣測體儀』.

崔漢綺, 『人政』.

崔漢綺, 민족문화추진회 역(1986), 『국역 기측체의』 I~II, 민족문화추진회.

崔漢綺, 민족문화추진회 역(1982·1984·1986), 『국역 인정』 I~V, 민족문화추진회.

崔漢綺, 김락진·강석준 역(1996), 『신기통』, 여강.

崔漢綺, 손병욱 역주(2004), 『기학』, 통나무.

黃宗羲, 『明儒學案』.

〈 단행본 〉

강봉수(2006), 『한국 전통 도덕교육론』, 한국학술정보.

강봉수(2008), 『한국 유교 도덕교육론』, 한국학술정보.

교육과학기술부(2011), 『도덕 5-6』, 지학사.

교육과학기술부(2012), 『교육과학기술부 고시 제2012-14호 [별책 6] 도덕과 교
　　　육과정』, 교육과학기술부.

교육부(2014), 『도덕 3-4』, 천재교육.

교육인적자원부(2007), 『교육인적자원부 고시 제2007-79호 [별책 6] 도덕과 교
　　　육과정』, 대한교과서 주식회사.

규장각한국학연구원(2013), 『조선 국왕의 일생』, 글항아리.

금장태(2008), 『한국 양명학의 쟁점』, 서울대학교 출판부.

금장태(2013), 『퇴계의 삶과 철학』, 서울대학교 출판문화원.

김경용(2012), 『조선의 교육헌장』, 원미사.

김국현 외(2014), 『청렴 구성요소 및 하위요소 규명』, 국민권익위원회 청렴연수원.

김문식(2010), 『왕세자의 입학식』, 문학동네.

김상봉(2006), 『도덕 교육의 파시즘』, 길.

김세정(2013), 『양명학파 전덕홍의 양지철학』, 충남대학교 출판문화원.

김수청(2012), 『동양 유가윤리』, 부산대학교 출판부.

김정호(2014), 『스무살의 명상책』, 불광출판사.

김태길(1998), 『윤리학』, 박영사.

류승국(2011), 『한국유학사』, 성균관대학교 출판부.

문용린 외(2009), 『학생용 청렴교육 매뉴얼 개발연구』, 국민권익위원회.

박병기(2009), 『동양도덕교육론의 현대적 해석』, 인간사랑.

박병기(2013), 『의미의 시대와 불교윤리』, 도서출판 씨아이알.

박병기·김국현 외(2013), 『중등학교 인성교육을 이끌어가는 도덕수업, 어떻게 해야 할까?』, 교육과학사.

박병기·김남준 외(2014), 『인성교육전문가 DB 구축을 위한 검증시스템 개발 연구』, 교육부·인성교육범국민실천연합.

박병기·박찬구(1997), 『논쟁으로 보는 윤리 사상의 흐름과 주제들』, 담론사.

박병기·추병완(2007), 『윤리학과 도덕교육』 1, 인간사랑.

박병기·추병완 외(2011), 『윤리학과 도덕교육』 2, 인간사랑.

박병량(2004), 『훈육』, 학지사.

박병춘(2010), 『배려윤리와 도덕교육』, 울력.

박찬구 외(2012), 『윤리와 사상』, 천재교육.

박찬구 외(2013), 『중학교 도덕 교사용 지도서』, 천재교과서.

박효종 외(2012), 『윤리와 사상』, 교학사.

불교와 사상의학 연구회(2012), 『명상 어떻게 연구되었나?』, 올리브그린.

손인수(1991), 『한국인의 교육세시풍속』, 문음사.

손인수(1998), 『한국교육사연구』 上, 문음사.

신창호(2012), 『유교의 교육학 체계』, 고려대학교 출판부.

안영석(2000), 『육상산의 도덕철학』, 세종출판사.

엄기호(2014), 『교사도 학교가 두렵다』, 따비.

예문동양사상연구원·김교빈 편(2005), 『하곡 정제두』, 예문서원.

오기성 외(2011), 『2011 도덕과 교육과정 개정 시안 연구 개발』, 교육과학기술부.

이동희(2010), 『주자』, 성균관대학교 출판부.

이만규(1947), 『조선교육사』 상·하, 을유문화사.

이만규(2010), 『다시 읽는 조선교육사』, 살림터.

이우성(2000), 『한국고전의 발견』, 한길사.

이주행(2005), 『무위유학』, 소나무.

이상호(2008), 『양명우파와 정제두의 양명학』, 혜안.

임부연(2007), 『정약용, 최한기 실학에 길을 묻다』, 김영사.

장승희(2006), 『다산 윤리사상 연구』, 경인문화사.

장승희(2013), 『유교와 도덕교육의 만남』, 제주대학교 출판부.

장윤수(2013), 『경북 북부지역의 성리학』, 심산.

장현갑(2013), 『뇌를 움직이는 마음의 비밀, 명상에 답이 있다』, 담앤북스.

정낙찬 외(2000), 『한국의 전통교육』, 영남대학교 출판부.

정민(2012), 『다산선생 지식경영법』, 김영사.

정성철(1988), 『조선 철학사』 II, 이성과 현실.

정순우(2013), 『서당의 사회사』, 태학사.

정인보, 홍원식·이상호 역(2005), 『양명학연론』, 한국국학진흥원.

정인재(2014), 『양명학의 정신』, 세창출판사.

정창우 외(2007), 『도덕과 교수·학습방법 및 평가』, 인간사랑.

조난심 외(2006), 『초·중등학교 청렴교육 내용 체계화 연구』, 한국교육과정평가원.

조상식 외(2011a), 『청렴교재 중학교 교사용 지도서』, 국민권익위원회.

조상식 외(2011b), 『청렴교재 고등학교 교사용 지도서』, 국민권익위원회.

조무남 외(2001), 『교육사 교육철학 강의』, 동문사.

최재목(2000), 『동아시아의 양명학』, 예문서원.

피정만(2011), 『20세기 서당교육연구』, 하우.

한국철학사상연구회(2011), 『강좌 한국철학』, 예문서원.

한국철학사연구회(2001), 『한국철학사상사』, 한울아카데미.

한자경(2011), 『명상의 철학적 기초』, 이화여자대학교 출판부.

한재훈(2014), 『서당공부, 오래된 인문학의 길』, 갈라파고스.

한형조 외(2004), 『혜강 최한기』, 청계.

渡部學(1976), 『近世朝鮮敎育史硏究』, 東京: 雄山閣.

渡部學, 교육사학회 역(2010), 『와타나베의 한국교육사』, 문음사.

島田虔次, 김석근·이근우 역(2008), 『朱子學과 陽明學』, 까치.

蒙培元 홍원식 외 역(2008), 『성리학의 개념들』, 예문서원.

方朝暉, 박찬철 역(2014), 『나를 지켜낸다는 것』, 위즈덤하우스.

西田幾多郎・高橋進, 최박광 역(2009), 『선의 연구/퇴계 경철학』, 동서문화사.

朱紅星 외, 김문용・이홍용 역(1994), 『한국철학사상사』, 예문서원.

陳來, 전병욱 역(2009), 『양명철학』, 예문서원.

Appiah, K. A., 이은주 역(2011), 『윤리학의 배신』, 바이북스.

Banner Jr, J. M. & Cannon, H. C., 이창신 역(2013), 『훌륭한 교사는 이렇게 가르친다』, 풀빛.

Bol, P. K., 김영민 역(2011), 『역사 속의 성리학』, 예문서원.

Canter, L., 김달효 역(2013), 『성공적인 학급경영을 위한 단호한 훈육』, 학지사.

Greenland, S. K., 이종복 역(2012), 『미국 UCLA 명상수업』, 웅진뜰.

Huemer, M.(2008), *Ethical Intuitionism*, NY: Palgrave Macmillan.

Ivanhoe, P. J.(2000), *Confucian Moral Self Cultivation*, Indianapolis: HACKETT.

Kabat-Zinn, J., 안희영 역(2012), 『존 카밧진의 처음 만나는 마음챙김 명상』, 불광출판사

Kabat-Zinn, J., 장현갑 외 역(2013), 『마음챙김 명상과 자기치유』 上・下, 학지사.

Kohlberg, L., 김민남 외 역(2000), 『도덕발달의 철학』, 교육과학사.

Kornfield, J. 정준역 역(2013), 『어려울 때 힘이 되는 8가지 명상』, 불광출판사.

Krishnamurti, J., 장순용 역(2008), 『세속에서의 명상』, 산해.

Lickona, T., 박장호・추병완 역(2002), 『인격교육론』, 백의.

Moore, G. E.(1978), *Principia Ethica*, London: Cambridge University Press.

Putnam, H., 홍경남 역(2006), 『존재론 없는 윤리학』, 철학과 현실사.

Raphael, D. D.(1981), *Moral Philosophy*, NY: Oxford University Press.

Roeser, S.(2011), *Moral Emotions and Intuitions*, NY: Palgrave Macmillan.

Sahakian, W. D., 송휘칠・황경식 역(2004), 『윤리학의 이론과 역사』, 박영사.

Sandel, M. J., 안기순 역(2012), 『돈으로 살 수 없는 것들』, 와이즈베리.

Taylor, P. W., 김영진 역(2001), 『윤리학의 기본원리』, 서광사.

Wilson, J. Q.(2000), *Moral Intuitions*, NB: Transaction Publishers.

〈 논문류 〉

강봉수(2006), 「남명의 '의로움'의 윤리학과 덕성함양론」, 『윤리연구』 제63호, 한국윤리학회.

강봉수(2008), 「현대 한국의 도덕교육과 유교도덕교육론」, 『윤리연구』 제68호, 한국윤리학회.

강원모(1999), 「혜강 최한기의 윤리교육론 연구」, 충남대 박사논문.

고대혁(2009), 「도덕교육의 쟁점과 동양윤리교육」, 『동양고전연구』 제36집, 동양고전학회.

고대혁(2011), 「유학의 전통에서 스승의 규범적 지위와 현대적 의미」, 『한국초등교육』 제22집 제2호, 서울교육대학교 초등교육연구원.

권봉숙(2013), 「건강증진을 지향한 퇴계의 명상담론」, 『퇴계학논총』 제22집, 사단법인 퇴계학부산연구원.

권순홍(1994), 「최한기 기학의 윤리적 적용에 관한 연구」, 한국교원대 석사논문.

권인호(2001), 「남명 조식의 현실인식과 경세사상」, 『유학연구』 제11권, 충남대학교 유학연구소.

권인호(2004), 「남명학파의 실학사상 연구」, 예문동양사상연구원·오이환 편, 『남명 조식』, 예문서원.

권인호(2006), 「남명 조식의 현실인식과 출처사상 연구」, 남명학연구원 편, 『남명 사상의 재조명』, 예문서원.

금장태(2002), 「퇴계와 남명의 학풍과 학문체계」, 『남명학연구』 제13권, 경상대학교 남명학연구소.

금장태(2005), 「기철학의 전통과 최한기의 철학적 특성」, 예문동양사상연구원·김용헌 편, 『혜강 최한기』, 예문서원.

김경수(2000), 「근대 후의 서당교육과 그 효용성에 대한 고찰」, 『한자한문교육』 제6집, 한국한자한문교육학회.

김경수(2004), 「남명의 불교관」, 예문동양사상연구원·오이환 편, 『남명 조식』, 예문서원.

김교빈(1992), 「하곡철학사상에 관한 연구」, 성균관대 박사논문.

김국현(2012), 「도덕과 교육에서 도덕적 성찰의 의미와 교수·학습 방안」, 『윤리교육연구』 제27집, 한국윤리교육학회.

김국현(2013), 「도덕적 성찰의 의미와 교수·학습 방안」, 『2013년 한국도덕윤리과교육학회 연차 학술대회 자료집』, 한국도덕윤리과교육학회.

김낙진(2003), 「17세기~19세기 강우 유학의 흐름과 쟁점」, 『남명학연구』 제15권, 경상대학교 남명학연구소.

김대식(2003), 「숙종조 배사논쟁에 나타난 사림의 사제관계 인식」, 『교육사학연구』 제13권, 교육사학회.

김대식(2010), 「조선전기 교사상과 사제 관계의 성격」, 『한국교육』 제37권 제1
호, 한국교육개발원.

김동구(2002), 「조선시대 서당에서의 놀이가 갖는 교육적 효과에 관한 연구」,
한국교원대 석사논문.

김민재(2007), 「혜강 최한기의 심기(心氣)와 그 평가의 현대적 의의」, 『윤리철학
교육』 제8집, 윤리철학교육학회.

김민재(2008), 「혜강 최한기의 '심기(心氣)' 개념의 도덕교육적 의의」, 한국교원
대 석사논문.

김민재(2013), 「하곡 정제두의 양지 개념에 대한 도덕교육론적 해석」, 한국교원
대 박사논문.

김민재(2013), 「도덕과 교육 내 '한국 양명학'의 실제와 강화 방안 연구」, 『윤리
교육연구』 제30집, 한국윤리교육학회.

김민재(2013), 「전통 서당수업의 교수학습방법을 활용한 중학교 '도덕과(道德
科)' 수업」, 『교육연구』 제57집, 성신여자대학교 교육문제연구소.

김민재(2013), 「정제두의 양지가 지니는 직관적 성격에 대한 일고」, 『철학논총』
제74집, 새한철학회.

김민재(2013), 「남명 사상의 '도덕과 내용 요소' 탐색을 통한 수용 방안 연구」,
『남명학보』 제12호, 남명학회.

김민재(2014), 「다산 정약용의 '청렴관'에 대한 일고찰」, 『철학논집』 제36집,
서강대학교 철학연구소.

김민재(2014), 「전통 서당수업의 훈육」, 『선비문화』 제25호, 사단법인 남명학연
구원.

김민재(2014), 「전통 서당수업의 강과 훈육이 지니는 초등도덕교육적 함의」,
『초등도덕교육』 제44집, 한국초등도덕교육학회.

김민재(2014), 「명상의 관점에서 본 퇴계 '경(敬)' 사상의 교육적 시사점」, 『철학
논집』 제37집, 서강대학교 철학연구소.

김민재(2014), 「명상의 관점에서 본 퇴계 '경(敬)' 사상의 도덕교육적 함의」,
『도덕교육의 본령과 활성화 방안』, 2014년 전국도덕윤리교육학회 연
합학술대회 자료집.

김민재(2014), 「사도(師道)·존사(尊師)의 유가적 전통이 지니는 초등도덕교육
적 함의」, 『초등도덕교육』 제45집, 한국초등도덕교육학회.

김민재(2014), 「정제두의 양지가 지니는 특징과 구현 과정에 대한 일고」, 『철학논총』 제78집, 새한철학회.

김병희(2003), 「유교적 교육 전통에서의 사제 관계의 성격」, 『동양사회사상』 제7집, 동양사회사상학회.

김부찬(2011), 「퇴계의 경 사상에 있어서 몸의 문제」, 『유학연구』 제25집, 충남대학교 유학연구소.

김상봉(2006), 「생각」, 우리사상연구소 편, 『우리말 철학사전』 3, 지식산업사.

김선경(2010), 「조선후기 목민학의 계보와 『목민심서』」, 『조선시대사학보』 제52집, 조선시대사학회.

김성진(2012), 「위기에 처한 인간과 철학 실천: 상담과 대화치료의 고전 탐방」, 한국철학상담치료학회 편, 『왜 철학상담인가?』, 학이시습.

김세정(2008), 「한국에서의 왕양명 생명철학의 주체적 전개」, 송하경 외, 『한국 유학과 열린 사유』, 심산.

김연호(2008), 「도산서당의 입지와 도산서원의 배치에 대한 고찰」, 『퇴계학논집』 제3집, 영남퇴계학연구원.

김영건(2013), 「양지의 자가 치유 메커니즘」, 『동양철학연구』 제73집, 동양철학연구회.

김완겸(2002), 「혜강 최한기의 수행론 연구」, 원광대 석사논문.

김용동(1984), 「조선시대의 서당교육에 관한 연구」, 성균관대 석사논문.

김용재(1998), 「하곡의 양지론에 대한 고찰」, 『유교사상연구』 제10집, 한국유교학회.

김용재(2001), 「하곡 정제두의 사서 경설 연구」, 성균관대 박사논문.

김용재(2005), 「한국 양명학 연구현황과 새로운 모색」, 『양명학』 제14호, 한국양명학회.

김용헌(2003), 「최한기 연구의 어제와 오늘」, 『오늘의 동양사상』 제8집, 예문동양사상연구원.

김윤경(2001), 「하곡 정제두의 인식론에 관한 연구」, 성균관대 석사논문.

김윤경(2009), 「하곡학과 『노자』 해석에 관한 연구」, 성균관대 박사논문.

김윤경(2013), 「하곡 철학의 조선 성리학적 기반」, 『동양철학연구』 제73집, 동양철학연구회.

김재광(2008), 「한국의 고위공직자에 요구되는 청렴성, 도덕성의 기준」, 『공법학연구』 제9권 제3호, 한국비교공법학회.

김철호(2011), 「남명 敬義 개념의 도덕교육적 해석」, 『남명학보』 제10호, 남명학회.

김충열(2004), 「남명 조식 선생의 생애와 학문정신」, 예문동양사상연구원·오이환 편, 『남명 조식』, 예문서원.

김충열(2008), 「남명 조식 성리학의 특징」 II, 『남명 조식의 학문과 선비 정신』, 예문서원.

민혜진(2004a), 「정제두의 대학설과 그 일체적 지향」, 『철학논총』 제36집, 새한철학회.

민혜진(2004b), 「하곡 정제두의 중용설 연구」, 『대동철학』 제25집, 대동철학회.

박균섭(2011), 「도산서당연구: 교육공간의 구조와 성격」, 『한국학연구』 제39집, 고려대학교 한국학연구소.

박균열·이상호(2009), 「한문 독서성의 의의와 특징: 지리산 경남 지역을 중심으로」, 『윤리교육연구』 제20집, 한국윤리교육학회.

박래봉(1977), 「서당의 교수법과 강에 관한 고찰」, 『교육』 제1호, 중앙교육연구원.

박래봉·김정일(1981), 「서당교육을 중심으로 한 한국교육의 전통성에 관한 연구」, 『논문집』 제3호, 한국체육대학교.

박병기(2004), 「도덕적 열망과 전문성을 지닌 초등 교사」, 『윤리교육연구』 제6집, 한국윤리교육학회.

박병기(2010), 「도덕과 교육의 내실화를 위한 동양도덕교육론적 대안」, 『윤리교육연구』 제22집, 한국윤리교육학회.

박병기(2011a), 「남명의 불교관과 현실 인식」, 『남명학보』 제10호, 남명학회.

박병기(2011b), 「도덕과 교육과정에서 '윤리학적 접근'의 의미」, 『통일·다문화교육연구』 제10집, 한국교원대학교 부설 통일·다문화교육연구소.

박병기(2013), 「명상은 사회적 고통을 치유할 수 있는가」, 『불교평론』 제15권 제3호, 만해사상실천선양회.

박병기·김민재(2012), 「'사회적 직관주의'가 지니는 도덕교육적 함의」, 『윤리연구』 제84집, 한국윤리학회.

박순애·박재현(2009), 「청렴성 개념과 측정모형에 관한 타당성 연구」, 『한국부패학회보』 제14권 제1호, 한국부패학회.

박연수(1990), 「하곡 정제두의 사상에 있어서 인간이해에 관한 연구」, 성균관대 박사논문.

박재현(2013), 「불교 수행과 명상, 접점은 어디인가」, 『불교평론』 제15권 제3호, 만해사상실천선양회.

박현준(2012), 「조선시대 선악적 연구」, 『교육사학연구』 제22집 제1호, 교육사학회.

백순근(1999), 「수행평가의 이론적 기초」, 『초등교과교육연구』 제3집, 한국교원대학교 초등교육연구소.

서미옥·배상식(2013), 「교사교육에서 딜레마를 활용한 '도덕적 성찰'의 필요성」, 『초등도덕교육』 제41집, 한국초등도덕교육학회.

서욱수(2000), 「혜강 최한기의 인식 이론 연구」, 부산대 박사논문.

손경원(2013), 「학교급별 인성 실태 분석 및 인성교육 개선 방안」, 『청소년의 인성 실태 및 인성교육 활성화 방안』, 2013년 한국도덕윤리과교육학회 동계학술대회자료집.

송기호(2009), 「다산 공직윤리의 현대적 의미에 대한 연구」, 『도덕윤리과교육』 제28호, 한국도덕윤리과교육학회.

송재소(2005), 「정약용의 사상과 문학」, 예문동양사상연구원·박홍식 편, 『다산 정약용』, 예문서원.

송재소(2012), 「다산 경세론의 인문학적 기반」, 재단법인 실시학사 편, 『다산 정약용 연구』, 사람의 무늬.

송하경(1986), 「왕양명의 양지설에 관한 연구」, 『유교사상연구』 제1집, 한국유교학회.

안경식(2002), 「사제관계에서 본 사도와 제자도」, 『초등교육연구』 제17집, 부산교육대학교 초등교육연구소.

안경식(2009), 「교육공간을 향한 퇴계의 시선」, 『교육사상연구』 제22권 제3호, 한국교육사상연구회.

안대회(2007), 「조선후기 사대부의 집과 삶과 기록」, 『한문학보』 제17집 제1호, 우리한문학회.

안양규(2012), 「불교 교학에서 본 MBSR의 치유 원리」, 『불교학보』 제62집, 불교문화연구원.

안영석(2005), 「심학의 관점으로 본 "신유학 사상 흐름의 특징"」, 『철학논총』 제41집, 새한철학회.

엄연석(2007), 「虛와 誠의 관점에서 본 南冥의 수양론」, 『국학연구』 제10집, 한국국학진흥원.

엄연석(2008), 「성리학의 수양론에서 경과 정의 상관적 의미」, 『한국문화』 제43집, 서울대학교 규장각 한국학연구원.

오경택(2007), 「조선시대 서당 연구의 현황과 과제」, 『전북사학』 제31집, 전북
    사학회.
오이환(2004), 「남명의 유·도 사상 비교연구」, 예문동양사상연구원·오이환 편,
    『남명 조식』, 예문서원.
오지섭(2004), 「16세기 조선 성리학파의 불교 인식」, 『종교연구』 제36집, 한국
    종교학회.
오필환(2010), 「목민심서에 나타난 공직 윤리와 현대 공직부패문제에 관한 연구」,
    『한국부패학회보』 제15권 제4호, 한국부패학회.
오해규(1996), 「최한기 인식론의 비판적 검토」, 한국교원대 석사논문.
우남희(2001), 「아동의 사고 발달과 한국의 전통 아동교육」, 『생활과학연구』
    제6집, 동덕여자대학교 생활과학연구소.
육수화(2011), 「조선시대 왕위계승교육의 변화양상」, 『동양고전연구』 제44집,
    동양고전학회.
윤병수(2012), 「집중 명상과 마음챙김 명상이 뇌의 주의체계에 미치는 영향」,
    『한국심리학회지: 건강』 제17권 제1호, 한국건강심리학회.
윤용남(1997), 「퇴계 이황의 사도관」, 『퇴계학보』 제95집, 퇴계학연구원.
윤재풍(2001), 「퇴계의 행정윤리 사상에 관한 연구」, 『법률행정논집』 제9권,
    서울시립대 법률행정연구소.
이광호(1988), 「이퇴계의 『성학십도』 연구」, 『태동고전연구』 제4집, 한림대학
    교 태동고전연구소.
이경무(2010), 「'인(人)', '기(己)', '심(心)', '욕(欲)'과 공자의 인간 이해」, 『철학논
    총』 제59집, 새한철학회.
이규범(1984), 「서당의 교육방식에 관한 고찰」, 『한국교육』 제11집 제1호, 한국
    교육개발원.
이대희(2007), 「로스의 직각주의 윤리설」, 『철학논총』 제48집, 새한철학회.
이상성(2006), 「고등학교 도덕·윤리교육과 동양윤리」, 『동양철학연구』 제47집,
    동양철학연구회.
이상필(2004), 「남명 사상의 특징」, 예문동양사상연구원·오이환 편, 『남명 조식』,
    예문서원.
이상훈(2004), 「왕문의 양명학 이해와 체득」, 『동양철학연구』 제40집, 동양철학
    연구회.
이연도(2009), 「동양 수양론의 현대적 활용 가능성 모색」, 『중국학보』 제59집,

한국중국학회.

이연도(2010), 「유가 공부론과 명상」, 『한국철학논집』 제28집, 한국철학사연구회.

이영림(2007), 「명상과 긍정적 정서에 관한 최근 연구동향」, 『종교학연구』 제25권, 한국종교교육학회.

이옥순(2006), 「왕양명 심학의 윤리 사상 연구」, 충북대 박사논문.

이우진(2013), 「치유학으로서의 양명학」, 『동양철학연구』 제75집, 동양철학연구회.

이우진·이권재(2014), 「조선시대 사림의 스승담론 연구」, 『한국교육사학』 제36권 제1호, 한국교육사학회.

이운희(2001), 「서당교육의 실제와 현대적 의의」, 『동양예학』 제6집, 동양예학회.

이정렬(2013), 「훈육의 도덕교육적 함의와 지향」, 『초등도덕교육』 제41집, 한국초등도덕교육학회.

이조원(2008), 「퇴계사상체계에서의 경과 선에 관한 연구」, 『한국선학』 제21호, 한국선학회.

이종란(1994), 「최한기 인식이론의 성격」, 『동서철학연구』 제11집, 한국동서철학회.

이종란(2006), 「초등학교 도덕교육과 동양윤리」, 『동양철학연구』 제47집, 동양철학연구회.

이주석(1997), 「혜강 최한기의 기일원설 중심의 교육사상」, 전남대 박사논문.

이필원·박성식(2013), 「명상 프로그램 관련 국내 연구 논문 경향 분석」, 『한국선학』 제35호, 한국선학회.

이항재(1996), 「충남지역 서당교육에 관한 연구」, 『한국교육사학』 제18집, 한국교육사학회.

이해영(1993), 「하곡 정제두의 『중용』 이해」, 『퇴계학』 제5집, 안동대학교 퇴계학연구소.

이현구(1993), 「최한기 기학의 성립과 체계에 관한 연구」, 성균관대 박사논문.

이현구(1996), 「최한기의 인간관」, 한국사상사연구회 편, 『실학의 철학』, 예문서원.

이희태(2012), 「지방정부의 청렴도 향상방안」, 『한국부패학회보』 제17권 제2호, 한국부패학회.

임선영(2003), 「하곡 정제두의 양명학적 『중용』 이해」, 『한국철학논집』 제13집, 한국철학사연구회.

임형택(2007), 「『목민심서』의 이해」, 『한국실학연구』 제13집, 한국실학학회.

장덕삼(2003), 「조선 시대 서당의 변천 과정과 현대교육에 미친 영향」, 『인문교육연구』 제10집 제2호, 인간교육학회.

장동희(2003), 「목민심서를 통해본 지방 행정책임자의 윤리에 관한 연구」, 『한국행정논집』 제15권 제4호, 한국정부학회.

장승희(2002), 「전통윤리의 교육방법에 관한 연구」, 『도덕윤리과교육』 제14집, 한국도덕윤리과교육학회.

장승희(2010), 「도덕과 교과 지식의 재구조화 원리: '동양윤리' 영역」, 『도덕과 교과 지식의 재구성방향 모색』, 한국교육과정평가원.

장승희(2012), 「남명 조식의 선비정신과 도덕교육」, 『도덕윤리과교육』 제36집, 한국도덕윤리과교육학회.

장승희(2012), 「명상과 도덕교육의 만남」, 『윤리교육연구』 제29집, 한국윤리교육학회.

장윤수(2002), 「조선시대 서당교육의 교학이념」, 『초등도덕교육』 제9집, 한국초등도덕교육학회.

장재천(2009), 「서당의 교육과 풍속 및 놀이」, 『한국 사상과 문화』 제48집, 한국사상문화학회.

장재천(2010), 「조선시대 왕세자의 성균관 입학례」, 『한국사상과 문화』 제55집, 한국사상문화학회.

전세영(2007), 「율곡의 인물평가 연구」, 『21세기 정치학회보』 제17집 제3호, 21세기 정치학회.

정순우(1986), 「18세기 서당 연구」, 한국학중앙연구원 박사논문.

정순우(2003), 「자암서당의 성격과 그 교육사적 의미」, 『문화전통논집』 제10집, 경성대학교 한국학연구소.

정순우(2006), 「남명 조식의 공부론에 나타난 초월과 관여의 두 흐름」, 남명학연구원 편, 『남명 사상의 재조명』, 예문서원.

정순우(2007), 「남명의 세계관과 교육관」, 『남명학보』 제6호, 남명학회.

정우락(2007), 「영남유학의 전통에서 본 소눌 노상직 학문의 실천적 국면들」, 『남명학연구』 제24집, 경상대학교 경남문화연구원.

정재걸(1998), 「존사는 교육의 시작과 끝」, 『초등 우리교육』 제99집, 초등 우리교육.

정지욱(2001), 「왕용계의 양지 현성론」, 『양명학』 제6호, 한국양명학회.

정창우(2013), 「인성교육의 기본 원칙과 활성화 방안」, 『청소년 인성 실태 및 인성교육 활성화 방안』, 2013년 한국도덕윤리과교육학회 동계학술대회자료집.

정혜정(2012), 「미국 불교명상교육단체의 프로그램 분석과 마음도야」, 『한국교육사학』 제34권 제3호, 한국교육사학회.

정희태(2010), 「다산 정약용의 정치철학을 통해 본 공직윤리 연구」, 『민족사상』 제4권 제2호, 한국민족사상학회.

조성을(2005), 「조선후기 실학의 부패방지책」, 『한국사연구』 제130호, 한국사연구회.

주향란·손경원(2012), 「초등학교 훈육의 구조에 관한 연구」, 『윤리교육연구』 제29집, 한국윤리교육학회.

진성수(2007), 「서당식 교육의 현대적 의의」, 『한국철학논집』 제20집, 한국철학사연구회.

차성현(2012), 「인성교육 개념의 재구조화」, 『인성교육, 교육과정과 교사가 변화해야 한다』, 제6회 청람교육포럼·제53차 KEDI 교육정책포럼 자료집.

천병돈(2007), 「하곡학 연구 현황 분석」, 『양명학』 제19호, 한국양명학회.

최봉영(2007), 「인간이란 무엇인가」, 우리사상연구소 편, 『우리말 철학사전』 1, 서울: 지식산업사.

최신일(2013), 「참평가로서의 도덕과 평가」, 『초등도덕교육』 제41집, 한국초등도덕교육학회.

최윤용(2008), 「서당의 교육방법과 현대적 의의」, 『한문고전연구』 제17집, 한국한문고전학회.

한민석(2011), 「조선시대 교육기관의 실제와 현대적 시사점 연구: 교육제도와 성격, 교육과정을 중심으로」, 중앙대 석사논문.

한상규(2001), 「소눌 노상직의 서당교육론」, 『문화전통논집』 제9집, 경성대학교 한국학연구소.

한형주(2009), 「조선 초기 왕세자의 국가의례 참여와 그 성격」, 『역사민속학』 제30호, 역사민속학회.

함정현(2010), 「학습 유형별 서당의 교육방법을 활용한 한국전통문화 수업」, 『동방학』 제19집, 한서대학교 동양고전연구소.

홍정근(2006), 「중학교 도덕교육과 동양윤리」, 『동양철학연구』 제47집, 동양철학연구회.

황갑연(2005), 「심학자들이 인과 심성 및 양지를 핵심 개념으로 삼은 원인에 관한 연구」, 『중국학보』 제51집, 한국중국학회.

황갑연(2008), 「주자와 양명 공부론의 종합 가능성에 관한 연구」, 『철학연구』 제16집, 대한철학회.

황경숙(1996), 「최한기 교육 사상의 철학적 기초」, 『한국학보』 제22집, 일지사.

황용식(2008), 「명상의 정의와 이해에 관한 한 고찰」, 『원불교사상과 종교문화』 제40집, 원불교사상연구원.

Blasi, A., 정창우 역(2008), 「도덕적 인격의 심리학적 접근」, Lapsely, D. K. & Power, F. C. 편, 『도덕 심리학과 도덕교육』, 인간사랑.

Graham, J. & Haidt, J. & Nosek, B. A.(2009), "Liberals and Conservatives Rely on Different Sets of Moral Foundations", *Journal of Personality and Social Psychology* 96-6.

Greene, J. & Haidt, J.(2002), "How (and where) does moral judgement work?", *TREND in Cognitive Science* 6-12.

Haidt, J.(2001), "The Emotional Dog and Its Rational Tail: A social Intuitionist Approach to Moral Judgement", *Psychology* 108-4.

Haidt, J.(2007), "The New Synthesis in Moral Psychology", *Science* 316.

Haidt, J. & Bjorklund, F.(2008), "Social Intuitionists Answer Six Questions about Moral Psychology", Sinnott-Armstrong. W. (eds.), *Moral Psychology* 2, Cambridge: Mit Press.

Haidt, J. & Joseph, C.(2004), "Intuitive Ethics: How Innately Prepared Intuitions Generate Culturally Variable Virtues", *Daedalus* 133-4.

Haidt, J. & Joseph, C.(2007), "The moral mind: How five sets of innate intuitions guide the development of many culture-specific virtues, and perhaps eve modules", Carruthers, P., Laurence, S., Stich, S. (eds.), *The Innate Mind* 3, NY: Oxford University Press.

Lapsley, D. K. & Narvaez, D., 정창우 역(2008), 「갈림길에 선 도덕심리학」, Lapsley, D. K. & Power, F. C. 편, 정창우 역, 『도덕심리학과 도덕교육』, 인간사랑.

〈기타〉

국가통계포털 사이트(http://kosis.kr/)

찾아보기

362

서명·편명·시명·도명

개념·주제

발표지면

제1장 「전통 서당수업의 강과 훈육이 지니는 초등도덕교육적 함의」라는 제목으로 『초등도덕교육』 제44집(한국초등도덕교육학회, 2014)에 실은 글을 수정, 보완한 것이다.

제2장 「사도(師道)·존사(尊師)의 유가적 전통이 지니는 초등도덕교육적 함의」라는 제목으로 『초등도덕교육』 제45집(한국초등도덕교육학회, 2014)에 실은 글을 수정, 보완한 것이다.

제3장 「전통 서당수업의 교수·학습방법을 활용한 중학교 '도덕과(道德科)' 수업: 강(講)을 중심으로」라는 제목으로 『교육연구』 제57집(성신여대 교육문제연구소, 2013)에 실은 글을 수정, 보완한 것이다.

제4장 「도덕과 교육 내 '한국양명학'의 실제와 강화 방안 연구: 하곡 정제두의 사상을 중심으로」라는 제목으로 『윤리교육연구』 제30집(한국윤리교육학회, 2013)에 실은 글을 수정, 보완한 것이다.

제5장 「정제두의 양지가 지니는 직관적 성격에 대한 일고」라는 제목으로 『철학논총』 제74집(새한철학회, 2013)에 실은 글과 같은 제목으로 제10회 '강화양명학 국제학술대회'(한국양명학회, 2013)에서 발표한 글을 수정, 보완한 것이다.

제6장 「한국양명학의 역동성과 자주정신: 정제두의 양지가 지니는 특징과 구현 과정을 중심으로」라는 제목으로 '명재 서거 300주년 기념 국제 학술대회'(충남대 유학연구소, 2014)에서 발표한 글과 「정제두의 양 지가 지니는 특징과 구현 과정에 대한 일고」라는 제목으로 『철학논 총』 제78집(새한철학회, 2014)에 실은 글을 수정, 보완한 것이다.

제7장 「명상의 관점에서 본 퇴계 '경(敬)' 사상의 교육적 시사점」이라는 제목으로 『철학논집』 제37집(서강대 철학연구소, 2014)에 실은 글 과 「명상의 관점에서 본 퇴계 '경(敬)' 사상의 도덕교육적 함의」라는 제목으로 '전국도덕윤리교육학회 연합학술대회'(한국초등도덕교육 학회, 2014)에서 발표한 글을 수정, 보완한 것이다.

제8장 「남명 사상의 '도덕과 내용 요소' 탐색을 통한 수용 방안 연구」라는 제목으로 '남명학회 추계학술대회'(남명학회, 2013)에서 발표한 글 과 같은 제목으로 『남명학보』 제12호(남명학회, 2013)에 실은 글을 수정, 보완한 것이다.

제9장 「다산 정약용의 '청렴관'에 대한 일고찰: 『목민심서』 「율기」편을 중 심으로」라는 제목으로 『철학논집』 제36집(서강대 철학연구소, 2014)에 실은 글을 수정, 보완한 것이다.

제10장 「혜강 최한기의 심기(心氣)와 그 평가의 현대적 의의」라는 제목으 로 『윤리철학교육』 제8집(윤리철학교육학회, 2007)에 실은 글과 「혜 강 최한기의 '심기(心氣)' 개념의 도덕교육적 의의」라는 제목의 필 자의 석사논문(한국교원대, 2008) 중 제III장을 통합하고 수정, 보완 한 것이다.